U0133509

墨　人　著

墨人博士作品全集【全60冊】

第四十冊　張本紅樓夢 4

本全集保留作者手批手稿

文史哲出版社印行

目　次

第八十八回　博庭欢宝玉赞孤儿

　　　　　　正家法贾珍鞭悍仆 ……………………………（1187）

第八十九回　人亡物在公子填词

　　　　　　蛇影杯弓颦卿绝粒 ……………………………（1200）

第 九 十 回　失绵衣贫女耐嗷嘈

　　　　　　送果品小郎惊叵测 ……………………………（1219）

第九十一回　纵淫心宝蟾工设计

　　　　　　布疑阵宝玉妄谈禅 ……………………………（1226）

第九十二回　评女传巧姐慕贤良

　　　　　　玩母珠贾政参聚散 ……………………………（1237）

第九十三回　甄家仆投靠贾家门

　　　　　　水月庵掀翻风月案 ……………………………（1252）

第九十四回　宴海棠贾母赏花妖

　　　　　　失宝玉通灵知奇祸 ……………………………（1265）

第九十五回　因讹成实元妃薨逝

　　　　　　以假混真宝玉疯癫 ……………………………（1284）

第九十六回　瞒消息凤姐设奇谋

　　　　　　泄机关颦儿迷本性 ……………………………（1294）

第九十七回　林黛玉焚稿断痴情

　　　　　　薛宝钗出闺成大礼 ……………………………（1305）

第九十八回　苦绛珠魂归离恨天

　　　　　　病神瑛泪洒相思地 ……………………………（1323）

第九十九回　守官箴恶奴同破例

　　　　　　阅邸报老舅自担惊 ……………………………（1336）

第 一 百 回　破好事香菱结深恨
　　　　　　悲远嫁宝玉感离情　●●●●●●●●●●●●●（1345）

第一百一回　大观园月夜警幽魂
　　　　　　散花寺神签惊异兆　●●●●●●●●●●●●●（1354）

第一百二回　宁国府骨肉病灾祲
　　　　　　大观园符水驱妖孽　●●●●●●●●●●●●●（1369）

第一百三回　施毒计金桂自焚身
　　　　　　昧真禅雨村空遇旧　●●●●●●●●●●●●●（1377）

第一百四回　醉金刚小鳅生大浪
　　　　　　痴公子余痛触前情　●●●●●●●●●●●●●（1390）

第一百五回　锦衣军查抄荣宁府
　　　　　　骢马使弹劾平安州　●●●●●●●●●●●●●（1402）

第一百六回　王熙凤致祸抱羞惭
　　　　　　贾太君祷天消祸患　●●●●●●●●●●●●●（1413）

第一百七回　散余资贾母明大义
　　　　　　复世职政老沐天恩　●●●●●●●●●●●●●（1423）

第一百八回　强欢笑蘅芜庆生辰
　　　　　　死缠绵潇湘闻鬼哭　●●●●●●●●●●●●●（1434）

第一百九回　候芳魂五儿承错爱
　　　　　　还孽债迎女返真元　●●●●●●●●●●●●●（1448）

第一百十回　史太君寿终归地府
　　　　　　王凤姐力诎失人心　●●●●●●●●●●●●●（1463）

第一百十一回　鸳鸯女殉主登太虚
　　　　　　　狗彘奴欺天招伙盗　●●●●●●●●●●●（1477）

第一百十二回　活冤孽妙姑遭大劫
　　　　　　　死雠仇赵妾赴冥曹　●●●●●●●●●●●（1490）

第一百十三回　忏宿冤凤姐托村妪
　　　　　　　释旧憾情婢感痴郎　●●●●●●●●●●●（1504）

第一百十四回　王熙凤历幻返金陵
　　　　　　甄应嘉蒙恩还玉阙 ······················ (1516)

第一百十五回　惑偏私惜春矢素志
　　　　　　证同类宝玉失相知 ······················ (1526)

第一百十六回　得通灵幻境悟仙缘
　　　　　　送慈柩故乡全孝道 ······················ (1536)

第一百十七回　阻超凡佳人双护玉
　　　　　　欣聚党恶子独承家 ······················ (1552)

第一百十八回　记微嫌舅兄欺弱女
　　　　　　惊谜语妻妾谏痴人 ······················ (1567)

第一百十九回　中乡魁宝玉却尘缘
　　　　　　沐皇恩贾家延世泽 ······················ (1581)

第一百二十回　甄士隐详说太虚情
　　　　　　贾雨村归结红楼梦 ······················ (1599)

第八十八回　博庭欢宝玉赞孤儿
　　　　　正家法贾珍鞭悍仆

却说惜春正在那里揣摩棋谱，忽听院内有人叫彩屏，不是别人，却是鸳鸯的声儿。彩屏出去，同着鸳鸯进来。那鸳鸯却带着一个小丫头，提了一个小黄绢包儿。惜春笑问道：

"什么事？"

鸳鸯道：

"老太太因明年八十一岁，是个'暗九'，许下一场九昼夜的功德，发心要写三千六百五十零一部《金刚经》。这已发出外面人写了。但是俗说：《金刚经》就像那道家的符壳，《心经》才算是符胆，故此，《金刚经》内必要插着《心经》，更有功德。老太太因《心经》是更要紧的，观自在又是女菩萨，所以要几个亲丁——奶奶姑娘们——写上三百六十五部。如此，又虔诚，又洁净。他们家中，除了二奶奶——头一宗，她当家没有空儿；二宗，她也写不上来——其余会写字的，不论写得多少，连东府珍大奶奶姨娘们都分了去。本家里头自不用说。"

惜春听了，点头道：

"别的我做不来，若要写经，我最信心的。你搁下喝茶罢。"

鸳鸯才将那小包儿搁在桌上，同惜春坐下。彩屏倒了一钟茶来。惜春笑问道：

"你写不写？"

鸳鸯道：

"姑娘又说笑话了。那几年还好；这三四年来，姑娘见我拿了拿笔儿么？"

惜春道:

"这却是有功德的。"

鸳鸯道:

"我也有一件事:向来伏侍老太太安歇后,自己念上米佛①,已经念了三年多了。我把这个米收好,等老太太做功德的时候,我将它衬在里头供佛施食,也是我一点诚心。"

惜春道:

"这样说来,老太太做了观音,你就是龙女了?"

鸳鸯道:

"那里跟得上这个分儿? 却是除了老太太,别的也伏侍不来,不晓得前世什么缘分儿!"

说着要走,叫小丫头把小绢包打开,拿出来道:

"这素纸一扎,是写《心经》的。"又拿起一子儿藏香,道:"这是叫写经时点着写的。"

惜春都应了,鸳鸯遂辞了出来,同小丫头来至贾母房中,回了一遍,看见贾母与李纨打"双陆"②,鸳鸯旁边瞧着。李纨的骰子好,掷下去,把老太太的锤打下了好几个去,鸳鸯抿着嘴儿笑。忽见宝玉进来,手中提了两个细篾丝的小笼子,笼内有几个蝈蝈儿,说道:

"我听说老太太夜里睡不着,我给老太太留下解解闷。"

贾母笑道:

"你别瞅着你老子不在家,你只管淘气。"

宝玉笑道:

"我没有淘气。"

贾母道:

"你没淘气,不在学房里念书,为什么又弄这个东西呢?"

宝玉道:

"不是我自己弄的。前儿因师父叫环儿和兰儿对对子,环儿对不来。我悄悄的告诉了他。他说了,师父喜欢,夸了他两句。他感激我的情,买了来孝敬我的。我才拿了来孝敬老太太的。"

贾母道:

"他没有天天念书么? 为什么对不上来? 对不上来,就叫你儒太爷打他的嘴巴子,看他臊不臊! 你也够受了。不记得你老子在家时,一叫做诗做词,吓的倒像个小鬼儿似的? 这会子又说嘴了。那环儿小子更没出息:求人替做了,就变着方法儿打点人。这么点子孩子就闹鬼闹神的,也不害臊! 赶大了,还不知是个什么东西呢!"

说的满屋子人都笑了。

贾母又问道:

"兰小子呢? 做上来了没有? 这该环儿替他了。他又比他小了,是不是?"

宝玉笑道:

"他倒没有,却是自己对的。"

贾母道:

"我不信;不然,就也是你闹了鬼了。如今你还了得,'羊群里跑出骆驼来了',就只你大。你又会做文章了。"

宝玉笑道:

"实在是他作的,师父还夸他明儿一定有大出息呢。老太太不信,就打发人叫了他来,亲自试试,老太太就知道。"

贾母道:

"果然这么着,我才喜欢。我不过怕你撒谎。既是他做的,这孩子明儿大概还有一点儿出息。"因看着李纨,又想起贾珠来,又说:"这也不枉你大哥哥死了,你大嫂子拉扯他一场! 日后也替你大哥哥顶门壮户。"说到这里,不禁泪下。

李纨听了这话,却也动心,只是贾母已经伤心,自己连忙忍住泪,笑劝道:

"这是老祖宗的余德,我们托着老祖宗的福罢咧。只要他应的了老祖宗的话,就是我们的造化了。老祖宗看着也喜欢,怎么倒伤起心来呢？"因又回头向宝玉道："宝叔叔明儿别这么夸他，他多大孩子，知道什么！你不过是爱惜他的意思，他那里懂得？一来二去，眼大心肥，那里还能够有长进呢？"

贾母道：

"你嫂子这也说的是。就只他还太小呢，也别逼拷③紧了他。小孩子胆儿小，一时逼急了，弄出点子毛病来，书倒念不成，把你的工夫都白糟蹋了。"

贾母说到这里，李纨却忍不住，扑簌簌掉下泪来，连忙擦了。只见贾环贾兰也都进来给贾母请了安。贾兰又见过他母亲，然后过来，在贾母旁边侍立。贾母道："我刚才听见你叔叔说你对的好对子，师父夸你来着。"贾兰也不言语，只管抿着嘴儿笑。鸳鸯过来说道：

"请示老太太，晚饭伺候下了。"

贾母道：

"请你姨太太去罢。"

琥珀接着，便叫人去王夫人那边请薛姨妈。

这里宝玉贾环退出，素云和小丫头过来把"双陆"收起，李纨尚等着伺候贾母的晚饭。贾兰便跟着他母亲站着。

贾母道：

"你们娘儿两个跟着我吃罢。"

李纨答应了。一时，摆上饭来，丫鬟回来禀道：

"太太叫回老太太：姨太太这几天浮来暂去，不能过来回老太太，今日饭后家去了。"

于是贾母叫贾兰在身旁边坐下，大家吃饭。不必细言。

却说贾母刚吃完了饭，盥漱了，歪在床上，说闲话儿。只见小丫头子告诉琥珀，琥珀过来回贾母道：

"东府大爷请晚安来了。"

贾母道："你们告诉他：如今他办理家务乏乏的，叫他歇着去罢。我知道了。"

小丫头告诉老婆子们，老婆子才告诉贾珍，贾珍然后退出。

到了次日，贾珍过来料理诸事。门上小厮陆续回了几件事。又一个小厮回道：

"庄头送果子来了。"

贾珍道：

"单子呢？"

那小厮连忙呈上。贾珍看时，上面写着不过是时鲜果品，还夹带菜蔬野味若干在内。贾珍看完，问：

"向来经管的是谁？"

门上的回道：

"是周瑞。"

便叫周瑞：

"照帐点清，送往里头交代。等我把来帐抄下一个底子，留着好对。"又叫："告诉厨房，把下菜中添几宗，给送果子的来人，照常赏饭给钱。"

周瑞答应去了，一面叫人搬至凤姐儿院子里去，又把庄上的帐和果子交代明白出去了。一回儿，又进来回贾珍道：

"才刚来的果子，大爷曾点过数目没有？"

贾珍道：

"我那里有工夫点这个呢？给了你帐，你照帐点就是了。"

周瑞道：

"小的曾点过，也没有少，也不能多出来。大爷既留下底子，再叫送果子的人问问他，这帐是真的假的。"

贾珍道：

"这是怎么说？不过是几个果子罢咧，有什么要紧？我又没有疑你。"

说着，只见鲍二走来磕了一个头，说道：

"求大爷原旧放小的在外头伺候罢。"

贾珍道：

"你们这又是怎么着?"

鲍二道:

"奴才在这里又说不上话来。"

贾珍道:

"谁叫你说话?"

鲍二道:

"何苦来在这里做眼睛珠儿?"

周瑞接口道:

"奴才在这里经管地租庄子银钱出入,每年也有三五十万来往,老爷太太奶奶们从没有说过话的,何况这些零星东西?若照鲍二说起来,爷们家里的田地房产都被奴才们弄完了。"

贾珍想道:

"必是鲍二在这里拌嘴,不如叫他出去。"因向鲍二说道:"快滚罢!"又告诉周瑞说:"你也不用说了,你干你的事罢。"

二人各自散了。

贾珍正在书房里歇着,听见门上闹的翻江搅海,叫人去查问,回来说道:

"鲍二和周瑞的干儿子打架。"

贾珍道:

"周瑞的干儿子是谁?"

门上的回道:

"他叫何三,本来是个没味儿的,天天在家里吃酒闹事,常来门上坐着。听见鲍二和周瑞拌嘴,他就插在里头。"

贾珍道:

"这却可恶! 把鲍二和那个什么何三给我一块儿捆起来! 周瑞呢?"

门上的回道:

"打架时,他先走了。"

贾珍道:

"给我拿了来！这还了得了！"

众人答应了。

正嚷着，贾琏也回来了，贾珍便告诉了一遍。贾琏道：

"这还了得！"

又添了人去拿周瑞。周瑞知道躲不过，也找到了。贾珍便叫都捆上。贾琏便向周瑞道：

"你们前头的话也不要紧，大爷说开了很是了，为什么外头又打架？你们打架已经使不得，又弄个野杂种什么何三来闹。你不压伏压伏他们，倒竟走了！"

就把周瑞踢了几脚。

贾珍道：

"单打周瑞不中用。"喝命人把鲍二和何三各人打了五十鞭子，撵了出去，方和贾琏两个商量正事。

下人背地里便生出许多议论来：也有说贾珍护短的；也有说不会调停的；也有说他本不是好人。

"前儿尤家姐妹弄出许多丑事来，那鲍二不是他调停着二爷叫了来的吗？这会子又嫌鲍二不济事，必是鲍二的女人伏侍不到了。"——人多嘴杂，纷纷不一。

却说贾政自从在工部掌印，家人中尽有发财的。那贾芸听见了，也要插手弄一点事儿，便在外头说了几个工头，讲了成数，便买了些时新绣货，要走凤姐儿的门子。

凤姐正在屋里，听见丫头们说：

"大爷二爷都生了气，在外头打人呢。"

凤姐听了，不知何故。正要叫人去问问，只见贾琏已进来了，把外面的事告诉了一遍。凤姐道：

"事情虽不要紧，但这风俗儿断不可长。此刻还算咱们家里正旺的时候儿，他们就敢打架，以后小辈儿们当了家，他们越发难制伏了。我在东府里亲眼见过焦大吃的烂醉，躺在台阶子底下骂人，不管上上下下，一混汤子的混

> 下人的话与六十四、五、六回的事前后呼应。

骂。他虽是有过功的人,到底主子奴才的名分,也要存点体统儿才好。珍大奶奶——不是我说——是个老实头,个个人都叫她养得无法无天的。如今又弄出一个什么鲍二! 我还听见是你和珍大爷得用的人,为什么今听见打他呢?"

> 将"前"年改为"那年"因焦大醉酒骂街是第七回的事,是四五年前不是前年。

贾琏听了这话剌心,便讪讪的拿话来支开,借有事,说着就走了。

小红进来回道:

"芸二爷在外头要见奶奶。"

凤姐一想:

"他又来做什么?"便道:"叫他进来罢。"

小红出来,瞅着贾芸微微一笑。贾芸赶忙凑近一步,问道:

"姑娘替我回了没有?"

小红红了脸,说道:

"我就是见二爷的事多!"

贾芸道:

"何曾有多少事能到里头来劳动姑娘呢? 就是那一年姑娘在宝二叔房里,我才和姑娘——"

小红怕人撞见,不等说完,连忙问道:

"那年我换给二爷的一块绢子,二爷见了没有?"

那贾芸听了这句话,喜的心花俱开,才要说话,只见一个小丫头从里面出来,贾芸连忙同着小红往里走。两个人一左一右,相离不远。贾芸悄悄的道:

"回来我出来,还是你送出我来。我告诉你,还有笑话儿呢。"

小红听了,把脸飞红,瞅了贾芸一眼,也不答言。和他到了凤姐门口,自己先进去回了,然后出来,掀起帘子,点手儿,口中却故意说道:

"奶奶请芸二爷进来呢。"

贾芸笑了一笑,跟着她走进房来,见了凤姐儿,请了安,并说母亲叫问好。凤姐也问了他母亲好。凤姐道:

“你来有什么事?”

贾芸道:

“侄儿从前承婶娘疼爱,心上时刻想着,总过意不去。 欲要孝敬婶娘,又怕婶娘多想。 如今重阳时候,略备了一点儿东西。 婶娘这里那一件没有呢? 不过是侄儿一点孝心。 只怕婶娘不赏脸。”

凤姐儿笑道:

“有话坐下说。”

贾芸才侧身坐了,连忙将东西捧着搁在旁边桌上。 凤姐又道:

“你不是什么有余的人,何苦又去花钱? 我又不等着使。 你今儿来意是怎么个想头儿,你倒是实说。”

贾芸道:

“并没有别的想头儿,不过感念婶娘的恩惠,过意不去罢咧。”说着,微微的笑了。

凤姐道:

“不是这么说。 你手里窄,我很知道,我何苦白白儿使你的?你要我收下这东西,须先和我说明白了。 要是这么‘含着骨头露着肉’的,我倒不收。”

贾芸没法儿,只得站起来,陪着笑儿说道:

“并不是有什么妄想,前几日听见老爷总办陵工,侄儿有几个朋友办过好些工程,极妥当的,要求婶娘在老爷跟前提一提。 办得一两种,侄儿再忘不了婶娘的恩典! 若是家里用得着侄儿,也能给婶娘出力。”

凤姐道:

“若是别的,我却可以作主。 至于衙门里的事,上头呢,都是堂官司员定的,底下呢,都是那些书班衙役们办的。 别人只怕插不上手,连自己的家人也不过是跟着老爷伏侍伏侍。 就是你二叔去,亦只是为的是各自家里的事,他也并不能搀越公事。 论家事儿,这里是踩一头儿撬一头儿的,连珍大爷还弹压不住。 你的年纪又轻,辈数儿又小,那里缠得清这些人呢? 况且衙门里头的事差不多儿也娶完了，不过吃饭瞎跑。你在家里什么事作不得，难道没了这碗饭吃不成？我这是实在话，你自己回去想想就知道了。你的情意，我已经领了，把东西快拿回去，是那里弄来的，仍旧给人家送了去罢。"

正说着，只见奶妈子一大起带了巧姐儿进来。那巧姐儿身上穿得锦团花簇，手里拿着好些玩意儿，笑嘻嘻走到凤姐身边学舌，贾芸一见，便站起来，笑盈盈的赶着说道：

"这就是大妹妹么？——你要什么好东西不要？"

那巧姐儿便"哑"的一声哭了。贾芸连忙退下。凤姐道：

"乖乖不怕。"

连忙将巧姐揽在怀里，道：

"这是你芸大哥哥，怎么认起生来了？"

贾芸道：

"妹妹生得好相貌，将来又是个有大造化的。"

那巧姐儿回头把贾芸一瞧，又哭起来，叠连几次。

贾芸看这光景坐不住，便起身告辞要走。凤姐道：

"你把东西带了去罢。"

贾芸道：

"这一点子，婶娘还不赏脸？"

凤姐道：

"你不带去，我便叫人送到你家去。芸哥儿，你不要这么着。你又不是外人。我这里有机会，少不得打发人去叫你；没有事也没法儿，不在乎这些东东西西上的。"

贾芸看见凤姐执意不受，只得红着脸道：

"既这么着，我再找得用的东西来孝敬婶娘罢。"

凤姐儿便叫小红：

"拿了东西，跟着送出芸哥去。"

贾芸走着，一面心中想道：

"人说二奶奶利害，果然利害。一点儿都不漏缝，真正斩钉截铁！怪不得没有后世。这巧姐儿更怪，见了我好像前世的冤家似的。真正晦气，白闹了这么一天！"

小红见贾芸没得彩头，也不高兴，拿着东西跟出来。贾芸接过来，打开包儿，拣了两件，悄悄的递给小红。小红不接，嘴里说道：

"二爷别这么着。看奶奶知道了，大家倒不好看。"

贾芸道：

"你好生收着罢。怕什么？那里就知道了呢？你若不要，就是瞧不起我了。"

小红微微一笑，才接过来，说道：

"谁要你这些东西？算什么呢？"说了这句话，把脸又飞红了。

贾芸也笑道：

"我也不是为东西，况且那东西也算不了什么。"

说着话儿，两个已到二门口。贾芸把下剩的仍旧揣在怀内。小红催着贾芸道：

"你先去罢。有什么事情，只管来找我。我如今在这院里了，又不隔手。"

贾芸点点头儿，说道：

"二奶奶太利害，我可惜不能常来！刚才我说的话，横竖心里明白，得了空儿再告诉你罢。"

小红满脸羞红，说道：

"你去罢。明儿也常来走走。谁叫你和她生疏呢？"

贾芸道：

"知道了。"

贾芸说着，出了院门。这里小红站在门口，怔怔的看他去远了，才回来了。

却说凤姐在屋里吩咐预备晚饭，因又问道：

"你们熬了粥了没有？"

1197

丫鬟们连忙去问，回来回道：

"预备了。"

凤姐道：

"你们把那南边来的糟东西弄一两碟来罢。"

秋桐答应了，叫丫头们伺候。平儿走来笑道：

"我倒忘了：今儿晌午，奶奶在上头老太太那边的时候，水月庵的师父打发人来，要向奶奶讨两瓶南小菜，还要支用几个月的月钱，说是身上不受用。我问那道婆来着：'师父怎么不受用？'她说：'四五天了。前儿夜里，因那些小沙弥小道士里头有几个女孩子，睡觉没有吹灯，她说了几次，不听。那一夜，看见他们三更以后灯还点着呢，他便叫他们吹灯，个个都睡着了，没有人答应，只得自己亲自起来给他们吹灭了。回到炕上，只见有两个人，一男一女，坐在炕上。她赶着问是谁，那里把一根绳子往她脖子上一套，她便叫起人来。众人听见，点上灯火，一齐赶来，已经躺在地下，满口吐白沫子。幸亏救醒了。此时还不能吃东西，所以叫来寻些小菜儿的。'我因奶奶不在屋里不便给他。我说：'奶奶此时没有空儿，在上头呢，回来告诉。'便打发她回去。刚才听见说起南菜，方想起来了；不然，就忘了。"

凤姐听了，呆了一呆，说道：

"南菜不是还有呢，叫人送些去就是了。那银子，过一天叫芹哥来领就是了。"

又见小红进来回道：

"刚才二爷差人来说是今晚城外有事，不能回来，先通知一声。"

凤姐道："是了。"

说着，只听见小丫头从后面喘吁吁的嚷着，直跑到院子里来。外面平儿接着，还有几个丫头们，咕咕唧唧的说话。凤姐道：

"你们说什么呢？"

平儿道："小丫头子有些胆怯，说鬼话。"

凤姐说："那一个？"小丫头进来问道：

"什么鬼话？"

那丫头道：

"我刚才到后边去叫打杂儿的添煤，只听得三间空屋子里哗喇哗喇的响，我还道是猫儿耗子；又听得'嗳'的一声，像个人出气儿的似的。我害怕，就跑回来了。"

凤姐骂道：

"胡说！我这里断不兴说神说鬼。我从来不信这些个话，快滚出去罢！"

那小丫头出去了，凤姐便叫彩明将一天零碎日用帐对过一遍。时已将近二更，大家又歇了一回，略说些闲话，遂叫各人安歇去罢。凤姐也睡下了。将近三更，凤姐似睡不睡，觉得身上寒毛一乍，自己惊醒了，越躺着越发起渗来，因叫平儿秋桐过来作伴。二人也不解何意。那秋桐本来不顺凤姐，后来贾琏因尤二姐之事，不大爱惜她了。凤姐又笼络她，如今倒也安静，只是心里比平儿差多了，外面情儿。今见凤姐不受用，只得端上茶来。凤姐喝了一口道：

"难为你，睡去罢，只留下平儿在这里就够了。"

秋桐却要献勤儿，因说道：

"奶奶睡不着，倒是我们两个轮流坐坐也使得。"

凤姐一面说，一面睡着了。平儿秋桐看见凤姐已睡，只听得远远的鸡声叫了，她二人方都穿着衣裳略躺了一躺，就天亮了，连忙起来伏侍凤姐梳洗。

---

① 念米佛 —— 念佛时用米记数，念一声佛号数一颗米，叫作念米佛。

② 双陆 —— 一种游戏，又名双鹿。下铺特用的盘子，二人各用十六枚棒槌形的"马"立在自己一边，掷骰子二枚，按点数在盘子上占步数，先走到对方的就算胜利。

③ 逼拷 —— 逼迫的意思。

第八十九回　人亡物在公子填词
蛇影杯弓①颦卿绝粒

凤姐因夜中之事，心神恍惚不宁，只是一味要强，仍然扎挣起来。正坐着纳闷，忽听个小丫头子在院里问道：

"平姑娘在屋里么？"

平儿答应了一声。那小丫头掀起帘子进来，却是王夫人打发过来找贾琏，说：

"外头有人回要紧的官事。老爷才出了门，太太叫快请二爷过去呢。"

凤姐听见，吓了一跳，连忙又问：

"什么官事？"

小丫头道：

"也不知道。刚才二门上小厮回进来，回老爷有要紧的官事，所以太太叫我请二爷来了。"

凤姐听了工部里的事，才把心略略的放下，因说道：

"你回去回太太，就说二爷昨日晚上出城有事，没有回来，打发人先回珍大爷去罢。"

那丫头答应着去了。

一时，贾珍过来，见了部里的人，问明了，进来见了王夫人，回道：

"部中来报：昨日'总河'奏到，河南一带决了河口，淹没了几府州县。又要开销国帑，修理城工。工部司官又有一番照料，所以部里特来报知老爷的。"

说完退出，及贾政回家来回明。从此，直至冬间，贾政天天有事，常在衙门里。宝玉的功课也渐渐松了，只是怕贾政觉察出来，不敢不常在学房里去念书，连黛玉处也不敢常去。

那时已到十月中句，宝玉起来，要往学房中去。这日天气陡寒，只见袭人早已打点出一包衣裳，向宝玉道：

"今日天气很凉，早晚宁可暖些。"

说着，把衣裳拿出来，给宝玉挑了一件穿。又包了一件，叫小丫头拿出交给焙茗，嘱咐道：

"天气冷，二爷要换时，好生预备着。"

焙茗答应了，抱着毡包，跟着宝玉自去。

宝玉到了学房中，做了自己的功课，忽听得纸窗呼喇喇一派风声。代儒道：

"天气又变了。"

把风门推开一看，只见西北上一层层的黑云，渐渐往东南扑上来。焙茗走进来回宝玉道：

"二爷，天气冷了，再添些衣裳罢。"

宝玉点点头儿。只见焙茗拿进一件衣裳来。宝玉不看则已，看了时，神已痴了。那些小学生都巴着眼瞧。却原是晴雯所补的那件雀金裘。宝玉道：

"怎么拿这一件来？是谁给你的？"

焙茗道：

"是里头姑娘们包出来的。"

宝玉道：

"我身上不大冷，且不穿呢，包上罢。"

代儒只当宝玉可惜这件衣裳，却也心里喜他知道俭省。焙茗道：

"二爷穿上罢。着了冷，又是奴才的不是了。二爷只当疼奴才罢！"

宝玉无奈，只得穿上，呆呆的对着书坐着。代儒也只当他看书，不甚理会。

晚间放学时，宝玉便往代儒前托病告假一天。代儒本来上年纪的人，也不过伴着几个孩子解闷儿，时常也八病九痛的，乐得去一个少操一日心。况且明知贾政事忙，贾母溺爱，便点点头儿。

宝玉一径回来，见过贾母王夫人，也是这么说，自然没有不信的。略坐一坐，便回园中去了。见了袭人等，也不似往日有说有笑的，便和衣躺在炕上。袭人道：

"晚饭预备下了，这会儿吃，还是等一等儿？"

宝玉道：

"我不吃了，心里不舒服。你们吃去罢。"

袭人道：

"那么着，你也该把这件衣裳换下来了。那个东西那里禁得住揉搓？"

宝玉道：

"不用换。"

袭人道：

"倒也不是娇嫩物儿，你瞧瞧那上头的针线，也不该这么糟蹋它呀。"

宝玉听了这话，正碰在他心坎儿上，叹了一口气道：

"那么着，你就收起来给我包好了。我也总不穿它了！"

说着，站起来脱下，袭人才过来接时，宝玉已经自己叠起。袭人道：

"二爷怎么今日这样勤谨起来了？"

宝玉也不答言，叠好了，便问：

"包这个的包袱呢？"

麝月连忙递过来，让他自己包好，回头和袭人挤着眼儿笑。宝玉也不理会，自己坐着，无精打彩，猛听架上钟响，自己低头看了看表针，已指到酉初二刻了。

一时，小丫头点上灯来。袭人道：

"你不吃饭，喝半碗热粥儿罢，别净饿着。看仔细饿上虚火来，那又是我们的累赘了。"

宝玉摇摇头儿,说:

"还不大饿,强吃了倒不受用。"

袭人道:

"既这么着,就索性早些歇着罢。"

于是袭人麝月铺设好了,宝玉也就歇下。翻来复去,只睡不着,将及黎明,反朦胧睡去,有一顿饭时,早又醒了。

此时袭人麝月也都起来。袭人道:

"昨夜听着你翻腾到五更天,我也不敢问你。后来我就睡着了,不知到底你睡着了没有?"

宝玉道:

"也睡了一睡,不知怎么就醒了。"

袭人道:

"你没有什么不受用?"

宝玉道:

"没有,只是心上发烦。"

袭人道:

"今日学房里去不去?"

宝玉道:

"我昨儿已经告了一天假了,今儿我要想园里逛一天,散散心,只是怕冷。你叫她们收拾一间屋子,备了一炉香,搁下纸墨笔砚,你们只管干你们的,我自己静坐半天才好,别叫她们来搅我。"

麝月接着道:

"二爷要静静儿的用工夫,谁敢来搅!"

袭人道:

"这么着很好,也省得着了凉,自己坐坐,心神也不搅。"

因又问:"你既懒怠吃饭,今日吃什么,早说好传给厨房里去。"

宝玉道:

"还是随便罢,不必闹的大惊小怪的。倒是要几个果子搁在那屋里,借点果子香。"

袭人道:

"那个屋里好?别的都不大干净,只有晴雯起先住的那一间,因一向无人还干净,就是清冷些。"

宝玉道:

"不妨,把火盆挪过去就是了。"

袭人答应了。

正说着,只见一个小丫头端了一个茶盘儿,一个碗,一双牙箸,递给麝月,道:

"这是刚才花姑娘要的,厨房里老婆子送了来了。"

麝月接了一看,却是一碗燕窝汤,便问袭人道:

"这是姐姐要的么?"

袭人笑道:

"昨夜二爷没吃饭,又翻腾了一夜,想来今儿早起心里必是发空的,所以我告诉小丫头们,叫厨房里做了这个来的。"

袭人一面叫小丫头放桌儿。麝月打发宝玉喝了,漱了口,只见秋纹走来说道:

"那屋里已经收拾妥了,但等着一时炭劲过了,二爷再进去罢。"

宝玉点头,只是一腔心事,懒怠说话。

一时,小丫头来请,说:

"笔砚都安放妥当了。"

宝玉道:

"知道了。"

又一个小丫头回道:

"早饭得了,二爷在那里吃?"

宝玉道:

"就拿了来罢,不必累赘了。"

小丫头答应了自去,一时端上饭来。宝玉笑了一笑,向麝月袭人道：

"我心里闷得很，自己吃只怕又吃不下去，不如你们两个同我一块儿吃，或者吃的香甜，我也多吃些。"

麝月笑道：

"这是二爷的高兴，我们可不敢。"

袭人道：

"其实也使得，我们一处喝酒，也不止今日。只是偶然替你解闷儿还使得，若认真这样，还有什么规矩体统呢！"

说着，三人坐下。宝玉在上首。袭人麝月两个打横陪着。吃了饭，小丫头端上漱口茶来，两个看着撤了下去。

宝玉因端着茶，默默如有所思，又坐了一坐，便问道："那屋里收拾妥了么？"

麝月道：

"头里就回过了。这会子又问！"

宝玉略坐了一坐，便过这间屋子来。亲自点了一炷香，摆上些果品，便叫人出去，关上门。外面袭人等都静悄无声。宝玉拿了一幅泥金角花的粉红笺出来，口中祝了几句，便提起笔来写道："怡红主人焚付晴姐知之：酌茗清香，庶几来飨。"其词云：

随身伴，独自意绸缪。谁料风波平地起，顿教躯命却时休？孰与话轻柔！

东逝水，无复向西流。想像更无怀梦草，添衣还见翠云裘；脉脉使人愁！

写毕，就在香上点个火，焚化了。静静儿等着，直待一炷香点尽了，才开门出来。袭人道：

"怎么出来了？想来又闷的慌了。"

宝玉笑了一笑，假说道：

"我原是心里烦，才找个清静地方儿坐坐。这会子好了，还要外头走走去呢。"

说着，一径出来。到了潇湘馆里，在院里问道：

> 前面宝玉睹物思人的心情写得很好，祭晴雯词却较芙蓉诔逊色甚多，谅非雪芹原作。

"林妹妹在家里呢么?"

紫鹃接应道:

"是谁?"掀帘看时,笑道:"原来是宝二爷。姑娘在屋里呢,请二爷到屋里坐着。"

宝玉同着紫鹃走进来,黛玉却在里间呢,说道:

"紫鹃,请二爷屋里坐罢。"

宝玉走到里间门口,看见新写的一副紫墨色泥金云龙笺的小对,上写着:

"绿窗明月在,青史②古人空。"

宝玉看见,笑了一笑,走入门去,笑问道:

"妹妹做什么呢?"

黛玉站起来,迎了两步,笑着让道:

"请坐。我在这里写经,只剩得两行了。等写完了,再说话儿。"

因叫雪雁倒茶。宝玉道:

"你别动,只管写。"

说着,一面看见中间挂着一幅单条,上面画着一个嫦娥,带着一个侍者;又一个女仙,也有一个侍者,捧着一个长长儿的衣襄似的:二人身旁边略有些云护,别无点缀。全仿李龙眠白描笔意,上有"斗寒图"三字,用八分书写着。宝玉道:

"妹妹,这幅斗寒图可是新挂上的?"

黛玉道:

"可不是? 昨日她们收拾屋子,我想起来,拿出来叫她们挂上的。"

宝玉道:

"是什么出处?"

黛玉笑道:

"眼前熟的很的,还要问人。"

宝玉笑道:

"我一时想不起，妹妹告诉我罢。"

黛玉道：

"岂不闻'青女素娥俱耐冷，月中霜里斗婵娟'？"

宝玉道：

"是啊！这个实在新奇雅致！却好此时拿出来挂。"

说着，又东瞧瞧，西走走。雪雁沏了茶来，宝玉吃着。

又等了一会子，黛玉经才写完，站起来道：

"简慢了。"

宝玉笑道：

"妹妹还是这么客气。"

但见黛玉身上穿着月白绣花小毛皮袄，加上银鼠坎肩；头上挽着随常云髻，簪上一枝赤金扁簪，别无花朵；腰下系着杨妃色绣花锦裙——真比如：

> 一句"简慢了"表现黛玉"情""礼"分明。她总是发乎情，止乎礼，此点作者把握得很牢。

"亭亭玉树临风立，冉冉香莲带露开。"

宝玉因问道：

"妹妹这两日弹琴来着没有？"

黛玉道：

"两日没弹了。因为写字已经觉得手冷，那里还去弹琴？"

宝玉道：

"不弹也罢了。我想琴虽是清高之品，却不是好东西，从没有弹琴里弹出富贵寿考来的，只有弹出忧思怨乱来的。再者：弹琴也得心里记谱，未免费心。依我说，妹妹身子又单弱，不操这心也罢了。"

黛玉抿着嘴儿笑。宝玉指着壁上道：

"这张琴可就是么？怎么这么短？"

黛玉笑道：

"这张琴不是短，因我小时学抚的时候，别的琴都够不着，因此特地做起来的。虽不是焦尾枯桐③，这鹤仙凤尾，还配得整齐；龙池雁足,高下还相宜。你看这断纹,不是牛旄似的么? 所以音韵也还清越。"

宝玉道:

"妹妹这几天来做诗没有?"

黛玉道:

"自结社以后,没大做。"

宝玉笑道:

"你别瞒我。我听见你吟的什么'不可惬,素心何如天上月',你搁在琴里,觉得音响分外的响亮。有的没的?"

黛玉道:

"你怎么听见了?"

宝玉道:

"我那一天从蓼风轩来听见的,又恐怕打断你的清韵,所以静听了一会就走了。我正要问你:前路是平韵,到末了儿忽转了仄韵,是个什么意思?"

黛玉道:

"这是人心自然之音,做到那里就到那里,原没有一定的。"

宝玉道:

"原来如此。可惜我不知音,枉听了一会子!"

黛玉道:

"古来知音人能有几个?"

宝玉听了,又觉得出言冒失了,又怕寒了黛玉的心。坐了一坐,心里像有许多话,却再无可讲的。黛玉因方才的话也是冲口而出,此时回想,觉得太冷淡些,也就无话。宝玉越发打量黛玉设疑,遂讪讪的站起来说道:

"妹妹坐着罢,我还要到三妹妹那里瞧瞧去呢。"

黛玉道:

"你若见了三妹妹,替我问候一声罢。"

宝玉答应着,便出来了。

黛玉送至屋门口,自己回来,闷闷的坐着,心里想道:

"宝玉近来说话,半吐半吞,忽冷忽热,也不知他是什么意思。"

正想着,紫鹃走来道:

"姑娘经不写了? 我把笔砚都收好了?"

黛玉道:

"不写了,收起去罢。"

说着,自己走到里间屋里床上歪着,慢慢的细想。 紫鹃进来问道:

"姑娘喝碗茶罢?"

黛玉道:

"不吃呢。我略歪歪罢。你自己去罢。"

紫鹃答应着出来,只见雪雁一个人在那里发呆。 紫鹃走到她跟前问道:

"你这会子也有了什么心事了么?"

雪雁只顾发呆,倒被她吓了一跳,因说道:

"你别嚷,今日我听见了一句话,我告诉你听,奇不奇? ——你可别言语。"

说着,往屋里努嘴儿。 因自己先行,点着头儿,叫紫鹃同她出来,到门外平台底下,悄悄儿的道:

"姐姐,你听见了么? 宝玉定了亲了。"

紫鹃听见,吓了一跳,说道:

"这是那里来的话? 只怕不真罢?"

雪雁道:

"怎么不真! 别人大概都知道,就只咱们没听见。"

紫鹃道:

"你在那里听来的?"

雪雁道:

"我听见侍书说的,是个什么知府家,家资也好,人才也好。"

紫鹃正听时,只听见黛玉咳嗽了一声,似乎起来的光景。 紫鹃

恐怕她出来听见,便拉了雪雁,摇摇手儿,往里望望,不见动静,才又悄悄儿的问道:

"她到底怎么说来着?"

雪雁道:

"前儿不是叫我到三姑娘那里去道谢吗? 三姑娘不在屋里,只有侍书在那里。大家坐着,无意中说起宝二爷淘气来。她说:'宝二爷怎么好,只会玩儿,全不像大人的样子,已经说亲了,还是这么呆头呆脑。'我问她定了没有。她说是定了,是个什么王大爷做媒的,那王大爷是东府里的亲戚,所以也不用打听,一说就成了"。紫鹃侧着头想了一想,"这句话奇!"又问道:

"怎么家里没有人说起?"

雪雁道:

"侍书也说的,是老太太的意思:若一说起,恐怕宝玉野了心,所以都不提起。侍书告诉了我,又叮咛千万不可露风说出来,只道是我多嘴。"把手往往里一指,"所以她面前也不提,今日是你问起,我不犯瞒你。"

正说到这里,只听鹦鹉叫唤,学着说:

"姑娘回来了,快倒茶来!"

倒把紫鹃雪雁吓了一跳。回头并不见有人,便骂了鹦鹉一声。走进屋内,只见黛玉喘吁吁的刚坐在椅子上。紫鹃搭讪着问茶问水。黛玉问道:

"你们两个那里去了,再叫不出一个人来。"

说着,便走到炕边,将身子一歪,仍旧倒在炕上,往里躺下,叫把帐儿撩下。紫鹃雪雁答应出去,她两个心里疑惑方才的话只怕被她听了去了,只好大家不提。

谁知黛玉一腔心事,又窃听了紫鹃雪雁的话,虽不很明白,已听得了七八分,如同将身撂在大海里一般。思前想后,竟应了前日梦中之谶,千愁万恨,堆上心来。左右打算,不如早些死了,免得眼见了意外的事情。那时反倒无趣。又想到自己没了爹娘的苦,自今以后，把身子一天一天的糟蹋起来，一年半载，少不得身登清净。打定了主意，被也不盖，衣也不添，竟是合眼装睡——紫鹃和雪雁来伺候几次，不见动静，又不好叫唤——晚饭都不吃。点灯以后，紫鹃掀开帐子，见已睡着了，被窝都蹬在脚后。怕她着了凉，轻轻儿拿来盖上。黛玉也不动，单待她出去，仍然褪下。

那紫鹃只管问雪雁：

"今儿的话到底是真的是假的？"

雪雁道：

"怎么不真！"

紫鹃道：

"侍书怎么知道的？"

雪雁道：

"是小红那里听来的。"

紫鹃道：

"头里咱们说话，只怕姑娘听见了。你看刚才的神情，大有原故。今日以后，咱们倒别提这件事了。"

说着，两个人也收拾要睡。紫鹃进来看时，只见黛玉被窝又蹬下来，复又给她轻轻盖上。一宿晚景不提。

次日，黛玉清早起来，也不叫人，独自一个，呆呆的坐着。紫鹃醒来，看见黛玉已起，便惊问道：

"姑娘怎么这样早？"

黛玉道：

"可不是睡得早，所以醒得早？"

紫鹃连忙起来，叫醒雪雁，伺候梳洗。那黛玉对着镜子，只管呆呆的自看。看了一回，那泪珠儿断断连连，早已湿透了罗帕。正是：

"瘦影正临春水照，卿须怜我我怜卿。"

紫鹃在旁也不敢劝，只怕倒把闲话勾引旧根来，迟了好一会，黛玉才随便梳洗了，那眼中泪渍终是不干。又自坐了一会，叫紫鹃

道：

"你把藏香点上。"

紫鹃道：

"姑娘，你睡也没睡得几时，如何点香？不是要写经？"

黛玉点点头儿。紫鹃道：

"姑娘今日醒得太早，这会子又写经，只怕太劳神了罢。"

黛玉道：

"不怕！早完了早好！况且我也并不是为经，倒借着写字解解闷儿。以后你们见了我的字迹，就算见了我的面儿了。"

说着，那泪直流下来。紫鹃听了这话，不但不能再劝，连自己也掌不住滴下泪来。

原来黛玉立定主意，自此以后，有意糟蹋身子，茶饭无心，每日渐减下来。宝玉下学时，也常抽空问候。只是黛玉虽有万千言语，自知年纪已大，又不便似小时可以柔情挑逗，所以满腔心事，只是不说出来。宝玉欲将实言安慰，又恐黛玉生嗔，反添病症。两个人见了面，只得用浮言劝慰，真真是'亲极反疏"了。

那黛玉虽有贾母王夫人等怜惜，不过请医调治，只说黛玉常病，那里知她的心病？紫鹃等虽知其意，也不敢说。从此，一天一天的减。到半月之后，肠胃日薄一日，果然粥都不能吃了。黛玉日间听见的话都似宝玉娶亲的话；看见怡红院中的人，无论上下，也像宝玉娶亲的光景。薛姨妈来看，不见宝钗，越发起疑心。索性不要人来看望，也不肯吃药，只要速死。睡梦之中，常听见有人叫宝二奶奶的。一片疑心，竟成蛇影。

一日竟是绝粒，粥也不喝，恹恹一息，垂弊待尽，从前十几天内，贾母等轮流看望，她有时还说几句话，这两日索性不大言语。心里虽有时昏晕，却也有时清楚。贾母等见她这病不似无因而起。也将紫鹃雪雁盘问过两次。两个那里敢说？便是紫鹃欲向侍书打听消息，又怕越闹越真，黛玉更死得快了，所以见了侍书，毫不提起。那雪雁见传话弄出这样原故来，此时恨不得长出百十个嘴来说"我没说"，自然更不敢提起。到了这一天，黛玉绝粒之日，紫鹃料无指望了，守着哭了会子，因出来偷向雪雁道：

"你进屋里来，好好儿的守着她，我去回老太太、太太和二奶奶去。今日这个光景大非往常可比了。"

雪雁答应，紫鹃自去。

这里雪雁正在屋里伴着黛玉，见她昏昏沉沉，小孩子家那里见过这个样儿，只打量如此便是死的光景了，心中又痛又怕，恨不得紫鹃一时回来才好。正怕着，只听窗外脚步走响，雪雁知是紫鹃回来，才放下心了，连忙站起来，掀着里间帘子等她。只见外面帘子响处，进来了一个人，却是侍书。那侍书是探春打发来看黛玉的，见雪雁在那里掀着帘子，便问道：

"姑娘怎么样？"

雪雁点点头儿，叫她进来。侍书跟进来，见紫鹃不在屋里，瞧了瞧黛玉，只剩得残喘微延，吓的惊疑不止。因问：

"紫鹃姐姐呢？"

雪雁道：

"告诉上屋里去了。"

那雪雁此时只打量黛玉心中一无所知了，又见紫鹃不在面前，因悄悄的拉了侍书的手，问道：

"你前日告诉我说的，什么王大爷给这里宝二爷说了亲，是真话么？"

侍书道：

"怎么不真！"

雪雁道：

"多早晚放定的？"

侍书道：

"那里就放定了呢？那一天我告诉你时，是我听见小红说的。后来我到二奶奶那边去，二奶奶正和平姐姐说呢，道：那都是门客们借着这个事讨老爷的喜欢，往后好拉拢的意思。别说大太太说不好，就是大太太愿意，说那姑娘好，那大太太眼里看的出什么人来？再者：老太太心里早有了人了，就在咱们园子里的，大太太那里摸的着底呢？老太太不过因老爷的话不得不问问罢咧。又听见二奶奶说：宝玉的事，老太太总是要亲上作亲的，凭谁来说亲，横竖不中用。"

雪雁听到这里，也忘了神了，因说道：

"这是怎么说？白白的送了我们这一位的命了！"

侍书道：

"这是从那里说起？"

雪雁道：

"你还不知道呢！前日都是我和紫鹃姐姐说来着。这一位听见了，就弄到这步田地了。"

侍书道：

"你悄悄儿的说罢，看仔细她听见了。"

雪雁道：

"人事都不醒了，瞧瞧罢，左不过^①在这一两天了。"

正说着，只见紫鹃掀帘进来说：

"这还了得！你们有什么话还不出去说，还在这里说！索性逼死她就完了！"

侍书道：

"我不信有这样奇事。"

紫鹃道：

"好姐姐，不是我说，你又该恼了！你懂得什么呢？懂得也不传这些舌了。"

这里三个人正说着，只听黛玉忽然又嗽了一声，紫鹃连忙跑到炕沿前站着，侍书雪雁也都不言语了。紫鹃弯着腰，在黛玉身后轻轻问道：

"姑娘，喝口水罢？"

黛玉微微答应了一声。雪雁连忙倒了半盅滚白水，紫鹃接了

托着,侍书也走近前来。紫鹃和她摇头儿不叫她说话,侍书只得咽
住了。站了一回,黛玉又嗽了一声。紫鹃趁势问道:

"姑娘,喝水呀!"

黛玉又微微应了一声,那头似有欲抬之意,那里抬得起? 紫鹃
爬上炕去,爬在黛玉旁边,端着水,试了冷热,送到唇边,扶了黛玉
的头,就到碗边喝了一口。紫鹃才要拿时,黛玉意思还要喝一口,
紫鹃便托着那碗不动。黛玉又喝了一口,摇摇头儿不喝了,喘了一
口气,仍旧躺下。半日,微微睁眼,说道:

"刚才说话不是侍书么?"

紫鹃答应道:

"是。"

侍书尚未出去,因连忙过来问候。黛玉睁眼看了,点点头儿,
又歇了一歇,说道:

"回去问你姑娘好罢。"

侍书见这番光景,只当黛玉嫌烦,只得悄悄的退出去了。

原来那黛玉虽则病势沉重,心里却还明白。起先侍书雪雁说
话时,她也模糊听见了一半句,却只作不知,也因实无精神答理。
及听了雪雁侍书的话,才明白过来前头的事情原是议而未成的。
又兼侍书说是凤姐说的,老太太的主意,亲上作亲,又是园中住着
的,非自己而谁? 因此一想,阴极阳生,心神顿觉清爽许多,所以才
喝了两口水,又要想问侍书的话。恰好贾母、王夫人、李纨、凤姐听
见紫鹃之言都赶着来看。黛玉心中疑团已破,自然不似先前寻死
之意了。虽身体软弱,精神短少,却也勉强答应一两句了。

凤姐因叫过紫鹃,问道:

"姑娘也不至这样。这是怎么说,你这样吓人!"

紫鹃道:

"实在头里看着不好,才敢去告诉的。回来见姑娘竟好了许
多,也就怪了。"

贾母笑道:

"你也别信她。她懂得什么？看不好就言语,这倒是她明白的地方。小孩子家不嘴懒脚懒就好。"

说了一回,贾母等料着无妨,也就去了。正是:"心病终须心药治,解铃还是系铃人。"⑤

不言黛玉病渐减退。且说雪雁紫鹃背地里都念佛。雪雁向紫鹃说道:

"亏她好了! 只是病的奇怪,好的也奇怪。"

紫鹃道:

"病的倒不怪,就只好的奇怪。想来宝玉和姑娘必是姻缘。人家说的:'好事多磨。'又说道是:'姻缘棒打不回。'这么看起来,人心天意,他们两个竟是天配的了。再者:你想那一年我说了林姑娘要回南京去,把宝玉没急死了,闹得家翻宅乱;如今一句话又把这一个弄的死去活来:可不说的'三生石上⑥五百年前结下的'么?"说着,两个悄悄的抿着嘴笑了一回。雪雁又道:

"幸亏好了! 咱们明儿再别说了,就是宝玉娶了别的人家儿的姑娘,我亲见他在那里结亲,我也再不露一句话了。"

紫鹃笑道:

"这就是了。"

不但紫鹃和雪雁在私下里讲究,就是众人也都知道黛玉的病也病的奇怪,好也好得奇怪,三三两两,唧唧哝哝议论着。不多几时,连凤姐儿也知道了,邢王二夫人也有些疑惑,倒是贾母略猜着了八九。

那时正值邢王二夫人、凤姐等在贾母房中说闲话。说起黛玉的病来,贾母道:

"我正要告诉你们。宝玉和林丫头是从小儿在一处的,我只说小孩子们怕什么? 以后时常听得林丫头忽然病,忽然好,都为有了些知觉了。所以我想他们若尽着搁在一块儿,毕竟不成体统。你

> 第一次用侍书雪雁谈话、造成杯弓蛇影,第二次再用她们谈话、起死回生。写黛玉心理变化过程甚佳。与五十七回紫鹃试探宝玉弄得宝玉死去活来,前后辉映。作者如此安排是在表现黛玉宝玉深情,以此造成悲剧的更大效果。

> 雪雁的话是九十七回陪宝钗出闺成大礼的伏笔。

们怎么说?"

王夫人听了,便呆了一呆,只得答应道:

"林姑娘是个有心计儿的。至于宝玉,呆头呆脑,不避嫌疑是有的。看起外面,却还都是个小孩儿形象。此时若忽然或把那一个分出园外,不是倒露了什么痕迹了么?古来说的:'男大须婚,女大须嫁。'老太太想,倒是赶着把他们的事办办也罢了。"

贾母听了,皱了一皱眉,说道:

"林丫头的乖僻,虽也是她的好处,我的心里不把林丫头配他,也是为这点子:况且林丫头这样虚弱,恐不是有寿的。只有宝丫头最妥。"

王夫人道:

"不但老太太这么想,我们也是这么。但林姑娘也得给她说了人家儿才好,不然,女孩儿家长大了,那个没有心事?倘或真与宝玉有些私心,若知道宝玉定下宝丫头,那倒不成事了。"

贾母道:

"自然先给宝玉娶了亲,然后给林丫头说人家,最没有先是外人,后是自己的。况且林丫头年纪到底比宝玉小一岁。依你们这么说,倒是宝玉定亲的话,不许叫她知道倒罢了。"

凤姐便吩咐众丫头们道:

"你们听见了?宝二爷定亲的话,不许混吵嚷;若有多嘴的,提防着她的皮!"

贾母又向凤姐道:

"凤哥儿,你如今自从身上不大好,也不大管园里的事了。我告诉你,须得经点儿心。不但这个,就像前年那些人喝酒要钱,都不是事。你还精细些,少不得多分点心儿,严紧严紧他们才好。况且我看他们也就还服你些。"

凤姐答应了,娘儿们又说了一回话,方各自散了。

> 贾母属意宝钗已久,此回与凤姐一拍一唱,黛玉休矣。作者写宝玉黛玉宝钗三角关系,波涛起伏,回旋荡漾,多采多姿。

① 蛇影杯弓——汉应郴请杜宣吃酒，宣见杯中的影子像一条蛇，吃酒后得病。后来在原地方摆酒，发现杯中蛇影原来是弓影。蛇影杯弓，足说把虚幻的事信以为真，而且疑心恐怖。

② 青史——古时的书，是用漆写在竹上的，先要把竹上面青的一层刨去（这叫作杀青），然后再写。"青史"就是青竹所写的史书，后来泛指历史。

③ 焦尾枯桐——《后汉书》说有一个人用枯了的桐树来烧饭，蔡邕听到火声猛烈，知道它是好木材，可以做琴。便把它要来做成七弦琴，弹起来果然很好听。因为这琴的末一端还有烧焦的痕迹，就叫焦尾琴。后来就用焦尾枯桐来称赞好的琴。

④ 左不过——左右、反正、横竖的意思，与"左不是"相同。

⑤ 解铃还是系铃人——这是说一件事情出了问题，仍须由原来做的人自己去解决。指月录说法眼和尚有一次问大家：虎颈项系的金铃谁能够去解下来？大家答不出。有一个泰钦和尚刚巧走来，法眼也把这问题问他，他说挂的人能去解下来。

⑥ 三生石上——相传唐朝人李源与圆泽很要好，圆泽病重，跟李源约定十二年后在杭州见面。后来李源到了杭州，只遇见一个牧童，唱着一首歌道："三生石上旧精魂，赏月吟风不要论，惭愧情人远相访，此身虽异性长存。"三生石上就是俗语说的"前世姻缘"。

第九十回　失绵衣贫女耐嗷嘈
送果品小郎惊叵测

　　从此,凤姐常到园中照料。一日,刚走到大观园,到了紫菱洲畔,只听见一个老婆子在那里嚷。凤姐走到跟前,那婆子才瞧见了,早垂手侍立,口里请了安。凤姐道:

　　"你在这里闹什么?"

　　婆子道:

　　"蒙奶奶们派我在这里看守花果,我也没有差错,不料邢姑娘的丫头说我们是贼。"

　　凤姐道:

　　"为什么呢?"

　　婆子道:

　　"昨儿我们家的黑儿跟着我到这里玩了一回,他不知道,又往邢姑娘那里去瞧了一瞧,我就叫他回去了。今儿早起,听见她们丫头说,丢了东西了。我问她丢了什么,她就问起我来了。"

　　凤姐道:

　　"问了你一声,也犯不着生气,呀。"

　　婆子道:

　　"这里园子,到底是奶奶家里的,并不是她们家里的。我们都是奶奶派的,贼名儿怎么敢认呢?"

　　凤姐照脸啐了一口,厉声道:

　　"你少在我跟前唠唠叨叨的! 你在这里照看,姑娘丢了东西,你们就该问哪！怎么说出这些没道理的话来？把老林叫了来，撵她出去！"

丫头们答应了。只见邢岫烟赶忙出来，迎着凤姐陪笑道：

"这使不得，没有的事，事情早过去了。"

凤姐道：

"姑娘，不是这个话。倒不讲事情，这名分上太岂有此理了！"

岫烟见婆子跪在地下告饶，便忙请凤姐到里边去坐。凤姐道："她们这种人，我知道她，除了我，其余都没上没下的了。"

岫烟再三替她讨饶，只说自己的丫头不好。凤姐道：

"我看着邢姑娘的分上饶你这一次！"

婆子才起来磕了头，又给岫烟磕了头，才出去了。

这里二人让了坐，凤姐笑问道：

"你丢了什么东西了？"

岫烟笑道：

"没有什么要紧的，是一件红小袄儿，已经旧了的。我原叫她们找，找不着就罢了。这小丫头不懂事，问了那婆子一声，那婆子自然不依。这都是小丫头糊涂不懂事，我也骂了几句。已经过去了，不必再提了。"

凤姐把岫烟内外一瞧，看见虽有些皮棉衣裳，已是半新不旧的，未必能暖和，她的被窝多半是薄的。至于房中桌上摆设的东西，就是老太太拿来的，却一些不动，收拾的干干净净。凤姐心上便很爱敬她。说道：

凤姐处理失衣事件头头是道，能人本色。作者处理这个人物成竹在胸，枝叶分明。

"一件衣裳，原不要紧。这时候冷，又是贴身的，怎么就不问一声儿呢？这撒野的奴才，了不得了！"

说了一回，凤姐出来，各处去坐了一会儿，就回去了。到了自己房中，叫平儿取了一件大红洋绉的小袄儿，一件松花色绫子，一斗珠儿的小皮袄，一条宝蓝盘锦镶花线裙，一件佛青银鼠褂子，包好叫人送去。

那时岫烟被那老婆子聒噪了一场,虽有凤姐来压住,心上终是不定。想起"许多姐妹们在这里,没有一个下人敢得罪她们的,独自我这里,她们言三语四,刚刚凤姐来碰见。"想来想去,终是没意思,又说不出来。正在吞声饮泣,看见凤姐那边的丰儿送衣裳过来。岫烟一看,决不肯受。丰儿道:

"奶奶吩咐我说:姑娘要嫌是旧衣裳,将来送新的来。"

岫烟笑谢道:

"承奶奶的好意。只是因我丢了衣裳,她就拿来,我断不敢受的。拿回去,千万谢你们奶奶! 承你奶奶的情,我算领了。"

倒拿个荷包给了丰儿,那丰儿只得拿了去了。

不多时,又见平儿同着丰儿同来,岫烟忙迎着问了好,让了坐。平儿笑说道:

"我们奶奶说,姑娘特外道的了不得。"

岫烟道:

"不是外道,实在不过意。"

平儿道:

"奶奶说:姑娘要不收这衣,不是嫌太旧,就是瞧不起我们奶奶。刚才说了,我要拿回去,奶奶不依我呢。"

岫烟红着脸笑谢道:

"这样说了,叫我不敢不收。"

又让了一回茶。

平儿和丰儿回去,将到凤姐那边,碰见薛家差来的一个老婆子,接着问好。平儿便问道:

"你那里去的?"

婆子道:

"那边太太、姑娘叫我来请各位太太、奶奶、姑娘们的安。我才刚在奶奶前问起姑娘来,说姑娘到园中去了。可是从邢姑娘那里来么?"

平儿道:

"你怎么知道?"

婆子道:

"方才听见说,真真的二奶奶和姑娘们的行事叫人感念!"

平儿笑了一笑,说道:

"你回来坐着罢。"

婆子道:

"我还有事,改日再过来瞧姑娘罢。"

说着走了。平儿回来,回复了凤姐。不在话下。

且说薛姨妈家中被金桂搅得翻江倒海,看见婆子回来,说起岫烟的事,宝钗母女二人不免滴下泪来。宝钗道:

"都为哥哥不在家,所以叫邢姑娘多吃几天苦。如今还亏凤姐姐不错。咱们底下也得留心,倒底是咱们家里人。"

说着,只见薛蝌进来说道:

"大哥哥这几年在外头相与的都是些什么人!连一个正经的也没有来,一起子都是些狐群狗党!我看他们那里是不放心?不过将来探探消息儿罢咧!这两天都被我赶出去了。以后吩咐了门上,不许传进这种人来。"

薛姨妈道:

"又是蒋玉函那些人哪?"

薛蝌道:

"蒋玉函却没来,倒是别人。"

薛姨妈听了薛蝌的话,不觉又伤起心来,说道:

"我虽有儿,如今就像没有的了。就是上司准了,也是个废人。你虽是我侄儿,我看你还比你哥哥明白些,我这后辈子全靠你了。你自己从今后要学好。再者:你聘下的媳妇儿,家道不比往时了。人家的女孩儿出门子不是容易,再没别的想头,只盼着女婿能干,她就有日子过了。若邢丫头也像这个东西,"说着把手往里头一指道:

"我也不说了。邢丫头实在是个有廉耻，有心计儿的，又守得贫，耐得富。只是等咱们的事过去了，早些把你们的正经事完结了，也了我一宗心事。"

薛蝌道：

"琴妹妹还没有出门子，这倒是太太烦心的一件事。至于这个，可算什么呢！"

大家又说了一回闲话，薛蝌回到自己屋里，吃了晚饭，想起邢岫烟住在贾府园中，终是寄人篱下；况且又穷，日用起居不想可知。况兼当初一路同来，模样儿，性格儿，都知道的。可知天意不均：如夏金桂这种人，偏叫她有钱，娇养得这般泼辣，邢岫烟这种人偏教她这样受苦。阎王判命的时候，不知如何判法的！想到闷来，也想吟诗一首，写出来出出胸中的闷气。又苦自己没有工夫，只得混写道：

蛟龙失水似枯鱼，两地情怀感索居。

同在泥涂多受苦，不知何日向清虚？

写毕，看了一回，意欲拿来粘在壁上，又不好意思，自己沉吟道：

"不要被人看见笑话。"又念了一遍，道：

"管他呢！左右粘上，自己看着解闷儿罢。"

又看了一回，到底不好，拿来夹在书里。又想：

"自己年纪可也不小了，家中又碰见这样飞灾横祸，不知何日了局。致使幽闺弱质，弄得这般凄凉寂寞！"

正在那里想时，只见宝蟾推进门来，拿着一个盒子，笑嘻嘻放在桌上。薛蝌站起来让坐。宝蟾笑着向薛蝌道：

"这是四碟果子，一小壶儿酒。大奶奶叫给二爷送来的。"

薛蝌陪笑道：

"大奶奶费心！但是叫小丫头们送来就完了，怎么又劳动姐姐呢？"

宝蟾道：

“好说。自家人,二爷何必说这些套话?再者:我们大爷这件事,实在叫二爷操心,大奶奶久已要亲自弄点什么儿谢二爷,又怕别人多心。二爷是知道的,咱们家里都是言合意不合,送点子东西没要紧,倒没的惹人七嘴八舌的讲究。所以今儿些微的弄了一两样果子,一壶酒,叫我亲自悄悄儿的送来。”说着,又笑瞅了薛蝌一眼,道:

“明儿二爷再别说这些话,叫人听着怪不好意思的。我们不过也是底下的人,伏侍的着大爷,就伏侍的着二爷,这有何妨呢?”

薛蝌一则秉性忠厚,二则到底年轻,只是向来不见金桂和宝蟾如此相待,心中想到刚才宝蟾说为薛蟠之事也有情理,因说道:

“果子留下罢,这个酒儿,姐姐只管拿回去。我向来的酒上实在很有限,挤住了,偶然喝一盅;平白无事,是不能喝的。难道大奶奶和姐姐还不知道么?”

宝蟾道:

“别的我作得主,独这一件事我可不敢应。大奶奶的脾气儿,二爷是知道的。我拿回去,不说二爷不喝,倒要说我不尽心了。”

薛蝌没法,只得留下。宝蟾方才要走,又到门口往外看看,回过头来向着薛蝌一笑:又用手指着里面说道:

“她还只怕要来亲自给你道乏呢。”

薛蝌不知何意,反倒讪讪的起来,因说道:

“姐姐替我谢大奶奶罢。天气寒,看凉着。再者:自己叔嫂也不必拘这些个礼。”

宝蟾不答,笑着走了。

薛蝌始而以为金桂为薛蟠之事,或者真是不过意,备些酒果给自己道乏,也是有的,及见了宝蟾这种鬼鬼祟祟,不尴不尬的光景,也觉了几分,却自己回心一想:

“他到底是嫂子的名分,那里就有别的讲究了呢?或者宝蟾不老成,自己不好意思怎么着,却指着金桂的名儿,也未可知。然而到底是哥哥的屋里人,也不好——”忽又一转念:“那金桂素性为人毫无闺阁理法，况且有时高兴，打扮的妖调非常，自以为美，又**怎么**不是怀着坏心呢？ 不然，就是她和琴妹妹也有了什么不对的**地方**儿，所以设下这个毒法儿，要把我拉在浑水里，弄一个不清不白的名儿，也未可知。"

　　想到这里，索性倒怕起来了。

第九十一回　纵淫心宝蟾工设计
布疑阵宝玉妄谈禅

薛蝌正在不得主意的时候，忽听窗外噗哧的笑了一声，把薛蝌吓了一跳。薛蝌心中想道：

"不是宝蟾，定是金桂。只不理她们，看她们有什么法儿！"

听了半日，却又寂然无声。自己也不敢吃那酒果，掩上房门，刚要脱衣时，只听见窗纸上微微一响。薛蝌此时被宝蟾鬼混了一阵，心中七上八下，竟不知如何是好。听见窗纸微响，细看时又无动静，自己反倒疑心起来，掩了怀，坐在灯前呆呆的细想。又把那果子拿了一块，翻来覆去的细看。猛回头，看见窗上的纸湿了一块。走过来觑着眼看时，冷不防外面往里一吹，把薛蝌吓了一大跳。听得吱吱的笑声，薛蝌连忙把灯吹灭了，屏息而卧，只听外面一个人说道：

"二爷为什么不喝酒吃果子就睡了？"

这句话仍是宝蟾的话音，薛蝌只不作声装睡。又隔了两句话时，听得外面似有很声道：

"天下那里有这样没造化的人！"

薛蝌听了似是宝蟾，又似是金桂的语音，这才知道她们原来是这一番意思。翻来覆去，直到五更后才睡着了。刚到天明，早有人来扣门。薛蝌忙问：

"是谁？"

外面也不答应。薛蝌只得起来，开了门看时，却是宝蟾，拢着头发，掩着怀，穿了件片金边琵琶襟小紧身，上面系一条松花绿半新的汗巾，下面并未穿裙，正露着石榴红洒花夹裤，一双新绣红鞋。原来宝蟾尚未梳洗,恐怕人见,趁早来取家伙。

薛蝌见她这样打扮便走进来,心中又是一动,只得陪笑问道:

"怎么这么早就起来了?"

宝蟾把脸红着,并不答言,只管把果子折在一个碟子里,端着就走。薛蝌见她这般,知是昨晚的原故,心里想道:

"这也罢了,倒是她们恼了,索性死了心,也省了来缠。"

于是把心放下,叫人舀水洗脸,自己打算在家里静坐两天:一则养养神,二则出去怕人找他。

> 写宝蟾的伶俐轻佻,笑声浪态,妙笔生花。宝蟾与晴雯紫鹃等完全不同,以规矩老实的薛蝌衬托出风骚,淫荡的宝蟾,更收牡丹绿叶之功。

原来和薛蟠好的那些人,因见薛家无人,只有薛蝌办事,年纪又轻,便生出许多觊觎之心。也有想插在里头做跑腿儿的;也有能做状子,认得一两个书办,要给他上下打点的;其至有叫他在内趁钱的;也有造作谣言恐吓的:种种不一。薛蝌见了这些人,远远的躲避,又不敢而辞,恐怕激出意外之变,只好藏在家中听候转详。不提。

且说金桂昨夜打发宝蟾送了些酒果去探探薛蝌的消息。宝蟾回来,将薛蝌的光景一一的说了。金桂见事有些不大投机,便怕白闹一场,反被宝蟾瞧不起;要把两三句话遮饰,改过口来,又摆不开这个人:心里倒没了主意,只是怔怔的坐着。

那知宝蟾也想薛蟠难以回家,正要寻个路头儿,因怕金桂拿她,所以不敢透漏。今见金桂所为,先已开了端了,她便乐得借风使船,先弄薛蝌到手,不怕金桂不依,所以用言挑拨。见薛蝌似非无情,又不甚兜揽,一时也不敢造次。后来见薛蝌吹灯自睡,大觉扫兴,回来告诉金桂,看金桂有甚方法儿,再作道理。及见金桂怔怔的,似乎无技可施,她也只得陪金桂收拾睡了。夜里那里睡的着,翻来覆去,想出一个法子来:不如明儿一早起来,先去取了家伙,却自己换上一两件颜色娇嫩的衣服,也不梳洗,越显出一番帼妆媚态来。只看薛蝌的神情,自己反倒装出恼意,索性不理他。那薛蝌若有悔心,自然移船就岸,不愁不先到手。——是这个主意,及至见了薛蝌仍是昨晚光景,并无邪僻,自己只得以假为真,端了碟子回来,却故意留下酒壶以为再来搭转之地,只见金桂问道:

"你拿东西去,有人碰见么?"

宝蟾道:

"没有。"

金桂道:

"二爷也没问你什么?"

宝蟾道:

"也没有。"

金桂因一夜不曾睡,也想不出个法子来,只得回想道:

"若作此事,别人可瞒,宝蟾如何能瞒?不如分惠于她。她自然没的说了。况我又不能自去,少不得要她作脚,索性和她商量个稳便主意。"因带笑说道:

"你看二爷到底是个怎么样的个人?"

宝蟾道:

"倒像是个糊涂人。"

金桂听了,笑道:

"你怎么糟蹋起爷们来了?"

宝蟾也笑道:

"他辜负奶奶的心,我就说得他!"

金桂道:

"他怎么辜负我的心?你倒得说说。"

宝蟾道:

"奶奶给他好东西吃他倒不吃,这不是辜负奶奶的心么?"

说着,却把眼溜着金桂一笑。金桂道:

"你别胡想!我给他送东西,为大爷的事不辞劳苦,我所以敬他;又怕人说瞎话,所以问你。你这些话和我说,我不懂是什么意思。"

宝蟾笑道:

"奶奶别多心。我是跟奶奶的,还有两个心么? 但是事情要密些,倘或声张起来,不是玩的。"

金桂也觉得脸飞红了,因说道:

"你这个丫头就不是个好货! 想来你心里看上了,却拿我作筏子,是不是呢?"

宝蟾道:

"只是奶奶那么想罢咧,我倒是替奶奶难受。奶奶要真瞧二爷好,我倒有个主意。奶奶想,'那个耗子不偷油呢?'他也不过怕事情不密,大家闹出乱子来不好看。依我想:奶奶且别性急,时常在他身上,不周不备的去处张罗张罗。他是个小叔子,又没娶媳妇儿,奶奶就多尽点心儿,和他贴个好儿,别人也说不出什么来。过几天,他感奶奶的情,他自然要谢候奶奶。那时奶奶再备点东西儿在咱们屋里,我帮着奶奶灌醉了他,还怕他跑了吗? 他要不应,咱们索性闹起来,就说他调戏奶奶。他害怕,自然得顺着咱们的手儿。他再不应,他也不是人,咱们也不至白丢了脸! 奶奶想怎么样?"

金桂听了这话,两颧早已红晕了,笑骂道:

"小蹄子,你倒像偷过多少汉子似的! 怪不得大爷在家时,离不开你!"

宝蟾把嘴一撒,笑说道:

"罢呀! 人家倒替奶奶拉纤,奶奶倒和我们说这个话咧!"

从此,金桂一心笼络薛蝌,倒无心混闹了,家中也少觉安静。

当日宝蟾自去取了酒壶,仍是稳稳重重,一脸的正气。薛蝌偷眼看了,反倒后悔,疑心或者是自己错想了她们,也未可知。果然如此,倒辜负了她这一番美意。保不住日后倒要和自己也闹起来,岂非自惹的呢? 过了两天,甚觉安静。薛蝌遇见宝蟾,宝蟾便低头走了,连眼皮儿也不抬,遇见金桂,金桂却一盆火儿的赶着。薛蝌见这般光景，反倒过意不去。这且不表。

　　且说宝钗母女觉得金桂几天安静，待人忽然亲热起来，一家子都视为罕事。薛姨妈十分欢喜，想到"必是薛蟠娶这媳妇时冲犯了什么，才败坏了这几年。目今闹出这样事来，亏得家里有钱，贾府出力，方才有了指望。媳妇忽然安静起来，或者是蟠儿转过运气来，也未可知。"于是自己心里倒以为希有之奇。这日饭后，扶了同贵过来，到金桂房里瞧瞧。走到院中，只听一个男人和金桂说话。同贵知机，便说道：

　　"大奶奶，老太太过来了。"

　　说着，已到门口，只见一个人影儿在房门后一躲。薛姨妈一吓，倒退了出来。金桂道：

　　"太太请里头坐，没有外人。他就是我的过继兄弟，本住在屯里，不惯见人，因没有见过太太，今儿才来，还没去请太太的安。"

　　薛姨妈道：

　　"既是舅爷，不妨见见。"

　　金桂叫兄弟出来见了薛姨妈，作了个揖，问了好。薛姨妈也问了好，坐下叙起话来。薛姨妈道：

　　"舅爷上京几时？"

　　那夏三道：

　　"前月我妈没有人管家，把我过继来的。前日才进京，今日来瞧姐姐。"

　　薛姨妈看那人不尴尬，于是略坐坐儿便起身道：

　　"舅爷坐着罢。"

　　回头向金桂道：

　　"舅爷头上没下的来，留在咱们这里吃了饭再去罢。"

　　金桂答应着，薛姨妈自去了。

　　金桂见婆婆去了，便向夏三道：

　　"你坐着罢。今日可是过了明路的了，省了我们二爷查考。我今日还要叫你买些东西，只别叫别人看见。"

夏三道：

"这个交给我就完了。你要什么，只要有钱，我就买的了来。"

金桂道：

"且别说嘴，等你买上了当，我可不收。"

说着，二人又嘲谑了一回，然后金桂陪夏三吃了晚饭，又告诉他买的东西，又嘱咐一回，夏三自去。从此，夏三往来不绝。虽有个年老的门上人，知是舅爷，也不常回。从此，生出无限风波。这是后话，不表。

一日，薛蟠有信寄回，薛姨妈打开叫宝钗看时，上写：

男在县里也不受苦，母亲放心。但昨日县里书办说，府里已经准详，想是我们的情到了。岂知府里详上去，道里反驳下来了。亏得县里主文相公好，即刻做了回文顶上去了。那道里却把知县申饬。现在道里要亲提，若一上去，又要吃苦。必是道里没托到。母亲见字，快快托人求道爷去！还叫兄弟快来！不然，就要解道。银子短不得！火速，火速！

薛姨妈听了，又哭了一场。宝钗和薛蝌一面劝慰，一面说道："事不宜迟！"薛姨妈没法，只得叫薛蝌到那里去照料，命人即忙收拾行李，兑了银子，同着当铺中一个伙计，连夜起程。那时手忙脚乱，虽有下人办理，宝钗怕他们思想不到，亲来帮着收拾，直闹至四更才歇。到底富家女子娇养惯了的，心上又急，又劳苦了一夜，到了次日，就发起烧来，汤水都吃不下去。莺儿忙回了薛姨妈。

薛姨妈急来看时，只见宝钗满面通红，身如燔灼，话都不说。薛姨妈慌了手脚，便哭得死去活来。宝琴扶着劝解。秋菱见了也汩如泉涌，只管在旁哭叫。宝钗不能说话，连手也不能摇动，眼干鼻塞。叫人请医调治，渐渐苏醒回来，薛姨妈等大家略略放心。早惊动荣宁两府的人。先是凤姐打发人送十香返魂丹来，随后王夫人又送至宝丹来，贾母、邢王二夫人以及尤氏等都打发丫头来问候，却都不叫宝玉知道。一连治了七八天，终不见效。还是她自己想起"冷香丸"，吃了三丸，才得病好。后来宝玉也知道了，因病好了，没有瞧去。

那时薛蝌又有信回来。薛姨妈看了，怕宝钗担忧，也不叫她知道，自己来求王夫人，并述了一会子宝钗的病。薛姨妈去后，王夫人又求贾政。贾政道：

"此事上头可托，底下难托，必须打点才好。"

王夫人又提起宝钗的事来，因说道：

"这孩子也苦了，既是我家的人了，也该早些娶了过来才是，别叫她糟蹋坏了身子。"

贾政道：

"我也是这么想。但是她家忙乱，况且如今到了冬底，已经年近岁逼，无不各自要料理些家务。今冬且放了定，明春再过礼。过了老太太的生日，就定日子娶。你把这番话先告诉薛姨太太。"

王夫人答应了。

到了次日，王夫人将贾政的话向薛姨妈说了，薛姨妈想着也是。到了饭后，王夫人陪着来到贾母房中，大家让了坐。贾母道：

"姨太太才过来？"

薛姨妈道：

"还是昨儿过来的，因为晚了，没得过来给老太太请安。"

王夫人便把贾政昨夜所说的话向贾母述了一遍，贾母甚喜。

说着，宝玉进来了，贾母便问道：

"吃了饭了没有？"

宝玉道：

"才打学房里回来，吃了要往学房里去，先见见老太太。又听见说姨妈来了，过来给姨妈请请安。"

因问："宝姐姐大好了？"

薛姨妈笑道：

"好了。"

原来方才大家正说着，见宝玉进来，都掩住了。宝玉坐了坐，见薛姨妈神情不似从前亲热，"虽是此刻没有心情，也不犯大家都不言语，……"满腹猜疑，自往学中去了。晚上回来，都见过了，便往潇湘馆来。掀帘进去，紫鹃接着。见里间屋内无人。宝玉道：

"姑娘那里去了？"

紫鹃道：

"上屋里去了。听见说姨太太过来，姑娘请安去了。二爷没有到上屋里去么？"

宝玉道：

"我去了来的，没有见你们姑娘。"

紫鹃道：

"没在那里吗？"

宝玉道：

"没有。到底那里去了？"

紫鹃道：

"这就不定了。"

宝玉刚要出来，只见黛玉带着雪雁，冉冉而来。宝玉道：

"妹妹回来了。"

缩身退步，仍跟黛玉回来。

黛玉进来，走入里间屋内，便请宝玉里头坐，紫鹃拿了一件外罩换上，然后坐下问道：

"你上去，看见姨妈了没有？"

宝玉道：

"见过了。"

黛玉道：

"姨妈说起我来没有？"

宝玉道：

"不但没说你，连见了我也不像先时亲热。我问起宝姐姐的病来，她不过笑了一笑，并不答言。难道怪我这两天没去瞧她么？"

黛玉笑了一笑，道：

"你去瞧过没有？"

宝玉道:

"头几天不知道;这两天知道了,也没去。"

黛玉道:

"可不是呢!"

宝玉道:

"当真的,老太太不叫我去,太太也不叫我去,老爷又不叫去,我如何敢去? 要像从前这小门儿通的时候儿,要我一天瞧她十趟也不难,如今把门堵了,要打前头过去,自然不便了。"

黛玉道:

"她那里知道这个原故?"

宝玉道:

"宝姐姐为人是最体谅我的。"

黛玉道:

"你不要自己打错了主意。若论宝姐姐,更不体谅,又不是姨妈病,是宝姐姐病。向来在园中做诗,赏花,饮酒,何等热闹! 如今隔开了,你看见她家里有事了,她病到那步田地,你像没事人一般,她怎么不恼呢?"

宝玉道:

"这样,难道宝姐姐便不和我好了不成?"

黛玉道:

"她和你好不好,我却不知,我也不过是照理而论。"

宝玉听了,瞪着眼呆了半响。黛玉看见宝玉这样光景,也不睬他,只是自己叫人添了香,又翻出书来,看了一会。只见宝玉把眉一皱,把脚一跺,道:

"想我这个人,生他做什么! 天地间没有了我,到也干净!"

黛玉道:

"原是有了我,便有了人;有了人,便有无数的烦恼生出来:恐怖,颠倒,梦想,更有许多缠碍。才刚我说的,都是玩话。你不过是看见姨妈没精打彩,如何便疑到宝姐姐身上去? 姨妈过来原为她的官司事情，心绪不宁，那里还来应酬你？都是你自己心上胡思乱想，钻入魔道里去了。"

宝玉豁然开朗，笑道：

"很是，很是。你的性灵，比我竟强远了。怨不得前年我生气的时候，你和我说过几句禅语，我实在对不上来。我虽丈六金身，还藉你一茎所化。"

黛玉乘此机会，说道：

"我便问你一句话，你如何回答？"

宝玉盘着腿，合着手，闭着眼，撅着嘴道：

"讲来。"

黛玉道：

"宝姐姐和你好，你怎么样？宝姐姐不和你好，你怎么样？宝姐姐前儿和你好，如今不和你好，你怎么样？今儿和你好，后来不和你好，你怎么样？你和她好，她偏不和你好，你怎么样？你不和她好，她偏要和你好，你怎么样？"

宝玉呆了半晌，忽然大笑道：

"任凭弱水三千，我只取一瓢饮。"

黛玉道：

"瓢之漂水，奈何？"

宝玉道：

"非瓢漂水，水自流，瓢自漂耳。"

黛玉道：

"水止珠沉，奈何？"

宝玉道：

"禅心已作沾泥絮，莫向春风舞鹧鸪。"

黛玉道：

"禅门第一戒是不打诳语的。"

宝玉道：

"有如三宝。"

> 黛玉问得天衣无缝，宝玉答得斩钉截铁，作者一步步写黛玉爱情胜利，宝玉心比金石，结果适得其反。此段安排，是大手笔。

黛玉低头不语,只听见檐外老鸦呱呱的叫了几声,便飞向东南上去。宝玉道:

"不知主何吉凶?"

黛玉道:

"'人有吉凶事,不在鸟音中。'"

忽见秋纹走来说道:

"请二爷回去。老爷叫人到园里来问过,说:二爷打学里回来了没有?袭人姐姐只说已经回来了。快去罢。"

吓的宝玉站起身来,往外忙走。黛玉也不敢相留。

第九十二回　评女传巧姐慕贤良
玩母珠贾政参聚散

话说宝玉从潇湘馆出来，连忙问秋纹道：

"老爷叫我作什么？"

秋纹笑道：

"没有叫。袭人姐姐叫我请二爷，我怕你不来，才哄你的。"

宝玉听了，才把心放下，因说：

"你们请我也罢了，何苦来吓我？"

说着，回到怡红院内。袭人便问道：

"你这好半天到那里去了？"

宝玉道：

"在林姑娘那边，说起姨妈家宝姐姐的事来，就坐住了。"

袭人又问道：

"说些什么？"

宝玉将打禅语的话述了一遍。袭人道：

"你们再没个计较。正经说些家常闲话儿，或讲究些诗句，也是好的，怎么又说到禅语上了？又不是和尚。"

宝玉道：

"你不知道，我们有我们的禅机，别人是插不下嘴去的。"

袭人笑道："

"你们参禅参翻了，又叫我们跟着打闷葫芦了。"

宝玉道：

"头里我也年纪小，她也孩子气，所以我说了不留神的话，她就恼了。如今我也留神，她也没有恼的了。只是她近来不常过来，我又念书，偶然到一处，好像生疏了似的。"

袭人道：

"原该这么着才是。都长了几岁年纪了，怎么好意思还像小孩子时候的样子？"

宝玉点头道：

"我也知道。如今且不用说那个。我问你：老太太那里打发人来说什么来着没有？"

袭人道：

"没有说什么。"

宝玉道：

"必是老太太忘了。明儿不是十一月初一日么？年年老太太那里必是个老规矩，要办'消寒会'，齐打伙儿坐下，喝酒说笑。我今日已经在学房里告了假了。这会子没有信儿，明儿可是去不去呢？若去了呢，白白的告了假；若不去，老爷知道了，又说我偷懒。"

袭人道：

"据我说，你竟是去的是，才念的好些儿了，又想歇着。我劝你也该上点紧儿了。昨儿听见太太说，兰哥儿念书真好，他打学房里回来，还各自念书作文章，天天晚上弄到四更多天才睡。你比他大多了，又是叔叔，倘或赶不上他，又叫老太太生气，倒不如明儿早起去罢。"

麝月道：

"这么冷天，已经告了假又去，叫学房里说：既这么着，就不该告假呀。显见的是告谎假脱滑儿。依我说，乐得歇一天。就是老太太忘记了，咱们这里就不消寒了么？咱们也闹个会儿不好么？"

袭人道：

"都是你起头儿，二爷更不肯去了。"

麝月道：

"我也是乐一天是一天，比不得你要好名儿，使唤一个月再多得二两银子。"

袭人啐道：

"小蹄子儿！人家说正经话，你又来胡拉混扯的了！"

麝月道：

"我倒不是混拉扯，我是为你。"

袭人道：

"为我什么？"

麝月道：

"二爷上学去了，你又该咕嘟着嘴想着，巴不得二爷早些儿回来，就有说有笑的了。这会子又假撇清^①！何苦呢？我都看见了。"

袭人正要骂她，只见老太太那里打发人来，说道：

"老太太说了，叫二爷明儿不用上学去呢。明儿请了姨太太来给她解闷，只怕姑娘们都来家里的。史姑娘、邢姑娘、李姑娘们都请了，明儿来赴什么'消寒会'呢。"

宝玉没有听完，便喜欢道：

"可不是？老太太最高兴的！明日不上学，是过了明路的了。"

袭人也不便言语了。那丫头回去。

宝玉认真念了几天书，巴不得玩这一天，又听见薛姨妈过来，想着宝姐姐自然也来，心里喜欢，便说：

"快睡罢，明日早些起来。"

于是一夜无话。到了次日，果然一早到老太太那里请了安，又到贾政王夫人那里请了安。回明了老太太今儿不叫上学，贾政也没言语，便慢慢退出来。走了几步，便一溜烟跑到贾母房中。见众人都没来，只有凤姐那边的奶妈子，带了巧姐儿，跟着几个小丫头，过来给老太太请了安，说：

"我妈妈先叫我来请安，陪着老太太说说话儿。妈妈回来就来。"

贾母笑着道：

"好孩子！我一早就起来了。等她们总不来，只有你二叔叔来了。"那奶妈子便说："姑娘，给叔叔请安。"巧姐便请了安。宝玉也问了一声"妞妞好？"巧姐道：

"昨夜听见我妈妈说，要请二叔叔去说话。"

宝玉道："说什么？"

巧姐道：

七十四回"惑奸谗抄检大观园"说凤姐治家久了也颇识得几个字，而且念过一百多字的帖子，此处贾母又说她不认得字，前后矛盾。因此改为"认字不多"。

"我妈妈说，跟着李妈认了几年字，不知道我认得不认得。我说：'都认得。我认给妈妈瞧。'妈妈说我瞎认，不信，说我一天尽子玩，那里认得！我瞧着那些字也不要紧，就是那女孝经②也是容易念的。妈妈说我哄她，要请二叔叔得空儿的时候给我理理。"

贾母听了，笑道：

"好孩子。你妈妈是认字不多的，所以说你哄她。明儿叫你二叔叔理给她瞧瞧，她就信了。"

宝玉道：

"你认了多少字了？"

巧姐儿道：

"认了三千多字。念了一本《女孝经》，半个月头里又上了《列女传》。"

宝玉道：

"你念了懂的吗？你要不懂，我倒是讲讲这个你听罢。"

贾母道：

"做叔叔的也该讲给侄女儿听听。"

宝玉道：

"那文王后妃不必说了。那姜后脱簪待罪和齐国的无盐安邦定国，是后妃里头的贤能的。"

巧姐听了，答应个"是"。宝玉又道：

"若说有才的，是曹大家、班婕妤、蔡文姬、谢道韫诸人。"

巧姐问道：

"那贤德的呢?"

宝玉道:

"孟光的荆钗布裙,鲍宣妻的提瓮出汲,陶侃母的截发留宾:这些不厌贫的就是贤德了。"

巧姐欣然点头。宝玉道:

"还有苦的,像那乐昌破镜,苏蕙回文。那孝的,木兰代父从军,曹娥投水寻尸等类,也难尽说。"

巧姐听到这些,却默默如有所思。宝玉又讲那曹氏的引刀割鼻及那些守节的,巧姐听着更觉肃敬起来。宝玉恐她不自在,又说:

"那些艳的,如王嫱、西子、樊素、小蛮、绛仙、文君、红拂,都是女中的——"

尚未说出,贾母见巧姐默然,便说:"够了,不用说了。讲的太多,她那里记得!"

巧姐道:

"二叔叔才说的,也有念过的,也有没念过的。念过的一讲我更知道好处了。"

宝玉道:

"那字是自然认得的,不用再理了。"

巧姐道:

"我还听见我妈妈说:我们家的小红,头里是二叔叔那里的,我妈妈要了来,还没有补上人呢。我妈妈想着要把什么柳家的五儿补上,不知二叔叔要不要。"

宝玉听了更喜欢,笑着道:

"你听,你妈妈的话! 要补谁就补谁罢咧,又问什么要不要呢?"因又向贾母笑道:

"我瞧大妞妞这个小模样儿,又有这个聪明儿,只怕将来比凤姐姐还强呢,又比她认的字。"

贾母道:

"女孩儿家认得字也好,只是女工针黹倒是要紧的。"

巧姐儿道:

"我也跟着刘妈妈学着做呢。什么扎花儿咧,拉锁子咧,我虽弄不好,却也学着会做几针儿。"

贾母道:

"咱们这样人家,固然不仗着自己做,但只到底知道些,日后才不受人家的拿捏。"

巧姐儿答应着"是",还要宝玉解说《列女传》,见宝玉呆呆的,也不好再问。

你道宝玉呆的是什么?只因柳五儿要进怡红院,头一次是她病了,不能进来;第二次王夫人撵了晴雯,大凡有些姿色的都不敢挑;后来又在吴贵家看晴雯去,五儿跟着她妈给晴雯送东西去,见了一面,更觉娇娜妖媚。今日亏得凤姐想着叫她补入小红的窝儿,竟是喜出望外了,所以呆呆的呆想。

贾母等着那些人,见这时候还不来,又叫丫头去请。回来李纨同着她妹子、探春、惜春、史湘云、黛玉都来了。大家请了贾母的安,众人厮见,独有薛姨妈未到。贾母又叫请去。果然薛姨妈带着宝琴过来。宝玉请了安,问了好,只不见宝钗邢岫烟二人。黛玉便问起:

"宝姐姐为何不来?"

薛姨妈假说身上不好。邢岫烟知道薛姨妈在坐,所以不来。宝玉虽见宝钗不来,心中纳闷,因黛玉来了,便把想宝钗的心暂且搁开。

不多时,邢王二夫人也来了。凤姐听见婆婆们先到了,自己不好落后,只得打发平儿先来告假,说是:

"正要过来,因身上发热,过一回儿就来。"

贾母道:"既是身上不好,不来也罢。咱们这时候很该吃饭了。"

丫头们把火盆往后挪了一挪,就在贾母榻前一溜摆下两桌,大家序次坐下。吃了饭，依旧围炉闲谈。不须多赘。

且说凤姐因何不来？头里为着倒比邢王二夫人迟了不好意思，后来旺儿家的来回说：

"迎姑娘那里打发人来请奶奶安，还说并没有到上头，只到奶奶这里来。"

凤姐听了纳闷，不知又是什么事，便叫那人进来，问：

"姑娘在家好？"

那人道：

"有什么好的！奴才并不是姑娘打发来的，实在是司棋的母亲央我来求奶奶的。"

凤姐道："司棋已经出去了，为什么来求我？"

那人道："司棋自从出去，终日啼哭。忽然那一日，她表兄来了。她母亲见了，恨的什么儿似的，说他害了司棋，一把拉住要打。那小子不敢言语。谁知司棋听见了，急忙出来，老着脸，和她母亲说：'我是为他出来的，我也恨他没良心。如今他来了，妈要打他，不如勒死了我罢！'她妈骂她：'不害臊的东西！你心里要怎么样？'司棋说道：'一个女人嫁一个男人。我一时失脚，上了他的当，我就是他的人了，决不肯再跟着别人的。我只恨他为什么这么胆小？一身作事一身当，为什么逃了呢？就是他一辈子不来，我也一辈子不嫁人的。妈要给我配人，我原拼着一死。今儿他来了，妈问他怎么样。要是他不改心，我在妈跟前磕了头，只当是我死了，他到那里，我跟到那里，就是讨饭吃也是愿意的。'她妈气的了不得，便哭着骂着，说：'你是我的女儿，我偏不给他，你敢怎么着？'那知道司棋这东西糊涂，便一头撞在墙上，把脑袋撞破，鲜血流出，竟碰死了！她妈哭着，救不过来，便要叫那小子偿命。她表兄也奇，说道：'你们不用着急。我在外头原发了财，因想着她才回来的，心也算是真了。你们要不信，只管瞧。'说着，打怀里掏出一匣子金珠首饰来。她妈妈看见了，心软了，说：'你既有心，为什么总不言语？'他外甥道：'大凡女人都是水性杨花，我要说有钱，她就是贪图银钱了。如今她这为人,就是难得的。我把首饰给你们,我去买棺盛殓她。'那司棋的母亲接了东西,也不顾女孩儿了,由着外甥去。那里知道他外甥叫人抬了两口棺材来。司棋的母亲看见,诧异说:'怎么棺材要两口?'他外甥笑道:'一口装不下,得两口才好。'司棋的母亲见她外甥又不哭,只当是他心疼的傻了。岂知他忙着把司棋收拾了,也不啼哭,眼错不见,把带的小刀子往脖子里一抹,也就抹死了。司棋的母亲懊悔起来,倒哭的了不得。如今坊里知道了,要报官。她急了,央我来求奶奶说个人情,她再过来给奶奶磕头。"

凤姐听了,诧异道:"那有这样傻丫头,偏偏的就碰见这个傻小子! 怪不得那一天翻出那些东西来,她心里没事人似的。敢只是这么个烈性孩子! 论起来,我也没这么大工夫管她这些闲事,但只你才说的,叫人听着,怪可怜见儿的。也罢了,你回去告诉她。我和你二爷说,打发旺儿给她撕掳就是了。"

> 作者写司棋撞墙与尤三姐伏剑死法不同,潘又安自杀与柳湘莲出家又不同,有情有义则一。

凤姐打发那人去了,才过贾母这边来。不提。

且说贾政这日正与詹光下大棋,通局的输赢也差不多,单为着一只角儿死活未分,在那里打劫。门上的小厮进来回道:

"外面冯大爷要见老爷。"

贾政道:

"请进来。"小厮出去请了。冯紫英走进门来,贾政即忙迎着。冯紫英进来,在书房中坐下,见是下棋,便道:

"只管下棋,我来观局。"

詹光笑道:

"晚生的棋是不堪瞧的。"

冯紫英道:

"好说,请下罢。"

贾政道:

"有什么事么?"

冯紫英道：

"没有什么话。老伯只管下棋，我也学几着儿。"

贾政向詹光道：

"冯大爷是我们相好的，既没事，我们索性下完了这一局再说话儿。冯大爷在旁边瞧着。"

冯紫英道：

"下采不下采？"

詹光道：

"下采的。"

冯紫英道：

"下采的是不好多嘴的。"

贾政道：

"多嘴也不妨，横竖他输了十来两银子，终久是不拿出来的。往后只好罚他做东便了。"

詹光笑道：

"这倒使得。"

冯紫英道：

"老伯和詹公对下么？"

贾政笑道：

"从前对下，他输了；如今让他两个子儿，他又输了。时常还要悔几着，不叫他悔，他就急了。"

詹光也笑道：

"没有的事。"

贾政道：

"你试试瞧。"

大家一面说笑，一面下完了，收起棋来，詹光还了棋头，输了七个子儿。冯紫英道：

"这盘总吃亏在打劫里头，老伯劫少，就便宜了。"

贾政对冯紫英道：

"有罪,有罪,咱们说话儿罢。"

冯紫英道:

"小侄与老伯久不见面。一来会会,二来因广西的同知进来引见,带了四种洋货,可以做得贡的。一件是围屏,有二十四扇榈子,都是紫檀雕刻的。中间虽说不是玉,却是绝好的硝子石,石上镂出山水、人物、楼台、花鸟儿来。一扇上有五六十个人,都是宫妆的女子。——名为'汉宫春晓'。人的眉、目、口、鼻以及出手、衣褶,刻得又清楚,又细腻。点缀布置,都是好的。我想尊府大观园中正厅上恰好用的着。还有一架钟表,有三尺多高,也是一个童儿拿着时辰牌,到什么时候儿,就报什么时辰;里头还有消息人儿打十番儿。这是两件重笨的,却还没有拿来。现在我带在这里的两件,却倒有些意思儿。"

就在身边拿出一个锦匣子来,用几重白绫裹着,揭开了绵子,第一层是一个玻璃盒子,里头金托子,大红绉绸托底,上放着一颗桂圆大的珠子,光华耀目。冯紫英道:

"据说这就叫做'母珠'。"因叫"拿一个盘儿来。"

詹光即忙端过一个黑漆茶盘,道:

"使得么?"

冯紫英道:"使得。"便又向怀里掏出一个白绢包儿,将包儿里的珠子都倒在盘里散着,把那颗母珠搁在中间,将盘放于桌上。看见那些小珠子儿,滴溜滴溜的都滚到大珠子身边,回来把这颗大珠子抬高了,别处的小珠子一颗也不剩,都粘在大珠上。詹光道:

"这也奇怪!"

贾政道:"这是有的,所以叫做母珠,原是珠之母。"

那冯紫英又回头看着他跟来的小厮道:

"那个匣子呢?"小厮赶忙捧过一个花梨木匣子来。大家打开看时,原来匣内衬着虎纹锦,锦上叠着一束蓝纱。詹光道:

"这是什么东西?"

冯紫英道:"这叫做'鲛绡帐'。"在匣子里拿出来时,叠得长不

满五寸,厚不上半寸。冯紫英一层一层的打开,打到十来层,已经桌上铺不下了。冯紫英道:

"你看,里头还有两摺,必得高屋里去,才张得下。这就是鲛丝所织。暑热天气,张在堂屋里头,苍蝇蚊子,一个不能进来,又轻又亮。"

贾政道:

"不用全打开,怕叠起来倒费事。"

詹光便与冯紫英一层一层折好收拾了。冯紫英道:

"这四件东西,价儿也不贵,两万银他就卖。母珠一万,鲛绡帐五千,'汉宫春晓'与自鸣钟五千。"

贾政道:

"那里买的起!"

冯紫英道:

"你们是个国戚,难道宫里头用不着么?"

贾政道:

"用得着的很多,只是那里有这些银子?等我叫人拿进去给老太太瞧瞧。"

冯紫英道:

"很是。"

贾政便着人叫贾琏把这两件东西送到老太太那边去,并叫人请了邢王二夫人并凤姐儿都来瞧着,又把两件东西一一试过。贾琏道:

"他还有两件:一件是围屏,一件是乐钟。共总要卖二万银子呢。"

凤姐儿接着道:

"东西自然是好的,但是那里有这些闲钱?咱们又不比外任督抚要办贡。我已经想了好些年了,像咱们这种人家,必得置些不动摇的根基才好:或是祭地,或是义庄,再置些坟屋。往后子孙遇见不得意的事,还是点儿底子,不到一败涂地。我的意思是这样,不知老太太、老爷、太太们怎么样？若是外头老爷们要买只管买。”

贾母与众人都说：

“这话说的倒也是。”

贾琏道：

“还了他罢。原是老爷叫我送给老太太瞧，为的是宫里好进。谁说买来搁在家里？老太太还没开口，你便说了一大堆丧气话。”

说着，便把两件东西拿出去了，告诉了贾政，只说：“老太太不要。”便与冯紫英道：

“这两件东西好可好，就只没银子。我替你留心，有要买的人，我便送信给你去。”

冯紫英只得收拾好了，坐下说些闲话，没有兴头，就要起身。贾政道：

“你在这里吃了晚饭去罢。”

冯紫英道：

“罢了。来了就叨扰老伯吗？”

贾政道：

“说那里的话！”正说着，人回：“大老爷来了。”贾赦早已进来。彼此相见，叙些寒温。

不一时，摆上酒来，肴馔罗列，大家喝着酒。至四五巡后，说起洋货的话。冯紫英道：

“这种货本是难销的。除非要像尊府这样人家，还可销得，其余就难了。”

贾政道：

“这也不见得。”

贾赦道：

“我们家里也比不得从前了，这回儿也不过是个空门面。”

冯紫英又问：

“东府珍大爷可好么？我前儿见他，说起家常话儿来，提到他令郎续娶的媳妇远不及头里那位秦氏奶奶了。如今后娶的到底是那一家的？我也没有问起。"

贾政道："我们这个侄孙媳妇儿也是这里大家，从前做过京畿道的胡老爷的女孩儿。"

冯紫英道："胡道长我是知道的。但是他家教上也不怎么样。也罢了，只要姑娘好就好。"

贾琏道：

"听得内阁里人说起，雨村又要升了。"

贾政道："这也好。不知准不准？"

贾琏道：

"大约有意思的了。"

冯紫英道："我今儿从吏部里来，也听见这样说。雨村老先生是贵本家不是？"

贾政道：

"是。"

冯紫英道："是有服的？还是无服的？"

贾政道：

"说也话长。他原籍是浙江湖州府人，流寓到苏州，甚不得意。有个甄士隐和他相好，时常周济他。以后中了进士，得了榜下知县，便娶了甄家的丫头。如今的太太不是正配。岂知甄士隐弄到零落不堪，没有找处。雨村革了职以后，那时还与我家并未相识。只因舍妹丈林如海林公在扬州巡盐的时候，请他在家做西席，外甥女儿是他的学生。因他有起复的信，要进京来，恰好外甥女儿要上来探亲，林姑老爷便托他照应上来的。还有一封荐书托我吹嘘吹嘘。那时看他不错，大家常会。岂知雨村也奇：我家世袭起，从'代'字辈下来，宁荣两宅，人口房舍，以及起居事宜，一概都明白。因此，遂觉得亲热了。"因又笑说道："几年间门子也会钻了。由知府推升转了御史，不过几年，升了吏部侍郎，兵部尚书。为着一件事降了三级，如今又要升了。"

冯紫英道：

"人世的荣枯,仕途的得失,终属难定。"

贾政道:

"天下事都是一个样的理哟。比如方才那珠子,那颗大的,就像有福气的人似的,那些小的都托赖着他的灵气护庇着。要是那大的没有了,那些小的也就没有收揽了。就像人家儿当头人有了事,骨肉也都分离了,亲戚也都零落了,就是好朋友也都散了。转瞬荣枯,真似春云秋叶一般。你想做官有什么趣儿呢?像雨村算便宜的了。还有我们差不多的人家儿,就是甄家,从前一样功勋,一样世袭,一样起居,我们也是时常来往。不多几年,他们进京来,差人到我这里请安,还很热闹。一会儿抄了原籍的家财,至今杳无音信。不知他近况若何,心下也着实惦记着。"

贾赦道:

"什么珠子?"贾政同冯紫英又说了一遍给贾赦听。

贾赦道:

"咱们家是再没有事的。"

冯紫英道:

"果然尊府是不怕的:一则里头有贵妃照应;二则故旧好,亲戚多;三则你们家自老太太起,至于少爷们,没有一个刁钻刻薄的。"

贾政道:

"虽无刁钻刻薄的,却没有德行才情。白白的衣租食税,那里当得起?"

贾赦道:

"咱们不用说这些话,大家吃酒罢。"

大家又喝了几杯,摆上饭来。吃毕喝茶。

冯家的小厮走来轻轻的向紫英说了一句,冯紫英便要告辞。

贾赦问那小厮道:

"你说什么?"

小厮道:

"外面下雪了,早已下了榔子③了。"

贾政叫人看时，已是雪深一寸多了。贾政道：

"那两件东西，你收拾好了么?"

冯紫英道：

"收好了。若尊府要用，价钱还自然让些。"

贾政道：

"我留神就是了。"

紫英道："我再听信罢。天气冷，请罢，别送了。"贾赦贾政便命贾琏送了出去。

① 假撇清——故意表示自己清白，含有掩饰的意思。

② 《女孝经》——内容是写那时女子所应遵守的礼节和做人的规矩等，是束缚女性的书。

③ 下了梆子——打了梆子，表示已经入了初更了。

第九十三回　甄家仆投靠贾家门
　　　　　　水月庵掀翻风月案

　　却说冯紫英去后,贾政叫门上的人来吩咐道:

　　"今儿临安伯那里来请吃酒,知道是什么事?"

　　门上的人道:

　　"奴才曾问过,并没有什么喜庆事,不过南安王府里到了一班小戏子,都说是个名班,伯爷高兴,唱两天戏,请相好的老爷们瞧瞧,热闹热闹。大约不用送礼的。"说着,贾赦过来问道:

　　"明儿二老爷去不去?"

　　贾政道:"承他亲热,怎么好不去的?"

　　说着,门上进来回道:

　　"衙门里书办来请老爷明日上衙门。有堂派的事①,必得早些去。"

　　贾政道:"知道了。"说着,只见两个管屯里地租子的家人走来,请了安,磕了头,旁边站着。

　　贾政道:"你们是郝家庄的?"两个答应了一声。贾政也不往下问,竟与贾赦各自说了一回话儿散了。家人等秉着手灯,送过贾赦去。

　　这里贾琏便叫那管租的人道:

　　"说你的。"那人说道:"十月里的租子,奴才已经赶上来了。原是明儿可到,谁知京外拿车,把车上的东西,不由分说,都掀在地下。奴才告诉他说,是府里收租子的车,不是买卖车,他更不管这些。奴才叫车夫只管拉着走,几个衙役就把车夫混打了一顿,硬扯了两辆车去了。奴才所以先来回报。求爷打发个人到衙门里去要了来才好。再者，也整治整治这些无法无天的差役才好。爷还不知道呢，更可怜的是那买卖车：客商的东西全不顾，掀下来赶着就走。那些赶车的但说句话，打的头破血出的。"

贾琏听了，骂道：

"这个还了得！"立刻写了一个帖儿，叫家人："拿去向拿车的衙门里要车去，并车上东西。若少了一件，是不依的！快叫周瑞。"

周瑞不在家，又叫旺儿。旺儿晌午出去了，还没有回来。贾琏道：

"这些忘八日的，一个都不在家！他们成年家吃粮不管事！"因吩咐小厮们："快给我找去！"说着，也回到自己屋里睡下。不提。

且说临安伯第二天又打发人来请。贾政告诉贾赦道：

"我是衙门里有事。琏儿要在家等候拿车的事情，也不能去。倒是大老爷带宝玉应酬一天也罢了。"

贾赦点头道："也使得。"

贾政遣人去叫宝玉，说："今儿跟大老爷到临安伯那里听戏去。"

宝玉喜欢的了不得，便换上衣服，带了焙茗、扫红、锄药三个小子出来见了贾赦，请了安，上了车来到临安伯府里。门上人回进去，一会子出来说：

"老爷请。"于是贾赦带着宝玉走入院内，只见宾客喧阗。贾赦宝玉见了临安伯，又与众宾客都见过了礼，大家坐着。说笑了一回，只见一个掌班拿着一本戏单，一个牙笏^②，向上打了一个千儿，说道：

"求各位老爷赏戏。"

先从尊位点起，挨至贾赦，也点了一出。那人回头见了宝玉，便不向别处去，竟抢步上来，打个千儿道：

"求二爷赏两出。"

宝玉一见那人，面如傅粉，唇若涂朱；鲜润如出水芙蕖，飘扬似临风玉树。原来不是别人，就是蒋玉菡。前日听得他带了小戏儿进京，也没有到自己那里；此时见了，又不好站起来，只得笑道：

"你多早晚来的？"

蒋玉菡把眼往左右一溜，悄悄的笑道：

"怎么二爷不知道么？"

宝玉因众人在座，也难说话，只得胡乱点了一出。

蒋玉菡去了，便有几个议论道：

"此人是谁？"

有的说：

"他向来是唱小旦的，如今不肯唱小旦，年纪也大了，就在府里掌班。头里也改过小生。他也攒了好几个钱，家里已经有两三个铺子，只是不肯放下本业，原旧领班。"

有的说：

"想必成了家了。"

有的说：

"亲还没有定，他倒拿定一个主意：说是人生婚配，关系一生一世的事，不是混闹得的，不论尊卑贵贱，总要配的上他的才能。所以到如今还并没娶亲。"

宝玉暗忖度道：

"不知日后谁家的女孩儿嫁他？要嫁着这样的人材儿，也算是不辜负了。"

那时开了戏，也有昆腔，也有高腔，也有弋腔，平腔，热闹非常。到了晌午，便摆开桌子吃酒。又看了一回，贾赦便欲起身。临安伯过来留道：

"天色尚早。听见说琪官儿还有一出'占花魁'，他们顶好的首戏。"

宝玉听了，巴不得贾赦不走。于是贾赦又坐了一会。果然蒋玉菡扮了秦小官伏侍花魁醉后神情，把那一种怜香惜玉的意思做得极情尽致。以后对饮对唱，缠绵缱绻。

宝玉这时不看花魁，只把两只眼睛独射在秦小官身上。更加蒋玉菡声音响亮，口齿清楚，按腔落板，宝玉的神魂都唱的飘荡了，直等这出戏煞场后，更知蒋玉菡极是情种，非寻常脚色可比。因想着：

"乐记上说的是：'情动于中，故形于声；声成文谓之音。'所以知声，知音，知乐，有许多讲究。声音之原，不可不察。诗词一道，但能传情，不能入骨，自后想要讲究讲究音律。……"

宝玉想出了神，忽见贾赦起身，主人不及相留。宝玉没法，只得跟了回来。到了家中，贾赦自回那边去了。

宝玉来见贾政。贾政才下衙门，正向贾琏问起拿车之事。贾琏道：

"今儿叫人拿帖儿去，知县不在家。他的门上说了：'这是本官不知道的，并无牌票出去拿车，都是那些混帐东西在外头撒野挤讹头③。既是老爷府里的，我便立刻叫人去追办，包管明儿连车连东西一并送来。如有半点差迟，再行禀过本官，重重处治。此刻本官不在家，求这里老爷看破些，可以不用本官知道更好。'"

贾政道：

"既无官票，到底是何等样人在那里作怪？"

贾琏道：

"老爷不知，外头都是这样。想来明儿必定送来的。"

贾琏说完下来。宝玉上去见了。贾政问了几句，便叫他往老太太那里去。

贾琏因为昨夜叫空了家人，出来传唤，那起人都已伺候齐全。贾琏骂了一顿，叫大管家赖大：

"将各行档的花名册子拿来，你去查点查点，写一张谕帖，叫那些人知道。若有并未告假，私自出去，传唤不到，贻误公事的，立刻给我打了撵出去！"

赖大连忙答应了几个"是"，出来吩咐了一回，家人各自留意。

过不几时，忽见有一个人，头上戴着毡帽，身上穿着一身布衣裳，脚下穿着一双撒鞋，走到门上，向众人作了个揖。众人拿眼上

上下下打量了他一番,便问他:

"是那里来的?"

那人道:

"我自南边甄府中来的。并有家老爷手书一封,求这里的爷们呈上尊老爷。"

众人听见他是甄府来的,才站起来让他坐下,道:

"你乏了,且坐坐。我们给你回就是了。"

门上一面进来回明贾政,呈上来书。贾政拆书看时,上写着:

> 世交凤好,气谊素敦,遥仰襜帷,不胜依切! 弟因菲材获谴,自分万死难偿,幸邀宽宥,待罪边隅。迄今门户凋零,家人星散。所有奴子包勇,向曾使用,虽无奇技,人尚悫实。倘使得备奔走,糊口有资,屋乌之爱,感佩无涯矣! 专此奉达,余容再叙,不宣。

> 年家眷弟甄应嘉顿首

贾政看完,笑道:

"这里正因人多,甄家倒荐人来,又不好却的。"吩咐门上:"叫他见我,且留他住下,因材使用便了。"

门上出去,带进人来见贾政。便磕了三个头,起来道:

"家老爷请老爷安。"自己又打个千儿,说:"包勇请老爷安。"

贾政回问了甄老爷的好,便把他上下一瞧,但见包勇身长五尺有零,肩背宽肥,浓眉爆眼,磕额长髯,气色粗黑,垂着手站着。便问道:

"你是向来在甄家的,还是住过几年的?"

包勇道:

"小的向在甄家的。"

贾政道:

"你如今为什么要出来呢?"

包勇道:

"小的原不肯出来,只是家老爷再四叫小的出来,说,别处你不肯去,这里老爷家里和在咱们自己家里一样,所以小的来的。"

贾政道:

"你们老爷不该有这样事情,弄到这个田地。"

包勇道:

"小的本不敢说。我们老爷只是太好了,一味真心的待人,反倒招出事来。"

贾政道:

"真心是最好的了。"

包勇道:

"因为太真了,人人都不喜欢,讨人厌烦是有的。"

贾政笑了一笑道:

"既这样,皇天自然不负他的。"

包勇还要说时,贾政又问道:

"我听见说你们家的哥儿不是也叫宝玉么?"

包勇道:

"是。"

贾政道:

"他还肯向上巴结么?"

包勇道:

"老爷若问我们哥儿,倒是一段奇事。哥儿的脾气也和我家老爷一个样子,也是一味的诚实,从小儿只爱和那些姐妹们在一处玩。老爷太太也狠打过几次,他只是不改。那一年太太进京的时候儿,哥儿大病了一场,已经死了半日,把老爷几乎急死,装裹都预备了。幸喜后来好了,嘴里说道:走到一座牌楼那里,见了一个姑娘,领着他到了一座庙里,见了好些柜子,里头见了好些册子。又到屋里,见了无数女子,说是都变了鬼怪似的,也有变做骷髅儿的。他吓急了,就哭喊起来。老爷知他醒过来了,连忙调治,渐渐的好了。老爷仍叫他在姐妹们一处玩去了。他竟改了脾气了:好着时候的玩意儿一概不要了,惟有念书为事。就有什么人来引诱他，他也全不动心。如今渐渐的能够帮着老爷料理家务了。"

贾政默然想了一回，道：

"你去歇歇去罢。等这里用着你时，自然派你一个行次儿。"

包勇答应着，退下来，跟着这里人出去歇息。不提。

甄家获谴及水月庵风月案，为向一〇五回"锦衣军查抄宁国府"发展的先声。

一日，贾政早起，刚要上衙门，看见门上那些人在那里交头接耳，好像要使贾政知道的似的；又不好明回，只管咕咕唧唧的说话。贾政叫上来问道：

"你们有什么事这么鬼鬼祟祟的？"

门上的人回道：

"奴才们不敢说。"

贾政道：

"有什么事不敢说的。"

门上的人道：

"奴才今儿起来，开门出去，见门上贴着一张白纸，上写许多不成事体的字。"

贾政道：

"那里有这样的事！写的是什么？"

门上的人道：

"是水月庵里的腌脏话。"

贾政道：

"拿给我瞧。"

门上的人道：

"奴才本要揭下来，谁知它贴的结实，揭不下来，只得一面抄，一面洗。刚才李德揭了一张给奴才瞧，就是那门上贴的话。奴才们不敢隐瞒。"

说着，呈上那帖儿。贾政接来看时，上面写着：

"西贝草斤"年纪轻，水月庵里管尼僧。一个男人多少女，窝娼聚赌是陶情。不肖子弟来办事，荣国府内好声名。

贾政看了，气的头昏目晕，赶着叫门上的人不许声张，悄悄叫人往宁荣两府靠近的夹道子墙壁上再去找寻。随即叫人去唤贾琏出来。贾琏即忙赶至。贾政忙问道：

"水月庵中寄居的那些女尼女道，向来你也查考查考过没有？"

贾琏道：

"没有，一向都是芹儿在那里照管。"

贾政道：

"你知道芹儿照管得来，照管不来？"

贾琏道：

"老爷既这么说，想来芹儿必有不妥当的地方儿。"

贾政叹道：

"你瞧瞧这个帖儿写的是什么！"

贾琏一看道：

"有这样事么！"

正说着，只见贾蓉走来，拿着一封书子，写着"二老爷密启"。打开看时，也是无头榜一张，与门上所帖的话相同。贾政道：

"快叫赖大带了三四辆车到水月庵里去，把那些女尼姑女道士一齐拉回来。不许泄漏，只说里头传唤。"

赖大领命去了。

且说水月庵中小女尼女道士等初到庵中，沙弥与道士原系老尼收管，日间教他些经忏。以后元妃不用，也便习学得懒惰了。那些女孩子们年纪渐渐的大了，都也有些知觉了。更兼贾芹也是风流人物，打量芳官等出家，只是小孩子性儿，便去招惹她们。那知芳官竟是真心，不能上手，便把这心肠移到女尼女道士身上。因那小沙弥中有个名叫沁香的和女道士中有个叫做鹤仙的，长的都甚妖娆，贾芹便和这两个人勾搭上了，闲时便学些丝弦，唱个曲儿。

此时正当十一月中旬，贾芹给庵中那些人领了月例银子，便想起法儿来，告诉众人道：

"我为你们领月钱不能进城,又只得在这里歇着。怪冷的,怎么样? 我今儿带些果子酒,大家吃着乐一夜,好不好?"

那些女孩子都高兴,便摆起桌子,连本庵的女尼也叫了来。惟有芳官不来。贾芹喝了几杯,便说道要行令。沁香等道:

"我们都不会,倒不如掿拳罢。谁输了喝一钟,岂不爽快?"

本庵的女尼道:

"这天刚过晌午,混嚷混喝的不像,且先喝几钟,爱散的先散去。谁爱陪芹大爷的,回来晚上尽了喝去,我也不管。"

正说着,只见道婆急忙进来说:

"快散了罢! 府里赖大爷来了。"

众女尼忙乱收拾,便叫贾芹躲开。贾芹因多喝了几杯,便道:

"我是送月钱来的,怕什么!"

话犹未完,已见赖大进来。见这般样子,心里大怒。 为的是贾政吩咐不许声张,只得含糊装笑道:

"芹大爷也在这里呢么?"

贾芹连忙站起来道:

"赖大爷,你来作什么?"

赖大说:

"大爷在这里更好。 快快叫沙弥道士收拾上车进城,宫里传呢。"

贾芹等不知原故,还要细问。 赖大说:

"天已不早了,快快的好赶进城。"

众女孩子只得一齐上车。赖大骑着大走骡,押着赶进城。不提。

却说贾政知道这事,气的衙门也不能上了,独坐在内书房叹气。贾琏也不敢走开。忽见门上的进来禀道:

"衙门里今夜该班是张老爷。因张老爷病了,有知会来请老爷补一班。"

贾政正等赖大回来要办贾芹,此时又要该班,心里纳闷,也不言语。贾琏走上去说道：

"赖大是饭后出去的，水月庵离城二十来里，就赶进城，也得二更天。今日又是老爷的帮班，请老爷只管去，赖大来了，叫他押着，也别声张，等明儿老爷回来再发落。倘或芹儿来了，也不用说明，看他明儿见了老爷怎么样说。"

贾政听来有理，只得上班去了。贾琏抽空才要回到自己房中，一面走着，心里抱怨凤姐出的主意，欲要埋怨，因她病着，只得隐忍，慢慢的走着。

且说那些下人，一人传十，传到里头，先是平儿知道，即忙告诉凤姐。凤姐因那一夜不好，恹恹的总没精神，正是惦记铁槛寺的事情。听见外头贴了匿名揭帖的一句话，吓了一跳，忙问："贴的是什么？"

平儿随口答应，不留神，就错说了，道："没要紧，是馒头庵里的事情。"

凤姐本是心虚，听见馒头庵的事情，这一吓直吓怔了，一句话没说出来，急火上攻，眼前发晕，咳嗽了一阵，便歪倒了，两只眼却只是发怔。平儿慌了，说道：

"水月庵里，不过是女沙弥女道士的事，奶奶着什么急呢？"

> 写凤姐作贼心虚心理及大奸口吻，妙。贾芹为凤姐弄权所派用，虽非馒头庵贪污案发，亦难脱干系。

凤姐听是水月庵，才定了定神，道："嗳！糊涂东西！到底是水月庵呢，是馒头庵呢？"

平儿道："是我头里错听了馒头庵，后来听见不是馒头庵，是水月庵。我刚才也就说溜了嘴，说成馒头庵了。"

凤姐道："我就知道是水月庵。那馒头庵与我什么相干？原来这水月庵是我叫芹儿管的。大约克扣了月钱。"

平儿道：

"我听着不像月钱的事,还有些腌脏话呢。"

凤姐道:

"我更不管那个。你二爷那里去了?"

平儿说:

"听见老爷生气,他不敢走开。我听见事情不好,我吩咐这些人不许吵嚷,不知太太们知道了没有。就听见说,老爷叫赖大拿这些女孩子去了。且叫人前头打听打听。奶奶现在病着,依我竟先别管他们的闲事。"

正说着,只见贾琏进来。凤姐欲待问他,见贾琏一脸怒气,暂且装作不知。贾琏吃完饭,旺儿来说:

"外头请爷呢。赖大回来了。"

贾琏道:

"芹儿来了没有?"

旺儿道:

"也来了。"

贾琏便道:

"你去告诉赖大,说:老爷上班儿去了,把这些个女孩子暂且收在园里,明日老爷回来,送进宫去。只叫芹儿在内书房等着我。"

旺儿去了。

贾芹走进书房,只见那些下人指指戳戳,不知说什么。看起这个样儿来,不像宫里要人。想着问人,又问不出来。正在心里疑惑,只见贾琏走出来,贾芹便请了安,垂头侍立,说道:

"不知道娘娘宫里即刻传那些孩子们做什么?叫侄儿好赶!幸喜侄儿今儿送月钱去,还没有走,便同着赖大来了。二叔想来是知道的。"

贾琏道:"我知道什么?你才是明白的呢!"

贾芹摸不着头脑儿,也不敢再问。贾琏道:

"你干的好事啊!把老爷都气坏了!"

贾芹道:

"侄儿没有干什么。庵里月钱是月月给的,孩子们经忏是不忘记的。"

贾琏见他不知,又是平素常在一处玩笑的,便叹口气道:

"打嘴的东西! 你各自去瞧瞧罢。"

便从靴掖儿里头拿出那个揭帖儿来扔与他瞧。

贾芹拾来一看,吓得面如土色,说道:

"这是谁干的! 我并没得罪人,为什么这么坑我? 我一月送钱去,只走一趟,并没有这些事。若是老爷回来,打着问我,侄儿就屈死了! 我母亲知道,更要打死。"

说着,见没人在旁边,便跪下央及道:"好叔叔! 救我一救儿罢!"

说着,只管磕头,满眼流泪。贾琏想着:

"老爷最恼这些,要是问准了这些事,这场气也不小。闹出去也不好听,又长那个贴帖儿的人的志气了。将来咱们的事多着呢。倒不如趁着老爷上班儿,和赖大商量着。要混过去,就可以没事了。现在没有对证。"想定主意,便说:"你别瞒我。你干的鬼儿,你打量我都不知道呢。若要完事,除非是老爷打着问你,你只一口咬定没有才好。没脸的东西! 起去罢!"叫人去叫赖大。不多时,赖大来了,贾琏便和他商量。赖大说:

"这芹大爷本来闹的不像了。奴才今儿到庵里的时候,他们正在那里喝酒呢。帖儿上的话,一定是有的。"

贾琏道:

"芹儿,你听! 赖大还赖你不成?"

贾芹此时红涨了脸,一句也不敢言语。还是贾琏拉着赖大,央他:"护庇护庇罢,只说芹哥儿是在家里找了来的,你带了他去,只说没有见我。明日你求老爷,也不用问那些女孩子了。竟是叫了媒人来,领了去一卖完事。果然娘娘再要的时候儿,咱们再买。"

赖大想来,闹也无益,且名声不好,也就应了,贾琏叫贾芹:

"跟了赖大爷去罢! 听着他教你,你就跟着他。"

　　说罢,贾芹又磕了一个头,跟着赖大出去。到了没人的地方,又给赖大磕头。赖大说:

　　"我的小爷,你太闹的不像了! 不知得罪了谁,闹出这个乱儿来。你想想,谁和你不对罢?"

　　贾芹想了一会子,并无不对的人,只得无精打彩,跟着赖大走回。

① 堂派的事——指上官交派要办的事。
② 牙笏(hù)——是象牙做成的薄版,又叫手版或朝版。清代之前,大臣朝见皇帝的时候,把要说的事情写在牙笏上,免得临时忘记。又从前戏班中常把戏单写在牙笏上,请观者点戏。
③ 撒野挤讹头——蛮横地讹诈钱财。

第九十四回　宴海棠贾母赏花妖
　　　　　　　失宝玉通灵知奇祸

　　话说赖大带了贾芹出来，一宿无话，静候贾政回来。单是那些女尼女道重进园来，都喜欢的了不得，欲要到各处逛逛，明日预备进宫。不料赖大便吩咐了看园的婆子并小厮看守，惟给了些饭食，却是一步不准走开。那些女孩子摸不着头脑，只得坐着，等到天亮。园里各处的丫头虽都知道拉进女尼们来，预备宫里使唤，却也不能深知原委。

　　到了明日早起，贾政正要下班，因堂上发下两省城工估销册子，立刻要查核，一时不能回家，便叫人回来告诉贾琏，说：

　　"赖大回来，你务必查问明白。该如何办就如何办了，不必等我。"

　　贾琏奉命，先替芹儿喜欢，又想道：

　　"若是办得一点影儿都没有，又恐老爷生疑，不如回明二太太，讨个主意办去，便是不合老爷的心，我也不至甚担干系。"主意定了，进内去见王夫人，陈说：

　　"昨日老爷见了揭帖生气，把芹儿和女尼女道等都叫进府来查办。今日老爷没空问这件不成体统的事，叫我来回太太，该怎么便怎么样。我所以来请示太太，这件事如何办理？"

　　王夫人听了诧异道：

　　"这是怎么说？若是芹儿这么样起来，这还成咱们家的人了么？但只是这个贴帖儿的也可恶！这些话可是混嚼说得的么？你到底问了芹儿有这件事没有呢？"

　　贾琏道：

"刚才也问过了。太太想：别说他干了没有，就是干了，一个人干了混帐事也肯应承么？但只我想芹儿也不敢行此事：知道那些女孩子都是娘娘一时要叫的，倘或闹出事来，怎么样呢？依侄儿的主见，要问也不难，若问出来，太太怎么个办法呢？"

写贾琏先串通赖大替贾芹脱罪，再将烫蕃薯推给王夫人，虽无一字谴责，却是春秋之笔。这就是文学艺术与历史写法不同。

王夫人道：

"如今那些女孩子在那里？"

贾琏道：

"都在园里锁着呢。"

王夫人道：

"姑娘们知道不知道？"

贾琏道：

"大约姑娘们也都知道是预备宫里头的话，外头并没提起别的来。"

王夫人道：

"很是。这些东西一刻也是留不得的。头里我原要打发她们去来着，都是你们说留着好，如今不是弄出事来了么？你竟叫赖大带了去细细儿的问她的本家儿有人没有，将文书查出，花上几十两银子，雇只船，派个妥当人送到本地，一概连文书发还了，也落得无事。若是为着一两个不好，个个都押着她们还俗，那又太造孽了；若在这里发给官媒，虽然我们不要身价，他们弄去卖钱，那里顾人的死活呢？芹儿呢，你便狠狠的说他一顿，除了祭祀喜庆，无事叫他不用到这里来。看仔细碰在老爷气头儿上，那可就吃不了兜着走了。也说给帐房儿里，把这一项钱粮档子销了。还打发个人到水月庵说老爷的谕：除了上坟烧纸，要有本家爷们到他那里去，不许接待。若再有一点不好风声，连老姑子一块儿撵出去。"

贾琏一一答应了出去，将王夫人的话告诉赖大，说：

"太太的主意，叫你这么办。办完了，告诉我去回太太。你快办去罢。回来老爷来，你也按着太太的话回去。"

赖大听说，便道：

"我们太太真正是个佛心！这班东西还着人送回去。既是太太好心，不得不挑个好人。芹哥儿竟交给二爷开发了罢。那贴帖儿的，奴才想法儿查出来，重重的收拾他才好！"

贾琏点头说："是了。"即刻将贾芹发落。赖大也赶着把女尼等领出，按着主意办去了。

晚上贾政回来，贾琏赖大回明贾政。贾政本是省事的人，听了也便撒开手了。独有那些无赖之徒，听得贾府发出二十四个女孩子来，那个不想？究竟那些人能够回家不能，未知着落，亦难虚拟。

且说紫鹃因黛玉渐好，园中无事，听见女尼等预备宫内使唤，不知何事，便到贾母那边打听打听。恰遇着鸳鸯下来闲着，坐下说闲话儿。提起女尼的事，鸳鸯诧异道：

"我并没有听见，回来问问二奶奶就知道了。"

正说着，只见傅试家两个女人过来请贾母的安，鸳鸯要陪了上去。那两个女人因贾母正睡晌觉，就与鸳鸯说了一声儿回去了。紫鹃问：

"这是谁家差来的？"

鸳鸯道：

"好讨人嫌！家里有了一个女孩儿，长的好些儿，便献宝的似的，常常在老太太跟前夸她们姑娘怎么长的好，心地儿怎么好，礼貌上又好，说话儿又简绝，做活计儿手儿又巧，会写会算，尊长上头最孝敬的，就是待下人也是极和平的。——来了就编这么一大套，常说给老太太听。我听着很烦。这几个老婆子真讨人嫌！我们老太太偏爱听那些个话！老太太也罢了，还有宝玉，素常见了老婆子便很厌烦的，偏见了她们家的老婆子就不厌烦。你说奇不奇？前儿还来说：她们姑娘现有多少人家儿来求亲，她们老爷总不肯应，心里只要和咱们这样人家作亲才肯。夸奖一回，奉承一回，把老太太的心都说活了。"

紫鹃听了一呆，便假意道：

"若老太太喜欢，为什么不就给宝玉定了呢？"

鸳鸯正要说出原故，听见上头说：

"老太太醒了。"

鸳鸯赶着上去。

紫鹃只得起身出来，回到园里，一头走，一头想道：

"天下莫非只有一个宝玉？你也想他，我也想他！我们家的那一位，越发疑心起来了！看她的那个神情儿，是一定在宝玉身上的了：三番两次的病，可不是为着这个是什么？这家里金的银的还闹不清，再添上一个什么傅姑娘，更了不得了！我看宝玉的心也在我们那一位的身上啊。听着鸳鸯的话，竟是见一个爱一个的。这不是我们姑娘白操了心了吗？"

紫鹃本是想着黛玉，往下一想，连自己也不得主意了，不免神都痴了。要想叫黛玉不用瞎操心呢，又恐怕她烦恼；要是看着她这样，又可怜见儿的。左思右想，一时烦躁起来，自己咬自己道：

制造疑团，描写紫鹃心理，自然涉及黛玉，是万变不离其宗的手法。

"你替人耽什么忧！就是林姑娘真配了宝玉，她的那性情儿也是难伏侍的，宝玉性情虽好，又是贪多嚼不烂的。我倒劝人不必瞎操心，我自己才是瞎操心呢！从今以后，我尽我的心伏侍姑娘，其余的事全不管！"这么一想，心里倒觉清净。回到潇湘馆来，见黛玉独自一人坐在炕上，理从前做过的诗文词稿。抬头见紫鹃进来，便问：

"你到那里去了？"

紫鹃道：

"今儿瞧了瞧姊妹们去。"

黛玉道：

"可是找袭人姐姐去么？"

紫鹃道：

"我找她做什么！"

黛玉一想：

"这话怎么顺嘴说出来了呢？"

反觉不好意思，便啐道："你找不找与我什么相干！倒茶去罢！"

紫鹃也心里暗笑，出来倒茶。只听园里一叠声乱嚷，不知何故。一面倒茶，一面叫人去打听。回来说道：

"怡红院里的海棠本来萎了几棵，也没人去浇灌它。昨日宝玉走去瞧，见枝头上好像有了骨朵儿似的。人都不信，没有理它。忽然今日开的很好的海棠花，众人诧异，都争着去看，连老太太、太太都哄动了来瞧花儿呢。所以大奶奶叫人收拾园里的树叶子，这些人在那里传唤。"

黛玉也听见了，知道老太太来，便更了衣，叫雪雁去打听：

"若是老太太来了，即来告诉我。"

雪雁去不多时，便跑来说：

"老太太、太太好些人都来了，请姑娘就去罢。"

黛玉略自照了一照镜子，掠了一掠鬓发，便扶着紫鹃到怡红院来，已见老太太坐在宝玉常卧的榻上。黛玉便说道：

"请老太太安。"

退后便见了邢王二夫人，回来与李纨、探春、惜春、邢岫烟彼此问了好。只有凤姐因病未来。史湘云因她叔叔调任回京，接了家去；薛宝琴跟她姐姐家去住了；李家姐妹因见园内多事，李婶娘带了在外居住：所以黛玉今日见的只有数人。

大家说笑了一回，讲究这花开得古怪。贾母道：

"这花儿应在三月里开的，如今虽是十一月，因节气迟，还算十月，应着小阳春的天气，因为和暖开花也是有的。"

王夫人道：

"老太太见的多，说得是，也不为奇。"

邢夫人道：

"我听见这花已经萎了一年，怎么这回不应时候儿开了？必有个原故。"

李纨笑道：

"老太太和太太说的都是。据我的糊涂想头，必是宝玉有喜事来了，此花先来报信。"

探春虽不言语，心里想道：

"必非好兆：大凡顺者昌，逆者亡。草木知运，不时而发，必是妖孽。"

但只不好说出来。独有黛玉听说是喜事，心里触动，便高兴说道：

> 冬天海棠花开，制造异兆，暗示变故，是为伏笔。探春心里明白，而黛玉反而空欢喜，更觉可悲。

"当初田家有荆树一棵，弟兄三个因分了家，那荆树便枯了；后来感动了他弟兄们，仍旧归在一处，那荆树也就荣了：可知草木也随人的。如今二哥哥认真念书，舅舅喜欢，那棵树也就发了。"

贾母王夫人听了喜欢，便说：

"林姑娘比方得有理，很有意思。"

正说着，贾赦、贾政、贾环、贾兰都进来看花。

贾赦便说：

"据我的主意，把它砍去，必是花妖作怪。"

贾政道：

"见怪不怪，其怪自败。不用砍它，随它去就是了。"

贾母听见，便说：

"谁在这里混说？人家有喜事好处，什么怪不怪的？若有好事，你们享去；若是不好，我一个人当去。你们不许混说！"

贾政听了，不敢言语，讪讪的同贾赦等走了出来。

那贾母高兴，叫人传话到厨房里快快预备酒席，大家赏花，叫：

"宝玉、环儿、兰儿各人做一首诗志喜。林姑娘的病才好，别叫她费心；若高兴，给你们改改。"

对着李纨道：

"你们都陪我喝酒。"

李纨答应了"是"，便笑对探春道：

“都是你闹的。”

探春道：

“饶不叫我们做诗，怎么我们闹的？”

李纨道：

“海棠社不是你起的么？如今那棵海棠也要来入社了。”

大家听着，都笑了。

一时，摆上酒菜，一面喝着。彼此都要讨老太太的喜欢，大家说些兴头话。宝玉上来斟了酒，便立成了四句诗，写出来，念与贾母听，道：

> 海棠何事忽摧隤？今日繁花为底开？
>
> 应是北堂增寿考，一阳旋复占先梅。

贾环也写了来，念道：

> 草木逢春当萌芽，海棠未发候偏差。
>
> 人间奇事知多少？冬月开花独我家。

贾兰恭楷誊正，呈与贾母。贾母命李纨念道：

> 烟凝媚色春前萎，霜浥微红雪后开。
>
> 莫道此花知识浅，欣荣预佐合欢杯。

贾母听毕，便说：

“我不大懂诗，听去倒是兰儿的好，环儿做的不好。都上来吃饭罢。”

宝玉看见贾母喜欢，更是兴头，因说起：

“晴雯死的那年，海棠死的；今日海棠复荣，我们院内这些人，自然都好，但是晴雯不能像花的死而复生了！”

顿觉转喜为悲。忽又想起前日巧姐提凤姐要把五儿补入，“或此花为她而开，也未可知。”却又转悲为喜，依旧说笑。

贾母还坐了半天，然后扶了珍珠回去了，王夫人等跟着过来。只见平儿笑嘻嘻的迎上来，说：

“我们奶奶知道老太太在这里赏花，自己不得来，叫奴才来伏侍老太太、太太们。还有两匹红绸送给宝二爷包裹这花，当作贺礼。"

袭人过来接了,呈与贾母看。贾母笑道:

"偏是凤丫头行出点事儿来,叫人看着又体面,又新鲜,很有趣儿!"

袭人笑着向平儿道:

"回去替宝二爷给二奶奶道谢。要有喜,大家喜。"

贾母听了,笑道:

"嗳呀!我还忘了呢!凤丫头虽病着,还是她想的到,送的也巧!"

一面说着,众人就随着去了。

平儿私与袭人道:

平儿的话是加强暗示变故,是祸非福。

"奶奶说,这花开的怪,叫你铰块红绸子挂挂,就应在喜事上去了。以后也不必只管当作奇事混说。"

袭人点头答应,送了平儿出去。不提。

且说那日宝玉本来穿着一裹圆的皮袄在家歇息,因见花开,只管出来看一回,赏一回,叹一回,爱一回的,心中无数悲喜离合,都弄到这株花上去了。忽然听说贾母要来,便去换了一件狐腋箭袖,罩一件玄狐腿外褂,出来迎接贾母。匆匆穿换,未将"通灵宝玉"挂上。及至后来贾母去了,仍旧换衣,袭人见宝玉脖子上没有挂着,便问:

"那块玉呢?"

宝玉道:

"刚才忙乱换衣,摘下来放在炕桌上的,我没有带。"

袭人回看桌上,并没有玉,便向各处找寻,踪影全无,吓得袭人满身冷汗。宝玉道:

"不用着急,少不得在屋里的。问她们就知道了。"

袭人当作麝月等藏起吓她玩,便向麝月等笑着说道:

"小蹄子们!玩呢,到底有个玩法。把这件东西藏在那里了?别真弄丢了,那可就大家活不成了!"

麝月等都正色道：

"这是那里的话？玩是玩，笑是笑，这个事非同儿戏，你可别混说！你自己昏了心！想想罢，想想搁在那里了？这会子又混赖人了。"

袭人见她这般光景，不像是玩话，便着急道：

"皇天菩萨！小祖宗！你到底撂在那里了！"

宝玉道：

"我记的明明儿放在炕桌上的，你们到底找啊。"

袭人麝月等也不敢叫人知道，大家偷偷儿的各处搜寻。闹了大半天，毫无影响，甚至翻箱倒笼，实在没处去找，便疑到方才这些人进来不知谁捡了去了。

袭人说道：

"进来的，谁不知道这玉是性命似的东西呢？谁敢捡了去？你们好歹先别声张，快往各处问去。若有姐妹们捡着和我们玩呢，你们给她磕个头，要了来；要是小丫头们偷了去，问出来，也不回上头，不论做些什么送她换了来，都使得的。这可不是小事！真要丢了这个，比丢了宝二爷的还利害呢！"

麝月秋纹刚要往外走，袭人又赶出来嘱咐道：

"头里在这里吃饭的倒别先问去。找不成，再惹出些风波来，更不好了。"

麝月等依言，分头各处追问，人人不晓，个个惊疑。二人连忙回来，俱目瞪口呆，面面相窥。宝玉也吓怔了。袭人急的只是干哭，找是没处找，回又不敢回。怡红院里的人吓的一个个像木雕泥塑一般。

> 失玉是一大关键，如不失玉，宝玉不会发疯，贾母凤姐便不能移花接木，悲剧无法造成。作者此一安排，更具匠心。

大家正在发呆，只见各处知道的都来了。探春叫把园门关上，先叫个老婆子带着两个丫头，再往各处去寻去；一面又叫告诉众人：

"若谁找出来，重重的赏她。"

　　大家头宗要脱干系，二宗听见重赏，不顾命的混找了一遍，甚至于茅厕里都找到了。谁知那块玉竟像绣花针儿一般，找了一天，总无影响。

　　李纨急了，说：

　　"这件事不是玩的，我要说句无礼的话了。"

　　众人道：

　　"什么话？"

　　李纨道：

　　"事情到了这里，也顾不得了。现在园里，除了宝玉都是女人，要求各位姐姐、妹妹、姑娘都要叫跟来的丫头脱了衣服，大家搜一搜。若没有，再叫丫头们去搜那些老婆子并粗使的丫头，不知使得使不得？"

　　大家说道：

　　"这话也说的有理：现在人多手乱，鱼龙混杂，倒是这么着。她们也洗洗清。"

　　探春独不言语。那些丫头们也都愿意洗净自己。先是平儿起。平儿说道：

　　"打我先搜起。"

　　于是各人自己解怀。李纨一气儿混搜。

　　探春嗔着李纨道：

　　"大嫂子，你也学那起不成材料的样子了！那个人既偷了去还肯藏在身上？况且这件东西，在家里是宝，到了外头，不知道的是废物，偷它做什么？我想来必是有人促狭。"

　　众人听说，又见环儿不在这里，昨儿是他满屋里乱跑，都疑到他身上，只是不肯说出来，探春又道：

　　"使促狭的只有环儿。你们叫个人去悄悄的叫了他来，背地里哄着他，叫他拿出来，然后吓着他，叫他别声张，就完了。"

　　大家点头。李纨便向平儿道：

　　"这件事还得你去才弄的明白。"

　　平儿答应，就赶着去了。不多时，同着贾环来了。众人假意装出没事的样子，叫人沏了茶，搁在里间屋里。众人故意搭讪走开，原叫平儿哄他。平儿便笑着向贾环道：

　　"你二哥哥的玉丢了，你瞧见了没有？"

　　贾环便急的紫涨了脸，瞪着眼，说道：

　　"人家丢了东西，你怎么又叫我来查问，疑我！我是犯过案的贼么？"

　　平儿见这样子，倒不敢再问，便又陪笑道：

　　"不是这么说。怕三爷要拿了去吓她们，所以白问问瞧见了没有，好叫她们找。"

　　贾环道：

　　"他的玉在他身上，看见没看见该问他，怎么问我呢？你们都捧着他！得了什么不问我，丢了东西就问我！"

　　说着，起身就走。众人不好拦他。

　　这里宝玉倒急了，说道：

　　"都是这劳什子闹事！我也不要它了，你们也不用闹了。环儿一去，必是嚷的满院里都知道了，这可不是闹事了么？"

　　袭人等急的又哭道：

　　"小祖宗儿！你看这玉丢了没要紧；要是上头知道了，我们这些人就要粉身碎骨了！"

　　说着，便嚎啕大哭起来。

　　众人更加着急，明知此事掩饰不来，只得要商议定了话，回来好回贾母诸人。宝玉道：

　　"你们竟也不用商量，硬说我砸了就完了。"

　　平儿道：

　　"我的爷！好轻巧话儿！上头要问为什么砸的呢？她们也是个死啊！倘或要起砸破的碴儿来，那又怎么样呢？"

　　宝玉道：

> 写李纨的紧张、袭人的惶恐、丫头们鸡飞狗跳、贾环、赵姨娘的气愤、探春的冷静……，充分表现了各人的心理，众生相和家庭的恩怨，真是多彩多姿。

“不然，就说我出门丢了。”

众人一想：

“这句话倒还混的过去，但只这两天又没上学，又没往别处去。”

宝玉道：

“怎么没有，大前儿还到临安伯府里听戏去了呢。就说那日丢的就完了。”

探春道：

“那也不妥。既是前儿丢的，为什么当日不来回？”

众人正在胡思乱想要装点撒谎，只听见赵姨娘的声儿，哭着喊着走来说：

“你们丢了东西，自己不找，怎么叫人背地里拷问环儿？我把环儿带了来，索性交给你们这一起浟上水的。该杀该剐，随你们罢！”说着，将环儿一推，说：

“你是个贼！快快的招罢！”

气的环儿也哭喊起来。

李纨正要劝解，丫头来说：

“太太来了。”

袭人等此时无地可容。宝玉等赶忙出来迎接。赵姨娘暂且也不敢作声，跟了出来。王夫人见众人都有惊惶之色，才信方才听见的话，便道：

“那块玉真丢了么？”

众人都不敢作声。王夫人走进屋里坐下，便叫袭人，慌的袭人连忙跪下，含泪要禀。王夫人道：

“你起来，快快叫人细细的找去，一忙乱倒不好了。”

袭人哽咽难言。

宝玉恐袭人直告诉出来，便说道：

“太太，这事不与袭人相干，是我前日到临安伯府里听戏在路上丢了。”

王夫人道：

"为什么那日不找呢？"

宝玉道：

"我怕她们知道，没有告诉她们。我叫焙茗等在外头各处找过的。"

王夫人道：

"胡说！如今脱换衣服，不是袭人她们伏侍的么？大凡哥儿出门回来，手巾荷包短了，还要查个明白，何况这块玉不见了！难道不问么？"

宝玉无言可答。赵姨娘听见，便得意了，忙接口道：

"外头丢了东西，也赖环儿。"

话未说完，被王夫人喝道：

"这里说这个，你且说那些没要紧的话！"

赵姨娘便也不敢言语了。还是李纨探春从实的告诉了王夫人一遍。王夫人也急的眼中落泪，索性要回明了贾母，去问邢夫人那边来的这些人去。

凤姐病中，也听见宝玉失玉，知道王夫人过来，料躲不住，便扶了丰儿来到园里。正值王夫人起身要走，凤姐娇怯怯的说：

"请太太安。"

宝玉等过来问了凤姐好。王夫人因说道：

"你也听见了么？这可不是奇事吗？刚才眼错不见就丢了，再找不着。你去想想：打从老太太那边的丫头起至你们平儿，谁的手不稳？谁的心促狭？我要回了老太太，认真的查出来才好；不然，是断了宝玉的命根子了！"

凤姐回道：

"咱们家人多手杂，自古说的'知人知面不知心'，那里保得住谁是好的？但只一吵嚷，已经都知道了。偷玉的人，要叫太太查出来，明知是死无葬身之地，他着了急，反要毁坏了灭口，那时可怎么处呢？据我的糊涂想头：只说宝玉本不爱他，撂丢了，也没有什么

1277

要紧,只要大家严密些,别叫老太太老爷知道。这么说了,暗暗的派人去各处察访,哄骗出来,那时玉也可得,罪名也可定。不知太太心里怎么样?"

王夫人迟了半日,才说道:

"你这话虽也有理,但只是老爷跟前怎么瞒的过呢?"便叫环儿来说道:"你二哥哥的玉丢了,白问了你一句,怎么你就乱嚷?要是嚷破了人家把那个毁坏了,我看你活得活不得!"

贾环吓得哭道:

"我再不敢嚷了!"

赵姨娘听了,那里还敢言语?王夫人便吩咐众人道:

"想来自然有没找到的地方儿。好端端的在家里的,还怕它飞到那里去不成?只是不许声张。限袭人三天内给我找出来。要是三天找不着,只怕瞒不住,大家那就不用过安静日子了!"

说着,便叫凤姐儿跟到邢夫人那边商议踅缉。不提。

这里李纨等纷纷议论,便传唤看园子的一干人来,叫把园门锁上,快传林之孝家的来,悄悄儿的告诉了她。叫她:

"吩咐前后门上:三天之内,不论男女下人,从里头可以走动,要走出去时,一概不许放出。只说里头丢了东西,等这件东西有了着落,然后放人出来。"

林之孝家的答应了"是",因说:"前儿奴才家里也丢了一件不要紧的东西,林之孝必要明白,上街去找了一个测字的。那人叫做什么刘铁嘴,测了一个字,说的很明白,回来按着一找就找着了。"

袭人听见,便央及林家的道:

"好林奶奶!出去快求林大爷替我们问问去!"

那林之孝家的答应着出去了。

邢岫烟道:

"若说那外头测字打卦的,是不中用的。我在南边闻妙玉能扶乩,何不烦她问一问?况且我听见说,这块玉原有仙机,想来问的出来。"

众人都诧异道:

"咱们常见的,从没有听她说起。"

麝月便忙问岫烟道:

"想来别人求她是不肯的,好姑娘,我给姑娘磕个头,求姑娘就去! 若问出来了,我一辈子总不忘你的恩!"说着,赶忙就要磕下头去,岫烟连忙拦住。黛玉等也都怂恿岫烟速往栊翠庵去。

一面林之孝家的进来说道:

"姑娘们大喜! 林之孝测了字,回来说:这玉是丢不了的,将来横竖有人送还来的。"

众人听了,也都半信半疑。惟有袭人麝月喜欢的了不得。探春便问:

"测的是什么字?"

林之孝家的道:"他的话多,奴才也学不上来。记得是拈了个赏人东西的'赏'字。那刘铁嘴也不问,便说:'丢了东西不是?'"李纨道:"这就算好。"

林之孝家的道:"他还说,'赏'字上头一个'小'字,底下一个'口'字,这件东西,很可嘴里放得,必是个珠子宝石。'"

众人听了,夸赞道:

"真是神仙! 往下怎么说?"

林之孝家的道:"他说:底下'贝'字拆开,不成一个'见'字,可不是不见了? ——因上头拆了'当'字,叫快到当铺里找去。——'赏'字加一'人'字,可不是'偿'字? 只要找着当铺就有人,有了人便赎了来:可不是偿还了吗?"众人道:

"既这么着,就先往左近找起。横竖几个当铺都找遍了,少不得就有了。咱们有了东西再问人就容易了。"

李纨道:

"只要东西,那怕不问人都使得。——林嫂子,你就把测字的话快告诉了二奶奶,回了太太,先叫太太放心。就叫二奶奶派人查去。"

林家的答应了便走。

众人略安了一点儿神，呆呆的等岫烟回来。正呆等时，只见跟宝玉的焙茗在门外招手儿，叫小丫头子快出来。那小丫头赶忙的出去了。焙茗便说道：

"你快进去告诉我们二爷和里头太太、奶奶、姑娘们，天大的喜事！"那小丫头子道：

"你快说罢！怎么这么累赘？"

焙茗笑着拍手道：

"我告诉姑娘，姑娘进去回了，咱们两个人都得赏钱呢！你打量是什么事情？宝二爷的那块玉呀，我得了准信儿来了。"那小丫头急忙回来告诉宝玉。众人听了，都推着宝玉出来问他。

众人在廊下听着。宝玉也觉放心，便走到门口，问道：

"你那里得了？快拿来。"

焙茗道：

"拿是拿不来的，还得托人做保去呢。"

宝玉道：

"你快说是怎么得的，我好叫人取去。"

焙茗道：

"我在外头，知道林爷爷去测字，我就跟了去。我听见说在当铺里找，我没等他说完，便跑到几个当铺里去。我比给他们瞧，有一家便说'有'。我说：'给我罢。'那铺子里要票子。我说：'当多少钱？'他说：'三百钱的也有，五百钱的也有。前儿有一个人拿这么一块玉，当了三百钱去；今儿又有人也拿一块玉，当了五百钱去了。'"

宝玉不等说完，便道：

"你快拿三百五百钱去取了来，我们挑着看是不是。"

里头袭人便啐道：

"二爷不用理他！我小时候儿听见我哥哥常说，有些人卖那小玉儿，没钱用，便去当。想来是家家当铺里有的。"

1280

众人正在听得诧异，被袭人一说，想了一想，倒大家笑起来，说：

"快叫二爷进来罢，不用理那糊涂东西了。他说的那些玉，想来不是正经东西。"

宝玉正笑着，只见岫烟来了。

原来岫烟走到栊翠庵，见了妙玉，不及闲话，便求妙玉扶乩。妙玉冷笑几声，说道：

"我与姑娘来往，为的是姑娘不是势利场中的人。今日怎么听了那里的谣言，过来缠我？况且我并不晓得什么叫'扶乩'。"

说着，将要不理。岫烟懊悔此来："知她脾气是这么着的。一时我已说出，不好白回去，又不好与她质证她会扶乩的话。"只得陪着笑将袭人等性命关系的话说了一遍。见妙玉略有活动，便起身拜了几拜。妙玉叹道：

"何必为人作嫁？但是我进京以来，素无人知，今日你来破例，恐将来缠绕不休。"

岫烟道：

"我也一时不忍。知你必是慈悲的。便是将来他人求你，愿不愿在你，谁敢相强？"

妙玉笑了一笑，叫道婆焚香，在箱子里找出沙盘乩架，画了符，命岫烟行礼祝告毕，起来同妙玉扶着乩。不多时，只见那仙乩疾书道：

　　噫！来无踪，去无迹，青埂峰下倚古松。欲追寻，山万重，入我门来一笑逢。

书毕，停了乩。岫烟便问：

"请的是何仙？"

妙玉道：

"请的是拐仙。"

岫烟录了出来，请教妙玉解释。妙玉道：

"这个可不能，连我也不懂。你快拿去，他们的聪明人多着

> 乩文与故事开始结局前后呼应，不是文字游戏，是重要伏笔。

呢。"

岫烟只得回来。进入院中,各人都问:

"怎么样了。"

岫烟不及细说,便将所录乱语递与李纨,众姊妹及宝玉争看。都解的是:

"一时要找是找不着的,然而丢是丢不了的,不知几时不找便出来。但是青埂峰不知在那里?"

李纨道:

"这是仙机隐语。咱们家里那里跑出青埂峰来?必是谁怕查出,撂在有松树的山子石底下也未可定。独是'人我门来'这句,到底是人谁的门呢?"

黛玉道:"不知请的是谁?"

岫烟道:"拐仙。"

探春道:"若是仙家的门,便难入了!"

袭人心里着忙,便捕风捉影的混找,没一块石底下不找到,只是没有。回到院中,宝玉也不问有无,只管傻笑。麝月着急道:

"小祖宗!你到底是那里丢的?说明了,我们就是受罪,也在明处啊!"

宝玉笑道:

"我说外头丢的,你们又不依。你如今问我,我知道么?"

李纨、探春道:

"今儿从早起闹起,已到三更来的天了。你瞧:林妹妹已经掌不住,各自去了。我们也该歇歇儿了,明儿再闹罢。"

说着,大家散去。宝玉即便睡下。可怜袭人等哭一回,想一回,一夜无眠。暂且不提。

且说黛玉先自回去,想起"金玉"的旧话来反自欢喜,心里也道:

"和尚道士的话真个信不得。果真'金玉'有缘,宝玉如何能把这玉丢了呢？或者因我之事，拆散他们的'金玉'也未可知。……"

想了半天，更觉安心，把这一天的劳乏竟不理会，重新倒看起书来。紫鹃倒觉身倦，连催黛玉睡下。黛玉虽躺下，又想到海棠花上：

"这块玉原是胎里带来的，非比寻常之物，来去自有关系。若是这花主好事呢，不该失了这玉呀。看来此花开的不祥，莫非他有不吉之事？"不觉又伤起心来。又转想到喜事上头，此花又似应开，此玉又似应失。如此一悲一喜，直想到五更方睡着。

宝玉宝钗订婚之事，宝玉黛玉仍在鼓中，此处又写黛玉空欢喜以造成日后焚稿断情的大绝望。作者在金玉上面写了不少绝妙文章，前后呼应，贯穿到底。

第九十五回

因讹成实元妃薨逝
以假混真宝玉疯癫

次日,王夫人等早派人到当铺里去查问,凤姐暗中设法找寻。一连闹了几天,总无下落。还喜贾母贾政未知。袭人等每日提心吊胆。宝玉也好几天不上学,只是怔怔的不言不语,没心没绪的。王夫人只知他因失玉而起,也不大着意。那日正在纳闷,忽见贾琏进来请安,嘻嘻的笑道:

"今日听得雨村打发人来告诉咱们二老爷,说:舅太爷升了内阁大学士,奉旨来京,已定于明年正月二十日宣麻①,有三百里的文书去了。想舅爷昼夜趱行,半个多月就要到了。侄儿特来回太太知道。"

王夫人听说,便欢喜非常。正想娘家人少,薛姨妈又衰败了,兄弟又在外任,照应不着。今日忽听兄弟拜相回京,王家荣耀,将来宝玉都有倚靠。便把失玉的心又略放开些了,天天专望兄弟来京。

忽一天,贾政进来,满脸泪痕,喘吁吁的说道:

"你快去禀知老太太,即刻进宫! 不用多的人,是你伏侍进去。因娘娘忽得暴病,现在太监在外立等。他说太医院已经奏明痰厥②,不能医治。"

王夫人听说,便大哭起来。贾政道:

"这不是哭的时候,快快去请老太太。说得宽缓些,不要吓坏了老人家。"

贾政说着,出来吩咐家人伺候。王夫人收了泪,去请贾母,只说元妃有病,进去请安。贾母念佛道:

"怎么又病了？前番吓的我了不得，后来又打听错了。这回情愿再错了也罢！"

王夫人一面回答，一面催鸳鸯等开箱取衣饰穿戴起来。王夫人赶着回到自己房中，也穿戴好了，过来伺候。一时出厅上轿进宫。不提。

且说元春自选了凤藻宫后，圣眷隆重，身体发福，未免举动费力。每日起居劳乏，时发痰疾。因前日侍宴回宫，偶沾寒气，勾起旧病。不料此回甚属厉害，竟至痰气壅塞，四肢厥冷。一面奏明，即召太医调治。岂知汤药不进，连用通关之剂，并不见效。内宫忧虑，奏请预办后事，所以传旨命贾氏椒房进见。

贾母王夫人遵旨进宫，见元妃痰塞口涎，不能言语。见了贾母，只有悲泣之状，却没眼泪。贾母进前请安，奏些宽慰的话。少时，贾政等职名递进，宫嫔传奏，元妃目不能顾，渐渐脸色改变。内宫太监即要奏闻，恐派各妃看视，椒房姻戚未便久羁，请在外宫伺候。贾母王夫人怎忍便离，无奈国家制度，只得下来，又不敢啼哭，惟有心内悲感。

朝门内官员候信。不多时，只见太监出来，立传钦天监，贾母便知不好，尚未敢动。少刻，小太监传谕出来，说：

"贾娘娘薨逝。"

是年甲寅年十二月十八日立春。元妃薨日，是十二月十九日，已交卯年寅月，存年三十一岁。贾母含悲起身，只得出宫上轿回家。贾政等亦已得信，一路悲戚到家中，邢夫人、李纨、凤姐、宝玉等出厅，分东西迎着贾母，请了安，并贾政王夫人请安，大家哭泣。不提。

次日早起，凡有品级的，按贵妃丧礼进内请安哭临。贾政又是工部，虽按照仪注办理，未免堂上又要周旋他些，同事又要请教他：所以两头更忙，非比从前太后与周妃的丧事了。但元妃并无所出，惟谥曰贤淑贵妃。此是王家制度，不必多赘。只讲贾府中男女，天天进宫，忙的了不得。幸喜凤姐儿近日身子好些，还得出来照应家事；又要预备王子腾进京，接风贺喜。凤姐胞兄王仁，知道叔叔入了内阁，仍带家眷来京。凤姐心里喜欢，便有些心病，有这些娘家的人来，也便摆开，所以身子倒觉比先好了些。王夫人看见凤姐照旧办事，又把担子卸了一半；又眼见兄弟来京，诸事放心，倒觉安静些。

> 元妃死，宝玉疯，都应了海棠异兆。但元妃不是重要人物，所以轻轻带过。作者只是用她归省象征贾府盛极，以她死亡象征贾府衰败而已。

独有宝玉原是无职之人，又不念书，代儒学里知他家里有事，也不来管他；贾政正忙，自然没有空儿查他。想来宝玉趁此机会竟可与姊妹们天天畅乐，不料他自失了玉后，终日懒怠走动，说话也糊涂了。并贾母等出门回来，有人叫他去请安，便去；没人叫他，他也不动。袭人等怀着鬼胎，又不敢去招惹他，恐他生气。每天茶饭，端到面前便吃，不来也不要。

袭人看这光景，不像是有气，竟像是有病的。袭人偷着空儿到潇湘馆告诉紫鹃，说是：

"二爷这么着，求姑娘给他开导开导。"

紫鹃虽即告诉黛玉，只因黛玉想着亲事上头，一定是自己了，如今见了他，反觉不好意思，"若是他来呢，原是小时在一处的，也难不理他；若说我去找他，断断使不得。"所以黛玉不肯过来。

> 此处又写黛玉矜持，更令人同情。

袭人又背地里去告诉探春。那知探春心里明明知道海棠开得怪异，"宝玉"失的更奇，接连着元妃姐姐薨逝，谅家道不祥，日日愁闷，那有心肠去劝宝玉？况兄妹们男女有别，只好过来一两次，宝玉又终是懒懒的，所以也不常来。

宝钗也知失玉。因薛姨妈那日应了宝玉的亲事，回去便告诉了宝钗。薛姨妈还说：

"虽是你姨妈说了，我也没有应准，说等你哥哥回来再定。你愿意不愿意？"

宝钗反正色对母亲道：

"妈妈这话说错了。女孩儿家的事情是父母作主的。如今我父亲没了,妈妈应该作主的;再不然,问哥哥。怎么问起我来?"

所以薛姨妈更爱惜她,说她虽是从小娇养惯的,却也生来的贞静。因此,在她面前反不提起宝玉了。

宝钗自从听此一说,把"宝玉"两字自然更不提起了。如今虽然听见失了玉,心里也甚惊疑,倒不好问,只得听旁人说去,竟像不与自己相干的。只有薛姨妈打发丫头过来了好几次问信。因她自己的儿子薛蟠的事焦心,只等哥哥进京,便好为他出脱罪名;又知元妃已薨,虽然贾府忙乱,却得凤姐好了,出来理家,所以也不大过这边来。这里只苦了袭人:在宝玉跟前低声下气的付侍劝慰,宝玉竟是不懂,袭人只有暗暗的着急而已。

过了几日,元妃停灵寝庙,贾母等送殡去了几天。岂知宝玉一日呆似一日,也不发烧,也不疼痛,只是吃不像吃,睡不像睡,甚至说话都无头绪。叫袭人麝月等一发慌了,回过凤姐几次。凤姐不时过来。起先道是找不着玉生气,如今看他失魂落魄的样子,只有日日请医调治。煎药吃了好几剂,只有添病的,没有减病的。及至问他那里不舒服,宝玉也说不出来。

直至元妃事毕,贾母惦记宝玉,亲自到园看视,王夫人也随过来,袭人等忙叫宝玉接出去请安。宝玉虽说是病,每日仍起来行动。今日叫他接贾母去,他依然仍是请安,惟是袭人在旁扶着指教。贾母见了,便道:

"我的儿!我打量你怎么病着,故此过来瞧你。今你依旧的模样儿,我的心放了好些。"

王夫人也自然宽心的。但宝玉并不回答,只管嘻嘻的笑。贾母等进屋坐下,问他的话,袭人教一句,他说一句,大不似往常,直是一个呆子似的。贾母愈看愈疑,便说:

"我才进来看时,不见有什么病;如今细细一瞧,这病果然不轻,竟是神魂失散的样子!到底因什么起的呢?"

此回写宝玉失神,下回凤姐才能"掉包"。

1287

王夫人知事难瞒，又瞧瞧袭人怪可怜的样子，只得便依着宝玉先前的话，将那往临安伯府里去听戏时丢了这块玉的话悄悄的告诉了一遍，心里也彷徨的很，生恐贾母着急。并说：

"现在着人在四下里找寻。求签问卦，都说在当铺里找，少不得找着的。"

贾母听了，急得站起来，眼泪直流，说道：

"这件玉，如何是丢得的！你们忒不懂事了！难道老爷也是撂开手的不成？"

王夫人知贾母生气，叫袭人等跪下，自己敛容低首回说：

"媳妇恐老太太着急，老爷生气，都没敢回。"

贾母咳道：

"这是宝玉的命根子，玉丢了，所以他这么失魂丧魄的！还了得！这玉是满城里都知道的，谁捡了去，肯叫你们找出来么？叫人快快请老爷，我与他说！"

那时吓得王夫人袭人等俱哀告道：

"老太太这一生气，回来老爷更了不得了。现在宝玉病着，交给我们尽命的找来就是了。"

贾母道：

"你们怕老爷生气，有我呢！"

便叫麝月传人去请。不一时，传话进来，说：

"老爷谢客去了。"

贾母道：

"不用他也使得。你们便说我说的话，暂且也不用责罚下人。我便叫琏儿来，写出赏格，悬在前日经过的地方，便说：'有人捡得送来者，情愿送银一万两；如有知人捡得，送信找得者，送银五千两。'如真有了，不可吝惜银子。这么一找，少不得就找出来了。若是靠着咱们家几个人找，就找一辈子也不能得！"

王夫人也不敢直言。贾母传话，告诉贾琏叫他速办去了。

贾母便叫人：

　　"将宝玉动用之物都搬到我那里去。只派袭人秋纹跟过来,余者仍留园内看屋子。"

　　宝玉听了,总不言语,只是傻笑。贾母便携了宝玉起身——袭人等搀扶出园——回到自己房中,叫王夫人坐下,看人收拾里间屋内安置,便对王夫人道:

　　"你知道我的意思么? 我为的是园里人少,怡红院的花树,忽萎忽开,有些奇怪。头里仗着那块玉能除邪祟;如今玉丢了,只怕邪气易侵:所以我带过他来一块儿住着。这几天也不用叫他出去。大夫来,就在这里瞧。"

　　王夫人听说,便接口道:

　　"老太太想的自然是。如今宝玉同着老太太住了,老太太的福气大,不论什么都压住了。"

　　贾母道:"什么福气,不过我屋里干净些,经卷也多,都可以念念定定心神。你问宝玉好不好。"

　　那宝玉见问,只是笑。袭人叫他说好,宝玉也就说好。王夫人见了这般光景,未免落泪,在贾母这里,不敢出声。贾母知王夫人着急,便说道:

　　"你回去罢,这里有我调停他。晚上老爷回来,告诉他不必来见我,不许言语就是了。"

　　王夫人去后,贾母叫鸳鸯找些安神定魄的药,按方吃了。不提。

　　且说贾政当晚回来,在车内听见道儿上人说道:

　　"人要发财,也容易的很!"

　　那个问道:

　　"怎么见得?"

　　这个人又道:

　　"今日听见荣府里丢了什么哥儿的玉了,贴着招帖儿,上头写着玉的大小式样颜色,说:有人捡了送去,就给一万两银子;送信的还给五千呢!"

贾政虽未听得如此真切，心内诧异，急忙赶回，便叫门上的人问起那事来。门上的人禀道：

"奴才头里也不知道；今儿晌午，琏二爷传出老太太的话，叫人去贴帖儿，才知道的。"

贾政便叹气道：

"家道该衰！偏生养这么一个孽障！才养他的时候，满街的谣言，隔了十几年，略好了些。这会子又大张晓谕的找玉，成何道理！"

说着，忙走进里头去问王夫人。王夫人便一五一十的告诉，贾政知是老太太的主意，又不敢违拗，只抱怨王夫人几句。又走出来，叫瞒着老太太，背地里揭了这个帖儿下来。岂知早有那些游手好闲的人揭了去了。

过了些时，竟有人到荣府门上，口称送玉来的。家人们听见，喜欢的了不得，便说："拿来，我给你回去。"

那人便从怀内掏出赏格来，指给门上的人瞧，说：

"这不是你们府上的帖子？写明送玉来的给银一万两。二太爷，你们这会子瞧我穷，回来我得了银子，就是财主了，别这么待理不理的！"

门上人听他的话头儿硬，便说道：

"你到底略给我瞧瞧，我好给你回。"

那人初倒不肯，后来听人说得有理，便掏出那玉，托在掌中一扬，说：

"这是不是？"

众家人原是在外服役，只知有玉，也不常见；今日才看见这玉的模样儿了，急忙跑到里头抢头报的似的。

那日，贾政贾赦出门，只有贾琏在家。众人回明，贾琏还问真不真。门上人口称：

"亲眼见过，只是不给奴才，要见主子，一手交银，一手交玉。"

贾琏却也喜欢，忙去禀知王夫人，即便回明贾母，把个袭人乐

的合掌念佛。贾母并不改口，一叠连声:

"快叫琏儿请那人到书房里坐着，将玉取来一看，即便给银。"

贾琏依言，请那人进来，当客待他，用好言道谢:

"要借这玉送到里头本人见了，谢银分厘不短。"

那人只得将一个红绸子包儿送过去。贾琏打开一看，可不是那一块晶莹美玉吗? 贾琏素昔原不理论，今日倒要看看。看了半日，上面的字也仿佛认得出来，什么"除邪祟"等字。贾琏看了，喜之不胜，便叫家人伺候，忙忙的送与贾母王夫人认去。

这会子惊动了合家的人都等着争看。凤姐儿见贾琏进来，便劈手夺去，不敢先看，送到贾母手里。贾琏笑道:

"你这么一点儿事，还不叫我献功儿!"

贾母打开看时，只见那玉比先前昏暗了好些，一面用手擦摸，鸳鸯拿上眼镜儿戴着一瞧，说:

"奇怪! 这块玉倒是的! 怎么把里头的宝色都没了呢?"

王夫人看了一会子，也认不出，便叫凤姐过来看。凤姐看了道:

"像倒像，只有颜色不大对，不如叫宝兄弟自己一看，就知道了。"

袭人在旁，也看着未必是那一块，只是盼得的心盛，也不敢说出不像来。

凤姐于是从贾母手中接过来，同着袭人，拿来给宝玉瞧。这时宝玉正睡着才醒。凤姐告诉道:

"你的玉有了。"

宝玉睡眼朦胧，接在手里也没瞧，便往地下一摔，道:

"你们又来哄我!"

说着，只是冷笑。凤姐连忙拾起来道:

"这也奇了。怎么你没瞧，就知道呢?"

宝玉也不答言，只管笑。王夫人也进屋里来

> 宝玉的"你们又来哄我"这句话，是作者对凤姐的诛心之作。仔细体会方能得个中消息，作者含养之深，藏而不露，令人叹服，真是"都云作者痴，谁解其中味?"

1291

了，见他这样，便道：

"这不用说了，他那玉原是胎里带来的一宗古怪东西，自然他有道理。想来这个必是人家见了帖儿照样儿做的。"

大家此时恍然大悟。

贾琏在外间屋里听见这个话，便说道：

"既不是，快拿来给我问问他去。人家这样事，他还敢来鬼混！"

贾母喝住道：

"琏儿，拿了去给他，叫他去罢。那也是穷极了的人，没法儿了，所以见我们家有这样事，他就想着赚几个钱，也是有的。如今白白的花了钱，弄了这个东西，又叫咱们认出来了。依着我，倒别难为他，把这块玉还他，说不是我们的，赏给他几两银子。外头的人知道了，才肯有信儿就送来呢。要是难为了这一个人，就是真的，人家也不敢拿了来了。"

贾琏答应出去。那人还等着呢。半日不见人来，正在那里心里发虚，只见贾琏气忿忿走出来了。

那个人看见贾琏的气色不好，心里先发虚了，连忙站起来迎着。刚要说话，只见贾琏冷笑道：

"好大胆！我把你这个混帐东西！这里是什么地方儿，你敢来掉鬼！"回头便问："小厮们呢？"外头轰雷一般，几个小厮齐声答应。贾琏道：

"取绳子去捆起他来！等老爷回来，回明了，把他送到衙门里去！"众小厮又一齐答应："预备着呢。"嘴里虽如此，却不动身。

那人先自吓的手足无措，见这般势派，知道难逃公道，只得跪下给贾琏磕头，口口声声只叫：

"老太爷！别生气！是我一时穷极无奈，才想出这个没脸的营生来。那玉是我借钱做的，我也不敢要了，只得孝敬府里的哥儿玩罢。"说毕，又连连磕头。贾琏啐道：

"你这个不知死活的东西！这府里稀罕你的那扔不了的浪东

西!"

正闹着,只见赖大进来,陪着笑,向贾琏道:

"二爷别生气了。靠他算个什么东西! 饶了他,叫他滚出去
罢。"

贾琏道:"实在可恶!"赖大贾琏作好作歹,众人在外头都说道:

"糊涂狗扰的! 还不给爷和赖大爷磕头呢! 快快的滚罢,还等
窝心脚呢!"那人赶忙磕了两个头,抱头鼠窜而去。从此,街上闹动
了:

"贾宝玉弄出'假宝玉'来了。"

① 宣麻——唐朝任命宰相的时候,用黄白麻纸写了诏书在朝庭上宣
　　告,令满朝百官都听宣告,并问这个人可用不可用,然后行拜相的礼
　　节。这叫做宣麻。南宋的朱熹说:"此礼唐以来皆用之,至本朝……
　　独宣诰命于宰相,而他人不得与闻,失古意矣。"
② 痰厥——病名,由于呼吸不通引起的昏厥。这里是指中风一类的
　　病。

第九十六回　瞒消息凤姐设奇谋
　　　　　　　泄机关颦儿迷本性

　　且说贾政那日拜客回来，众人因为灯节底下，恐怕贾政生气，已过去的事，便也都不肯回。只因元妃的事忙碌了好些时，近日宝玉又病着，虽有旧例家宴，大家无兴，也无有可记之事。

　　到了正月十七日，王夫人正盼王子腾来京，只见凤姐进来回说：

　　"今日二爷在外听得有人传说：我们家大老爷赶着进京，离城只二百多里地，在路上没了。太太听见了没有？"王夫人吃惊道：

　　"我没听见，老爷昨晚也没有说起。到底在那里听见的？"凤姐道：

　　"说是在枢密张老爷家听见的。"

　　王夫人怔了半天，那眼泪早流下来了，因拭泪说道：

　　"回来再叫琏儿索性打听明白了来告诉我。"凤姐答应去了。

　　王夫人不免暗里落泪，悲女哭弟，又为宝玉担忧，如此连三接二，都是不随意的事，那里搁得住，便有些心口疼痛起来。又加贾琏打听明白了，来说道：

　　"舅太爷是赶路劳乏，偶然感冒风寒。到了十里屯地方，延医调治，无奈这个地方没有名医，误用了药，一剂就死了。但不知家眷可到了那里没有。"

　　王夫人听了，一阵心酸，便心口疼痛得坐不住，叫彩云等扶了上炕，还扎挣着叫贾琏去回了贾政。

　　"即速收拾行装，迎到那里，帮着料理完毕，即刻回来告诉我们，好叫你媳妇儿放心。"

　　贾琏不敢违拗，只得辞了贾政起身。贾政早已知道，心里很不受用；又知宝玉失玉以后，神志昏愦，医药无效；又值王夫人心疼。

　　那年正值京察，工部将贾政保列一等，二月，吏部带领引见。皇上念贾政勤俭谨慎，即放了江西粮道。即日谢恩，已奏明起程日期。虽有众亲朋贺喜，贾政也无心应酬，只念家中人口不宁，又不敢耽延在家。

　　正在无计可施，只听见贾母那边叫请老爷，贾政即忙进去。看见王夫人带着病也在那里，便向贾母请了安。贾母叫他坐下，便说：

　　"你不日就要赴任，我有多少话与你说，不知你听不听？"说着，掉下泪来。贾政忙站起来，说道：

　　"老太太有话，只管吩咐，儿子怎敢不遵命呢？"

　　贾母哽咽着说道：

　　"我今年八十二岁的人了，你又要做外任去。偏有你大哥在家，你又不能告亲老①。你这一去了，我所疼的只有宝玉，偏偏的又病得糊涂，还不知道怎么样呢！我昨日叫赖升媳妇出去，叫人给宝玉算算命，这先生算得好灵：说要娶了金命的人帮扶他，必要冲冲喜才好；不然，只怕保不住。我知道你不信那些话，所以叫你来商量。你的媳妇也在这里，你们两个也商量商量。还是要宝玉好呢？还是随他去呢？"

　　贾政陪笑说道："老太太当初疼儿子这么疼的，难道做儿子的就不疼自己的儿子不成？只为宝玉不上进，所以时常恨他，也不过是'恨铁不成钢'的意思。老太太既要给他成家，这也是该当的，岂有逆着老太太不疼他的理？如今宝玉病着，儿子也是不放心。因老太太不叫他见我，所以儿子也不敢言语。我到底瞧瞧宝玉是个什么病。"

　　王夫人见贾政说着也有些眼圈儿红，知道心里是疼的，便叫袭人扶了宝玉来。宝玉见了他父亲,袭人叫他请安,他便请了个安。贾政见他脸面很瘦,目光无神,大有疯傻之状,便叫人扶了进去,便想到:

"自己也是望六的人了,如今又放外任,不知道几年回来。倘或这孩子果然不好,一则年老无嗣,虽说有孙子,到底隔了一层;二则老太太最疼的是宝玉,若有差错,可不是我的罪名更重了?"瞧瞧王夫人一包眼泪,又想到她身上,复站起来说:

"老太太这么大年纪,想法儿疼孙子,做儿子的还敢违拗?老太太主意该怎么便怎么就了。但只姨太太那边,不知说明白了没有?"

王夫人便道:"姨太太是早应了的;只为蟠儿的事没有结案,所以这些时总没提起。"

贾政又道:"这就是第一层的难处。他哥哥在监里,妹子怎么出嫁?况且贵妃的事虽不禁婚嫁,宝玉应照已出嫁的姐姐,有九个月的功服,此时也难娶亲。再者,我的起身日期已经奏明,不敢耽搁,这几天怎么办呢?"

贾母想了一想:"说的果然不错。若是等这几件事过去,他父亲又走了。倘或这病一天重似一天,怎么好?只可越些礼办了才好。"想定主意,便说道:"你若给他办呢,我自然有个道理,包管都碍不着。姨太太那边,我和你媳妇亲自过去求他。蟠儿那里,我央蝌儿告诉他,说是要救宝玉的命,诸事将就,自然应的。若说服里娶亲,当真使不得;况且宝玉病着,也不可叫他成亲,不过是冲冲喜。我们两家愿意,孩子们又有'金玉'的道理,婚是不用合的了,即挑了好日子,按着咱们家分儿过了礼②。赶着挑个娶亲日子,一概鼓乐不用,倒按宫里的样子,用十二对提灯,一乘八人桥子抬了来,照南边规矩拜了堂,一样坐床撒帐:可不是算娶了亲了么?宝丫头心地明白,是不用虑的。内中又有袭人,也还是个妥妥当当的孩子。再有个明白人常劝他更好。他又和宝丫头合的来。再者:姨太太曾说宝丫头的'金锁'也有个和尚说过,只等有玉的便是婚姻。焉知宝丫头过来,不因'金锁'倒招出他那块玉来,也定不得。从此,一天好似一天,岂不是大家的造化?这会子只要立刻收拾屋子,铺排起来。这屋子是要你派的。一概亲友不请,也不排筵席;待宝玉好了,过了功服,然后再摆席请人。这么着,都赶的上。你也看见了他们小两口儿的事,也好放心着去。"

贾政听了,原不愿意,只是贾母做主,不敢违命,勉强陪笑说道:

"老太太想得极是,也很妥当。只是要吩咐家下众人,不许吵嚷得里外皆知,这要耽不是的。姨太太那边,只怕不肯;若是果真应了,也只好按着老太太的主意办去。"

贾母道:"姨太太那里有我呢,你去罢。"

贾政答应出来,心中好不自在。因赴任事多,部里领凭,亲友们荐人,种种应酬不绝,竟把宝玉的事听凭贾母交与王夫人凤姐儿了。惟将荣禧堂后身王夫人内屋旁边一大跨所⑨二十余间房屋指与宝玉,余者一概不管。贾母定了主意,叫人告诉他去,贾政只说很好。此是后话。

且说宝玉见过贾政,袭人扶回里间炕上。因贾政在外,无人敢与宝玉说话,宝玉便昏昏沉沉的睡去。贾母与贾政所说的话,宝玉一句也没有听见。袭人等却静静儿的听得明白,头里虽也听得些风声,到底影响,只不见宝钗过来,却也有些信真。今日听了这些话,心里方才水落归漕,倒也喜欢,心里想道:

"果然上头的眼力不错!这才配的是。我也造化!若他来了,我可以卸了好些担子。但是这一位的心里只有一个林姑娘。幸亏她没有听见,若知道了,又不知要闹到什么分儿了!"袭人想到这里,转喜为悲,心想:

"这件事怎么好?老太太、太太那里知道他们心里的事?一时高兴,说给他知道,原想要他病好。若是他还像头里的心,初见林姑娘,便要摔玉砸玉,——况且那年夏天在园里,把我当作林姑娘,说了好些私心话;后来因为紫鹃说了句玩话儿,便哭得死去活来。

若是如今和他说要娶宝姑娘,竟把林姑娘撂开,除非是他人事不知还可,倘或明白些,只怕不但不能冲喜,竟是催命了! 我再不把话说明,那不是一害三个人了么?"

袭人想定主意,待等贾政出去,叫秋纹照看着宝玉,便从里间出来,走到王夫人身旁,悄悄的请了王夫人到贾母后身屋里去说话。贾母只道是宝玉有话。也不理会,还在那里打算怎么过礼,怎么娶亲。

那袭人同了王夫人到了后间,便跪下哭了。王夫人不知何意,把手拉着她说:

"好端端的,这是怎么说? 有什么委屈,起来说。"

袭人道:

"这话奴才是不该说的,这会子,因为没有法儿了!"

王夫人道:

"你慢慢的说。"

袭人道:

"宝玉的亲事,老太太、太太已定了宝姑娘了,自然是极好的一件事。 只是奴才想着,太太看去,宝玉和宝姑娘好,还是和林姑娘好呢?"

王夫人道:

"他两个因从小儿在一处,所以宝玉和林姑娘又好些。"

袭人道:

"不是好些。"

便将宝玉素与黛玉这些光景一一的说了,还说:"这些事都是太太亲眼见的,独是夏天的话,我从没敢和别人说。"

王夫人拉着袭人道:

"我看外面儿已瞧出几分来了,你今儿一说,更加是了。但是刚才老爷说的话,想必都听见了,你看他的神情儿怎么样?"

袭人道:

"如今宝玉若有人和他说话他就笑,没人和他说话他就睡,所以头里的话却倒没听见。"

王夫人道:

"倒是这件事叫人怎么样呢!"

袭人道:

"奴才说是说了,还得太太告诉老太太,想个万全的主意才好。"

王夫人便道:

"既这么着,你去干你的。这时候满屋子的人,暂且不用提起。等我瞅空儿回明老太太,再作道理。"

说着,仍到贾母跟前。

贾母正在那里和凤姐儿商议,见王夫人进来,便问道:

"袭人丫头说什么,这么鬼鬼祟祟的?"

王夫人趁问,便将宝玉的心事细细回明贾母。贾母听了,半日没言语。王夫人和凤姐也都不再说了。只见贾母叹道:

"别的事,都好说。林丫头倒没有什么。若宝玉真是这样,这可叫人作了难了!"

只见凤姐想了一想,因说道:

"难倒不难。只是我想了个主意,不知姑妈肯不肯。"

王夫人道:

"你有主意,只管说给老太太听,大家娘儿们商量着办罢了。"

凤姐道:

"依我想,这件事,只有一个'掉包儿'的法子。"

贾母道:

"怎么'掉包儿'?"

凤姐道:

"如今不管宝兄弟明白不明白,大家吵嚷起来,说是老爷做主,

> 作者先用袭人将宝玉黛玉真心相爱作一次总结表白,此处写凤姐掉包之计,悲剧于是造成。无此瞒天一着,便难过海。

将林姑娘配了他了,瞧他的神情儿怎么样。要是他全不管,这个包儿也就不用掉了;若是他有些喜欢的意思,这事却要大费周折呢!"

王夫人道:

"就算他喜欢,你怎么样办呢?"

凤姐走到王夫人耳边,如此这般的说了一遍。王夫人点了几点头儿,笑了一笑,说道:"也罢了。"

贾母便问道:

"你们娘儿两个捣鬼,到底告诉我是怎么着呀。"

凤姐恐贾母不懂,露泄机关,便也向耳边轻轻告诉了一遍。贾母果真一时不懂。凤姐笑着又说了几句。贾母笑道:

"这么着也好,可就只忒苦了宝丫头了。倘若吵嚷出来,林丫头又怎么样呢?"

凤姐道:

"这个话,原只说给宝玉听,外头一概不许提起,有谁知道呢?"

正说间,丫头传进话来,说:

"琏二爷回来了。"王夫人恐贾母问及,使个眼色与凤姐。凤姐便出来迎着贾琏,努了个嘴儿,同到王夫人屋里等着去了。一会儿,王夫人进来,已见凤姐哭的两眼通红。贾琏请了安,将到十里屯料理王子腾的丧事的话说了一遍,便说:

"有恩旨赏了内阁的职衔,谥了文勤公,命本家扶枢回籍,着沿途地方官员照料。昨日起身,连家眷回南去了。舅太太叫我回来请安问好,说:如今想不到不能进京,有多少话不能说。听见我大舅子要进京,若是路上遇见了,便叫他来到咱们这里细细的说。"

王夫人听毕,其悲痛自不必言。凤姐劝慰了一番,说:

"请太太略歇一歇,晚上来,再商量宝玉的事罢。"

说毕,同了贾琏回到自己房中,告诉了贾琏,叫他派人收拾新房。不提。

一日,黛玉早饭后,带着紫鹃到贾母这边来,一则请安,二则也为自己散散闷。出了潇湘馆,走了几步,忽然想起忘了手绢子来,因叫紫鹃回去取来,自己却慢慢的走着等他。刚走到沁芳桥那边山石背后,——当日同宝玉葬花之处——忽听一个人呜呜咽咽在那里哭。黛玉煞住脚听时,又听不出是谁的声音,也听不出哭的叨叨的是些什么话,心里甚是疑惑,便慢慢的走去。及到了跟前,却见一个浓眉大眼的丫头在那里哭呢。

黛玉未见她时,还只疑府里这些大丫头有什么说不出的心事,所以来这里发泄发泄。及至见了这个丫头,却又好笑,因想到:"这种蠢货,有什么情种!自然是那屋里作粗活的丫头,受了大女孩子的气了。"细瞧了一瞧,却不认得。

那丫头见黛玉来了,便也不敢再哭,站起来拭眼泪。黛玉问道:

"你好好的为什么在这里伤心?"

那丫头听了这话,又流泪道:

"林姑娘!你评评这个理。他们说话,我又不知道,我就说错了一句话,我姐姐也不犯就打我呀!"

黛玉听了,不懂她说的是什么,因笑问道:

"你姐姐是那一个?"那丫头道:"就是珍珠姐姐。"黛玉听了,才知他是贾母屋里的。因又问:

"你叫什么?"那丫头道:

"我叫傻大姐儿。"

黛玉笑了一笑,又问:

"你姐姐为什么打你?你说错了什么话了。"

那丫头道:

"为什么呢?就是为我们宝二爷娶宝姑娘的事情。"

黛玉听了这句话,如同一个疾雷,心头乱跳,略定了定神,便叫这丫头:"你跟了我这里来。"

那丫头跟着黛玉到那畸角儿上葬桃花的去处。那里背静,黛玉因问道:"宝二爷娶宝姑娘,她为什么打你呢?"

> 七十三回用傻大姐拾绣春囊引出七十四回抄检大观园的绝妙。文章,此处又用她泄漏宝玉娶宝钗消息,更妙如果是伶俐丫头便会守口如瓶,派不上用场,"红楼梦"人物没有一个浪费。

傻大姐道:

"我们老太太和太太、二奶奶商量了,因为我们老爷要起身,说:就赶着往姨太太商量,把宝姑娘娶过来罢。头一宗,给宝二爷冲什么喜;第二宗——"说到这里,又瞅着黛玉笑了一笑,才说道:"赶着办了,还要给林姑娘说婆婆家呢。"

黛玉已经听呆了。这丫头只管说道:"我又不知道他们怎么商量的,不叫人吵嚷,怕宝姑娘听见害臊。我只和宝二爷屋里的袭人姐姐说了一句:'咱们明儿更热闹了,又是宝姑娘,又是宝二奶奶,这可怎么叫呢?'林姑娘,你说我这话害着珍珠姐姐什么了吗?她走过来就打我一个嘴巴,说我混说,不遵上头的话,要撵我出去!——我知道上头为什么不叫言语呢! 你们又没告诉我,就打我!"

说着,又哭起来。

那黛玉此时心里,竟是油儿、酱儿、糖儿、醋儿倒在一处的一般,——甜、苦、酸、咸,竟说不上什么味儿来了。停了一会儿,颤巍巍的说道:

"你别混说了。你再混说,叫人听见,又要打你了。你去罢。"

说着,自己转身要回潇湘馆去。那身子竟有千百斤重的,两只脚却像踩着棉花一般,早已软了。只得一步一步慢慢的走将来。走了半天,还没到沁芳桥畔。原来脚下软了,走的慢,且又迷迷痴痴,信着脚儿从那边绕过来,更添了两箭地的路。这时刚到沁芳桥畔,却又不知不觉的顺着堤往回里走起来。

写黛玉恍惚迷乱神态甚佳

紫鹃取了绢子来,不见黛玉。正在那里看时,只见黛玉颜色雪白,身子晃晃荡荡的,眼睛也直直的,在那里东转西转。又见一个丫头往前走了,离的远,也看不出是那一个来。心中惊疑不定,只得赶过来,轻轻的问道:

"姑娘,怎么又回去? 是要往那里去?"黛玉也只模糊听见,随口应道:

"我问问宝玉去。"紫鹃听了,摸不着头脑,只得搀着她到贾母这边来。

黛玉走到贾母门口，心里似觉明晰，回头看见紫鹃搀着自己，便站住了，问道："你作什么来的？"

紫鹃陪笑道："我找了绢子来了。头里见姑娘在桥边呢，我赶着去问姑娘，姑娘没理会。"

黛玉笑道：

"我打量你来瞧宝二爷来了呢，不然，怎么往这里走呢？"

紫鹃见她心里迷惑，便知黛玉必是听见那丫头什么话来，惟有点头微笑而已。只是心里怕她见了宝玉，——那一个已经是疯疯傻傻，这一个又这样恍恍惚惚——一时说出些不大体统的话来，那是如何是好？心里虽如此想，却也不敢违拗，只得搀她进去。

那黛玉却又奇怪，这时不是先前那样软了，也不用紫鹃打帘子，自己掀起帘子进来。却是寂然无声，因贾母在屋里歇中觉，丫头们也有脱滑儿玩去的，也有打盹的，也有在那里伺候老太太的。倒是袭人听见帘子响，从屋里出来一看，见是黛玉，便嚷道："姑娘，屋里坐罢。"

黛玉笑着道：

"宝二爷在家么？"

袭人不知底里，刚要答言，只见紫鹃在黛玉身后和她努嘴儿，指着黛玉，又摇摇手儿。袭人不解何意，也不敢言语。黛玉却也不理会，自己走进房来，看见宝玉在那里坐着，也不起身让坐，只瞅着嘻嘻的傻笑。黛玉自己坐下，却也瞅着宝玉笑。两个人也不问好，也不说话，也无推让，只管对着脸傻笑起来。

袭人看见这番光景，心里大不得主意，只是没法儿。忽然听着黛玉说道：

"宝玉，你为什么病了？"

宝玉笑道：

"我为林姑娘病了。"

袭人紫鹃两个吓得面目改色，连忙用言语来岔。两个却又不

答言,仍旧傻笑起来。袭人见了这样,知道黛玉此时心中迷惑和宝玉一样,因悄和紫鹃说道:

"姑娘才好了,我叫秋纹妹妹同着你搀回姑娘,歇歇去罢。"因回头向秋纹道:

"你和紫鹃姐姐送林姑娘去罢。你可别混说话。"

秋纹笑着,也不言语,便来同着紫鹃搀起黛玉。那黛玉也就站起来,瞅着宝玉只管笑,只管点头儿。紫鹃又催道:

"姑娘,回家去歇歇罢。"

黛玉道:

"可不是? 我这就是回去的时候儿了。"

说着,便回身笑着出来了,仍旧不用丫头们搀扶,自己却走得比往常飞快。紫鹃秋纹后面赶忙跟着走。

黛玉出了贾母院门只管一直走去,紫鹃连忙搀住叫道:

"姑娘,往这里来。"

黛玉仍是笑着,随了往潇湘馆来。离门口不远。

紫鹃道:

"阿弥陀佛! 可到了家了!"

只这一句话没说完,只见黛玉身子往前一栽,哇的一声,一口血直吐出来。

> 宝玉黛玉相对傻笑。一问一答,直到末尾这段文字写得很好。黛玉说:"可不是,我这就是回去的时候儿了",十分凄凉。八十九回作者把她从死写活,然后又让她空欢喜一阵,再走死路,让她历尽感情折磨,作者妙笔独步古今。

① 告亲老——封建时代的官员,可以因为父母年老的原故请求停职,但有弟兄在家者不在此例。

② 过礼——旧婚礼:男方向女方送"定礼"(女方也有回礼),叫作过礼。

③ 跨所——即跨院。

第九十七回　林黛玉焚稿断痴情
薛宝钗出闺成大礼

话说黛玉到潇湘馆门口，紫鹃说了一句话，更动了心，一时吐出血来，几乎晕倒，亏了紫鹃还同着秋纹两个人搀扶着黛玉到屋里来。那时秋纹去后，紫鹃雪雁守着，见她渐渐苏醒过来，问紫鹃道：

"你们守着哭什么？"

紫鹃见她说话明白，倒放了心了，因说：

"姑娘刚才打老太太那边回来，身上觉着不大好，吓的我们没了主意，所以哭了。"

黛玉笑道：

"我那里就能够死呢！"

这一句话没完，又喘成一处。

原来黛玉因今日听得宝玉宝钗的事情，这本是她数年的心病，一时急怒，所以迷惑了本性。及至回来吐了这一口血，心中却渐渐的明白过来。把头里的事一字也不记得。这会子见紫鹃哭了，方模糊想起傻大姐的话来。此时反不伤心，惟求速死，以完此债。

这里紫鹃雪雁只得守着，想要告诉人去，怕又像上回招的凤姐说她们失惊打怪。那知秋纹回去，神色慌张，正值贾母睡起中觉来，看见这般光景，便问：

"怎么了？"

秋纹吓的连忙把刚才的事回了一遍。贾母大惊，说：

"这还了得！"

连忙着人叫了王夫人凤姐过来，告诉了她婆媳两个。凤姐道：

"我都嘱咐了，这是什么人走了风了呢？这不更是一件难事了吗!"

　　贾母道:

　　"且别管那些,先瞧瞧去是怎样了。"

　　说着,便起身带着王夫人凤姐等过来看视。见黛玉颜色如雪,并无一点血色,神气昏沉,气息微细,半日又咳嗽了一阵,丫头递了痰盂,吐出都是痰中带血的,大家都慌了。只见黛玉微微睁眼,看见贾母在她旁边,便喘吁吁的说道:

　　"老太太! 你白疼了我了!"

　　贾母一闻此言,十分难受,便道:

　　"好孩子,你养着罢! 不怕的!"

　　黛玉微微一笑,把眼又闭上了。外面丫头进来回凤姐道:

　　"大夫来了。"

　　于是大家略避。王大夫同着贾琏进来,诊了脉,说道:

　　"尚不妨事。这是郁气伤肝,肝不藏血,所以神气不定。如今要用敛阴止血的药,方可望好。"

　　王大夫说完,同着贾琏出去开方取药去了。

　　贾母看黛玉神气不好,便出来告诉凤姐道:

　　"我看这孩子的病,不是我咒她,只怕难好! 你们也该替她预备预备,冲一冲,或者好了,岂不是大家省心? 就是怎么样,也不至临时忙乱。咱们家里这两天正有事呢。"

　　凤姐儿答应了。贾母又问了紫鹃一回,到底不知是那个说的。贾母心里只是纳闷,因说:

　　"孩子们从小儿在一处儿玩,好些是有的。如今大了,懂的人事,就该要分别些才是做女孩儿的本分,我才心里疼她。若是她心里有别的想头,成了什么人了呢! 我可是白疼了她了! 你们说了,我倒有些不放心。"

　　因回到房中,又叫袭人来问。袭人仍将前日回王夫人的话并方才黛玉的光景述了一遍。

　　贾母道:

“我方才看她却还不至糊涂。这个理我就不明白了。咱们这种人家，别的事自然没有的，这心病也是断断有不得的！林丫头若不是这个病呢，我凭着花多少钱都使得；就是这个病，不但治不好，我也没心肠了！”

凤姐道：

“林妹妹的事，老太太倒不必张罗，横竖有她二哥哥天天同着大夫瞧，倒是姑妈那边的事要紧。今儿早起，听见说，房子不差什么，就妥当了。竟是老太太、太太到姑妈那边去，我也跟了去商量商量。就只一件：姑妈家里有宝妹妹在那里，难以说话，不如索性请姑妈晚上过来，咱们一夜都说结了，就好办了。”

贾母王夫人都道：

“你说的是。今儿晚了，明儿饭后，咱们娘儿们就过去。”

说着，贾母用了晚饭，凤姐同王夫人各自归房。不提。

且说次日凤姐吃了早饭过来，便要试试宝玉，走进屋里说道：

“宝兄弟大喜！老爷已择了吉日，要给你娶亲了！你喜欢不喜欢？”

宝玉听了，只管瞅着凤姐笑，微微的点点头儿。凤姐笑道：

“给你娶林妹妹过来，好不好？”

宝玉却大笑起来。凤姐看着，也断不透他是明白，是糊涂，因又问道：

“老爷说：你好了就给你娶林妹妹呢；若还是这么傻，就不给你娶了。”

宝玉忽然正色道：

“我不傻，你才傻呢！”说着，便站起来说：“我去瞧瞧林妹妹，叫她放心。”

凤姐忙扶住了说：

“林妹妹早知道了。她如今要做新媳妇了，自然害羞，不肯见你的。”

宝玉道：

"娶过来,她到底是见我不见?"

凤姐又好笑,又着忙,心里想:

"袭人的话不差。提到林妹妹,虽说仍旧说些疯话,却觉得明白些。若真明白了,将来不是林姑娘,打破了这个灯虎儿,那饥荒才难打呢!"便忍笑说道:"你好好儿的便见你;若是疯疯癫癫的,她就不见你了。"

宝玉说道:

"我有一个心,前儿已交给林妹妹了。她要过来,横竖给我带来,还放在我肚子里头。"

> "我有一个心,前儿已交给林妹妹了"。宝玉此话固与八十二回相呼应,而更重要的是向凤姐表明心迹,作者千回万转费了许多笔墨,是向掉包儿的婚姻提出抗议。

凤姐听着竟是疯话,便出来看着贾母笑。贾母听了又是笑,又是疼,说道:

"我早听见了。如今且不用理他,叫袭人好好的安慰他,咱们走罢。"

说着,王夫人也来。大家到了薛姨妈那里,只说惦记着这边的事,来瞧瞧。薛姨妈感激不尽,说些薛蟠的话。喝了茶,薛姨妈要叫人告诉宝钗,凤姐连忙拦住,说:

"姑妈不必告诉宝妹妹。"又向薛姨妈陪笑说道:"老太太此来,一则为瞧姑妈;二则也有句要紧的话,特请姑妈到那边商议。"

薛姨妈听了,点点头儿说:"是了。"于是大家又说些闲话,便回来了。

当晚,薛姨妈果然过来,见过了贾母,到王夫人屋里来,不免说起王子腾来,大家落了一回泪。薛姨妈便问道:

"刚才我到老太太那里,宝哥儿出来请安,还好好儿的,不过略瘦些,怎么你们说得很利害?"

凤姐便道:

"其实也不怎么,这只是老太太悬心。目今老爷又要起身外任去,不知几年才来。老太太的意思:头一件叫老爷看着宝兄弟成了家，也放心，二则也给宝兄弟冲冲喜，借大妹妹的‘金锁’压压邪气，只怕就好了。”

薛姨妈心里也愿意，只虑着宝钗委屈，说道：

“也使得，只是大家还要从长计较计较才好。”

王夫人便按着凤姐的话和薛姨妈说，只说：

“姨太太这会子家里没人，不如把妆奁一概蠲免，明日就打发蝌儿告诉蟠儿，一面这里过门，一面给他变法儿撕掳官事。”并不提宝玉的心事。又说：“姨太太既作了亲，娶过来，早好一天，大家早放一天心”。

正说着，只见贾母差鸳鸯过来候信。薛姨妈虽恐宝钗委屈，然也没法儿，又见这般光景，只得满口应承。鸳鸯回去回了贾母，贾母也甚喜欢，又叫鸳鸯过来求薛姨妈和宝钗说明原故，不叫她受委屈。薛姨妈也答应了。便议定凤姐夫妇作媒人。大家散了，王夫人姊妹不免又叙了半夜的话儿。

次日，薛姨妈回家，将这边的话细细的告诉了宝钗，还说：“我已经应承了。”宝钗始则低头不语，后来便自垂泪。薛姨妈用好言劝慰，解释了好些话。宝钗自回房内，宝琴随去解闷。薛姨妈又告诉了薛蝌，叫他：

“明日起身，一则打听审详的事；一则告诉你哥哥一个信儿。你即便回来。”

薛蝌去了四日，便回来回覆薛姨妈道：

“哥哥的事，上司已经准了误杀，一过堂就要题本了，叫咱们预备赎罪的银子。妹妹的事，说：‘妈妈做主很好的。赶着办又省了好些银子。叫妈妈不用等我。该怎么着就怎么办罢。’”

薛姨妈听了，一则薛蟠可以回家，二则完了宝钗的事，心里安顿了好些。便是看着宝钗心里好像不愿意似的。

“虽是这样，她是女儿家，素来也孝顺守礼的人，知我应了，她也没得说的。”便叫薛蝌：“办泥金庚帖①，填上八字，即叫人送到琏二爷那边去，还问了过礼的日子来，你好预备。本来咱们不惊动亲友。哥哥的朋友,是你说的,都是混帐人。亲戚呢,就是贾王两家。如今贾家是男家,王家无人在京里。史姑娘放定的事,她家没有来请咱们,咱们也不用通知。倒是把张德辉请了来,托他照料些,他上几岁年纪的人,到底懂事。"

薛蝌领命,叫人送帖过去。

次日,贾琏过来见了薛姨妈,请了安,便说:

"明日就是上好的日子。今日过来回姨太太,就是明日过礼罢。只求姨太太不要挑饬②就是了。"

说着,捧过通书来。薛姨妈也谦逊了几句,点头应允。贾琏赶着回去,回明贾政。贾政便道:

"你回老太太说:既不叫亲友们知道,诸事宁可简便些。若是东西上,请老太太瞧了就是了。不必告诉我。"

贾琏答应,进内将话回明贾母。

这里王夫人叫了凤姐命人将过礼的物件都送与贾母过目,并叫袭人告诉宝玉。那宝玉又嘻嘻的笑道:

"这里送到园里,回来园里又送到这里,咱们的人送,咱们的人收,何苦来呢?"

贾母王夫人听了,都喜欢道:

"说他糊涂,他今日怎么这么明白呢?"

鸳鸯等忍不住好笑,只得上来一件一件的点明给贾母瞧,说:

"这是金项圈,这是金珠首饰,共八十件。这是妆蟒四十匹。这是各色绸缎一百二十匹。这是四季的衣服,共一百二十件。外面也没有预备羊酒,这是折羊酒的银子。"

贾母看了,都说好,轻轻的与凤姐说道:

"你去告诉姨太太,说:不是虚礼,求姨太太等蟠儿出来,慢慢的叫人给他妹妹做来就是了。那好日子的被褥,还是咱们这里代办了罢。"

凤姐答应出来,叫贾琏先过去,又叫周瑞旺儿等,吩咐他们:

"不必走大门,只从园里从前开的便门内送去。我也就过去。

这门离潇湘馆还远,倘别处的人见了,嘱咐他们不用在潇湘馆里提起。"

众人答应着,送礼而去。宝玉认以为真,心里大乐,精神便觉的好些,只是语言总有些疯傻。那过礼的回来都不提名说姓,因此,上下人等虽都知道,只因凤姐吩咐,都不敢走漏风声。

说黛玉虽然服药,这病日重一日。紫鹃等在旁苦劝,说道:"事情到了这个分儿,不得不说了。姑娘的心事,我们也都知道。至于意外之事,是再没有的。姑娘不信,只拿宝玉的身子说起:这样大病怎么做得亲呢?姑娘别听瞎话,自己安心保重才好。"

黛玉微笑一笑,也不答言,又咳嗽数声,吐出好些血来。紫鹃等看去,只有一息奄奄,明知劝不过来,惟有守着流泪。天天三四趟去告诉贾母,鸳鸯测度贾母近日比前疼黛玉的心差了些,所以不常去回。况贾母这几日的心都在宝钗宝玉身上,不见黛玉的信儿,也不大提起,只请太医调治罢了。

黛玉向来病着,自贾母起直到姊妹们的下人,常来问候。今见贾府中上下人等都不过来,连一个问的人都没有,睁开眼,只有紫鹃一人,自料万无生理,因扎挣着向紫鹃说道:

"妹妹!你是我最知心的!虽是老太太派你伏侍我这几年,我拿你当作我的亲妹妹——"

说到这里,气又接不上来。紫鹃听了,一阵心酸,早哭得说不出话来。

迟了半日,黛玉又一面喘,一面说道:

"紫鹃妹妹!我躺着不受用,你扶起我来靠着坐坐才好。"

紫鹃道:

"姑娘的身上不大好,起来又要抖搂③着了。"

黛玉听了,闭上眼,不言语。一时又要起来,紫鹃没法,只得同雪雁把他扶起,两边用软枕靠住,自己却倚在旁边。黛玉那里坐得住,下身自觉硌的疼,很命的掌着,叫过雪雁来道:

"我的诗本子"

说着，又喘。

雪雁料是要她前日所理的诗稿，因找来送到黛玉跟前。黛玉点点头儿，又抬眼看那箱子。雪雁不解，只是发怔。黛玉气的两眼直瞪，又咳嗽起来，又吐了一口血。雪雁连忙回身取了水来，黛玉漱了，吐在盂内。紫鹃用绢子给她拭了嘴，黛玉便拿那绢子指着箱子，又喘成一处，说不上来，闭了眼。紫鹃道：

"姑娘歪歪儿罢。"

黛玉又摇摇头儿。

紫鹃料是要绢子，便叫雪雁开箱，拿出一块白绫绢子来。黛玉瞧了，撂在一边，使劲说道：

"有字的！"

紫鹃这才明白过来要那块题诗的旧帕，只得叫雪雁拿出来，递给黛玉。紫鹃劝道：

"姑娘歇歇儿罢，何苦又劳神？等好了再瞧罢。"

只见黛玉接到手里也不瞧，扎挣着伸出那只手来，狠命的撕那绢子，却是只有打颤的分儿，那里撕得动？紫鹃早已知她是恨宝玉，却也不敢说破，只说：

"姑娘，何苦自己又生气！"

黛玉微微的点头，便掖在袖里，说叫点灯。雪雁答应，连忙点上灯来。黛玉瞧瞧，又闭上眼坐着，喘了一会子，又道：

"笼上火盆。"

紫鹃打量她冷，因说道：

"姑娘躺下多盖一件罢。那炭气只怕耽不住。"

黛玉又摇头儿。雪雁只得笼上，搁在地下火盆架上。黛玉点头，意思叫挪到炕上来。雪雁只得端上来，出去拿那张火盆炕桌。

那黛玉却又把身子欠起，紫鹃只得两只手来扶着她。黛玉这才将方才的绢子拿在手中，瞅着那火，点点头儿，往上一撂。紫鹃吓了一跳，欲要抢时，两只手却不敢动。雪雁又出去拿火盆桌子。此时那绢子已经烧着了。紫鹃劝道：

"姑娘！这是怎么说呢？"

黛玉只作不闻，回手又把那诗稿拿起来，瞧了瞧，又撂下了。紫鹃怕她也要烧，连忙将身倚住黛玉，腾出手来拿时，黛玉又早拾起，撂在火上。此时紫鹃却够不着，干急。雪雁正拿进桌子来，看见黛玉一撂，不知何物，赶忙抢时，那纸沾火就着，如何能够少待，早已烘烘的着。雪雁也顾不得烧手，从火里抓起来，撂在地下乱踩，却已烧得所余无几了。

那黛玉把眼一闭，往后一仰，几乎不曾把紫鹃压倒。紫鹃连忙叫雪雁上来，将黛玉扶着放倒。心里突突的乱跳，欲要叫人时，天又晚了；欲不叫人时，自己同着雪雁和鹦哥等几个小丫头，又怕一时有什么原故。好容易熬了一夜，到了次日早起，觉黛玉又缓过一点儿来。饭后，忽然又嗽又吐，又紧起来。

紫鹃看着不好了，连忙将雪雁等都叫进来看守，自己却来回贾母。那知到了贾母上房，静悄悄的，只有两三个老妈妈和几个做粗活的丫头在那里看屋子呢。紫鹃因问道：

"老太太呢？"

那些人都说：

"不知道。"

紫鹃听这话诧异，遂到宝玉屋里去看，竟也无人。遂问屋里的丫头，也说不知。紫鹃已知八九。

"但这些人怎么竟这样狠毒冷淡？"

又想到黛玉这几天竟连一个人问的也没有，越想越悲，索性激起一腔闷气来，一扭身，便出来了。自己想了一想：

"今日倒要看看宝玉是何形状。看他见了我怎么样过的去！那一年我说了一句谎话，他就急病了，今日竟公然做出这件事来！可知天下男子之心真真是冰寒雪冷,令人切齿的!······"

一面走,一面想,早已来到怡红院。只见院门虚掩,里面却又寂静的很,紫鹃忽然想到:

"他要娶亲,自然是有新屋子的,但不知他这新房子在何处?"

正在那里徘徊瞻顾,看见墨雨飞跑,紫鹃便叫住她。墨雨过来笑嘻嘻的道:

"姐姐到这里做什么?"

紫鹃道:

"我听见宝二爷娶亲,我要来看看热闹儿,谁知不在这里。也不知是那儿。"

墨雨悄悄的道:

"我这话,只告诉姐姐,你可别告诉雪雁。他们上头吩咐了,连你们都不叫知道呢。就是今日夜里娶。那里是在这里?老爷派琏二爷另收拾了房子了。"说着,又问:"姐姐有什么事么?"

紫鹃道:

"没什么事,你去罢。"

墨雨仍旧飞跑去了。

紫鹃自己发了一回呆,忽然想起黛玉,这时候还不知是死是活,因两泪汪汪,咬着牙,发狠道:

"宝玉!我看她明儿死了,你算是躲的过,不见了!你过了你那如心如意的事儿,拿什么脸来见我!"

一面哭一面走,呜呜咽咽的,自回去了。还未到潇湘馆,只见两个小丫头在门里往外探头探脑的,一眼看见紫鹃,那一个便嚷道:

"那不是紫鹃姐姐来了吗!"

紫鹃知道不好了,连忙摆手儿不叫嚷,赶忙进来看时,只见黛玉肝火上炎,两颧红赤。紫鹃觉得不妥,叫了黛玉的奶妈王奶奶来,一看,她便大哭起来。

这紫鹃因王奶奶有些年纪,可以仗个胆儿,谁知竟是个没主意的人,反倒把紫鹃弄的心里七上八下。忽然想起一个人来,便命小丫头急忙去请。你道是谁?原来紫鹃想起李宫裁是个孀居,今日宝玉结亲,她自然回避;况且园中诸事,向系李纨料理:所以打发人去请她。

李纨正在那里给贾兰改诗,冒冒失失的见一个丫头进来回说:
"大奶奶! 只怕林姑娘不好了! 那里都哭呢!"

李纨听了,吓了一大跳,也不及问了,连忙站起身来便走。素云碧月跟着。一头走着,一头落泪,想着:

"姊妹们在一处一场,更兼她那容貌才情,真是寡二少双,惟有青女素娥可以仿佛一二,竟这样小小的年纪就作了'北邙乡女'! 偏偏凤姐想出一条'偷梁换柱'之计,自己也不好过潇湘馆来,竟未能少尽姊妹之情,真真可怜可叹!"

一头想着,已走到潇湘馆的门口。里面却又寂然无声,李纨倒着起忙来:

"想来必是已死,都哭过了,那衣衾妆裹未知妥当了没有?
……"

连忙三步两步走进屋子来。里间门口一个小丫头已经看见,便说:

"大奶奶来了!"

紫鹃忙往外走,和李纨走了对面。李纨忙问:
"怎么样?"

紫鹃欲说话时,惟有喉中哽咽的分儿,却一字说不出,那眼泪一似断线珍珠一般,只将一只手回过去指着黛玉。

李纨看了紫鹃这般光景,更觉心酸,也不再问,连忙走过来看时,那黛玉已不能言。李纨轻轻叫了两声。黛玉却还微微的开眼,似有知识之状,但只眼皮嘴唇微有动意,口内尚有出入之息,却是一句话一点泪也没有了。李纨回身,见紫鹃不在跟前,便问雪雁。雪雁道:

"她在外头屋里呢。"

李纨连忙出来,只见紫鹃在外间空床上躺着,颜色青黄,闭了眼,只管流泪,那鼻涕眼泪把一个砌花锦边的褥子已湿了碗大的一片。李纨连忙唤她,那紫鹃才慢慢的睁开眼,欠起身来。李纨道:

"傻丫头! 这是什么时候,且只顾哭你的! 林姑娘的衣衾,还不拿出来给她换上,还等多早晚呢? 难道她个女孩儿家,你还叫她赤身露体,精着来,光着去吗?"

紫鹃听了这句话,一发止不住痛哭起来。李纨一面也哭,一面着急,一面拭泪,一面拍着紫鹃的肩膀说:

"好孩子! 你把我的心都哭乱了! 快着收拾她的东西罢,再迟一会子就了不得了!"

正闹着,外边一个人,慌慌张张的跑进来,倒把李纨吓了一跳。看时,却是平儿。跑进来,看见这样,只是呆磕磕的发怔。李纨道:

"你这会子不在那边,做什么来了?"

说着,林之孝家的也进来了。平儿道:

"奶奶不放心,叫来瞧瞧。既有大奶奶在这里,我们奶奶就只顾那一头儿了。"

李纨点点头儿。平儿道:

"我也见见林姑娘。"

说着,一面往里走,一面早已流下泪来。

这里李纨因和林之孝家的道:

"你来的正好,快出去瞧瞧去,告诉管事的预备林姑娘的后事。妥当了,叫他来回我,不用到那边去。"

林之孝家的答应了,还站着。李纨道:

"还有什么话呢?"

林之孝家的道:

"刚才二奶奶和老太太商量了,那边用紫鹃姑娘使唤使唤呢。"

李纨还未答言,只见紫鹃道:

"林奶奶,你先请罢! 等着人死了! 我们自然是出去的,那里用这么──"说到这里，却又不好说了，因又改说道："况且我们在这里守着病人，身上也不洁净。林姑娘还有气儿呢，不时的叫我。"

李纨在旁边解说道：

"当真的，林姑娘和这丫头也是前世的缘法儿！倒是雪雁是她南边带来的，她倒不理会；惟有紫鹃，我看她两个一时也离不开。"

林之孝家的头里听了紫鹃的话；未免不受用；被李纨这一番话，却也没有说的了。又见紫鹃哭的泪人一般，只好瞅着她微微的笑，说道：

"紫鹃姑娘这些闲话倒不要紧，只是你却说得，我可怎么回老太太呢？况且这话是告诉得二奶奶的吗？"

正说着，平儿擦着眼泪出来道：

"告诉二奶奶什么事？"

林之孝家的将方才的话说了一遍。平儿低了一回头，说：

"这么着罢，就叫雪姑娘去罢。"

李纨道：

"她使得吗？"

平儿走到李纨耳边说了几句。李纨点点头儿道：

"既是这么着，就叫雪雁过去也是一样的。"

林之孝家的因问平儿道：

"雪姑娘使得吗？"

平儿道：

"使得，都是一样。"

林家的道：

"那么着，姑娘就快叫雪姑娘跟了我去。我先回了老太太和二奶奶。──这可是大奶奶和姑娘的主意，回来姑娘再各自回二奶奶去。"

李纨道：

> 此回写紫鹃对黛玉之忠、对黛玉的真情和她抗命不去扶宝钗的骨气，这个人物典型已经完成。以后陪惜春出家，更显示其冰清玉洁，她与黛玉同样活在读者心里。

"是了,你这么大年纪,连这么点子事还不耽呢!"

林家的笑道:

"不是不耽:头一宗,这件事,老太太和二奶奶办事,我们都不能很明白;再者,又有大奶奶和平姑娘呢。"

说着,平儿已叫了雪雁出来。原来雪雁因这几日黛玉嫌她小孩子家懂得什么,便也把心冷淡了;况且听是老太太和二奶奶叫,也不敢不去,连忙收拾了头。平儿叫她换了新鲜衣服,跟着林家的去了。随后平儿又和李纨说了几句话。李纨又嘱咐平儿打那么催着林家的叫她男人快办了来。

平儿答应着出来,转了个弯子,看见林家的带着雪雁在前头走呢,赶忙叫住道:

"我带了她去罢。你先告诉林大爷办林姑娘的东西去罢。奶奶那里我替回就是了。"

那林家的答应着去了。这里平儿带了雪雁到了新房子里回明了,自去办事。

却说雪雁看见这个光景,想起她家姑娘,也未免伤心,只是在贾母凤姐跟前不敢露出,因又想道:

"也不知用我作什么?我且瞧瞧。宝玉一日家和我们姑娘好的蜜里调油,这时候总不见面了,也不知是真病假病。只怕是,怕我们姑娘恼,假说丢了玉,装出傻子样儿来,叫那一位寒了心,也好娶宝姑娘的意思。我索性看看他,看他见了我傻不傻。难道今儿还装傻么?……"

一面想着,已溜到里间屋子门口,偷偷儿的瞧。

这时宝玉因失玉昏愦,但只听见娶了黛玉为妻,真乃是从古至今,天上人间第一件畅心满意的事了,那身子顿觉健旺起来,——只不过不似从前那般灵透,所以凤姐的妙计,百发百中——巴不得就见黛玉。盼到今日完姻,真乐的手舞足蹈,虽有几句傻话,却与病时光景大相悬绝。雪雁看了,又是生气,又是伤心,她那里晓得宝玉的心事,便各自走开。

　　这里宝玉便叫袭人快快给他装新，坐在王夫人屋里，看见凤姐尤氏忙忙碌碌，再盼不到吉时，只管问袭人道：

　　"林妹妹打园里来，为什么这么费事，还不来？"

　　袭人忍着笑道：

　　"等好时辰呢。"

　　又听见凤姐和王夫人说道：

　　"虽然有服，外头不用鼓乐，咱们家的规矩要拜堂的，冷清清的使不的。我传了家里学过音乐管过戏的那些女人来，吹打着热闹些。"

　　王夫人点头说：

　　"使得。"

　　一时，大轿从大门进来，家里细乐迎出去，十二对宫灯排着进来，倒也新鲜雅致。傧相请了新人出轿，宝玉见喜娘披着红，扶着新人，蒙着盖头。下首扶新人的，你道是谁？原来就是雪雁。宝玉看见雪雁，犹想：

　　"因何紫鹃不来，倒是她呢？"又想道："是了，雪雁原是她南边家里带来的；紫鹃是我们家的，自然不必带来。"

　　因此，见了雪雁竟如见了黛玉一般欢喜。傧相喝礼，拜了天地，请出贾母受了四拜，后请贾政夫妇等，登堂行礼毕，送入洞房。还有坐帐等事，俱是按本府旧例，不必细说。贾政原为贾母作主，不敢违拗，——不信冲喜之说。那知今日宝玉居然像个好人，贾政见了，倒也欢喜。

　　那新人坐了帐就要揭头盖的。凤姐早已防备，请了贾母王夫人等进去照应。宝玉此时到底有些傻气，便走到新人跟前说道：

　　"妹妹，身上好了？好些天不见了。盖着这劳什子做什么？"欲待要揭去，反把贾母急出一身冷汗来。宝玉又转念一想道："林妹妹是爱生气的，不可造次了……"

　　又歇了一歇，仍是按捺不住，只得上前揭了盖头。喜娘接去，雪雁走开，莺儿上来伺候。宝玉睁眼一看，好像是宝钗，心中不信，自己一手持灯,一手擦眼一看,可不是宝钗! 只见盛妆艳服,丰肩软体,鬟低鬓軃,眼瞤息微。 论雅淡,似荷粉露垂;看娇羞,真是杏花烟润了。

宝玉发了一回怔,又见莺儿立在旁边,不见了雪雁。 此时心无主意,自己反以为是梦中了,呆呆的只管站着。 众人接过灯去,扶着坐下,两眼直视,半语全无。 贾母恐他病发,亲自过来招呼着。凤姐尤氏请了宝钗进入里间坐下。 宝钗此时自然是低头不语。

宝玉定了一回神,见贾母王夫人坐在那里,便轻轻的叫袭人道:

"我是在那里呢? 这不是做梦么?"

袭人道:

"你今日好日子,什么梦不梦的混说! 老爷可在外头呢!"

宝玉悄悄的拿手指着道:

"坐在那里的这一位美人儿是谁?"

袭人握了自己的嘴,笑的说不出话来,半日才说道:

"那是新娶的二奶奶。"

众人也都回过头去,忍不住的笑。 宝玉又道:

"好糊涂! 你说'二奶奶'到底是谁?"

袭人道:

"宝姑娘。"

宝玉道:

"林姑娘呢?"

袭人道:

"老爷作主娶的是宝姑娘,怎么混说起林姑娘来?"

宝玉道:

"我刚才看见林姑娘了么,还有雪雁呢。 怎么说没有? ——你们这都是做什么玩呢?"

凤姐便走上来,轻轻的说道:

"宝姑娘在屋里坐着呢,别混说。 回来得罪了她,老太太不依的。"

　　宝玉听了，这会子糊涂的更利害了。本来原有昏愦的病，加以今夜神出鬼没，更叫他不得主意，便也不顾别的，口口声声只要找林妹妹去。贾母等上前安慰，无奈他只是不懂。又有宝钗在内，又不好明说。知宝玉旧病复发，也不讲明，只得满屋里点起安息香来，定住他的神魂，扶他睡下。众人鸦雀无闻。停了片时，宝玉便昏沉睡去，贾母等才得略略放心，只好坐以待旦，叫凤姐去请宝钗安歇。宝钗置若罔闻，也便和衣在内暂歇。贾政在外，未知内里原由，只就方才眼见的光景想来，心下倒放宽了。恰是明日就是起程的吉日，略歇了一歇，众人贺喜送行。贾母见宝玉睡着，也回房去暂歇。

> 宝玉恍惚中仍不忘黛玉。写凤姐等捉弄宝玉成婚情形，令人同情，而将宝钗出闺成大典与黛玉伤心绝命安排在同一回，悲剧效果更佳。

　　次早，贾政辞了宗祠，过来拜别贾母，禀称：

　　"不孝远离，惟愿老太太顺时颐养。儿子一到任所，即修禀请安，不必挂念。宝玉的事，已经依了老太太完结，只求老太太训诲。"

　　贾母恐贾政在路不放心，并不将宝玉复病的话说起，只说：

　　"我有一句话：宝玉昨夜完姻，并不是同房，今日你起身，必该叫他远送才是。但他因病冲喜，如今才好些，又是昨日一天劳乏，出来恐怕着了风。故此问你：你叫他送呢，即刻去叫他；你若疼他，就叫人带了他来你见见，叫他给你磕个头就算了。"

　　贾政道：

　　"叫他送什么？只要他从此以后认真念书，比送我还喜欢呢。"

　　贾母听了，又放了一条心。便叫贾政坐着，叫鸳鸯去，如此如此，带了宝玉，叫袭人跟着来。

　　鸳鸯去了不多一会，果然宝玉来了，仍是叫他行礼他便行礼。只可喜此时宝玉见了父亲，神志略敛些，片时清楚，也没什么大差。贾政吩咐了几句，宝玉答应了。贾政叫人扶他回去了，自己回到王夫人房中，又切实的叫王夫人管教儿子。

"断不可如前骄纵。明年乡试，务必叫他下场。"

王夫人一一的听了，也没提起别的，即忙命人搀扶着宝钗过来，行了新妇送行之礼，也不出房。其余内眷俱送至二门而回。贾珍等也受了一番训饬。大家举酒送行，一班子弟及晚辈亲友直送至十里长亭而别。

① 泥金庚帖——泥金，指用泥金画图案的纸。庚帖是用泥金红纸所写结婚人生年月日的帖子，男女双方在议婚时先交换庚帖，是旧时婚礼过程中的一道手续。

② 挑饬——责备过苛。

③ 抖搂——这里指因衣、被掀开而受了凉。

第九十八回　苦绛珠魂归离恨天
病神瑛泪洒相思地

话说宝玉见了贾政，回至房中，更觉头昏脑闷，懒怠动弹，连饭也没吃，便昏沉睡去。仍旧延医诊治，服药不效，索性连人也认不明白了。大家扶着他坐起来，还是像个好人。一连闹了几天。那日恰是"回九"①之期，说是若不过去，薛姨妈脸上过不去；若说去呢，宝玉这般光景，贾母明知是为黛玉而起，欲要告诉明白，又恐气急生变。宝钗是新媳妇，又难劝慰，必得姨妈过来才好。若不回九，姨妈嗔怪。便与王夫人凤姐商议道：

"我看宝玉竟是魂不守舍，起动是不怕的。用两乘小轿，叫人扶着，从园里过去，应了回九的吉期，以后请姨妈过来安慰宝钗，咱们一心一计的调治宝玉，可不两全？"

王夫人答应了，即刻预备。幸亏宝钗是新媳妇，宝玉是个疯傻的，由人拨弄过去了。宝钗也明知其事，心里只怨母亲办得糊涂，事已至此，不肯多言。独有薛姨妈看见宝玉这般光景，心里懊悔，只得草草完事。回家，宝玉越加沉重，次日，连起坐都不能了，日重一日，甚至汤水不进。薛姨妈等忙了手脚，各处遍请名医，皆不识病源。只有诚外破寺中住着个穷医，姓毕，别号知庵的，诊得病源是悲喜激射，冷暖失调，饮食失时，忧忿滞中，正气壅闭：此内伤外感之症。于是度量用药。至晚服了，二更后，果然省些人事，便要喝水。贾母王夫人等才放了心，请了薛姨妈带了宝钗，都到贾母那里，暂且歇息。

宝玉片时清楚，自料难保，见诸人散后，房中只有袭人，因唤袭人至跟前，拉着手哭道：

"我问你：宝姐姐怎么来的？我记得老爷给我娶了林妹妹过来，怎么叫宝姐姐赶出去了？她为什么霸占住在这里？我要说呢，又恐怕得罪了她。你们听见林妹妹哭的怎么样了？"

袭人不敢明说，只得说道：

"林姑娘病着呢。"

宝玉又道：

"我瞧瞧她去。"

说着，要起来，那知连日饮食不进，身子岂能动转，便哭道：

"我要死了！我有一句心里的话，只求你回明老太太：横竖林妹妹也是要死的，我如今也不能保，两处两个病人，都要死的！死了越发难张罗，不如腾一处空房子，趁早把我和林妹妹两个抬在那里，活着也好一处医治伏侍，死了也好一处停放。你依这话，不枉了几年的情分！"

> 作者又替宝玉表明心迹，控诉凤姐贾母的摆布。

袭人听了这些话，又急，又笑，又痛。宝钗恰好同了莺儿过来，也听见了，便说道：

"你放着病不保养，何苦说这些不吉利的话呢？老太太才安慰了些，你又生出事来。老太太一生疼你一个，如今八十多岁的人了，虽不图你的诰封，将来你成了人，老太太也看着乐一天，也不枉了老人家的苦心。太太更是不必说了，一生的心血精神抚养了你这一个儿子，若是半途死了，太太将来怎么样呢？我虽是薄命，也不至于此。——据此三件看来，你就要死，那天也不容你死的，所以你是不能死的。只管安稳着养个四五天后，风邪散了，太和正气一足，自然这些邪病都没有了。"

宝玉听了，竟是无言可答，半晌，方才嘻嘻的笑道：

"你是好些时不和我说话了，这会子说这些大道理的话给谁听？"

宝钗听了这话，便又说道：

"实告诉你说罢：那两日你不知人事的时候，林妹妹已经亡故了。"

1324

　　宝玉忽然坐起，大声诧异道：

　　"果真死了吗？"

　　宝钗道：

　　"果真死了。岂有红口白舌咒人死的呢！老太太、太太知道你姐妹和睦，你听见她死了，自然你也要死，所以不肯告诉你。"

　　宝玉听了，不禁放声大哭，倒在床上，忽然眼前漆黑，辨不出方向，心中正自恍惚，只见眼前好像有人走来。宝玉茫然问道：

　　"借问此是何处？"

　　那人道：

　　"此是阴司泉路。你寿未终，何故至此？"

　　宝玉道：

　　"适闻有一故人已死，遂寻访至此，不觉迷途。"

　　那人道："故人是谁？"

　　宝玉道：

　　"姑苏林黛玉。"

　　那人冷笑道：

　　"林黛玉生不同人，死不同鬼，无魂无魄，何处寻访？凡人魂魄，聚而成形，散而为气，生前聚之，死则散焉。常人尚无可寻访，何况林黛玉呢？汝快回去罢。"

　　宝玉听了，呆了半晌，道：

　　"既云死者，散也，又如何有这个'阴司'呢？"

　　那人冷笑道：

　　"那'阴司'说有便有，说无就无，皆为世俗溺于生死之说，设言以警世。便道上天深怒愚人：或不守分安常；或生禄未终，自行夭折；或嗜淫欲，尚气逞凶，无故自殒者。特设此地狱，囚其魂魄，受无边的苦，以偿生前的罪。汝寻黛玉，是无故自陷也。且黛玉已归太虚幻境，汝若有心寻访，潜心修养，自然有时相见；如不安生，即以自行夭折之罪，囚禁阴司，除父母之外，图一见黛玉，终不能矣。"

　　那人说毕，袖中取出一石，向宝玉心口掷来。

作者对阴
司之说并不迷
信,此中透漏
不少消息。

宝玉听了这话,又被这石子打着心窝,吓的即
欲回家,只恨迷了道路。正在踌躇,忽听那边有人
唤他。回首看时,不是别人,正是贾母、王夫人、宝
钗、袭人等围绕哭泣叫着,自己仍旧躺在床上。见
案上红灯,窗前皓月,依然锦绣丛中,繁华世界。
定神一想,原来竟是一场大梦。浑身冷汗,觉得心内清爽。仔细一
想,真正无可奈何,不过长叹数声。

起初宝钗早知黛玉已死,因贾母等不许众人告诉宝玉知道,恐
添病难治,自己却深知宝玉之病实因黛玉而起,失玉次之,故趁势
说明,使其一痛决绝,神魂归一,庶可疗治。贾母王夫人等不知宝
钗的用意,深怪她造次,后来见宝玉醒了过来,方才放心,立刻到外
书房请了毕大夫进来诊视。

那大夫进来诊了脉,便道:

"奇怪! 这回脉气沉静,神安郁散,明日进调理的药,就可以望
好了。"

说着出去。众人各自安心散去。袭人起初深怨宝钗不该告
诉,惟是口中不好说出。莺儿背地也说宝钗道:

"姑娘试性急了。"

宝钗道:

"你知道什么? 好歹横竖有我呢。"

那宝钗任人诽谤,并不介意,只窥察宝玉心病,暗下针砭。

一日,宝玉渐觉神志安定,虽一时想起黛玉尚有糊涂。更有袭
人缓缓的将"老爷选定的宝姑娘为人和厚,嫌林姑娘秉性古怪,原
恐早夭。老太太恐你不知好歹,病中着急,所以叫雪雁过来哄你"
的话,时常劝解。宝玉终是心酸落泪。欲待寻死,又想着梦中之
言,又恐老太太、太太生气,又不得撩开。又想黛玉已死,宝钗又是
第一等人物,方信"金玉姻缘"有定,自己也解了好些。

宝钗看来不妨大事,于是自己心也安了,只在贾母王夫人等前
尽行过家庭之礼后,便设法以释宝玉之忧。宝玉虽不能时常坐起,

亦常见宝钗坐在床前,禁不住生来旧病。宝钗每以正言解劝,以"养身要紧,你我既为夫妇,岂在一时"之语安慰他。

那宝玉心里虽不顺遂,无奈日里贾母王夫人及薛姨妈等轮流相伴,夜间宝钗独去安寝,贾母又派人服侍,只得安心静养。又见宝钗举动温柔,就也渐渐的将爱慕黛玉的心肠略移在宝钗身上。——此是后话。

却说宝玉成家的那一日,黛玉白日已经昏晕过去,却心头口中一丝微气不断,把个李纨和紫鹃哭的死去活来。到了晚间,黛玉却又缓过来了,微微睁开眼,似有要水要汤的光景。此时雪雁已去,只有紫鹃和李纨在旁。紫鹃便端了一盏桂元汤和的梨汁,用小银匙灌了两三匙。黛玉闭着眼,静养了一会子,觉得心里似明似暗的。此时李纨见黛玉略缓,明知是"回光返照"的光景,却料着还有一半天耐头,自己回到稻香村,料理了一回事情。

这里黛玉睁开眼一看,只有紫鹃和奶妈并几个小丫头在那里,便一手攥了紫鹃的手,使着劲说道:

"我是不中用的人了!你伏侍我几年,我原指望咱们两个总在一处,不想我——"

说着,又喘了一会子,闭了眼歇着。紫鹃见她攥着不肯松手,自己也不敢挪动。看她的光景,比早半天好些,只当还可以回转,听了这话,又寒了半截。

半天,黛玉又说道:

"妹妹!我这里并没亲人,我的身子是干净的,你好歹叫他们送我回去!"

说到这里,又闭了眼不言语了,那手却渐渐紧了,喘成一处,只是出气大,入气小,已经促疾的很。紫鹃慌了,连忙叫人请李纨,可巧探春来了。紫鹃见了,忙悄悄的说道:

"三姑娘!瞧瞧林姑娘罢!"

说着,泪如雨下。探春过来,摸了摸黛玉的手,已经凉了,连目光也都散了。

探春紫鹃正哭着，叫人端水来给黛玉擦洗，李纨赶忙进来了。三个人才见了，不及说话。刚擦着，猛听黛玉直声叫道：

"宝玉！宝玉！你好——"说到"好"字，便浑身冷汗，不作声了。紫鹃等急忙扶住，那汗愈出，身子便渐渐的冷了。探春李纨叫人乱着拢头穿衣，只见黛玉两眼一翻。呜呼！香魂一缕随风散，愁绪三更入梦遥！

| 补叙黛玉之死如在九十七回和宝钗成大典时一悲一喜对照描写，效果当更好。 |

当时黛玉气绝，正是宝玉娶宝钗的这个时辰，紫鹃等都大哭起来。李纨探春想她素日的可疼，今日更加可怜，便也伤心痛哭。因潇湘馆离新房子甚远，所以那边并没听见。一时，大家痛哭了一阵，只听得远远一阵音乐之声，侧耳一听，却又没有了。探春李纨走出院外再听时，惟有竹梢风墙，月影移墙，好不凄凉冷淡！一时叫了林之孝家的过来，将黛玉停放毕，派人看守，等明早去回凤姐。

凤姐因见贾母王夫人等忙乱，贾政起身，又为宝玉昏愦更甚，正在着急异常之时，若是又将黛玉的凶信回了，恐贾母王夫人愁苦交加，急出病来，只得亲自到园。到了潇湘馆内，也不免哭了一场。见了李纨探春，知道诸事齐备，就说：

"很好。只是刚才你们为什么不言语，叫我着急？"

探春道：

"刚才送老爷，怎么说呢？"

凤姐道：

"这倒是你们两个可怜她些。这么着，我还得那边去招呼那个冤家呢。但是这件事好累坠！若是今日不回，使不得；若回了，恐怕老太太搁不住。"

李纨道：

"你去见机行事，得回再回方好。"

凤姐点头，忙忙的去了。

凤姐到了宝玉那里，听见大夫说不妨事，贾母王夫人略觉放心，凤姐便背了宝玉缓缓的将黛玉的事回明了。贾母王夫人听得，都吓了一大跳。贾母眼泪交流，说道：

"是我弄坏了她了！但只是这个丫头也忒傻气！"

说着，便要到园里去哭她一场，又惦记着宝玉，两头难顾。王夫人等含悲共劝贾母：

"不必过去，老太太身子要紧。"

贾母无奈，只得叫王夫人自去。又说：

"你替我告诉她的阴灵：'并不是我忍心不来送你，只为有个亲疏。你是我的外孙女儿，是亲的了；若与宝玉比起来，可是宝玉比你更亲些。倘宝玉有些不好，我怎么见他父亲呢！'"

贾母心存亲疏，作者又让她不打自招。

说着，又哭起来。王夫人劝道：

"林姑娘是老太太最疼的，但只寿夭有定，如今已经死了，无可尽心，只是葬礼上要上等的发送，一则可以少尽咱们的心；二则就是姑太太和外甥女儿的阴灵儿也可以少安了。"

贾母听到这里，越发痛哭起来。凤姐恐怕老人家伤感太过，明仗着宝玉心中不甚明白，便偷偷的使人来撒个谎儿，哄老太太道：

"宝玉那里找老太太呢。"

贾母听见，才止住泪问道：

"不是又有什么缘故？"

凤姐陪笑道：

"没什么缘故，他大约是想老太太的意思。"

贾母连忙扶了珍珠儿，凤姐也跟着过来。走至半路，正遇王夫人过来，一一回明了贾母，贾母自然又是哀痛的，只因要到宝玉那边，只得忍泪含悲的说道：

"既这么着，我也不过去了，由你们办罢。我看着心里也难受，只别委屈了她就是了。"

王夫人凤姐一一答应了，贾母才过宝玉这边来，见了宝玉，因问：

1329

"你做什么找我?"

宝玉笑道:

"我昨日晚上看见林妹妹来了,她说要回南去。我想没人留的住,还得老太太给我留一留她。"

贾母听着,说:

"使得,只管放心罢。"

袭人因扶宝玉躺下。

贾母出来,到宝钗这边来。那时宝钗尚未回九,所以每每见了人,倒有些含羞之意。这一天,见贾母满面泪痕,递了茶,贾母叫她坐下。宝钗侧身陪着坐了,才问道:

"听得林妹妹病了,不知她可好些了?"

贾母听了这话,那眼泪止不住流下来,因说道:

"我的儿! 我告诉你,你可别告诉宝玉。都是因你林妹妹才叫你受了多少委屈! 你如今作媳妇了,我才告诉你,这如今你林妹妹没了两三天了,就是娶你的那个时辰死的。如今宝玉这一番病,还是为着这个。你们先都在园子里,自然也都是明白的。"

宝钗把脸飞红了;想到黛玉之死,又不免落下泪来。贾母又说了一回话,去了。

自此,宝钗千回万转,想了一个主意,只不肯造次,所以过了回九,才想出这个法子来。如今果然好些,然后大家说话才不至似前留神。独是宝玉虽然病势一天好似一天,他的痴心总不能解,必要亲去哭她一场。贾母等知他病未除根,不许他胡思乱想,怎奈他郁闷难堪,病多反覆。倒是大夫看出心病,索性叫他开散了再用药调理,倒可好得快些。

宝玉听说,立刻要往潇湘馆来。贾母等只得叫人抬了竹椅子过来,扶宝玉坐上,贾母王夫人即便先行。到了潇湘馆内,一见黛玉灵柩,贾母已哭得泪干气绝,凤姐等再三劝住。王夫人也哭了一场。李纨便请贾母王夫人在里间歇着,犹自落泪。

宝玉一到,想起未病之先,常到这里,今日屋在人亡,不禁嚎啕大哭。想起从前何等亲密,今日死别,怎不更加伤感?众人原恐宝玉病后过哀,都来解劝。宝玉已经哭得死去活来,大家搀扶歇息。其余随来的,如宝钗俱极痛哭。独是宝玉必要叫紫鹃来见,问明姑娘临死有何话说。紫鹃本来深恨宝玉,见如此,心里已回过来些;又有贾母王夫人都在这里,不敢洒落宝玉:便将林姑娘怎么复病,怎么烧毁帕子,焚化诗稿,并将临死说的话一一的都告诉了。宝玉又哭得气噎喉干。探春趁便又将黛玉临终嘱咐带柩回南的话也说了一遍。贾母王夫人又哭起来。多亏凤姐能言劝慰,略略止些,便请贾母等回去。宝玉那里肯舍,无奈贾母逼着,只得勉强回房。

贾母有了年纪的人,打从宝玉病起,日夜不宁,今又大痛一阵,已觉头晕身热,虽是不放心,惦着宝玉,却也扎挣不住,回到自己房中睡下。王夫人更加心痛难禁,也便回去,派了彩云帮着袭人照应,并说:

"宝玉若再悲戚,速来告诉我们。"

宝钗知是宝玉一时必不能舍,也不相劝,只用讽刺的话说他。宝玉倒恐宝钗多心,也便饮泣收心。歇了一夜,倒也安稳。明日一早,众人都来瞧他,但觉气虚身弱,心病倒觉去了几分。于是加意调养,渐渐的好起来。贾母幸不成病,惟是王夫人心痛未痊。那日薛姨妈过来探望,看见宝玉精神略好,也就放心,暂且住下。

一日,贾母特请薛姨妈过去商量,说:

"宝玉的命,都亏姨太太救的。如今想来不妨了,独委屈了你的姑娘。如今宝玉调养百日,身体复旧,又过了娘娘的功服,正好圆房,要求姨太太作主,另择个上好的吉日。"

薛姨妈便道:

"老太太主意很好,何必问我?宝丫头虽生的粗笨,心里却还是极明白的。她的性情,老太太素日是知道的。但愿她们两口儿言和意顺,从此老太太也省些心,我姐姐也安慰些,我也放了心了。老太太就定个日子。还通知亲戚不用呢?"

贾母道:

"宝玉和你们姑娘生来第一件大事,况且费了多少周折,如今才得安逸,必要大家热闹几天。亲戚都要请的。一来酬愿,二则咱们吃杯喜酒,也不枉我老人家操了好些心。"

薛姨妈听着,自然也是喜欢的,便将要办妆奁的话也说了一番。贾母道:

"咱们亲上做亲的,我想也不必这么。若说动用的,他屋里已经满了,必定宝丫头她心爱的要你几件,姨太太就拿了来。我看宝丫头也不是多心的人,比不的我那外孙女儿的脾气,所以她不得长寿!"

说着,连薛姨妈也便落泪。恰好凤姐进来,笑道:

"老太太姑妈又想着什么了?"

薛姨妈道:

"我和老太太说起你林妹妹来,所以伤心。"

凤姐笑道:

"老太太和姑妈且别伤心,我刚才听了个笑话儿来了,意思说给老太太和姑妈听。"

贾母拭了拭眼泪,微笑道:

"你又不知要编派谁呢!你说来,我和姨太太听听。说不笑,我们可不依!"

只见那凤姐未曾张口,先用两只手比着,笑弯了腰了。因说道:

"老太太和姑妈打量是那里的笑话儿?就是咱们家的那二位新姑爷新媳妇啊!"

贾母道:

"怎么了?"

凤姐拿手比着道:

"一个这么坐着,一个这么站着;一个这么扭过去,一个这么转过来;一个又——"

说到这里,贾母已经大笑起来,说道:

"你好生说罢。倒不是他们两口儿，你倒把人怄的受不得了。"

薛姨妈也笑道：

"你往下直说罢，不用比了。"

凤姐才说道：

"刚才我到宝兄弟屋里，我听见好几个人笑。我只道是谁，巴着窗户眼儿一瞧，原来宝妹妹坐在炕沿上，宝兄弟站在地下。宝兄弟拉着宝妹妹的袖子，口口声声只叫：'宝姐姐！你为什么不会说话了？你这么说一句话，我的病包管全好！'宝妹妹却扭着头，只管躲。宝兄弟又作了一个揖，上去又拉宝妹妹的衣裳。宝妹妹急的一扯，宝兄弟自然病后是脚软的，索性一栽，栽在宝妹妹身上了。宝妹妹急的红了脸，说道：'你越发比先不尊重了！'"

说到这里，贾母和薛姨妈都笑起来。凤姐又道：

"宝兄弟站起来，又笑着说：'亏了这一栽，好容易才栽出你的话来了！'"

> 凤姐把快乐建筑在林黛玉的死亡上，她一人造成三条命案，贾瑞、尤二姐、林黛玉都是死在她手里，作者对她恨之入骨，抽筋剥皮，而又不直接表示自己的愤恨，在个人修养和写作艺术上都是炉火纯青。

薛姨妈笑道：

"这是宝丫头古怪。这有什么？既作了两口儿，说说笑笑的怕什么？她没见她琏二哥和你。"

凤姐儿红了脸道：

"这是怎么说？我饶说个笑话儿给姑妈解闷儿，姑妈反倒拿我打起卦②来了。"

贾母也笑道：

"要这么着才好。夫妻固然要和气，也得有个分寸儿。我爱宝丫头就在这尊重上头。只是我愁宝玉还是那么傻头傻脑的，这么说起来，比头里竟明白多了。你再说说，还有什么笑话儿没有？"

凤姐道：

"明儿宝玉圆了房儿，亲家太太抱了外孙子，那时候儿不更是笑话儿了么？"

贾母笑道：

"猴儿！我在这里和姨太太想你林妹妹，你来怄个笑话儿还罢了，怎么臊起皮来了！你不叫我们想你林妹妹？你不用太高兴了，你林妹妹根你，将来你别独自一个儿到园里去，提防她拉着你不依。"

凤姐笑道：

"她倒不怨我，她临死咬牙切齿，倒恨宝玉呢。"

贾母薛姨妈听着还道是玩话儿，也不理会，便道：

"你别胡拉扯了。你去叫外头挑个很好的日子给你宝兄弟圆了房儿罢。"

凤姐答应着，又说了一回话儿，便出去叫人择了吉日，重新摆酒，唱戏，请人。不在话下。

却说宝玉虽然病好，宝钗有时高兴，翻书观看，谈论起来，宝玉所有常见的，尚可记忆，若论灵机儿，大不似先，连他自己也不解。宝钗明知是"通灵"失去，所以如此。倒是袭人时常说他：

"你为什么把从前的灵机儿都没有了？倒是忘了旧毛病也好，怎么脾气还照旧，独道理上更糊涂了呢？"

宝玉听了，并不生气，反是嘻嘻的笑。

有时宝玉顺性胡闹，亏宝钗劝着，略觉收敛些。袭人倒可少费些唇舌，惟知悉心伏侍，别的丫头素仰宝钗贞静平和，各人心服，无不安静。只有宝玉到底是爱动不爱静的，时常要到园里去逛。贾母等一则怕他招受寒暑，二则恐他睹景伤情，虽黛玉之枢已寄放在城外庵中，然而潇湘馆依然人亡屋在，不免勾起旧病来，所以也不使他去。

况且亲戚姐妹们：如宝琴已回到薛姨妈那边去了。史湘云因史侯回京，也接了家去了，又有了出嫁的日子，所以不大常来。只有宝玉娶亲那一日，与吃喜酒这天，来过两次，也只在贾母那边住下。为着宝玉已经娶过亲的人，又想自己就要出嫁的，也不肯如从前的诙谐谈笑。就是有时过来，也只和宝钗说话，见了宝玉，不过问好而已。那邢岫烟却是因迎春出嫁之后，便随着邢夫人过去。

李家姐妹也另住在外,即同着李婶娘过来,亦不过到太太们和姐妹们处请安问好,即回到李纨那里略住一两天就去了。——所以园内的只有李纨、探春、惜春了。贾母还要将李纨等挪进来,为着元妃薨后,家中事情接二连三,也无暇及此。现今天气一天热似一天,园里尚可住得,等到秋天再挪。此是后话,暂且不提。

① 回九——新娘结婚后第九天,偕新郎回娘家,叫作回九。
② 打卦——占卦。这里含有取笑的意思。

第九十九回　守官箴恶奴同破例
　　　　　　　　阅邸报老舅自担惊

　　且说贾政带了几个在京请的幕友，晓行夜宿，一日，到了本省，见过上司，即到任拜印受事，便查盘各属州县粮米仓库。贾政向来作京官，只晓得郎中事务都是一景儿的事情①，就是外任，原是学差，也无关于吏治上：所以外省州县，折收粮米，勒索乡愚这些弊端，虽也听见别人讲究，却未尝身亲其事，只有一心做好官。便与幕宾商议，出示严禁，并谕以一经查出，必定详参揭报。初到之时，果然胥吏畏惧，便百计钻营，偏遇贾政这般固执。

　　那些家人，跟了这位老爷，在都中一无出息，好容易盼到主人放了外任，便在京指着在外发财的名儿向人借贷做衣裳，装体面，心里想着到了任，银钱是容易的了。不想这位老爷呆性发作，认真要查办起来，州县馈送，一概不受。门房签押等人，心里盘算道：

　　"我们再挨半个月，衣裳也要当完了，帐又逼起来，那可怎么样好呢？眼见得白花花的银子，只是不能到手。"

　　那些长随也道：

　　"你们爷们到底还没花什么本钱来的，我们才冤！花了若干的银子，打了个门子，来了一个多月，连半个钱也没见过！想来跟这个主儿是不能捞本儿的了。明儿我们齐打伙儿告假去。"

　　次日，果然聚齐，都来告假。贾政不知就里，便说：

　　"要来也是你们，要去也是你们。既嫌这里不好，就都请便。"

　　那些长随怨声载道而去，只剩下些家人，又商议道：

　　"他们可去的去了，我们去不了的，到底想个法儿才好。"

　　内中有一个管门的叫李十儿，便说：

"你们这些没能耐的东西着什么急呢？我见这'长'字号儿的在这里，不犯给他出头。如今都饿跑了，瞧瞧十太爷的本领，少不得本主儿依我，只是要你们齐心打伙儿弄几个钱，回家受用；若不随我，我也不管了，横竖拼得过你们。"

众人都说：

"好十爷！你还主儿信得过，若你不管，我们实在是死症了。"

李十儿道：

"别等我出了头，得了银钱，又说我得了大分儿了，窝儿里反起来，大家没意思。"

众人道：

"你万安，没有的事。就没有多少，也强似我们腰里掏钱。"

正说着，只见粮房书办走来找周二爷。李十儿坐在椅子上，跷着一只腿，挺着腰，说道：

"找他做什么？"

书办便垂手陪着笑，说道：

"本官到了一个多月的任，这些州县太爷见得本官的告示利害，知道不好说话，到了这时候，都没有开仓。若是过了漕，你们太爷们来做什么的？"

李十儿道：

"你别混说，老爷是有根蒂的，他说到那里是要办到那里。这两天原要行文催兑，因我说了缓几天，才歇的。你到底找我们周二爷做什么？"

书办道：

"原为打听催文的事，没有别的。"

李十儿道：

"越发胡说！方才我说催文，你们就信嘴胡诌。可别鬼鬼祟祟来讲什么帐，我叫本官打了你，退你！"

书办道：

"我在这衙门内已经三代了，外头也有些体面，家里还过得，就规规矩矩伺候本官升了还能够,不像那些等米下锅的。"说着,回了一声:"二太爷,我走了。"

李十儿便站起,堆着笑说:

"这么不禁玩!几句话就脸急了?"

书办道:

"不是我脸急,若再说什么,岂不带累了二太爷的清名泥?"

李十儿过来拉着书办的手,说:

"你贵姓啊?"

书办道:

"不敢,我胜詹,单名是个会字。从小儿也在京里混了几年。"

李十儿道:

"詹先生!我是久闻你的名的。我们弟兄们是一样的。有什么话,晚上到这里,咱们说一说。"

书办也说:

"谁不知道李十太爷是能事的!把我一诈,就吓毛了。"

大家笑着走开。那晚便与书办咕唧了半夜。第二天,拿话去探贾政,被贾政痛骂了一顿。隔一天拜客,里头吩咐伺候,外头答应了,停了一会子,打点已经三下了,大堂上没有人接鼓,好容易叫个人来打了鼓。贾政踱出暖阁,站班喝道的衙役只有一个。贾政也不查问,在墀下上了轿,等轿夫,又等了好一回,来齐了,抬出衙门,那个炮只响得一声。吹鼓亭的鼓手,只有一个打鼓,一个吹号筒。贾政便也生气,说:

"往常还好,怎么今儿不齐集至此?"

抬头看那执事,却是搀前落后。勉强拜客回来,便传误班的要打。有的说因没有帽子误的;有的说是号衣当了误的;又有说是三天没吃饭抬不动的。贾政生气,打了一两个,也就罢了。

隔一天,管厨房的上来要钱,贾政将带来银两付了。以后便觉样样不如意,比在京的时候倒不便了好些,无奈,便唤李十儿问道:

"跟我来这些人,怎样都变了?你也管管。现在带来银两,早使没有了。藩库俸银尚早,该打发京里取去。"

李十儿禀道:

"奴才那一天不说他们! 不知道怎么样,这些人都是没精打彩的,叫奴才也没法儿。老爷说家里取银子,取多少? 现在打听节度衙门这几天有生日,别的府道老爷都上千上万的送了,我们到底送多少呢?"

贾政道:

"为什么不早说?"

李十儿说:

"老爷最圣明的,我们新来乍到,又不与别位老爷很来往,谁肯送信? 巴不得老爷不去,好想老爷的美缺呢?"

贾政道:

"胡说! 我这官是皇上放的,不给节度做生日,便叫我不做不成!"

李十儿笑着回道:

"老爷说的也不错。京里离这里很远,凡百的事,都是节度奏闻。他说好便好,说不好便吃不住。到得明白,已经迟了。就是老太太、太太们,那个不愿意老爷在外头烈烈轰轰的做官呢?"

贾政听了这话,也自然心里明白,道:

"我正要问你,为什么不说起来?"

李十儿回说:

"奴才本不敢说,老爷既问到这里,若不说,是奴才没良心;若说了,少不得老爷又生气。"

贾政道:

"只要说得在理。"

李十儿说道:

"那些书吏衙役都是花了钱买着粮道的衙门,那个不想发财? 俱要养家活口。 自从老爷到任,并没见为国家出力,倒先有了口碑载道。"

贾政道：

"民间有什么话？"

李十儿道：

"百姓说：凡有新到任的老爷，告示出的越利害，越是想钱的法儿，州县害怕了，好多多的送银子。收粮的时候，衙门里便说，新道爷的法令，明是不敢要钱，这一留难叨登，那些乡民心里愿意花几个钱，早早了事。所以那些人不说老爷好，反说不谙民情。便是本家大人，是老爷最相好的，他不多几年，已巴到极顶的分儿，也只为识时达务，能够上和下睦罢了。"

贾政听到这话，说道：

"胡说！我就不识时务么？若是上和下睦，叫我与他们'猫鼠同眠'么？"

李十儿回说道：

"奴才为着这点心儿不敢掩住，才这么说。若是老爷就是这样做去，到了功不成，名不就的时候，老爷说奴才没良心，有什么话，不告诉老爷。"

贾政道：

"依你怎么做才好？"

李十儿道：

"也没有别的，趁着老爷的精神年纪，里头的照应，老太太的硬朗，为顾着自己就是了。不然，到不了一年，老爷家里的钱也都贴补完了，还落了自上至下的人抱怨，都说老爷是做外任的，自然弄了钱藏着受用。倘遇着一两件为难的事，谁肯帮着老爷？那时辨也辨不清，悔也悔不及！"

贾政道：

"据你一说，是叫我做贪官吗？送了命还不要紧，必定将祖父的功勋抹了才是？"

李十儿回禀道：

以李十儿的刁滑世故衬托贾政的不通庶务不会作官。贾雨村是八面玲珑典型的官僚；贾政是一窍不通、迂腐有余，才干不足，都不是好官。作者世故练达，写官场形态亦游刃有余。

"老爷极圣明的人，没看见旧年犯事的几位老爷吗？这几位都与老爷相好，老爷常说是个做清官的，如今名在那里？现在几位亲戚，老爷向来说他们不好的，如今升的升，迁的迁，只在要做的好就是了。老爷要知道：民也要顾，官也要顾。若是依着老爷，不准州县得一个大钱，外头这些差使谁办？只要老爷外面还是这样清名声原好；里头的委屈，只要奴才办去，关碍不着老爷的。奴才跟主儿一场，到底也要掏出良心来。"

贾政被李十儿一番言语，说得心无主见，道：

"我是要保性命的！你们闹出来不与我相干！"

说着，便踱了进去。

李十儿便自己做起威福，钩连内外一气的哄着贾政办事，反觉得事事周到，件件随心，所以贾政不但不疑，反都相信。便有几处揭报，上司见贾政古朴忠厚，也不查察。惟是幕友们耳目最长，见得如此，得便用言规谏，无奈贾政不信，也有辞去的，也有与贾政相好在内维持的。于是，漕务事毕，尚无陨越。

一日，贾政无事，在书房中看书。签押上呈进一封书子，外面官封，上开着"镇守海门等处总制公文一角，飞递江西粮道衙门。"

贾政拆开封看时，只见上写道：

　　　　金陵契好，桑梓情深。昨岁供职来都，窃喜常依座右。仰蒙雅爱，许结'朱陈'，至今佩德勿谖。只因调任海疆，未敢造次奉求，衷怀歉仄，自叹无缘。今幸棨戟遥临，快慰平生之愿。正申燕贺，先蒙翰教，边帐光生，武夫额手。虽隔重洋，尚叨樾荫。想蒙不弃卑寒，希望茑萝之附。小儿已承青盼，淑媛素仰芳仪。如蒙践诺，即遣冰人，途路虽遥，一水可通。不敢云百辆之迎，敬备仙舟以俟。兹修寸幅，恭贺升祺，并求金允。临颖不胜待命之至！世弟周琼顿首。

贾政看了，心想：

"儿女姻缘，果然有一定的。旧年因见他就了京职，又是同乡的人，素来相好，又见那孩子长得好，在席间原提起这件事。因未说定，也没有与他们说起。后来他调了海疆，大家也不说了。不料我今升任至此，他写书来问。我看起门户，却也相当，与探春倒也相配。但是我并未带家眷，只可写字与他商议。……"

正在踌躇，只见门上传进一角文书，是议取到省会议事件，贾政只得收拾上省，候节度派委。

一日，在公馆闲坐，见桌上堆着许多邸报。贾政一一看去，见刑部一本：

"为报明事，会看得金陵籍行商薛蟠……"

贾政便吃惊道：

"了不得！已经题本了！"

随用心看下去，是薛蟠殴伤张三身死，串嘱尸证，捏供误杀一案。贾政一拍桌道：

"完了！"

只得又看底下，是：

据京营节度使咨称：缘薛蟠籍隶金陵，行过太平县，在李家店歇宿，与店内当槽之张三素不相认。于某年月日，薛蟠令店主备酒邀请太平县民吴良同饮，令当槽张三取酒。因酒不甘，薛蟠令换好酒。张三因称酒已沽定，难换。薛蟠因伊倔强，将酒照脸泼去，不期去势甚猛，恰值张三低头拾箸，一时失手，将酒碗掷在张三囟门，皮破血出，逾时殒命。李店主趋救不及，随向张三之母告知。伊母张王氏往看，见已身死，随喊禀地保，赴县呈报。前署县诣验，仵作将骨破一寸三分及腰眼一伤，漏报填格，详府审转。看得薛蟠实系泼酒失手，掷碗误伤张三身死，将薛蟠照过失杀人，准斗杀罪收赎等因前来。臣等细阅各犯证尸亲前后供词不符，且查斗杀律注云："相争为斗，相打为殴。必实无争斗情形，邂逅身死，方可以过失杀人定拟。"应令该节度审明实情，妥拟具题。今据该节度疏称

　　薛蟠因张三不肯换酒,醉后拉着张三右手,先殴腰眼一
拳,张三被殴回骂,薛蟠将碗掷出,致伤囟门深重,骨碎脑
破,立时殒命:是张三之死实由薛蟠以酒碗砸伤深重致
死,自应以薛蟠拟抵,将薛蟠依斗杀律拟绞监候。吴良拟
以杖徒。承审不实之府州县,应请……

　　以下注着“此稿未完”。贾政因薛姨妈之托,曾托过知县,若请
旨革审起来,牵连着自己,好不放心。即将下一本开看,偏又不是,
只好翻来覆去,将报看完,终没有接这一本的,心中狐疑不定,更加
害怕起来。正在纳闷,只见李十儿进来:

　　“请老爷到官厅伺候去,大人衙门已经打了二鼓了。”

　　贾政只是发怔,没有听见。李十儿又请一遍。贾政道:

　　“这便怎么处?”

　　李十儿道:

　　“老爷有什么心事?”

　　贾政将看报之事说了一遍。李十儿道:

　　“老爷放心。若是部里这么办了,还算便宜薛大爷呢! 奴才在
京的时候,听见薛大爷在店里叫了好些媳妇儿,都喝醉了生事,直
把个当槽儿的活活打死了。奴才听见不但托了知县,还求琏二爷
去花了好些钱,各衙门打通了,才提的,不知道怎么部里没有弄明
白。如今就是闹破了,也是官官相护的,不过认个承审不实,革职
处分罢咧,那里还肯认得银子听情的话呢? 老爷不用想,等奴才再
打听罢,倒别误了上司的事。”

　　贾政道:

　　“你们那里知道! 只可惜那知县听了一个情,把这个官都丢
了,还不知道有罪没有罪!”

　　李十儿道:

　　“如今想他也无益,外头伺候着好半天了,请老爷就去罢。”

　　贾政去见节度使,进去了半日,不见出来,外头议论不一。李
十儿在外也打听不出什么事来,便想到报上的饥荒,实在也着急。

好容易听见贾政出来了,便迎上来跟着,等不得回去,在无人处,便问:

"老爷进去这半天,有什么要紧的事?"

贾政笑道:

"并没有事。只为镇海总制是这位大人的亲戚,有书来嘱托照应我,所以说了些好话。又说:'我们如今也是亲戚了。'"

李十儿听得,心内喜欢,不免又壮了些胆子,便竭力怂恿贾政许这亲事。

贾政心想薛蟠的事,到底有什么罣碍,在外头信息不通,难以打点,故回到本任来便打发家人进京打听;顺便将总制求亲之事回明贾母,如若愿意,即将三姑娘接到任所。家人奉命,赶到京中回明了王夫人,便在吏部打听得贾政并无处分,惟将署太平县的这位老爷革职。即写了禀帖,安慰了贾政,然后住着等信。

① 一景儿的事情——一种事情。这里指同一类事情。

第 一 百 回　破好事香菱结深恨
悲远嫁宝玉感离情

　　且说薛姨妈为着薛蟠这件人命官司,各衙门内不知花了多少银钱,才定了误杀具题。原打量将当铺折变给人,备银赎罪,不想刑部驳审,又托人花了好些钱,总不中用,依旧定了个死罪,监着守候秋天大审。

　　薛姨妈又气又疼,日夜啼哭,宝钗虽时常过来劝解,说是:

　　"哥哥本来没造化! 承受了祖父这些家业,就该安安顿顿的守着过日子。 在南边已经闹的不像样,便是香菱那件事情就了不得。 因为仗着亲戚们的势力,花了些银钱,这算白打死了一个公子。 哥哥就该改过,做起正经人来,也该奉养母亲才是,不想进了京仍是这样。 妈妈为他,不知受了多少气,哭掉了多少眼泪。 给他娶了亲,原想大家安安逸逸的过日子,不想命该如此,偏偏娶的嫂子又是一个不安静的,所以哥哥躲出门去。 真正俗语说的:'冤家路儿狭',不多几天就闹出人命来了! 妈妈和二哥哥也算不得不尽心的了:花了银钱不算,自己还求三拜四的谋干。 无奈命里应该,也算自作自受。 大凡养儿女是为着老来有靠,便是小户人家,还要挣一碗饭养活母亲。 那里有将现成的闹光了,反害的老人家哭的死去活来的? 不是我说:哥哥的这样行为,不是儿子,竟是个冤家对头。 妈妈再不明白,明哭到夜,夜哭到明,又受嫂子的气。 我呢,又不能常在这里劝解,我看见妈妈这样,那里放得下心! 他虽说是傻,也不肯叫我回去。 前儿老爷打发人回来说,看见京报,吓的了不得,所以才叫人来打点的。 我想哥哥闹了事,担心的人也不少。 幸亏我还是在跟前的一样;若是离乡调远,听见了这个信,只怕我想妈妈也就想杀了！我求妈妈暂且养养神，趁哥哥的活口现在，问问各处的帐目。人家该咱们的，咱们该人家的，亦该请个旧伙计来算一算，看看还有几个钱没有。"

薛姨妈哭着说道：

"这几天为闹你哥哥的事，你来了，不是你劝我，就是我告诉你衙门的事。你还不知道：京里官商的名字已经退了，两处当铺已经给了人家，银子早拿来使完了。还有一个当铺，管事的逃了，亏空了好几千两银子，也夹在里头打官司。你二哥哥天天在外头要帐，料着京里的帐已经去了几万银子，只好拿南边公分里银子和住房折变才够。前两天还听见一个荒信，说是南边的公分当铺也因为折了本儿收了。要是这么着，你娘的命可就活不成了！"

说着，又大哭起来。宝钗也哭着劝道：

> 贾府势微
> 薛家亦败。

"银钱的事，妈妈操心也不中用，还有二哥哥给我们料理。单可恨这些伙计们，见咱们势头儿败了，各自奔各自的去也罢了，我还听见说帮着人家来挤我们的讹头。可见我哥哥活了这么大，交的人总不过是些酒肉弟兄，急难中是一个没有的。妈妈要是疼我，听我的话：有年纪的人自己保重些。妈妈这一辈子想来还不致挨冻受饿。家里这点子衣裳家伙，只好任凭嫂子去，那是没法儿的了。所有的家人老婆们，瞧他们也没心在这里了，该去的叫他们去。只可怜香菱苦了一辈子，只好跟着妈妈。实在短什么，我要是有的还可以拿些个来，料我们那个也没有不依的。就是袭姑娘也是心术正道的。她听见咱们家的事，她倒提起妈妈来就哭。我们那一个还打量没事的，所以不大着急；要听见了也是要吓个半死儿的。"

薛姨妈不等说完，便说：

"好姑娘！你可别告诉他！他为一个林姑娘，几乎没要了命，如今才好了些。要是他急出个原故来，不但你添一层烦恼，我越发没了依靠了！"

宝钗道：

"我也是这么想，所以总没告诉他。"

正说着，只听见金桂跑来外间屋里哭喊道：

"我的命是不要的了！男人呢，已经是没有活的分儿了！咱们如今索性闹一闹，大伙儿到法场上去拼一拼！"

说着，便将头往隔断板上乱撞，撞的披头散发。气的薛姨妈白瞪着两只眼，一句话也说不出来。还亏了宝钗嫂子长，嫂子短，好一句，歹一句的劝她。金桂道：

"姑奶奶！如今你是比不得头里的了。你两口儿好好的过日子，我是个单身人儿，要脸做什么！"

说着，就要跑到街上回娘家去。亏了人还多，拉住了，又劝了半天方住。把个宝琴吓的再不敢见她。若是薛蝌在家，她便抹粉施脂，描眉画鬓，奇情异致的打扮收拾起来。不时打从薛蝌在房前过，或故意咳嗽一声，明知薛蝌在屋里，特问房里是谁；有时遇见薛蝌，她便妖妖调调娇娇痴痴的问寒问暖，忽喜忽嗔。丫头们看见，都连忙躲开。她自己也不觉得，只是一心一意耍弄的薛蝌感情时，好行宝蟾之计。

那薛蝌却只躲着，有时遇见也不敢不周旋她，倒是怕她撒泼放刁的意思。更加金桂一则为色迷心，越瞧越爱，越想越幻，那里还看的出薛蝌的真假来？只有一宗：她见薛蝌有什么东西都是托香菱收着；衣服缝洗，也是香菱；两个人偶然说话，她来了，急忙散开，益发动了一个"醋"字。欲待发作薛蝌，却是舍不得，只得将一腔隐恨都搁在香菱身上。却又恐怕闹了香菱得罪了薛蝌，倒弄的隐忍不发。

一日，宝蟾走来，笑嘻嘻的向金桂道：

"奶奶，看见了二爷没有？"

金桂道：

"没有。"

宝蟾笑道：

"我说二爷的那种假正经是信不得的。咱们前儿送了酒去，他说不会喝,刚才我见他到太太那屋里去,脸上红扑扑儿的一脸酒气。奶奶不信,回来只在咱们院子门口儿等他。他打那边过来,奶奶叫住他问问,看他说什么。"

金桂听了,一心的恼意,便道:

"他那里就出来了呢？他既无情义,问他作什么？"

宝蟾道:

"奶奶又迂了。他好说,咱们也好说;他不好说,咱们再另打主意。"

金桂听着有理,因叫宝蟾瞧着他,看他出去了。宝蟾答应着出来,金桂却去打开镜奁,又照了一照,把嘴唇儿又抹了一抹,然后拿一条洒花绢子,才要出来,又像忘了什么的,心里倒不知怎么是好了。只听宝蟾外面说道:

"二爷,今日高兴啊！那里喝了酒来了。"

金桂听了,明知是叫她出来的意思,连忙掀帘子出来。只见薛蝌和宝蟾说道:

"今日是张大爷的好日子,所以被他们强不过,吃了半钟。到这时候脸还发烧呢。"

一句话没说完,金桂早接口道:

"自然人家外人的酒比咱们自己家里的酒是有趣儿的！"

薛蝌被她拿话一激,脸越红了,连忙走过来陪笑道:

"嫂子说那里的话？"

宝蟾见他二人交谈,便躲到屋里去了。

这金桂初时原要假意发作薛蝌两句,无奈一见他两颊微红,双眸带涩,别有一种谨愿可怜之意,早把自己那骄悍之气,感化到爪洼国去了,因笑说道:

"这么说,你的酒是硬强着才肯喝的呢！"

薛蝌道:

"我那里喝得来？"

金桂道:

"不喝也好，强如像你哥哥喝出乱子来，明儿娶了你们奶奶儿，像我这样守活寡受孤单呢！"

说到这里，两个眼已经乜斜了，两腮上也觉红晕了。

薛蝌见这话越发邪僻了，打算着要走。金桂也看出来了，那里容得，早已走过来一把拉住。薛蝌急了道：

"嫂子！放尊重些！"

说着，浑身乱颤。金桂索性老着脸道：

"你只管进来，我和你说一句要紧的话。"

正闹着，忽听背后一个人叫道：

"奶奶！香菱来了。"

把金桂吓了一跳。回头瞧时，却是宝蟾掀着

> 九十回写金桂勾引薛蝌是宝蟾出马，此回是金桂亲自上阵，各有巧妙。

帘子看他二人的光景，一抬头，见香菱从那边来了，赶忙知会金桂。金桂这一惊不小，手已松了。薛蝌得便脱身跑了。那香菱正走着，原不理会，忽听宝蟾一嚷，才瞧见金桂在那里拉着薛蝌，往里死拽。香菱却吓的心头乱跳，自己连忙转身回去。这里金桂早已连吓带气，呆呆的瞅着薛蝌去了，怔了半天，恨了一声，自己扫兴归房。从此，把香菱恨入骨髓。那香菱本是要到宝琴那里，刚走出腰门，看见这般，吓回去了。

是日，宝钗在贾母屋里，听得王夫人告诉老太太要聘探春一事。贾母说道：

"既是同乡的人，很好。只是听见说那孩子到

> 此时香菱出现，安排的巧，作者惯用此种冤家路窄手法。

过我们家里，怎么你老爷没有提起？"

王夫人道：

"连我们也不知道。"

贾母道：

"好便好，但只道儿太远。虽然老爷在那里，倘或将来老爷调任，可不是我们孩子太单了吗？"

王夫人道：

"两家都是做官的，也是拿不定。或者那边还调进来；即不然，

终有个叶落归根。况且老爷既在那里做官,上司已经说了,好意思不给么?想来老爷的主意定了,只是不敢做主,故遣人来回老太太的。"

贾母道:

"你们愿意更好,但是三丫头这一去了,不知三年两年,那边可能回家。若再迟了,恐怕我赶不上再见她一面了!"

说着,掉下泪来。王夫人道:

"孩子们大了,少不得总要给人家的。就是本乡本土的人,除非不做官还使得,要是做官的,谁保的住总在一处?只要孩子们有造化就好。譬如迎姑娘倒配的近呢,偏时常听见她和女婿打闹,甚至于不给饭吃。就是我们送了东西去,她也摸不着。近来听见益发不好了,也不放她回来。两口子拌起来,就说咱们使了他家的银钱。可怜这孩子总不得出头的日子!前儿我惦记她,打发人去瞧她,迎丫头藏在耳房里,不肯出来。老婆们必要进去,看见我们姑娘这样冷天还穿着几件旧衣裳。她一包眼泪的告诉老婆们说:'回去别说我这么苦,这也是我命里所招?也不用送什么衣裳东西来,不但摸不着,反要添一顿打,说是我告诉的!'老太太想想,这倒是近处眼见的,若不好,更难受。倒亏了大太太也不理会她,大老爷也不出个头。如今迎姑娘实在比我们三等使唤的丫头还不及。我想探丫头虽不是我养的,老爷既看见过女婿,定然是好才许的。只请老太太示下,择个好日子,多派几个人,送到她老爷任上。该怎么着,老爷也不肯将就。"

贾母道:

"有她老子作主,你就料理妥当,拣个长行①的日子送去,也就定了一件事。"

王夫人答应着"是"。

宝钗听的明白,也不敢则声,只是心里叫苦:

"我们家的姑娘们就算她是个尖儿,如今又要远嫁,眼看着这里的人一天少似一天了。"

　　见王夫人起身告辞出去,她也送出来了,一径回到自己房中,并不与宝玉说知。见袭人独自一个做活,便将听见的话说了。袭人也很不受用。

　　却说赵姨娘听见探春这事,反喜欢起来,心里说道:

　　"我这个丫头,在家觑瞧不起我,我何曾还是个娘? 比她的丫头还不济! 况且泱上水,护着人。她挡在头里连环儿也不得出头。如今老爷接了去,我倒干净! 想要她孝敬我,不能够了。只愿意她像迎丫头似的,我也称称愿。"一面想着,一面

> 赵姨娘心理、个性始终如一,此处寥寥几笔,亦见真相。

跑到探春那边与她道喜,说:"姑娘,你是要高飞的人了。到了姑爷那边,自然比家里还好,想来你也是愿意的。就是养了你一场,并没有借你的光儿。就是我有七分不好,也有三分的好,也别说一去把我搁在脑杓子后头。"

　　探春听着毫无道理,只低头作活,一句也不言语。赵姨娘见她不理,气忿忿的自己去了。

　　这里探春又气,又笑,又伤心,也不过自己掉泪而已。坐了一回,闷闷的走到宝玉这边来。宝玉因问道:

　　"三妹妹,我听见林妹妹死的时候,你在那里来着。我还听见说:林妹妹死的时候,远远的有音乐之声。或者她是有来历的,也未可知。"

　　探春笑道:

　　"那是你心里想着罢了。但只是那夜却怪,不像人家鼓乐的声儿,你的话或者也是。"

　　宝玉听了,更以为实。又想前日自己神魂飘荡之时,曾见一人,说是黛玉生不同人,死不同鬼,必是那里的仙子临凡。又想起那年唱戏做的嫦娥,飘飘艳艳,何等风致! 过了一回,探春去了,因必要紫鹃过来,立刻回了贾母去叫她。无奈紫鹃心里不愿意,虽经贾母王夫人派了过来,自己没法,却是在宝玉跟前,不是嗳声,就是叹气的。宝玉背地里拉着她,低声下气,要问黛玉的话,紫鹃从没

好话回答。宝钗倒背地里夸她有忠心，并不嗔怪她。

那雪雁虽是宝玉娶亲这夜出过力的，宝钗见她心地不甚明白，便回了贾母王夫人，将她配了一个小厮，各自过活去了。王奶妈养着她，将来好送黛玉的灵柩回南。鹦哥等小丫头仍伏侍老太太。

宝玉本想念黛玉，因此及彼，又想跟黛玉的人已经云散，更加纳闷。闷到无可如何，忽又想黛玉死的这样清楚，必是离凡返仙去了，反又欢喜。忽然听见袭人和宝钗那里讲究探春出嫁之事，宝玉听了，"啊呀"的一声，哭倒在炕上。吓得宝钗袭人都来扶起，说："怎么了？"

宝玉早哭的说不出来，定了一会子神，说道：

"这日子过不得了！我姐妹们都一个一个的散了！林妹妹是成了仙去。大姐姐呢，已经死了；这也罢了，没天天在一块。二姐姐碰着了一个混帐不堪的东西。三妹妹又要远嫁，总不得见的了！史妹妹又不知要到那里去。薛妹妹是有了人家儿的。这些姐姐妹妹，难道一个都不留在家里？单留我做什么！"

袭人忙又拿话解劝。宝钗摆着手说：

"你不用劝他，等我问他。"因问着宝玉道："据你的心里，要这些姐妹都在家里陪到你老了，都不为终身的事吗？要说别人，或者还有别的想头。你自己的姐姐妹妹，不用说，没有远嫁的。就是有，老爷作主，你有什么法儿？打量天下就是你一个人爱姐姐妹妹呢！要是都像你，就连我也不能陪着你了。大凡人念书，原为的是明理，怎么你越念越糊涂了呢？这么说起来，我和袭姑娘各自一边儿去，让你把姐姐妹妹们都邀了来守着你。"

宝玉听了，两只手拉住宝钗袭人道：

"我也知道。为什么散的这么早呢？等我化了灰的时候再散也不迟！"

袭人掩着他的嘴道：

"又胡说了！才这两天身上好些，二奶奶才吃些饭，你要是又闹翻了，我也不管了！"

宝玉听她两个人说话都有道理,只是心上不知道怎么着才好,只得说道:

"我却明白,但只是心里闹得慌。"

宝钗也不理他,暗叫袭人快把定心丸给他吃了,慢慢的开导他。袭人便欲告诉探春说,临行不必来辞。宝钗道:

"这怕什么? 等消停几日,他心里明白了,还要叫他们多说句话儿呢。况且三姑娘是极明白的人,不像那些假惺惺的人,少不得有一番箴谏,他以后就不是这样了。"

正说着,贾母那边打发过鸳鸯来说:知道宝玉旧病又发,叫袭人劝说安慰,叫他不用胡思乱想。袭人等应了。鸳鸯坐了一会子,去了。

那贾母又想起探春远行,虽不全备妆奁,其一应动用之物,俱该预备,便把凤姐叫来,将老爷的主意告诉了一遍,叫她料理去。凤姐答应。

① 长行——指出行、远路的旅行。"拣个长行的日子"即是选个行期。

第一百一回 大观园月夜警幽魂
散花寺神签惊异兆

　　却说凤姐回至房中，见贾琏尚未回来，便分派那管办探春行李妆奁事的一干人。那天已有黄昏以后，因忽然想起探春来，要瞧瞧她去，便叫丰儿与两个丫头跟着，头里一个丫头打着灯笼。走出门来，见月光已上，照耀如水，凤姐便命：

　　"打灯笼的回去罢。"

　　因而走至茶房窗下，听见里面有人喊喊喳喳的，又似哭，又似笑，又似议论什么的。凤姐知道不过是家下婆子们又不知搬什么是非，心内大不受用，便命小红进去，装做无心的样子细细的打听着，用话套出原委来。小红答应着去了。

　　凤姐只带着丰儿来至园门前，门尚未关，只虚虚的掩着。于是主仆二人方推门进去。只见园中月色比外面更觉明朗，满地下重重树影，杳无人声，甚是凄凉寂静。刚欲往秋爽斋这条路来，只听嗖的一声风过，吹的那树枝上落叶，满园中唰喇喇的作响，枝梢上吱喽喽的发哨，那些寒鸦宿鸟都惊飞起来。凤姐吃了酒，被风一吹，只觉身上发噤。丰儿后面也把头一缩，说：

　　"好冷！"

　　凤姐也掌不住，便叫丰儿：

　　"快回去把那件银鼠坎肩儿拿来，我在三姑娘那里等着。"

　　丰儿巴不得一声，也要回去穿衣裳，连忙答应一声，回头就跑了。

　　凤姐刚举步走了不远，只觉身后唏唏唰唰，似有闻嗅之声，不觉头发森然直竖起来，由不得回头一看，只见黑油油一个东西在后面伸着鼻子闻她呢，那两只眼睛恰似灯光一般。凤姐吓的魂不附体，不觉失声的"咳"了一声，却是一只大狗。那狗抽头回身，拖着个扫帚尾巴，一气跑上大土山上，方站住了，回身犹向凤姐拱爪儿。

凤姐此时肉跳心惊，急急的向秋爽斋来，已将来至门口，方转过山子，只见迎面有一个人影儿一晃。凤姐心中疑惑，还想着必是那一房的丫头，便问：

"是谁？"

问了两声，并没有人出来，早已神魂飘荡了。恍恍惚惚的似乎背后有人说话：

"婶娘，连我也不认得了？"

凤姐忙回头一看，只见那人形容俊俏，衣履风流，十分眼熟，只是想不起是那房那屋里的媳妇来。只听那人又说道：

"婶娘只管享荣华，受富贵的心盛，把我那年说的'立万年永远之基'都付于东洋大海了！"

凤姐听说，低头寻思，总想不起。那人冷笑道：

"婶娘那时怎么疼我来？如今就忘在九霄云外了？"

凤姐听了，此时方想起来是贾蓉的先妻秦氏，便说道：

"嗳呀！你是死了的人哪，怎么跑到这里来了呢？"

啐了一口，方转回身要走时，不防一块石头绊了一跌，犹如梦醒一般，浑身汗如雨下。虽然毛发悚然，心中却也明白，只见小红丰儿影影绰绰的来了。凤姐恐怕落人褒贬，连忙爬起来，说道：

"你们做什么呢，去了这半天？快拿来我穿上罢。"

一面丰儿走至跟前，伏侍穿上，小红过来搀扶着，要往前走。凤姐道：

"我才到那里，她们都睡了，回去罢。"

一面说着，一面带了两个丫头，急急忙忙回到家中。贾琏已回来了，凤姐见他脸上神色更变，不似往常，待要问他，又知他素日性

> 先制造恐怖气氛令人毛骨悚然，再写凤姐见鬼，吓得她跌了一跤，恐怖效果很好。秦可卿死时曾对凤姐忠告，此次以鬼魂身份再提醒凤姐，更使人有"山雨欲来风满楼"的感觉。

格，不敢突然相问，只得睡了。

至次日五更，贾琏就起来要往总理内庭都检点太监裴世安家来打听事务，因太早了，见桌上有昨日送来的抄报，便拿起来闲看。第一件，吏部奏请急选郎中，奉旨照例行事。第二件是刑部题奏云南节度使王忠一本：新获私带神枪火药出边事，共十八名人犯，头一名鲍音，系太师镇国公贾化家人。贾琏想了一想，又往下看。第三件，苏州刺史李孝一本：参劾纵放家奴，倚势凌辱军民，以致因奸不遂，杀死节妇事。凶犯姓时，名福，自称系世袭三等职衔贾范家人。贾琏看见这一件，心中不自在起来，待要往下看，又恐迟了，不能见裴世安的面，便穿了衣服，也等不得吃东西。恰好平儿端上茶来，喝了两口，便出来骑马走了。

平儿收拾了换下的衣服。此时凤姐尚未起来，平儿因说道：

"今儿夜里我听着奶奶没睡什么觉，我替奶奶捶着，好生打个盹儿罢。"

凤姐也不言语。平儿料着这意思是了，便爬上炕来，坐在身边，轻轻的捶着。那凤姐刚有要睡之意，只听那边大姐儿哭了，凤姐又将眼睁开。平儿连向那边叫道：

"李妈，你到底是怎么着？姐儿哭了，你到底拍着她些。你也忒爱睡了。"

那边李妈从梦中惊醒，听得平儿如此说，心中没好气，狠命的拍了几下，口里嘟嘟囔囔的骂道：

"真真的小短命鬼儿！放着尸不挺，三更半夜嚎你娘的丧！"

一面说，一面咬牙，便向那孩子身上拧了一把。那孩子哇的一声，大哭起来。凤姐听见，说：

"了不得！你听听，她该挫磨孩子了！你过去把那黑心的养汉老婆下死劲的打她几下子，把妞妞抱过来罢。"

平儿笑道：

"奶奶别生气，她那里敢挫磨妞儿？只怕是不提防蹦了一下子，也是有的。这会子打她几下没要紧，明儿叫她们背地里嚼舌根，倒说三更半夜的打人了。"

凤姐听了，半日不言语，长叹一声，说道：

"你瞧瞧，这会子不是我七旺八旺的呢！明儿我要是死了，撂下这小孽障，还不知怎么样呢！"

平儿笑道：

"奶奶，这是怎么说？大五更的，何苦来呢？"

凤姐冷笑道：

"你那里知道？我是早已明白了，我也不久了！虽然活了二十五岁，人家没见的也见了，没吃的也吃了，衣禄食禄也算全了，所有世上有的也都有了，气也赌尽了，强也算争足了。就是'寿'字儿上头缺一点儿，也罢了！"

平儿听说，由不的眼圈儿红了。凤姐笑道：

"你这会子不生假慈悲，我死了，你们只有喜欢的。你们一心一计，和和气气的过日子，省的我是你们眼里的刺。只有一件，你们知好歹，只疼我那孩子就是了！"

平儿听了，越发掉下泪来。凤姐笑道：

"别扯你娘的臊！那里就死了呢？这么早就哭起来！我不死，还叫你哭死了呢。"

平儿听说，连忙止住哭，道：

"奶奶说的这么叫人伤心！"

一面说，一面又捶，凤姐才朦胧的睡着。

平儿方下炕来，只听外面脚步响。谁知贾琏去迟了，那裘世安已经上朝去了，不遇而回，心中正没好气，进来就问平儿道：

"她们还没起来呢么？"

平儿回说：

"没有呢。"

贾琏一路摔帘子进来，冷笑道：

"好啊！这会子还都不起来，安心打擂台打撒手儿！"

一叠声又要吃茶。平儿忙倒了一碗茶来。原来那些丫头老婆

写李妈连打带骂极佳。平儿凤姐对话亦妙。

见贾琏出了门，又复睡了，不打量这会子回来，原不曾预备，平儿便把温过的拿了来。贾琏生气，举起碗来，哗啷一声，摔了个粉碎。

凤姐惊醒，吓了一身冷汗，"嗳呀"一声，睁开眼，只见贾琏气狠狠的坐在旁边，平儿弯着腰拾碗片子呢。凤姐道：

"你怎么就回来了？"

问了一声，半日不答应，只得又问一声。贾琏嚷道：

"你不要我回来，叫我死在外头罢？"

凤姐笑道：

"这又是何苦来呢？常时我见你不像今儿回来的快，问你一声儿，也没什么生气的。"

贾琏又嚷道：

"又没遇见，怎么不快回来呢！"

凤姐笑道：

"没有遇见，少不得耐烦些，明儿再去早些儿，自然遇见了。"

贾琏嚷道：

"我可不'吃着自己的饭，替人家赶獐子'呢！我这里一大堆的事，没个动秤儿的；没来由，为人家的事瞎闹了这些日子，当什么呢？正经那有事的人还在家里受用，死活不知；还听见说要锣鼓喧天的摆酒唱戏做生日呢！我可瞎跑他娘的腿子！"

一面说，一面往地下啐了一口，又骂平儿。

凤姐听了，气的干咽，要和他分证，想了一想，又忍住了，勉强陪笑道：

"何苦来生这么大气？大清早起，和我叫喊什么？谁叫你么，人家的事？你既应了，只得耐烦些，少不得替人家办办，——也没见这个人自己有为难的事还有心肠唱戏摆酒的闹。"

贾琏道：

"你可说么！你明儿倒也问问他。"

凤姐诧异道：

"问谁？"

贾琏道:

"问谁! 问你哥哥! "

凤姐道:

"是他吗? "

贾琏道:

"可不是他, 还有谁呢? "

凤姐忙问道:

"他又有什么事, 叫你替他跑? "

贾琏道:

"你还在坛子里呢! "

凤姐道:

"真真这就奇了! 我连一个字儿也不知道。"

贾琏道:

"你怎么能知道呢? 这个事, 连太太和姨太太还不知道呢。头一件, 怕太太和姨太太不放心; 二则你身上又常嚷不好: 所以我在外头压住了, 不叫里头知道。说起来, 真真令人恼! 你今儿不问我, 我也不便告诉你。你打量你哥哥行事像个人呢! 你知道外头的人都叫他什么? "

凤姐道:

"叫他什么? "

贾琏道:

"叫他什么? ——叫他'忘仁'! "

凤姐嗤哧的一笑:

"他可不叫王仁, 叫什么呢? "

贾琏道:

"你打量那个王仁吗? 是忘了仁义礼智信的那个'忘仁'哪! "

凤姐道:

"这是什么人这么刻薄嘴儿糟蹋人! "

贾琏道:

> 贾琏、凤姐、平儿三人语言与宝玉宝钗袭人语言不同, 都是活生生的口语, 但大异其趣, 因性格教养有别。作家之高低在语言运用上立见分晓。

"不是糟蹋他呀。今儿索性告诉你，你也该知道知道你那哥哥的好处！到底知道他给他三叔做生日呵！"

凤姐想了一想，道：

> 此"大舅"
> "二叔"均改为
> "二舅""三叔"

"嗳哟！可是呵，我还忘了问你：三叔不是冬天的生日吗？我记得年年都是宝玉去。前者老爷升了，三叔那边送过戏来，我还偷偷儿的说：'三叔为人是最啬刻的，比不得二舅太爷。他们各自家里还乌眼鸡似的。不么，昨儿二舅太爷没了，你瞧他是个兄弟，他还出了个头儿揽了个事儿吗？所以那一天说赶他的生日，咱们还他一班子戏，省了亲戚跟前落亏欠。如今这么早就做生日，也不知是什么意思。"

贾琏道：

"你还作梦呢！你哥哥一到京，接着舅太爷的首尾就开了一个吊。他怕咱们知道拦他，所以没告诉咱们，弄了好几千银子。后来二舅嗔着他，说他不该一网打尽。他吃不住了，变了个法儿，指着你们三叔的生日撒了个网，想着再弄几个钱，好打点二舅太爷不生气。也不管亲戚朋友冬天夏天的，人家知道不知道，这么丢脸！你知道我起早为什么？如今因海疆的事情，御史参了一本，说是二舅太爷的亏空，本员已故，应着落其弟王子胜，侄儿王仁赔补。爷儿两个急了，找了我给他们托人情。我见他们吓的那个样儿，再者，又关系太太和你，我才应了。想着找找总理内庭都检老裘替办办，或者前任后任挪移挪移，偏又去晚了，他进里头去了。我白起来跑了一趟，他们家里还那里定戏摆酒呢，你说说，叫人生气不生气！"

凤姐听了，才知王仁所行如此，但她素性要强护短，听见贾琏如此说，便道：

"凭他怎么样，到底是你的亲大舅儿。再者，这件事，死的二爷，活的三叔，都感激你罢了。没什么说的，我们家的事，少不得我低三儿下四的求你，省了带累别人受气，背地里骂我！"

说着，眼泪便下来了，掀开被窝，一面坐起来，一面挽头发，一面披衣裳。贾琏道：

“你倒不用这么着，是你哥哥不是人，我并没说你什么。况且我出去了，你身上又不好，我都起来了，她们还睡着，咱们老辈子有这个规矩么？你如今作好好先生不管事了。我说了一句，你就起来；明儿我要嫌这些人，难道你都替了她们么？好没意思啊！”

凤姐听了这些话，才把泪止住了，说道：

“天也不早了，我也该起来了。你有这么说的，你替他们家在心的办办，那就是你的情分了。再者，也不光为我，就是太太听见也喜欢。”

贾琏道：

“是了，知道了。‘大萝卜还用屎浇’？”

平儿道：

“奶奶这么早起来做什么？那一天奶奶不是起来有一定的时候儿呢？——爷也不知是那里的邪火，拿着我们出气。何苦来呢？奶奶也算替爷挣够了，那一点儿不是奶奶挡头阵？不是我说：爷把现成儿的也不知吃了多少，这会子替奶奶办了一点子事，况且关会着好几层儿呢，就这么拿糖作醋的起来，也不怕人家寒心？况且这也不单是奶奶的事呀！我们起迟了，原该爷生气，左右到底是奴才呀！奶奶跟前，尽着身子累的成了个病包儿了，这是何苦来呢！”

说着，自己的眼圈儿也红了。

那贾琏本是一肚子闷气，那里见得这一对娇妻美妾，又尖利，又柔情的话呢？便笑道：

“够了，算了罢！她一个人就够使的了，不用你帮着。左右我是外人，多早晚我死了，你们就清净了！”

凤姐道：

“你也别说那个话，谁知道谁怎么样呢？你不死，我还死呢！早死一天早心净。”

说着，又哭起来。平儿只得又劝了一回。那

作者写夹在泼辣货凤姐和纨绔子贾琏之间的平儿，往往妙笔生花，平儿美而贤、忠贞不二，有贾琏凤姐夫妻衬托，三人性格各尽其妙。

时天已大亮,日影横窗,贾琏也不便再说,站起来出去了。

这里凤姐自己起来,正在梳洗,忽见王夫人那边小丫头过来道:

"太太说了:叫问二奶奶今日过舅太爷那边去不去,要去说叫二奶奶同着宝二奶奶一路去呢。"

凤姐因方才一段话已经灰心丧气,恨娘家不给争气;又兼昨夜园中受了那一惊,也实在没精神,便说道:

"你先回太太去:我还有一两件事没办清,今日不能去;况且他们那又不是什么正经事。宝二奶奶要去,各自去罢。"

小丫头答应着回去回覆了。不在话下。

且说凤姐梳了头,换了衣服,想了想,虽然自己不去,也该带个信儿;再者,宝钗还是新媳妇出门子,自然要过去照应照应的:于是见过王夫人,支吾了一件事,便过来到宝玉房中。只见宝玉穿着衣服,歪在炕上,两个眼睛默默的看宝钗梳头。凤姐站在门口,还是宝钗一回头看见了,连忙起身让坐。宝玉也爬起来,凤姐才笑嘻嘻的坐下。宝钗因说麝月道:

"你们瞧着二奶奶进来,也不言语声儿!"

麝月笑着道:

"二奶奶头里进来就摆手儿不叫言语么。"

凤姐因向宝玉道:

"你还不走,等什么呢?没见这么大人了,还是这么小孩子气。人家各自梳头,你爬在旁边看什么?成日家一块子在屋里,还看不够吗?也不怕丫头们笑话?"

说着,哧的一笑,又瞅着他咂嘴儿。

宝玉虽也有些不好意思,还不理会。把个宝钗直臊的满脸飞红,又不好听着,又不好说什么。只见袭人端过茶来,只得搭讪着,自己递了一袋烟。凤姐儿笑着站起来接了,道:

"二妹妹,你别管我们的事,你快穿衣服罢。"

宝玉一面也搭讪着,找这个,弄那个。凤姐道:

"你先去罢,那里有个爷们等着奶奶们一块儿走的理呢?"

宝玉道:

"我只是嫌我这衣裳不大好,不如前年穿着老太太给的那件'雀金泥'好。"

凤姐因怄他道:

"你为什么不穿?"

宝玉道:

"穿着太早些。"

凤姐忽然想起,自悔失言。幸亏宝钗也和王家是内亲,只是那些丫头们跟前,已经不好意思了。袭人却接着说道:

"二奶奶还不知道呢,就是穿着,他也不穿了。"

凤姐儿道:

"这是什么原故?"

袭人道:

"告诉二奶奶,真真的我们这位爷行的事都是天外飞来的。那一年因二舅太爷的生日,老太太给了他这件衣裳,谁知那一天就烧了。我妈病重了,我没在家。那时候还有晴雯妹妹呢,听见说,病着整整给他缝了一夜,第二天,老太太才没瞧出来呢。去年那一天,上学天冷,我叫焙茗拿了去给他披披,谁知这位爷见了这件衣裳,想起晴雯来了,说了总不穿了,叫我给他收一辈子呢。"

> 五十二回
> 麝月说:"……
> 明儿是舅老爷
> 生日……"此
> 回袭人明言
> '那一年因二
> 舅太爷的生
> 日',显然是指
> 王子腾的生日
> 不错。

凤姐不等说完,便道:"你提晴雯,可惜了儿的!那孩子模样儿手儿都好,就只嘴头子利害些。偏偏儿的太太不知听了那里的谣言,活活儿的把个小命儿要了。还有一件事:那一天,我瞧见厨房里柳家的女人,她女孩儿叫什么五儿,那丫头长的和晴雯脱了个影儿。我心里要叫她进来,后来我问她妈,她妈说是很愿意。我想着宝二爷屋里的小红跟了我去,我还没还他呢,就把五儿补过来罢。平儿说:'太太那天说了,凡像那个样儿的都不叫派到宝二爷屋里呢.' 我所以也就搁下了。这如今宝二爷也成了家了,还怕什么呢? 不如我就叫她进来。——可不知宝二爷愿意不愿意? 要想着晴雯,只瞧见这五儿就是了。"

宝玉本要走,听见这些话又呆了。袭人道:

"为什么不愿意? 早就要弄进来的,只是因为太太的话说的结实罢了。"

凤姐道:

"那么着,明儿我就叫她进来。太太的跟前有我呢。"

宝玉听了,喜不自胜,才走到贾母那边去了。

这里宝钗穿衣服。凤姐儿看他两口儿这般恩爱缠绵,想起贾琏方才那种光景,甚是伤心,坐不住,便起身向宝钗笑道:

"我和你上太太屋里去罢。"

笑着出了房门,一同来见贾母。

宝玉正在那里回贾母往舅舅家去。贾母点头说道:

"去罢,只是少吃酒,早些回来,你身子才好些。"

宝玉答应着出来,刚走到院内,又转身回来,向宝钗耳边说了几句,不知说什么。宝钗笑道:

"是了,你快去罢。"

将宝玉催着去了。

这里贾母和凤姐宝钗说了没三句话,只见秋纹进来传说:

"二爷打发焙茗回来说,请二奶奶。"

宝钗道:"他又忘了什么,又叫他回来?"

秋纹道:"我叫小丫头问了焙茗,说是二爷忘了一句话,二爷叫了回来告诉二奶奶:若是去呢,快些来罢;若不去呢,别在风地里站着。"

说的贾母凤姐并地下站着的老婆子丫头都笑了。宝钗的脸上飞红,把秋纹啐了一口,说道:

"好个糊涂东西! 这也值的这么慌慌张张跑了来说?"

秋纹也笑着回去叫小丫头去骂焙茗。那焙茗一面跑着,一面

回头说道:

"二爷把我巴巴儿的叫下马来,叫回来说的。我若不说,回来对出来,又骂我了。这会子说了,他们又骂我!"

那丫头笑着跑回来说了。贾母向宝钗道:

"你去罢,省了他这么不放心。"

说的宝钗站不住,又被凤姐怄着玩笑,没好意思,才走了。只见散花寺的姑子大了来了,给贾母请安,见过了凤姐,坐着吃茶。贾母因问她:

"这一向怎么不来?"

大了道:

"因这几日庙中作好事,有几位诰命夫人不时在庙里起坐,所以不得空儿来。今日特来回老祖宗:明儿还有一家作好事,不知老祖宗高兴不高兴? 若高兴,也去随喜随喜。"

贾母便问:

"做什么好事?"

大了道:

"前月为王大人府里不干净,见神见鬼的,偏生那太太夜间又看见去世的老爷。因此,昨日在我庙里告诉我,要在散花菩萨跟前许愿烧香,做四十九天的水陆道场,保佑家口安宁,亡者升天,生者获福。所以我不得空儿来请老太太的安。"

却说凤姐素日最是厌恶这些事,自从昨夜见鬼,心中总只是疑疑惑惑的,如今听了大了这些话,不觉把素日的心性改了一半,已有三分信意,便问大了道:"这散花菩萨是谁? 他怎么就能避邪除鬼呢?"

大了见问,便知她有些信意,说道:

"奶奶要问这位菩萨,等我告诉你奶奶知道:这个散花菩萨,根基不浅,道行非常,生在西天大树国中。父母打柴为生。养下菩萨来,头长三角,眼横四目,身长八尺,两手拖地。父母说这是妖精,便弃在冰山背后了。谁知这山上有一个得道的老猢狲出来打食,看见菩萨顶上白气冲天，虎狼远避，知道来历非常，便抱回洞中抚养。谁知菩萨带了来的聪慧，禅也会谈，与猢狲天天谈道参禅，说的天花散漫，到了一千年后便飞升了。至今山上犹见谈经之处，天花散漫，所求必灵，时常显圣，救人苦厄。因此，世人才盖了庙，塑了像供奉着。"

凤姐道：

"这有什么凭据呢？"

大了道：

"奶奶又来搬驳了。一个佛爷可有什么凭据呢？就是撒谎，也不过哄一两个人罢咧，难道古往今来多少明白人多被他哄了不成？奶奶只想，惟有佛家香火历来不绝，他到底是祝国裕民，有些灵验，人才信服啊。"

凤姐听了大有道理，因道：

"既这么着，我明儿去试试。你庙里可有签？我去求一签，我心里的事签上批的出来，我从此就信了。"

大了道：

"我们的签最是灵的，明儿奶奶去求一签就知道了。"

贾母道：

"既这么着，索性等到后日初一，你再去求。"

说着，大了吃了茶，到王夫人各房里去请了安，回去。不提。

这里凤姐勉强扎挣着，到了初一清早，令人预备了车马，带了平儿并许多奴仆来至散花寺。大了带了众姑子接了进去，献茶后，便洗手至大殿焚香。那凤姐儿也无心瞻仰圣像，一秉虔诚，磕了头，举起签筒，默默的将那见鬼之事并身体不安等故祝告了一回，才摇了三下，只听唰的一声筒中撺出一支签来。于是叩头，拾起一看，只见写着"第三十三签，上上大吉"。大了忙查签簿看时，只见上面写着："王熙凤衣锦还乡"。

凤姐一见这几个字，吃一大惊，忙问大了道：

"古人也有叫王熙凤的么？"

大了笑道:

"奶奶最是通今博古的,难道汉朝的王熙凤求官的这一段事也不晓得?"

周瑞家的在旁笑道:

"前年李先儿还说这一回书来着。我们还告诉他看重着奶奶的名字,不许叫呢。"

凤姐笑道:

"可是呢,我倒忘了。"

说着,又瞧底下的,写的是:

　　去国离乡二十年,于今衣锦返家园。蜂采百花成蜜后,为谁辛苦为谁甜?

行人至,音信迟,讼宜和,婚再议。

看完也不甚明白。大了道:

"奶奶大喜,这一签巧得很。奶奶自幼在这里长大,何曾回南京去过? 如今老爷放了外任,或者接家眷来,顺便回家,奶奶可不是'衣锦还乡'了?"

一面说,一面抄了个签经交与丫头。凤姐也半疑半信的。大了摆了斋来,凤姐只动了一动,放下了要走,又给了香银。大了苦留不住,只得让她走了。

凤姐回至家中,见了贾母王夫人等。问起签来,命人一解,都欢喜非常:

"或者老爷果有此心,咱们走一趟也好!"

凤姐儿见人人这么说,也就信了。不在话下。

却说宝玉这一日正睡午觉,醒来不见宝钗,正要问时,只见宝钗进来,宝玉问道:

"那里去了,半日不见?"

宝钗笑道:

"我给凤姐姐瞧一回签。"

宝玉听说,便问是怎么样的。宝钗把签帖念了一回,又道:

> 本回写遇鬼,抽签,均非吉兆,是作者伏笔。

“家中人人都说好的，据我看，这‘衣锦还乡’四字里头还有缘故，后来再瞧罢了。”

宝玉道：

“你又多疑了，妄解圣意。‘衣锦还乡’四字，从古至今都知道是好的，今儿你又偏生看出缘故来了。依你说，这‘衣锦还乡’还有什么别的解说？”

宝钗正要解说，只见王夫人那边打发丫头过来请二奶奶，宝钗立刻过去。

第一百二回　宁国府骨肉病灾禖
大观园符水驱妖孽

话说王夫人打发人来唤宝钗，宝钗连忙过来请了安。王夫人道：“你三妹妹如今要出嫁了，你们作嫂子的大家开导开导她，也是你们姐妹之情，况且她也是个明白孩子。我看你们两个也很合的来。只是我听见说，宝玉听见他三妹妹出门子，哭的了不的。你也该劝劝他才是。如今我的身子是十病九痛的，你二嫂子也是三日好两日不好。你还心地明白些，诸事该管的，也别说只管吞着，不肯得罪人。将来这一番家事都是你的担子。”

宝钗答应着。

王夫人又说道：

“还有一件事：你二嫂子昨儿带了柳家媳妇的丫头来，说补在你们屋里。”

宝钗道：

“今日平儿才带过来，说是太太和二奶奶的主意。”

王夫人道：

“是呦，你二嫂子和我说，我想也没要紧，不便驳她的回。只是一件：我见那孩子眉眼儿上头也不是个很安顿的。起先为宝玉房里的丫头狐狸似的，我撵了几个，那时候你也自然知道，才搬回家去的。如今有你，固然不比先前了。我告诉你，不过留点神儿就是了。你们屋里，就是袭人那孩子还可以使得。”

宝钗答应了，又说了几句话，便过来了。饭后，到了探春那边，自有一番殷勤劝慰之言。不必细说。

次日，探春将要起身，又来辞宝玉。宝玉自然难割难分。探春倒将纲常大体的话说的宝玉始而低头不语,后来转悲作喜,似有醒悟之意。于是探春放心辞别众人,竟上轿登程,水舟陆车而去。

先前众姐妹们都住在大观园中,后来贾妃薨后,也不修葺。到了宝玉娶亲,林黛玉一死,史湘云回去,宝琴在家住着,园中人少,况且天气寒冷,李纨姐妹、探春、惜春等俱挪回旧所。到了花朝月夕,依旧相约玩耍。如今探春一去,宝玉病后不出屋门,益发没有高兴的人了。所以园中寂寞,只有几家看园的人住着。

那日,尤氏过来送探春起身,因天晚省得套车,便从前年在园里开通宁府的那个便门里走过去了,觉得凄凉满目,台榭依然,女墙一带都种作园地一般,心中怅然,如有所失。因到家中,便有些身上发热,扎挣一两天,竟躺倒了。日间的发烧犹可,夜里身热异常,便谵语绵绵。贾珍连忙请了大夫看视,说感冒起的,如今传经,入了足阳明胃经,所以谵语不清,如有所见,有了大秽,即可身安。

尤氏服了两剂,并不稍减,更加发起狂来。贾珍着急,便叫贾蓉来打听,

“外头有好医生,再请几位来瞧瞧”。

贾蓉回道:

“前儿这个大夫是最兴时的了,只怕我母亲的病不是药治得好的。”

贾珍道:

“胡说!不吃药,难道由她去罢?”

贾蓉道:

“不是说不治,为的是前日母亲往西府去,回来是穿着园子里走过来的。一到了家,就身上发烧,别是撞客着了罢。外头有个毛半仙,是南方人,卦起的很灵,不如请他来占算占算。看有信儿呢,就依着他;要是不中用,再请别的好大夫来。”

贾珍听了,即刻叫人请来。坐在书房内喝了茶,便说:

“府上叫我,不知占什么事?”

贾蓉道:

“家母有病，请教一卦。”

毛半仙道：

“既如此，取净水洗手，设下香案，让我起出一课来看就是了。”

一时，下人安排定了，他便怀里掏出卦筒，走到上头，恭恭敬敬的作了一个揖，手内摇着卦筒，口里念道：

“伏以太极两仪，缊纲交感，图书出而变化不穷，神圣作而诚求必应。兹有信官贾某，为因母病，虔请伏羲、文王、周公、孔子四大圣人，鉴临在上。诚感则灵，有凶报凶，有吉报吉，先请内象三爻。”说着，将筒内的钱倒在盘内，说：“有灵的，头一爻就是交。”拿起来又摇了一摇，倒出来，说是单。第三爻又是交。检起钱来，嘴里说是：“内爻已示，更请外象三爻，完成一卦。”起出来，是单拆单。

那毛半仙收了卦筒和铜钱，便坐下问道：

“请坐，请坐，让我来细细的看看。这个卦乃是‘未济’之卦。世爻是第三爻，午火兄弟劫财，晦

> 行家术语，作者无所不能。

气是一定该有的。如今尊驾为母问病，用神是初爻，真是父母爻动出官鬼来。五爻上又有一层官鬼，我看令堂太夫人的病是不轻的。还好，还好，如今子亥之水休囚，寅木动而生火。世爻上动出一个子孙来，倒是克鬼的。况且日月生身，再隔两日，子水官鬼落空，交到戌日就好了。但是父母爻上变鬼，恐怕令尊大人也有些关碍。就是本身世爻，比劫过重。到了水旺土衰的日子，也不好。”

说完了，便撅着胡子坐着。

贾蓉起先听他捣鬼，心里忍不住要笑；听他讲的卦理明白，又说生怕父亲也不好，便说道：

“卦是极高明的，但不知我母亲到底是什么病？”

毛半仙道：

“据这卦上，世爻午火变水相克，必是寒火凝结。若要断的清楚，搊著也不大明白，除非用‘大六壬’才断的准。”

贾蓉道：

“先生都高明的么？”

毛半仙道：

“知道些。”

贾蓉便要请教，报了一个时辰。毛先生便画了盘子，将神将排定算去，是戍上白虎。

“这课叫做‘魄化课’。大凡白虎乃是凶将，乘旺象气受制，便不能为害。如今乘着死神死煞，及时令囚死，则为饿虎，定是伤人。就如魄神受惊消散，故名‘魄化’。这课象说是人身丧魄，忧患相仍，病多死丧，讼有忧惊。按象有日幕虎临，必定是傍晚得病的。象内说：‘凡占此课，必定旧宅有伏虎作怪，或有形响。’如今尊驾为大人而占，正合着虎在阳忧男，在阴忧女。此课十分凶险呢！”

贾蓉没有听完，吓得面上失色道：

“先生说的很是，但与那卦又不大相合，到底有妨碍么？”

毛半仙道：

“你不用慌，待我慢慢的再看。”低着头，又咕哝了一会儿，便说：“好了，有救星了！算出巳上有贵神救解，谓之‘魄化魂归’。先忧后喜，是不妨事的，只要小心些就是了。”

贾蓉奉上卦金，送了出去，回禀贾珍，说是母亲的病是在旧宅傍晚得的，为撞着什么伏尸白虎。贾珍道：

“你说你母亲前日从园里走回来的，可不是那里撞着的？你还记得你二婶娘到园里去，回来就病了？她虽没有见什么，后来那些丫头老婆们都说是山子上一个毛烘烘的东西，眼睛有灯笼大，还会说话，他把二奶奶赶回来了，吓出一场病来。”

贾蓉道：

凤姐遇鬼，尤氏撞邪，作者以大观园的闹鬼闹妖加强贾府衰败趋势。

“怎么不记得？我还听见宝二叔家的焙茗说：晴雯做了园里芙蓉花的神了；林姑娘死了，半空里有音乐，必定她也是管什么花儿了。想这许多妖怪在园里，还了得！头里人多阳气重，常来常往不打紧；如今冷落的时候，母亲打那里走，不知端了什么花儿呢，不然，就是撞着那一个。那卦也还是准的。”

贾珍道：

“到底说有妨碍没有呢？”

贾蓉道：

“据他说，到了戌日就好了。只愿早两天好，或迟两天才好。”

贾珍道：

“这又是什么意思？”

贾蓉道：

“那先生若是这样准，生怕老爷也有些不自在。”

正说着，里头喊说：

“奶奶要坐起到那边园里去，丫头们都按捺不住。”

贾珍等进去安慰，只闻尤氏嘴里乱说：

“穿红的来叫我！穿绿的来赶我！”

地下这些人又怕又好笑。贾珍便命人买些纸钱，送到园里烧化。果然那夜出了汗，便安静些。到了戌日，也就渐渐的好起来。

由是，一人传十，十人传百，都说大观园中有了妖怪，吓得那些看园的人也不修花补树，灌溉果蔬。起先晚上不敢行走，以致鸟兽逼人；近来甚至日间也是约伴持械而行。

过了些时，果然贾珍也病，竟不请医调治，轻则到园化纸请愿，重则详星拜斗。贾珍方好，贾蓉等相继而病。如此，接连数月，闹的两府俱怕。从此，风声鹤唳，草木皆妖。园中出息一概全蠲，各房月例重新添起，反弄的荣府中更加拮据。

那些看园的没有了想头，个个要离此处，每每造言生事，便将花妖树怪编派起来，各要搬出。将园门封固，再无人敢到园中，以致崇楼高阁，琼馆瑶台，皆为禽兽所栖。

却说晴雯的表兄吴贵正住在园门口。他媳妇自从晴雯死后，听见说作了花神，每日晚间便不敢出门。这一日，吴贵出门买东西，回来晚了。那媳妇子本有些感冒着了，日间吃错了药，晚上吴贵到家,已死在炕上。外面的人因那媳妇子不大妥当,便说妖怪爬过墙来吸了精去死的。

于是老太太着急的了不得,另派了好些人将宝玉的住房围住,巡逻打更。这些小丫头们还说有看见红脸的,有看见很俊的女人的,吵嚷不休,吓的宝玉天天害怕。亏得宝钗有把持,听见丫头们混说,便吓唬着要打,所以那些谣言略好些。无奈各房的人都是疑人疑鬼的不安静,也添了人坐更,于是更加了好些食用。

独有贾赦不大很信,说:

"好好儿的园子,那里有什么鬼怪!"

挑了个风清日暖的日子,带了好几个家人,手内持着器械,到园踹看动静。众人劝他不依。到了园中,果然阴气逼人。贾赦还扎挣前走,跟的人都探头缩脑的。内中有个年轻的家人,心内已经害怕,只听嗖的一声,回过头来,只见五色烂灿的一件东西跳过去了,吓的"嗳哟"一声,腿子发软,就栽倒了。

贾赦回身查问,那小子喘吁吁的回道:

"亲眼看见一个黄脸红胡子绿衣裳妖精走到树林子后头山窟窿里去了。"

贾赦听了,便也有些胆怯,问道:

"你们都看见么?"

有几个"推顺水船儿"的回说:

"怎么没瞧见?因老爷在头里,不敢惊动罢了。奴才们还掌得住。"

说得贾赦害怕,也不敢再走。急急的回来,吩咐小子们不用提及,只说看遍了,没有什么东西,心里实也相信,要到真人府里请法官驱邪。

岂知那些家人无事还要生事,今见贾赦怕了,不但不瞒着,反添些穿凿,说得人人吐舌。贾赦没法,只得请道士到园作法,驱邪逐妖。择吉日,先在省亲正殿上铺排起坛场来。上供三清圣像,旁设二十八宿并马、赵、温、周四大将,下排三十六天将图像。香花灯烛设满一堂,钟鼓法器排列两边,坛上插着五方旗号。道纪司派定四十九位道众的执事,净了一天的坛。三位法官行香取水毕,然后擂起法鼓。法师们俱戴上七星冠,披上九宫八卦的法衣,踏着登云履,手执牙笏,便拜表请圣。又念了一天的消灾驱邪接福的洞元经,以后便出榜召将。榜上大书:

"太乙、混元、上清三境灵宝符录演教大法师,行文敕令本境诸神到坛听用。"

那日,两府上下爷们仗着法师擒妖,都到园中观看,都说:

"好大法令! 呼神遣将的闹起来,不管有多少妖怪也吓跑了。"

大家都挤到坛前。只见小道士们将旗幡举起,按定五方站住,伺候法师号令。三位法师,一位手提宝剑,拿着法水;一位捧着七星皂旗;一位举着桃木打妖鞭,立在坛前。只听法器一停,上头令牌三下,口中念起咒来,那五方旗便团团散布。法师下坛,叫本家领着到各处楼阁殿亭,房廊屋舍,山崖水畔洒了法水,将剑指画了一回回来,连击令牌,将七星旗祭起,众道士将旗幡一聚,接下打妖鞭,望空打了三下。本家众人都道拿住妖怪,争着要看,及到跟前,并不见有什么形响。只见法师叫众道士拿取瓶罐,将妖收下,加上封条。法师硃笔书符收起,令人带回本观塔下镇住,一面撤坛谢将。贾赦恭敬叩谢了法师。

贾蓉等小兄弟背地都笑个不住,说:

"这样的大排场,我打量拿着妖怪,给我们瞧瞧到底是什么东西,那里知道是这样搜罗! 究竟妖怪拿去了没有?"

贾珍听见,骂道:

"糊涂东西! 妖怪原是聚则成形,散则成气,如今多少神将在这里,还敢现形么? 无非把妖气收了,便不作祟,就是法力了。"

众人将信将疑,且等不见响动再说。那些下人只知妖怪被擒,疑心去了,便不大惊小怪,往后果然没人有提起了。贾珍等病愈复原,都道法师神力。独有一个小厮笑说道:

"头里那些响动,我也不知道。就是跟着大老爷进园这一日,明明是个大公野鸡飞过去了。拴儿吓离了眼,说的活像! 我们都替他圆了个谎,大老爷就认真起来。倒瞧了个很热闹的坛场!"

众人虽然听见,那里肯信,究无人敢住。

一日,贾赦无事,正想要叫几个家下人搬住园中看守,惟恐夜晚藏匿奸人。方欲传出话去,只见贾琏进来,请了安,回说:

"今日到二舅家去,听见一个荒信,说是二叔被节度使参进来,为的是失察属员,重征粮米,请旨革职的事。"

贾赦听了,吃惊道:

"只怕是谣言罢! 前儿你二叔带书子来,说,探春于某日到了任所,择了某日吉时,送了你妹子到了海疆,路上风恬浪静,合家不必挂念。还说节度认亲,倒设席贺喜。那里有做了亲戚倒提参起来的? 且不必言语,快到吏部打听明白,就来回我。"

贾琏即刻出去,不到半日,回来便说:

> 贾政无能,不谙吏治,九十九回已有伏笔,此回被参正是前后呼应。

"才到吏部打听,果然二叔被参。题本上去,亏得皇上的恩典,没有交部,便下旨意,说:'失察属员,重征粮米,苛虐百姓,本应革职,姑念初膺外任,不谙吏治,被属员蒙蔽,着降三级,加恩仍以工部员外上行走,并令即日回京。'这信是准的。

正在吏部说话的时候,来了一个江西引见的知县,说起我们二叔是很感激的。但说是个好上司,只是用人不当,那些家人在外招摇撞骗,欺凌属员,已经把好名声都弄坏了。节度大人早已知道,也说我们二叔是个好人。不知怎么样,这回又参了。想是忒闹得不好,恐将来弄出大祸,所以借了一件失察的事情参的,倒是避重就轻的意思,也未可知。"

贾赦未听说完,便叫贾琏:

"先去告诉你婶子知道,且不必告诉老太太就是了。"

第一百三回　施毒计金桂自焚身
　　　　　　昧真禅雨村空遇旧

　　话说贾琏到了王夫人那边，一一的说了。次日，到了部里，打点停妥，回来又到王夫人那边将打点吏部之事告知王夫人。王夫人便道：

　　"打听准了么？果然这样，老爷也愿意，合家也放心。那外任何尝是做得的？不是这样回来，只怕叫那些混帐东西把老爷的性命都坑了呢！"

　　贾琏道：

　　"太太怎么知道？"

　　王夫人道：

　　"自从你二叔放了外任，并没有一个钱拿回来，把家里的倒掏摸了好些去了。你瞧，那些跟老爷去的人：他男人在外头不多几时，那些小老婆子们都金头银面的妆扮起来了，可不是在外头瞒着老爷弄钱？你叔叔就由着他们闹去。要弄出事来，不但自己的官做不成，只怕连祖上的官也要抹掉了呢！"

　　贾琏道：

　　"太太说得很是。方才我听见参了，吓的了不得，直等打听明白才放心。也愿意老爷做个京官，安安逸逸的做几年，才保得住一辈子的声名。就是老太太知道了，倒也是放心的。只要太太说的宽缓些。"

　　王夫人道：

　　"我知道，你到底再去打听打听。"

　　贾琏答应了，才要出来，只见薛姨妈家的老婆子慌慌张张的走来，到王夫人里间屋内也没说请安，便道：

"我们太太叫我来告诉这里的姨太太说：我们家了不得了，又闹出事来了！"

王夫人听了，便问：

"闹出什么事来？"

那婆子又说：

"了不得，了不得！"

王夫人哼道：

"糊涂东西！有紧要事，你到底说呀！"

婆子便说：

"我们家二爷不在家，一个男人也没有，这件事情出来，怎么办！要求太太打发几位爷们去料理料理！"王夫人听着不懂，便着急道：

> 宝玉挨打也是该糊涂老婆子报信，金桂之死亦是老婆子来报信，作者善运用此类人物，效果甚佳。

"到底要爷们去干什么？"

婆子道："我们大奶奶死了！"

王夫人听了，啐道："呸，那行子女人死就死了罢咧！也值的大惊小怪的！"

婆子道："不是好好儿死的，是混闹死的！快求太太打发人去办办！"

说着，就要走。王夫人又生气，又好笑，说："这老婆子好混帐！琏哥儿，倒不如你去瞧瞧，别理那糊涂东西。"

那婆子没听见打发人去，只听见说"别理他"，他便赌气跑回去了。

这里薛姨妈正在着急，再不见来，好容易那婆子来了，便问：

"姨太太打发谁来？"

婆子叹说道：

"人再别有急难事。什么好亲好眷，看来也不中用！姨太太不但不肯照应我们，倒骂我糊涂！"

薛姨妈听了，又气又急道：

“姨太太不管,你姑奶奶怎么说来着?”

婆子道:

“姨太太既不管,我们家的姑奶奶自然更不管了,没有去告诉。”

薛姨妈啐道:

“姨太太是外人,姑娘是我养的,怎么不管!”

婆子一时省悟道:

“是啊! 这么着我还去。”

正说着,只见贾琏来了,给薛姨妈请了安,道了恼,回说:

“我婶子知道弟妇死了,问老婆子,再说不明,着急的很,打发我来问个明白,还叫我在这里料理。该怎么样,姨太太只管说了办去。”

薛姨妈本来气的干哭,听见贾琏的话,便赶忙说:

“倒叫二爷费心。我说姨太太是待我最好的,都是这老货说不清,几乎误了事。请二爷坐下,等我慢慢的告诉你。”便说:

“不为别的事,为的是媳妇不是好死的。”

贾琏道:

“想是为兄弟犯事,怨命死的?”

薛姨妈道:

“若这样倒好了! 前几个月头里,她天天赤脚蓬头的疯闹。后来听见你兄弟问了死罪,她虽哭了一场,以后倒擦脂抹粉的起来。我要说他。 又要吵个了不得,我总不理她。 有一天,不知为什么来要香菱去作伴儿。我说: '你放着宝蟾要香菱做什么? 况且香菱是你不爱的,何苦惹气呢?' 她必不依。我没法儿,只得叫香菱到她屋里去。 可怜香菱不敢违我的话,带着病就去了。 谁知道她待香菱很好,我倒欢喜。你大妹妹知道了,说: '只怕不是好心罢。' 我也不理会。 头几天香菱病着,她倒亲手去做汤给她喝。 谁知香菱没祸,刚端到跟前,她自己烫了手,连碗都砸了。 我只说必要迁怒在香菱身上,她倒没生气,自己还拿笤帚扫了,拿水泼净了地,仍旧两个人很好。昨儿晚上,又叫宝蟾去做了两碗汤来,自己说和香菱一块儿喝。隔了一会子,听见她屋里闹起来,宝蟾急的乱嚷,以后香菱也嚷着,扶着墙出来叫人。我忙着看去,只见媳妇鼻子眼睛里都流出血来,在地下乱滚,两只手在心口里乱抓,两只脚乱蹬,把我就吓死了! 问她也说不出来,闹了一会子就死了。我瞧那个光景儿是服了毒的。宝蟾就哭着来揪香菱,说她拿药药死奶奶了,我看香菱也不是这样的人。再者,她病的起还起不来,怎么能药人呢? 无奈宝蟾一口咬定。我的二爷! 这叫我怎么办? 只得硬着心肠,叫老婆子们把香菱捆了,交给宝蟾,便把房门反扣了。我和你二妹妹守了一夜,等府里的门开了,才告诉去的。二爷! 你是明白人,这件事怎么好?"

> 一百回香菱撞着金桂勾引薛蝌,此回金桂毒害香菱乃合情理。

贾琏道:
"夏家知道了没有?"
薛姨妈道:
"也得撕掳明白了,才好报啊!"
贾琏道:

"据我看起来,必要经官才了的下来。我们自然疑在宝蟾身上,别人却说宝蟾为什么药死她们姑娘呢? 若说在香菱身上,倒还装得上。"

正说着,只见荣府女人们进来说:
"我们二奶奶来了。"

贾琏虽是大伯子,因从小儿见的,也不回避。宝钗进来见了母亲,又见了贾琏,便往里间屋里和宝琴坐下。薛姨妈进来也将前事告诉了一遍。宝钗便说:

"若把香菱捆了,可不是我们也说是香菱药死的了么? 妈妈说这汤是宝蟾做的,就该捆起宝蟾来问她呀。一面就该打发人报夏家去,一面报官才是。"

薛姨妈听见有理,便问贾琏。贾琏道:
"二妹子说的很是。报官还得我去托了刑部里的人,相验问口供的时候，方有照应。只是要捆宝蟾放香菱，倒怕难些。"

薛姨妈道:

"并不是我要捆香菱，我恐怕香菱病中受冤着急，一时寻死，又添了一条人命，才捆了交给宝蟾，也是个主意。"

贾琏道:

"虽是这么说，我们倒帮了宝蟾了。若要放都放，要捆都捆:她们三个人是一处的。只要叫人安慰香菱就是了。"

薛姨妈便叫人开门进去。宝钗就派了带来的几个女人帮着捆宝蟾。只见香菱已哭的死去活来。宝蟾反得意洋洋，以后见人要捆她。便乱嚷起来。那禁得荣府的人吆喝着，也就捆了，竟开着门，好叫人看着。这里报夏家的人已经去了。

那夏家先前不住在京里，因近年萧索，又惦记女孩儿，新近搬进京来。父亲已没，只有母亲，又过继了一个混帐儿子，把家业都花完了，不时的常到薛家。那金桂原是个水性人儿，那里守得住空房，况兼天天心里想念薛蝌，便有些饥不择食的光景。无奈她这个干兄弟又是个蠢货，虽也有些知觉，只是尚未入港，所以金桂时常回去，也帮贴他些银钱。这些时正盼金桂回家，只见薛家的人来，心里想着:"又拿什么东西来了。"不料说这里的姑娘服毒死了，他就气的乱嚷乱叫。金桂的母亲听见了，更哭喊起来，说:

"好端端的女孩儿在他家，为什么服了毒呢?"

哭着喊着的，带了儿子，也等不得雇车，便要走来。

那夏家本是买卖人家，如今没了钱，那顾什么脸面，儿子头里走，她就跟了个跛老婆子出了门，在街上哭哭啼啼的雇了一辆车，一直跑到薛家。进门也不搭话，就"儿"一声"肉"一声的闹起。那时贾琏到刑部去托人，家里只有薛姨妈、宝钗、宝琴，何曾见过这阵仗儿，都吓的不敢则声。要和她讲理，她也不听，只说:

"我女孩儿在你家，得过什么好处? 两口子朝打暮骂，闹了几时，还不容她两口子在一处。你们商量着把我女婿弄在监里，永不见面。你们娘儿们仗着好亲戚受用也罢了，还嫌她碍眼，叫人药死她。倒说是服毒！她为什么服毒？"

说着，直奔薛姨妈来。薛姨妈只得退后，说：

"亲家太太！且瞧瞧你女孩儿，问问宝蟾，再说歪话还不迟呢！"

宝钗宝琴因外面有夏家的儿子，难以出来拦护，只在里边着急。恰好王夫人打发周瑞家的照看，一进门来，见一个老婆子指着薛姨妈的脸哭骂。周瑞家的知道必是金桂的母亲，便走上来说：

"这位是亲家太太么？大奶奶自己服毒死的，与我们姨太太什么相干？也不犯这么糟蹋呀！"

那金桂的母亲问：

"你是谁？"

薛姨妈见有了人，胆子略壮了些，便说：

"这就是我们亲戚贾府里的。"

金桂的母亲便道：

"谁不知道你们有仗腰子的亲戚，才能够叫姑爷坐在监里！如今我的女孩儿倒白死了不成？"说着，便拉薛姨妈说：

"你到底把我女儿怎么弄杀了？给我瞧瞧！"周瑞家的一面劝说：

"只管瞧去，不用拉拉扯扯。"

把手只一堆。夏家的儿子便跑进来不依，道：

"你仗着府里的势头儿来打我母亲么？"

说着，便将椅子打去，却没有打着。

里头跟宝钗的人听见外头闹起来，赶着来瞧，恐怕周瑞家的吃亏，齐打伙儿上去，半劝半喝。那夏家的母子，索性撒起泼来，说：

"知道你们荣府的势头儿！我们家的姑娘已经死了，如今也都不要命了！"

说着，仍奔薛姨妈拼命。地下的人虽多，那里挡得住。自古说的："一人拼命，万夫莫当。"正闹到危急之际，贾琏带了七八个家人进来，见是如此，便叫人先把夏家的儿子拉出去，便说：

"你们不许闹，有话好好儿的说。快将家里收拾收拾，刑部里头的老爷们就来相验了。"

金桂的母亲正在撒泼，只见来了一位老爷，几个在头里吆喝，那些人都垂手侍立。金桂的母亲见这个光景，也不知是贾府何人。又见他儿子已被众人揪住，又听见说刑部来验，她心里原想看见女儿的尸首，先闹个稀烂，再去喊冤，不承望这里先报了官，也便软了些。

薛姨妈已吓糊涂了，还是周瑞家的回说：

"他们来了也没有去瞧瞧他们姑娘，便作践起姨太太来了。我们为好劝她，那里跑进一个野男人，在奶奶们里头混撒村①混打，这可不是没有王法了！"

贾琏道：

"这会子不用和他讲理，等回来打着问他说：男人有男人的地方儿，里头都是些姑娘奶奶们，况且有他母亲还瞧不见他们姑娘么？他跑进来不是要打抢来了么！"

家人们做好做歹，压伏住了。

周瑞家的仗着人多，便说：

"夏太太，你不懂事！既来了，该问个青红皂白。你们姑娘是自己服毒死了；不然，就是宝蟾药死她主子了。怎么不问明白，又不看尸首，就想讹人来了呢？我们就肯叫一个媳妇儿白死了不成？现在把宝蟾捆着；因为你们姑娘必要点病儿，所以叫香菱陪着她。也在一个屋里住；故此，两个人都看守在那里。原等你们来眼看着刑部相验，问出道理来才是啊！"

金桂的母亲此时势孤，也只得跟着周瑞家的到她女孩儿屋里，只见满脸黑血，直挺挺的躺在炕上，便叫哭起来。宝蟾见是她家的人来，便哭喊说：

"我们姑娘好意待香菱，叫她在一块儿住，她倒抽空儿药死我们姑娘！"

那时薛家上下人等俱在，便齐声吆喝道：

"胡说！ 昨日奶奶喝了汤才药死的,这汤可不是你做的?"

宝蟾道:

"汤是我做的,端了来,我有事走了。 不知香菱起来放了些什么在里头药死的。"

金桂的母亲没听完,就奔香菱,众人拦住。 薛姨妈便道:

"这样子是砒霜药的,家里决无此物。 不管香菱宝蟾,终有替她买的。 回来刑部少不得问出来,才赖不去。 如今把媳妇权放平正,好等官来相验。"

众婆子上来抬放。 宝钗道:

"都是男人进来,你们将女人动用的东西检点检点。"

只见炕褥底下有一个揉成团的纸包儿。 金桂的母亲瞧见,便拾起打开看时,并没有什么,便撩开了。 宝蟾看见道:

"可不是有了凭据了! 这个纸包儿我认得:头几天耗子闹得慌,奶奶家去找舅爷要的,拿回来搁在首饰匣内。 必是香菱看见了,拿来药死奶奶的。 若不信,你们看看饰匣里有没有了。"

金桂的母亲便依着宝蟾的话,取出匣子来,只有几枝银簪子。 薛姨妈便说:

"怎么好些首饰都没有了?"宝钗叫人打开箱柜,俱是空的,便道:"嫂子这些东西被谁拿去? 这可要问宝蟾。"金桂的母亲心里也虚了好些,见薛姨妈查问宝蟾,便说:

"姑娘的东西,她那里知道?"

周瑞家的道:

"亲家太太别这么说么。 我知道宝姑娘天天跟着大奶奶的,怎么说不知道?"

宝蟾见问得紧,又不好胡赖,只得说道:

"奶奶自己每每带回家去,我管得么?"

众人便说:

"好个亲家太太! 哄着拿姑娘的东西,哄完了,叫她寻死,来讹我们! 好罢咧! 回来相验,就是这么说。"

宝钗叫人到外头告诉琏二爷说：

"别放了夏家的人。"

里头金桂的母亲忙了手脚，便骂宝蟾道：

"小蹄子别嚼舌头了！姑娘几时拿东西到我家去？"

宝蟾道：

"如今东西是小，给姑娘偿命是大。"

宝琴道：

"有了东西，就有偿命的人了！快请琏二哥哥问准了夏家的儿子买砒霜的话，回来好回刑部里的话。"

> 金桂命案用抽丝剥茧方法揭露真相，宝蟾窝祖反是一妙着。

金桂的母亲着了急道：

"这宝蟾必是撞见鬼了，混说起来！我们姑娘何尝买过砒霜？要这么说，必是宝蟾药死了的！"宝蟾急的乱嚷，说：

"别人赖我也罢了，怎么你们也赖起我来呢？你们不是常和姑娘说：叫她别受委屈，闹得他们家破人亡，那时将东西卷包儿一走，再配一个好姑爷？这个话是有的没有？"

金桂的母亲还未及答言，周瑞家的便接口说道：

"这是你们家的人说的，还赖什么呢？"

金桂的母亲恨的咬牙切齿的骂宝蟾，说：

"我待她不错呀！——为什么你倒拿话来葬送我呢？回来见了官，我就说是你药死姑娘的！"

宝蟾气的瞪着眼说：

"请太太放了香菱罢，不犯着白害别人。我见官自有我的话。"

宝钗听出这个话头儿来了，便叫人反倒放开了宝蟾，说：

"你原是个爽快人，何苦白冤在里头？你有话，索性说了，大家明白，岂不完了事了呢？"

宝蟾也怕见官受苦，便说：

"我们奶奶天天抱怨说：'我这样人，为什么碰着这个瞎眼的娘，不配给二爷，偏给了这么个混帐糊涂行子？要是能够和二爷过一天，死了也是愿意的！'说到那里，便恨香菱。我起初不理会，后来看见和香菱好了，我只道是香菱怎么哄转了。不承望昨儿的汤不是好意！"

金桂的母亲接说道：

"越发胡说了！若是要药香菱，为什么倒药自己了呢？"

宝钗便问道：

"香菱，昨日你喝汤来着没有？"

香菱道：

"头几天我病的抬不起头来，奶奶叫我喝汤，我不敢说不喝。刚要扎挣起来，那碗汤已经洒了，倒叫奶奶收拾了个难，我心里很过不去。昨儿听见叫我喝汤，我喝不下去，没有法儿，正要喝的时候儿，偏又头晕起来。见宝蟾姐姐端了去，我正喜欢。刚合上眼，奶奶自己喝着汤，叫我尝尝，我便勉强也喝了两口。"

宝蟾不待说完便道：

"是了！我老实说罢。昨儿奶奶叫我做两碗汤，说是和香菱同喝。我气不过，心里想着：香菱那里配我做汤给她喝呢？我故意的一碗里头多抓了一把盐，记了暗记儿，原想给香菱喝的。刚端进来，奶奶却拦着我叫外头叫小子们雇车，说今日回家去。我出去说了回来，见盐多的这碗汤在奶奶跟前呢。我恐怕奶奶喝着咸，又要骂我。正没法的时候，奶奶往后头走动，我乘她眼错不见，就把香菱这碗汤换过来了。也是合该如此。奶奶回来就拿了汤去到香菱床边，喝着说：'你到底尝尝。'那香菱也不觉咸，两个人都喝完了。我正笑香菱没嘴道儿，那里知道这死鬼奶奶要药香菱，必定趁我不在，将砒霜撒上了？也不知道我换碗，这可就是'天理昭彰，自害自身'了！"

于是众人往前后一想，真正一丝不错，便将香菱也放了，扶着她仍旧睡在床上。

不说香菱得放，且说金桂的母亲心虚事实，还想辩赖。薛姨妈你言我语，反要她儿子偿还金桂之命。正在吵嚷，贾琏在外嚷说：

"不用多说了,快收拾停当。刑部的老爷就到了。"

此时惟有夏家母子着忙,想来总要吃亏的,不得已,反求薛姨妈道:

"千不是,万不是,总是我死的女孩儿不长进。这也是她自作自受。要是刑部相验,到底府上脸面不好看,求亲家太太息了这件事罢!"

宝钗道:

"那可使不得。已经报了,怎么能息呢?"

周瑞家的等人大家做好做歹的劝说:

"若要息事,除非夏亲家太太自己出去拦验,我们不提长短罢了。"

贾琏在外也将她儿子吓住。他情愿迎到刑部具结拦验,众人依允。薛姨妈命人买棺成殓。不提。

且说贾雨村升了京兆府尹,兼管税务。一日,出都查勘开垦地亩,路过知机县,到了急流津,正要渡过彼岸,因待人夫,暂且停轿。只见村旁有一座小庙,墙壁坍颓,露出几株古松,倒也苍老。雨村下轿,闲步进庙,但见庙内神像,金身脱落,殿宇歪斜,旁有断碣,字迹模糊,也看不明白。意欲行至后殿,只见一株翠柏,下荫着一间茅庐,庐中有一个道士,合眼打坐。

雨村走近看时,面貌甚熟,想着倒像在那里见过的,一时再想不起来。众人便欲吆喝,雨村止住,徐步向前,叫一声"老道"。那道士双眼略启,微微的笑道:

"贵官何事?"

雨村便道:

"本府出都查勘事件,路过此地,见老道静修自得,想来道行深通,意欲冒昧请教。"那道人说:

"来自有地,去自有方。"

雨村知是有些来历的,便长揖请问:

"老道从何处焚修,在此结庐? 此庙何名? 庙中共有几人? 或

1387

欲真修,岂无名山? 或欲结缘,何不通衢?"

那道人道:

"'葫芦'尚可安身,何必名山结舍? 庙名久隐,断碣犹存,形影相随,何须修募? 岂似那'玉在椟中求善价,钗于匣内待时飞'之辈耶?"

雨村原是个颖悟人,初听见"葫芦"两字,后闻"钗玉"一对,忽然想起甄士隐的事来,重复将那道士端详一回,见他容貌依然,便屏退从人,问道:

"君家莫非甄老先生么?"那道人微微笑道:

"什么'真'? 什么'假'? 要知道'真'即是'假','假'即是'真'。"

雨村听见说出"贾"字来,益发无疑;便从新施礼,道:

"学生自蒙慨赠到都,托庇获隽公车,受任贵乡,始知老先生超悟尘凡,飘举仙境。 学生虽溯洄思切,自念风尘俗吏,未由再觐仙颜,今何幸于此处相遇! 求老仙翁指示愚蒙。 倘荷不弃,京寓甚近,学生当得供奉,得以朝夕聆教。"

那道人也站起来回礼,道:

"我于蒲团之外,不知天地间尚有何物。 适才尊官所言,贫道一概不解。"

说毕,依旧坐下。雨村复又心疑:

"想去若非士隐,何貌言相似若此? 离别来十九载,面色如旧,必是修炼有成,未肯将前身说破。 但我既遇恩公,又不可当面错过。 看来不能以富贵动之,那妻女之私更不必说了。"想罢,又道:"仙师既不肯说破前因,弟子于心何忍?"

> 此为一百二十回归结红楼梦伏笔。

正要下礼,只见从人进来禀说:

"天色将晚,快请渡河。"

雨村正无主意,那道人道:

"请尊官速登彼岸,见面有期,迟则风浪顿起。 果蒙不弃,贫道他日尚在渡头候教。"

说毕，仍合眼打坐。雨村无奈，只得辞了道人出庙。正要过渡，只见一人飞奔而来。

①　混撒村 —— 乱撒野。

第一百四回

醉金刚小鳅生大浪
痴公子余痛触前情

话说贾雨村刚欲过渡,见有人飞奔而来,跑到跟前,口称:"老爷! 方才逛的那庙火起了。"

雨村回首看时,只见烈焰烧天,飞灰蔽日。雨村心想:

"这也奇怪! 我才出来,走不多远,这火从何而来? 莫非士隐遭劫于此?"

欲待回去,又恐误了过河;若不回去,心下又不安。想了一想,便问道:

"你方才见那老道士出来了没有?"

那人道:

"小的原随老爷出来,因腹内疼痛,略走了一走。回头看见一片光,原来就是那庙中火起,特赶来禀知老爷,并没有见有人出来。"

雨村虽则心里狐疑,究竟是名利关心的人,那肯回去看视,便叫那人:

"你在这里等火灭了,进去瞧那老道在与不在,即来回禀。"

那人只得答应了。雨村过河,仍自去查看,查了几处,遇公馆便自歇下。明日,又行一程,进了都门,众衙役接着,前呼后拥的走着。

雨村坐在轿内,听见轿前开路的人吵嚷。雨村问是何事,那开路的拉了一个人过来跪在轿前,禀道:

"那人酒醉,不知回避,反冲突过来。小的吆喝他,他倒恃酒撒泼,躺在街心,说小的打了他了。"

雨村便道：

"我是管理这里地方的，你们都是我的子民。知道本府经过，喝了酒，不知退避，还敢撒赖！"

那人道：

"我喝酒是自己的钱；醉了，躺的是皇上的地。就是大人老爷也管不得！"

雨村怒道：

"这人目无法纪！问他叫什么名字。"那人回道：

"我叫醉金刚倪二。"

雨村听了生气，叫人打这东西，瞧他是金刚不是。手下把倪二按倒，着实的打了几鞭子。倪二负痛，酒醒求饶。雨村在轿内哈哈笑道：

"原来是这么个金刚！我且不打你，叫人带进衙门里慢慢的问你！"

众衙役答应，拴了倪二，拉着就走。倪二哀求，也不中用。雨村进内覆旨回曹，那里把这件事放在心上！

那街上看热闹的，三三两两传说：

"倪二仗着有些力气，恃酒讹人，今日碰在贾大人手里，只怕不轻饶的！"

这话已传到他妻女耳边。那夜果等倪二不见回来，他女儿便到各处赌场寻觅。那赌博的都是这么说，他女儿哭了。众人都道：

"你不用着急。那贾大人是荣府的一家。荣府里的一个什么二爷和你父亲相好，你同你母亲去找他说个情，就放出来了。"

倪二的女儿想了一想：

"果然我父亲常说间壁贾二爷和他好，为什么不找他去？"

赶着回来就和母亲说了，娘儿两个去找贾芸。

那日贾芸恰好在家，见他母女两个过来，便让坐。贾芸的母亲便命倒茶。倪家母女将倪二被贾大人拿去的话说了一遍：

"求二爷说个情儿放出来！"

贾芸一口应承,说:"这算不得什么,我到西府里说一声就放了。那贾大人全仗着西府里才得做了这么大官,只要打发个人去一说就完了。"

倪家母女欢喜,回来便到府里告诉了倪二,叫他不用忙,已经求了贾二爷,他满口应承,讨个情便放出来的。倪二听了也喜欢。

不料贾芸自从那日给凤姐送礼不收,不好意思进来,也不常到荣府。那荣府的门上原看着主子的行事,叫谁走动,才有些礼面,一时来了,他便进去通报;若主子不大理了,不论本家亲戚,他一概不回,支回去就完事。

那日贾芸到府上说:

"给琏二爷请安。"

门上的说:

"二爷不在家,等回来,我们替回罢。"

贾芸欲要说"请二奶奶的安",又恐门上厌烦,只得回家,又被倪家母女催逼着,说:

"二爷常说府上是不论那个衙门,说一声儿谁敢不依。如今还是府里的一家儿,又不为什么大事,这个情还讨不来,白是我们二爷了!"

贾芸脸上下不来,嘴里还说硬话:

"昨儿我们家里有事,没打发人说去,少不得今儿说了就放。什么大不了的事!"

倪家母女只得听信。

岂知贾芸近日大门竟不得进去,绕到后头,要进园内找宝玉,不料园门锁着,只得垂头丧气的回

> 作者用贾芸掀凤姐的底;也是抄家伏笔。

来。想起"那年倪二借银,买了香料送她。才派我种树;如今我没钱打点,就把我拒绝。那也不是她的能为,拿着太爷留下的公中银钱在外放加一钱,我们穷当家儿,要借一两也不能。她打量保得住一辈子不穷的了! 那里知道外头的名声儿很不好,我不说罢了;若说起来,人命

官司不知有多少呢!"

一面想着,来到家中,只见倪家母女正等着呢。贾芸无言可支,便说是:

"西府里已经打发人说了,只言贾大人不依。你还求我们家的奴才周瑞的亲戚冷子兴去才中用。"

倪家母女听了,说:

"二爷这样体面爷们还不中用,若是奴才,是更不中用了。"

贾芸不好意思,心里发急道:

"你不知道,如今的奴才比主子强多着呢!"

倪家母女听来无法,只得冷笑几声,说:

"这倒难为二爷白跑了这几天! 等我们那一个出来再道乏罢。"

说毕出来,另托人将倪二弄出来了,只打了几板,也没有什么罪。

倪二回家,他妻女将贾芸不肯说情的话说了一遍。倪二正喝着酒,便生气要找贾芸,说:

"这小杂种! 没良心的东西! 头里他没有饭吃,要到府内钻谋事办,亏我倪二爷帮了他。如今我有了事,他不管。好罢咧! 要是我倪二闹起来,连两府里都不干净!"

他妻女忙劝道:

"嗳! 你又喝了黄汤,就是这么有天没日头的。前儿可不是醉了闹的乱子,捱了打,还没好呢。你又闹了!"

倪二道:

"捱了打就怕他不成? 只怕拿不着由头儿! 我在监里的时候儿,倒认得了好几个有义气的朋友。听见他们说起来,不独是城里姓贾的多,外省姓贾的也不少。前儿监里收下了好几个贾家的家人,我倒说这里的贾家小一辈子连奴才们虽不好,他们老一辈的还好,怎么犯了事呢? 我打听了打听,说是和这里贾家是一家儿,都住在外省,审明白了,解进来问罪的,我才放心。若说贾二这小子,他忘恩负义,我就和几个朋友说他家怎么欺负人,怎么放重利,怎么强娶活人妻。吵嚷出去,有了风声到了都老爷耳朵里头,这一闹起来,叫他们才认得倪二金刚呢!"

他女人道:

倪二的话亦是抄家伏笔。

"你喝了酒,睡去罢。他又强占谁家的女人来着?没有的事,你不用混说了。"

倪二道:

"你们在家里那里知道外头的事?前年我在场儿里碰见了小张,说他女人被贾家占了,他还和我商量,我倒劝着他才压住了。不知道小张如今那里去了,这两年没见。若碰着了他,我倪二爷出个主意,叫贾二小子死给我瞧瞧!好好的孝敬孝敬我倪二太爷才罢了!"

说着,倒身躺下,嘴里还是咕咕哝哝的说了一回,便睡去了。他妻女只当是醉话,也不理他。明日早起,倪二又往赌场中去了。不提。

且说雨村回到家中,歇息了一夜,将道上遇见甄士隐的事告诉了他夫人一遍。他夫人便埋怨他:"为什么不回去瞧一瞧?倘或烧死了,可不是咱们没良心!"说着,掉下泪来。雨村道:

"他是方外的人了,不肯和咱们在一处的。"

正说着,外头传进话来禀说:

"前日老爷吩咐瞧那庙里失火去的人回来了。"

雨村踱了出来。那衙役请了安,回说:

"小的奉老爷的命回去,也没等火灭,冒着火进去瞧那道士,那里知他坐的地方儿都烧了。小的想着那道士必烧死了。那烧的墙屋往后塌了,道士的影儿都没有了。只有一个蒲团,一个瓢儿,还是好好的。小的各处找他的尸首,连骨头都没有一点儿。小的恐怕老爷不信,想要拿这蒲团瓢儿回来做个证见,小的这么一拿,谁知都成了灰了。"

雨村听毕,心下明白,知士隐仙去,便把那衙役打发出去了。

回到房中，并没提起士隐火化之言，恐他妇女不知，反生悲感，只说并无形迹，必是他先走了。

雨村出来，独坐书房，正要细想士隐的话，忽有家人传报说：

"内廷传旨，交看事件。"

雨村疾忙上轿进内。只听见人说：

"今日贾存周江西粮道被参回来，在朝内谢罪。"

雨村忙到了内阁，见了各大臣，将海疆办理不善的旨意看了出来，即忙找着贾政，先说了些为他抱屈的话，后又道喜，问一路可好。贾政也将违别以后的话细细的说了一遍。雨村道：

"谢罪的本上了去没有？"

·贾政道：

"已上去了。等膳后下来，看旨意罢。"

正说着，只听里头传出旨来叫贾政，贾政即忙进去。各大人有与贾政关切的，都在里头等着。等了好一回，方见贾政出来。看见他带着满头的汗，众人迎上去接着，问有什么旨意。贾政吐舌道：

"吓死人，吓死人！倒蒙各位大人关切，幸喜没有什么事。"

众人道：

"旨意问了些什么？贾政道：

"旨意问的是云南私带神枪一案。本上奏明是原任太师贾化的家人，主上一时记着我们先伯的名字，便问起来。我忙着磕头奏明先伯的名字是代化，主上便笑了，还降旨意说：'前放兵部，后降府尹的，不是也叫贾化么？'"

那时雨村也在旁边，倒吓了一跳，便问贾政道：

"老先生怎么奏的？"

贾政道：

"我便慢慢奏道：'原任太师贾化是云南人；现任府尹贾某是浙江人。'主上又问，'苏州刺史奏的贾范是你一家子么？'我又磕头奏道：'是。'主上便变色道：'纵使家奴强占良民妻女，还成事么？'我一句不敢奏。主上又问：'贾范是你什么人？'我忙奏道：'是远族。'

主上哼了一声,降旨叫出来了。可不是诧事!"

众人道:

"本来也巧。怎么一连有这两件事?"

贾政道:

"事倒不奇,倒是都姓贾的不好。算来我们寒族人多,年代久了,各处都有。现在虽没有事,究竟主上记着一个'贾'字就不好。"

众人说:

"真是真,假是假,怕什么?"

贾政道:

"我心里巴不得不做官,只是不敢告老,现在我们家里两个世袭,这也无可奈何的。"

雨村道:

"如今老先生仍是工部,想来京官是没有事的。"

贾政道:

"京官虽然无事,我究竟做过两次外任,也就说不齐了。"

众人道:

"二老爷的人品行事,我们都佩服的。就是令兄大老爷,也是个好人。只要在令侄辈身上严紧些就是了。"

贾政道:

"我因在家的日子少,舍侄的事情不大查考,我心里也不甚放心。诸位今日提起,都是至相好,或者听见东宅的侄儿家有什么不奉规矩的事么?"

众人道:

"没听见别的,只有几位侍郎心里不大和睦,内监里头也有些。想来不怕什么,只要嘱咐那边令侄,诸事留神就是了。"

众人说毕,举手而散,贾政然后回家。众子侄等都迎接上来。贾政迎着请贾母的安,然后众子侄俱请了贾政的安,一同进府。王夫人等已到了荣禧堂迎接。贾政先到了贾母那里拜见了,陈述些违别的话。贾母问探春消息,贾政将许嫁探春的事都禀明了,还说：

"儿子起身急促，难过重阳，虽没有亲见，听见那边亲家的人来，说的极好。亲家老爷太太都说请老太太的安。还说今冬明春，大约还可调进京来。这便好了。如今闻得海疆有事，只怕那时还不能调。"

贾母始则因贾政降调回来，知探春远在他乡，一无亲故，心下伤感；后听贾政将官事说明，探春安好，也便转悲为喜，便笑着叫贾政出去。然后弟兄相见，众子侄拜见，定了明日清晨拜祠堂。

贾政回到自己屋内，王夫人等见过，宝玉贾琏替另[①]拜见。贾政见了宝玉果然比起身之时脸面丰满，倒觉安静，并不知他心里糊涂，所以心甚欢喜，不以降调为念，心想幸亏老太太办理的好。又见宝钗沉厚更胜先时，兰儿文雅俊秀，便喜形于色。独见环儿仍是先前一样，究不甚钟爱。歇息了半天，忽然想起：

"为何今日短了一人？"

王夫人知是想着黛玉，前因家书未报，今日又刚到家，正是喜欢，不便直告，只说是病着。岂知宝玉的心里已如刀搅，因父亲到家，只得把持心性伺候。王夫人设筵接风，子孙敬酒。凤姐虽是侄媳，现办家事，也随了宝钗等递酒。贾政便叫递了一巡酒，"都歇息去罢。"命众家人不必伺候，待明早拜过宗祠，然后进见。

分派已定，贾政与王夫人说些别后的话，馀者王夫人都不敢言。倒是贾政先提起王子腾的事来，王夫人也不敢悲戚。贾政又说蟠儿的事，王夫人只说他是自作自受，趁便也将黛玉已死的话告诉。贾政反吓了一惊，不觉掉下泪来，连声叹息。王夫人也掌不住，也哭了。旁边彩云等即忙拉衣，王夫人止住，重又说些喜欢的话，便安寝了。

次日一早，至宗祠行礼，众子侄都随往。贾政便在祠旁厢房坐下，叫了贾珍贾琏过来，问起家中事务。贾珍拣可说的说了。贾政又道：

"我初回家，也不便来细细查问，只是听见外头说起你家里更不比从前,诸事要谨慎才好。你年纪也不小了,孩子们该管教管教。别叫他们在外头得罪人。琏儿也该听着。不是才回家就说你们,因我有所闻,所以才说的。你们更该小心些。"

贾珍等脸涨通红的,也只答应个"是"字,不敢说什么。贾政也就罢了。回归西府,众家人磕头毕,仍复进内,众女仆行礼。不必多赘。

只说宝玉因昨日贾政问起黛玉,王夫人答以有病,他便暗里伤心,直待贾政命他回去,一路上已滴了好些眼泪。回到房中,见宝钗和袭人等说话,他便独坐在外间纳闷。宝钗叫袭人送过茶去,知他必是怕老爷查问功课,所以如此,只得过来安慰。宝玉便借此过去,向宝钗说:

"你今夜先睡,我要定定神。这时更不如从前了,三言倒忘两语,老爷瞧着不好。你先睡,叫袭人陪我略坐坐。"

宝钗不便强他,点头应允。

宝玉出来便轻轻和袭人说,央她把紫鹃叫来:"有话问他。但是紫鹃见了我,脸上总是有气,须得你去解劝开了再来才好。"

袭人道:

"你说要定神,我倒喜欢,怎么又定到这上头去了?有话你明儿问不得?"

宝玉道:

"我就是今晚得闲,明日倘或老爷叫干什么,便没空儿了。好姐姐,你快去叫她来!"

袭人道:

"她不是二奶奶叫是不来的。"

> 作者又替宝玉叫屈控诉贾母等人。

宝玉道:

"所以得你去说明了才好。"

袭人道:

"叫我说什么?"

宝玉道:

1398

“你还不知道我的心和她的心么？都为的是林姑娘。你说我并不是负心，我如今叫你们弄成了一个负心的人了！”

说着这话，便瞧瞧里间屋子，用手指着说：

“她是我本不愿意的，都是老太太她们捉弄的。好端端把个林妹妹弄死了。就是她死，也该叫我见见，说个明白，她死了也不抱怨我嗄！你到底听见三姑娘她们说过的：临死恨怨我。那紫鹃为她们姑娘，也是恨的我了不得。你想，我是无情的人么？晴雯到底是个丫头，也没有什么大好处，她死了，我实告诉你罢，我还做个祭文祭她呢。这是林姑娘亲眼见的。如今林姑娘死了，难道倒不及晴雯么？我连祭都不能祭一祭。况且林姑娘死了还有灵圣的，她想起来不更要怨我么？”

袭人道：

“你要祭就祭去，谁拦着你呢？”

宝玉道：

“我自从好了起来就想要做一篇祭文，不知道如今怎么一点灵机儿都没了。要祭别人呢，胡乱还使得；祭她，也断断粗糙不得一点儿的。所以叫紫鹃来问她姑娘的心，她打那里看出来的。我没病的头里还想的出来，病后都不记得了。你倒说林姑娘已经好了，怎么忽然死的？她好的时候，我不去，她怎么说来着？我病的时候，她不来，她又怎么说来着？所有她的东西，我诓了过来，你二奶奶总不叫动，不知什么意思。”

袭人道：

“二奶奶惟恐你伤心罢了，还有什么呢？”

宝玉道：

“我不信，林姑娘既是念我，为什么临死把诗稿烧了，不留给我作个纪念？又听见说天上有音乐响，必是她成了神，或是登了仙去。我虽见过棺材，到底不知道棺材里有她没有。”

袭人道：

“你这话越发糊涂！怎么一个人没死，就搁在一个棺材里当死了的呢?"

宝玉道:

"不是嗄! 大凡成仙的人,或是肉身去的,或是脱胎去的。好姐姐,你到底叫了紫鹃来!"

袭人道:

"如今等我细细的说明了你的心。她要肯来,还好;要不肯来,还得费多少话。就是来了,见你也不肯细说。据我的主意:明日等二奶奶上去了,我慢慢的问她,或者倒可仔细。遇着闲空儿,我再慢慢的告诉你。"

宝玉道:

"你说得也是,你不知道我心里的着急。"

正说着,麝月出来说:

"二奶奶说: 天已四更了,请二爷进去睡罢。袭人姐姐必是说高了兴了,忘了时候儿了。"

袭人听了,道:

"可不是? 该睡了,有话明日再说罢。"

宝玉无奈,只得进去,又向袭人耳边道:

"明儿好歹别忘了!"

袭人笑道:

"知道了。"

麝月抹着脸笑道:

"你们两个又闹鬼儿了。为什么不和二奶奶说明了,就到袭人那边睡去? 由着你们说一夜,我们也不管。"

宝玉摆手道:

"不用言语。"

袭人恨道:

"小蹄子儿,你又嚼舌根! 看我明儿撕你的嘴!"回头对宝玉道:

"这不是你闹的? 说了四更天的话。"

一面说，一面送宝玉进屋，各人散去。

那夜宝玉无眠，到了次日，还想这事。只听得外头传进话来，说:

"众亲朋因老爷回家，都要送戏接风。老爷再四推辞，说不必唱戏，竟在家里备了水酒，倒请亲朋过来，大家谈谈。于是定了后日摆席请人，所以进来告诉。"

① 替另 —— 个别地、重另、重新的意思。

第一百五回 　锦衣军查抄荣宁府
骢马使弹劾平安州

　　话说贾政正在那里设宴请酒,忽见赖大急忙走上荣禧堂来,回贾政道:"有锦衣府堂官赵老爷,带领好几位司官,说来拜望。奴才要取职名来回,赵老爷说:'我们至好,不用的。'一面就下了车,走进来了。请老爷同爷们快接去。"

　　贾政听了,心想:

　　"和赵老爷并无来往,怎么也来? 现在有客,留他不便,不留又不好。"

　　正自思想,贾琏说:

　　"叔叔快去罢。再想一回,人都进来了。"

　　正说着,只见二门上家人又报进来,说:

　　"赵老爷已进二门了。"

　　贾政等抢步接去。只见赵堂官满脸笑容,并不说什么,一径走上厅来。后面跟着五六位司官,也有认得的,也有不认得的,但是总不答话。贾政等心里不得主意,只得跟着上来让坐。众亲友也有认得赵堂官的,见他仰着脸不大理人,只拉着贾政的手笑着说了几句寒温的话。众人看见来头不好,也有躲进里间屋里的,也有垂手侍立的。

　　贾政正要带笑叙话,只见家人慌张报道:

　　"西平王爷到了。"

　　贾政慌忙去接,已见王爷进来。赵堂官抢上去请了安,便说:

　　"王爷已到,随来的老爷们就该带领府役把守前后门。"

　　众官应了出去。

　　贾政等知事不好，连忙跪接。西平郡王用两手扶起，笑嘻嘻的说道：

　　"无事不敢轻造，有奉旨交办事件，要赦老接旨。如今满堂中筵席未散，想有亲友在此未便，且请众位府上亲友各散，独留本宅的人听候。"

　　赵堂官回说：

　　"王爷虽是恩典，但东边的事，这位王爷办事认真，想是早已封门。"

　　众人知是两府干系，恨不能脱身。只见王爷笑道：

　　"众位只管就请，叫人来给我送出去，告诉锦衣府的官员说：这都是亲友，不必盘查，快快放出。"

　　那些亲友听见，就一溜烟如飞的出去了。独有贾赦贾政一干人，吓得面如土色，满身发颤。

　　不多一会，只见进来无数番役，各门把守，本宅上下人等一步不能乱走。赵堂官便转过一付脸来，回王爷道：

　　"请爷宣旨意，就好动手。"

　　这些番役都撩衣奋臂，专等旨意。西平王慢慢的说道：

　　"小王奉旨，带领锦衣府赵全来查看贾赦家产。"

　　贾赦等听见，俱俯伏在地。王爷便站在上头说：

　　"有旨意：贾赦交通外官，依势凌弱，辜负朕恩，有忝祖德，着革去世职。钦此。"

　　赵堂官一叠声叫拿下贾赦，其余皆看守。

　　维时，贾赦、贾政、贾琏、贾珍、贾蓉、贾蔷、贾芝、贾兰俱在，惟宝玉假说有病，在贾母那边打混，贾环本来不大见人的，所以就将现在几人看住。赵堂官即叫他的家人传齐司员，带同番役，分头按房，查抄登帐。这一言不打紧，吓得贾政上下人等面面相看，喜得番役家人摩拳擦掌，就要往各处动手。

　　西平王道：

　　"闻得赦老与政老同房各爨的，理应尊旨查看贾赦的家资，其

1403

余且按房封锁,我们覆旨去,再候定夺。"

赵堂官站起来说:

"回王爷:贾赦贾政并未分家。闻得他侄儿贾琏现在承总管家,不能不尽行查抄。"

西平王听了,也不言语。赵堂官便说:

"贾琏贾政两处须得奴才带领去查抄才好。"

西平王便说:

"不必忙。先传信后宅,且叫内眷回避,再查不迟。"

一言未了,老赵家奴番役,已经拉着本宅家人领路,分头查抄去了。王爷喝命:

"不许罗唣,待本爵自行查看!"说着,便慢慢的站起来吩咐说:"跟我的人一个不许动,都给我站在这里候着,回来一齐瞧着登数。"

正说着,只见锦衣司官跪禀说:

"在内查出御用衣裙并多少禁用之物,不敢擅动,回来请示王爷。"

一会子,又有一起人来拦住西平王,回说:

> **重利欠票都是凤姐盘剥物证。**

"东跨所抄出两箱子房地契,又一箱借票,都是违例取利的。"

老赵便说:

"好个重利盘剥! 很该全抄! 请王爷就此坐下,奴才去全抄来,再候定夺罢。"

说着,只见王府长史来禀说:

"守门军传进来说:'主上特派北静王到这里宣旨,请爷接去。'"

赵堂官听了,心想:

"我好晦气,碰着这个酸王! 如今那位来了,我就好施威了!"

一面想着,也迎出来。只见北静王已到大厅,就向外站着说:

"有旨意,锦衣府赵全听宣。"说:"奉旨:着锦衣官惟提贾赦质审，余交西平王遵旨查办。钦此。"

西平王领了旨意，甚是喜欢，便与北静王坐下，着赵堂官提取贾赦回衙。

里头那些查抄的人，听得北静王到，俱一齐出来。及闻赵堂官走了，大家没趣，只得侍立听候。北静王便拣选两个诚实司官并十来个老年番役，余者一概逐出。西平王便说：

"我正和老赵生气，幸得王爷到来降旨；不然，这里很吃大亏。"

北静王说：

"我在朝内听见王爷奉旨查抄贾宅，我甚放心，谅这里不致荼毒。不料老赵这么混帐。但不知现在政老及宝玉在那里？里面不知闹到怎么样了？"

众人回禀：

"贾政等在下房看守着，里面已抄的乱腾腾了。"

北静王便吩咐司员：

"快将贾政带来问话。"

众人领命带了上来。贾政跪下，不免含泪乞恩。北静王便起身拉着，说：

"政老放心。"便将旨意说了。贾政感激涕零，望北又谢了恩，仍上来听候。王爷道：

"政老，方才老赵在这里的时候，番役呈禀有禁用之物并重利欠票，我们也难掩过。这禁用之物，原备办贵妃用的，我们声明也无碍。独有借券，想个什么法儿才好？如今政老且带司员实在将赦老家产呈出，也就完事；切不可再有隐匿，自干罪戾。"

贾政答应道：

"犯官再不敢。但犯官祖父遗产并未分过；惟各人所住的房屋有的东西便为已有。"

两王便说：

"这也无妨，惟将赦老那边所有的交出就是了。"

又吩咐司员等依命行去，不许胡混乱动。司员领命去了。

且说贾母那边女眷也摆家宴。王夫人正在那边说：

"宝玉不到外头，看你老子生气。"

凤姐带病哼哼唧唧的说：

"我看宝玉也不是怕人，他见前头陪客的人也不少了，所以在这里照应，也是有的。倘或老爷想起里头少个人在那里照应，太太便把宝兄弟献出去，可不是好？"

贾母笑道：

"凤丫头病到这个分儿，这张嘴还是那么尖巧！"

正说到高兴，只听见邢夫人那边的人一直声的嚷进来说：

"老太太、太太！不——不好了！多多少少的穿靴戴帽的强——强盗来了！翻倒箱笼的来拿东西！"

贾母等听着发呆。又见平儿披头散发，拉着巧姐，哭哭啼啼的来说：

"不好了！我正和姐儿吃饭，只见来旺被人拴着进来说：'姑娘快快传进去请太太们回避。外头王爷就进来抄家了！'我听了几乎吓死！正要进房拿要紧的东西，被一伙子人浑推浑赶出来了。这里该穿该带的快快的收拾罢！"

邢王二夫人听得，俱魂飞天外，不知怎样才好。独见凤姐先前圆睁两眼听着，后来一仰身，便栽倒地下。贾母没有听完，便吓得涕泪交流，连话也说不出来。

> 写凤姐作贼心虚，惊吓神情与众不同。

那时一屋子人，拉这个，扯那个，闹得翻天覆地。又听见一叠声嚷说：

"叫里面女眷们回避，王爷进来了！"

宝钗宝玉等正在没法，只见地下这些丫头婆子乱拉乱扯的时候，贾琏喘吁吁的跑进来说：

"好了，好了！幸亏王爷救了我们！"

众人正要问他，贾琏见凤姐死在地下，哭着乱叫；又见老太太吓坏了，也回不过气来，更是着急。还亏了平儿将凤姐叫醒，令人扶着。老太太也苏醒了，又哭的气短神昏，躺在炕上，李纨再三宽慰。然后贾琏定神，将两王恩典说明。惟恐贾母邢夫人知道贾赦被拿，又要吓死，且暂不敢明说，只得出来照料自己屋内。一进屋门，只见箱开柜破，物件抢得半空。此时急的两眼直竖，淌泪发呆，听见外头叫，只得出来。见贾政同司员登记物件，一人报说：

　　枷楠寿佛一尊。枷楠观音像一尊。佛座一件。枷楠念珠二串。金佛一堂。镀金镜光九件。玉佛三尊。玉寿星八仙一堂。枷楠金玉如意各二柄。古磁瓶炉十七件。古玩软片共十四箱。玉缸一口。小玉缸二件。玉碗二对。玻璃大屏二架。炕屏二架。玻璃盘四件。玉盘四件。玛瑙盘二件。淡金①盘四件，金碗六对。金抢碗八个。金匙四十把。银大碗银盘各六十个。三镶金牙筋四把。镀金执壶十二把。折盂三对。茶托二件。银碟银杯一百六十件。黑狐皮十八张。貂皮五十六张。黄白狐皮各四十四张。猞猁狲皮十二张。芸狐箭子二十五件。海龙二十六张。海豹三张。虎皮六张。蕨叶皮②三张。獭子皮二十八张。绛色羊皮四十张。黑羊皮六十三张。香鼠箭子二十件。豆鼠皮二十四方。天鹅绒四卷。灰鼠二百六十三张。倭缎三十二度。洋呢三十度。哔叽三十三度。呢绒四十度。绸缎一百三十卷。纱绫一百八十卷。线绉三十二卷。羽缎羽纱各二十二卷。毡氆③三十卷。妆蟒缎十八卷。各色布三十捆。皮衣一百三十二件。绵夹单纱绢衣三百四十件。带头儿九付。铜锡等物五百余件。钟表十八件。朝珠④九挂。珍珠十三挂。赤金首饰一百二十三件。珠宝俱全。上用黄缎迎手靠背三分。宫妆衣裙八套，脂玉圈带二条。黄缎十二卷。潮银⑤七千两，淡金一百五十二两。钱七千五百串。

一切动用家伙及荣国赐第一一开列。房地契纸，家人文书，亦俱封裹。

贾琏在旁窃听，不见报他的东西，心里正在疑惑，只闻二王问

道：

"所抄家资，内有借券，实系盘剥，究是谁行的？政老据实才好。"

贾政听了，跪在地下磕头，说：

"实在犯官不理家务，这些事全不知道，问犯官侄儿贾琏才知。"

贾琏连忙走上，跪下禀说：

"这一箱文书既在奴才屋内抄出来的，敢说不知道么？只求王爷开恩。奴才叔叔并不知道的。"

两王道：

"你父已经获罪，只可并案办理。你今认了，也是正理。如此，叫人将贾琏看守，余俱散收宅内。政老，你须小心候旨，我们进内覆旨去了。这里有官役看守。"

说着，上轿出门。贾政等就在二门跪送。北静王把手一伸，说：

"请放心。"觉得脸上大有不忍之色。

此时贾政魂魄方定，犹是发怔。贾兰便说：

"请爷爷到里头先瞧瞧老太太去呢。"

贾政听了，疾忙起身进内。只见各门上妇女乱糟糟的，都不知要怎样。贾政无心查问，一直到了贾母房中，只见人人泪痕满面，王夫人宝玉等围着贾母，寂静无言，各各掉泪，惟有邢夫人哭作一团。因见贾政进来，都说：

"好了，好了！"

便告诉老太太说：

"老爷仍旧好好的进来了，请老太太安心罢。"

贾母奄奄一息的，微开双目，说：

"我的儿，不想还见的着你！"

一声未了，便嚎啕的哭起来。于是满屋里的人俱哭个不住。

贾政恐哭坏老母，即收泪说：

"老太太放心罢。本来事情原不小,蒙主上天恩,两位王爷的恩典,万般轸恤。就是大老爷暂时拘质,等问明白了,主上还有恩典。如今家里一些也不动了。"

贾母见贾赦不在,又伤心起来,贾政再三安慰方止。

众人俱不敢走散。独邢夫人回至自己那边,见门全封锁了,丫头老婆也锁在几间屋里,无处可走,便放声大哭起来。只得往凤姐那边去,见二门旁边也上了封条,惟有屋门开着,里头呜咽不绝。邢夫人进去,见凤姐面如纸灰,合眼躺着,平儿在旁暗哭。邢夫人打量凤姐死了,又哭起来。平儿迎上来说:

"太太先别哭。奶奶才抬回来,像是死了的。歇息了一会子,苏过来,哭了几声,这会子略安了安神儿。太太也请定定神儿罢。但不知老太太怎么样了。"

邢夫人也不答言,仍走到贾母那边。见眼前俱是贾政的人,自己夫子被拘,媳妇病危,女儿受苦,现在身无所归,那里止得住悲痛?众人劝慰。李纨等令人收拾房屋,请邢夫人暂住。王夫人拨人服侍。

贾政在外,心惊肉跳,拈须搓手的等候旨意。听见外面看守军人乱嚷道:

"你到底是那一边的?既碰在我们这里,就记在这里册上,拴着他交给里头锦衣府的爷们。"

贾政出外看时,见是焦大,便说:

"怎么跑到这里来?"

焦大见问,便号天跺地的哭道:

"我天天劝这些不长进的爷们,倒拿我当作冤家!爷还不知道焦大跟着太爷受的苦吗?今儿弄到这个田地:珍大爷蓉哥儿都叫什么王爷拿了去了;里头女主儿们都被什么府里衙役抢的披头散发,圈在一处空房里;那些不成材料的狗男女都像猪狗似的拦起来了;所有的都抄出来搁着,木器钉的破烂,磁器打

> 宁国府被抄不重复描写,而用焦大哭诉,是经济手法。第七回焦大撒野,大骂贾珍父子是伏笔,此处是印证,前后照应,天衣无缝。

的粉碎。他们还要把我拴起来！我活了八九十岁，只有跟着太爷捆人的，那里有倒叫人捆起来的？我说我是西府里的，就跑出来。那些人不依，押到这里，不想这里也是这么着。我如今也不要命了，和那些人拚了罢！"

说着，撞头。众衙役见他年老，又是两王吩咐，不敢发狠，便说：

"你老人家安静些儿罢。这是奉旨的事，你先歇歇听信儿。"

贾政听着，虽不理他，但是心里刀搅一般，便道：

"完了，完了！不料我们一败涂地如此！"

正在着急听候内信，只见薛蝌气嘘嘘的跑进来说：

"好容易进来了！姨父在那里呢？"

贾政道：

"来的好！外头怎么放进来的？"

薛蝌道：

"我再三央及，又许他们钱，所以我才能够出入的。"

贾政便将抄去之事告诉了他，就烦他打听打听，说：

"别的亲友，在火头儿上也不便送信，是你就好通信了。"

薛蝌道：

此处写凤姐作恶事发，抄家之罪，凤姐最重，此作者春秋之笔也。

"这里的事，我倒想不到；那边东府的事，我已听见说了。"

贾政道：

"究竟犯什么事？"

薛蝌道：

"今儿为我哥哥打听决罪的事，在衙门里听见有两位御史，风闻是珍大哥引诱世家子弟赌博，这一款还轻；还有一大款强占良民之妻为妾，因其不从，凌逼致死。那御史恐怕不准，还将咱们家的鲍二拿去，又还拉出一个姓张的来。只怕连都察院都有不是。为的是姓张的起先告过。"

贾政尚未听完，便跺脚道：

"了不得! 罢了! 罢了!"

叹了一口气,扑簌簌的掉下泪来。

薛蝌宽慰了几句,即便又出去打听,隔了半日,仍旧进来,说:

"事情不好。我在刑科里打听,倒没听见两王覆旨的信,只听说:李御史今早参奏平安州奉承京官,迎合上司,处害百姓,好几大款。"

贾政慌道:

"那管他人的事! 到底打听我们的怎么样?"

薛蝌道:

"说是平安州就有我们,那参的京官就是大老爷,说的是包揽词讼,所以火上浇油。就是同朝这些官府,俱藏躲不迭,谁肯送信? 即如才散的这些亲友们,有各自回家去了的,也有远远儿的歇下打听的。可根那些贵本家都在路上说:'祖宗挣下的功业,弄出事来了,不知道飞到那个头上去呢,大家也好施为施为。'"

贾政没有听完,复又顿足道:

"都是我们大老爷忒糊涂! 东府也忒不成事体! 如今老太太和琏儿媳妇是死是活,还不知道呢! 你再打听去,我到老太太那边瞧瞧。若有信,能够早一步才好!"

正说着,听见里头乱嚷出来说:

"老太太不好了!"

急的贾政即忙进去。

> 岂止贾赦糊涂、革职败家,贾政责任重大,如不糊涂,何至如此。误尽苍生者,多为此类迂夫子,此种事体,不可徒以小说视之。此回抄家与十七回"大观园试才题对额"是盛衰的对照,与作者的哲学思想有关。

①　淡金 —— 颜色淡,成色较次的金子。

②　蒜叶皮 —— 一种粗的草狐皮,也叫芝麻花子。

③　氆氇 —— 西藏人织的一种类似毛呢的衣料。也可用来做铺垫等物。

④ 朝珠 ——就是项上挂的一串佛珠,共一百零八颗,是清代官服中一种特殊的饰物,须有一定的品级和资格才能挂的。

⑤ 潮银 ——是一种成色较次的,或是二次过炉,重新熔过的银子。

第一百六回

王熙凤致祸抱羞惭
贾太君祷天消祸患

话说贾政闻知贾母危急，即忙进去看视，见贾母惊吓气逆，王夫人、鸳鸯等唤醒回来，即用疏气安神的丸药服了，渐渐的好些，只是伤心落泪。贾政在旁劝慰，总说是：

"儿子们不肖，招了祸来，累老太太受惊。若老太太宽慰些，儿子们尚可在外料理；若是老太太有什么不自在，儿子们的罪孽更重了！"

贾母道：

"我活了八十多岁，自作女孩儿起到你父亲手里，都托着祖宗的福，从没有听见过这些事；如今到老了，见你们倘或受罪，叫我心里过的去吗？倒不如合上眼随你们去罢了！"

说着，又哭。

贾政此时着急异常，又听外面说：

"请老爷，内廷有信。"

贾政急忙出来，见是北静王府长史，一见面便说：

"大喜！"贾政谢了，请长史坐下，请问：

"王爷有何谕旨？"

那长史道：

"我们王爷同西平郡王进内覆奏，将大人惧怕之心，感激天恩之语都代奏过了。主上甚是悯恤，并念及贵妃薨逝未久，不忍加罪，着加恩仍在工部员外上行走。所封家产，惟将贾赦的入官，余俱给还，并传旨令尽心供职。惟抄出借券，令我们王爷查核。如有违禁重利的，一概照例入官；其在定例生息的，同房地文书，尽行给

1413

还。贾琏着革去职衔,免罪释放。"

贾政听毕,即起身叩谢天恩,又拜谢王爷恩典:

"先请长史大人代为禀谢,明晨到阙谢恩。并到府里磕头。"

那长史去了。

少停,传出旨来:承办官遵旨——查清,入官者入官,给还者给还,将贾琏放出,所有贾赦名下男妇人等造册入官。可怜贾琏屋内东西,除将按例放出的文书发给外,其余虽未尽入官的,早被查抄的人尽行抢去,所存者只有家伙物件。

贾琏始则惧罪,后蒙释放,已是大幸,及想起历年积聚的东西并凤姐的体己,不下五七万金,一朝而尽,怎得不痛?且他父亲现禁在锦衣府,凤姐病在垂危,一时悲痛。又见贾政含泪叫他,问道:

"我因官事在身,不大理家,故叫你们夫妇总理家事。你父亲所为,固难谏;那重利盘剥,究竟是谁干的?况且非咱们这样人家所为。如今入了官,在银钱呢,是不打紧的,这声名出去还了得吗!"

贾琏跪下说道:

"侄儿办家事,并不敢存一点私心,所有出入的帐目,自有赖大、吴新登、戴良等登记,老爷只管叫他们来查问。现在这几年,库内的银子出多入少,虽没贴补在内,已在各处做了好些空头,求老爷问太太就知道了。这些放出去的帐,连侄儿也不知道那里的银子,要问周瑞、旺儿才知道。"

贾政道:

"据你说来,连你自己屋里的事还不知道,那些家中上下的事更不知道了!我这会子也不查问你。现今你是无事的人,你父亲的事和你珍大哥的事,还不快去打听打听吗?"贾琏一心委屈,含着眼泪,答应了出去。

贾政连连叹气想道:

"我祖父勤劳王事,立下功勋,得了两个世职;如今两房犯事,都革去了。我瞧这些子侄没一个长进的!老天哪,老天哪!我贾家何至一败如此！我虽蒙圣恩格外垂慈，给还家产，那两处食用，自应归并一处，叫我一人那里支撑的住？方才琏儿所说，更加诧异，说：不但库上无银，而且尚有亏空。这几年竟是虚名在外，只恨我自己为什么糊涂若此！倘若我珠儿在世，尚有膀臂；宝玉虽大，更是无用之物。"想到那里，不觉泪满衣襟。又想："老太太若大年纪，儿子们并没奉养一日，反累他老人家吓得死去活来，种种罪孽，叫我委之何人？"

正在独自悲切，只见家人禀报：

"各亲友进来看候。"

贾政一一道谢，说起"家门不幸，是我不能管教子侄，所以至此"。

有的说：

"我久知令兄赦大老爷行事不妥，那边珍爷更加骄纵。若说因官事错误，得个不是，于心无愧。如今自己闹出的，倒带累了二老爷。"有的说：

"人家闹的也多，也没见御史参奏。不是珍老大得罪朋友，何至如此！"

有的说：

"也不怪御史，我们听见说是府上的家人同几个泥腿① 在外头哄嚷出来的。御史恐能参奏不实，所以诓了这里的人去，才说出来的。我想府上待下人最宽的，为什么还有这事？"

有的说：

"大凡奴才们是一个养活不得的。今儿在这里都是好亲友，我才敢说：就是尊驾在外任，我保不得你是不爱钱的。那外头的风声也不好，都是奴才们闹的，你该提防些。如今虽说没有动你的家，倘或再遇着主上疑心起来，好些不便呢。"

贾政听说，心下着忙道：

"众位听见我的风声怎样？"

众人道：

"我们虽没听见实据，只听得外头人说你在粮道任上，怎么叫门上家人要钱。"

贾政听了，便说道：

"我这是对天可表的，从不敢起这个念头。只是奴才们在外头招摇撞骗，闹出事来，我就耽不起。"

众人道：

"如今怕也无益，只好将现在的管家们都严严的查一查，若有抗主的奴才，查出来严严的办一办也罢了。"

贾政听了点头，便见门上的进来回说：

"孙姑爷打发人来说，自己有事不能来，着人来瞧瞧。说大老爷该他一项银子，要在二老爷身上还的。"

贾政心内忧闷，只说：

"知道了。"

众人都冷笑道：

"人说令亲孙绍祖混帐，果然有的。如今丈人抄了家，不但不来瞧看帮补，倒赶忙的来要银子，真真不在理上。"

贾政道：

"如今且不必说他，那头亲事原是家兄配错了的。我的侄女儿的罪已经受够了，如今又找上我来了。"

正说着，只见薛蝌进来说道：

"我打听锦衣府赵堂官必要照御史参的办，只怕大老爷和珍大爷吃不住。"

众人都道：

"二老爷，还是得你出去求求王爷，怎么挽回挽回才好；不然，这两家子就完了。"

贾政答应致谢，众人都散。

那时天已点灯时候，贾政进去请贾母的安，见贾母略略好些。回到自己房中，埋怨贾琏夫妇。不知好歹，如今闹出放帐的事情，大家不好，心里很不受用。只是凤姐现在病重，况她所有的什物尽被抄抢，心内自然难受，一时也未便说她。暂且隐忍不言。一夜无话。次早，贾政进内谢恩，并到北静王府西平王府两处叩谢，求二位王爷照应他哥哥侄儿。二王应许。贾政又在同寅相好处托情。

　　且说贾琏打听得父兄之事不大妥，无法可施，只得回到家中。平儿守着凤姐哭泣，秋桐在耳房里抱怨凤姐。贾琏走到旁边，凤姐奄奄一息，就有多少怨言，一时也说不出来。平儿哭道：

> 作者让凤姐落得如此下场，且要她不打自招，符合她大奸大能，精明要强的性格，是强者的本色。

　　"如今已经这样，东西去了，不能复来。奶奶这样，还得再请个大夫瞧瞧才好啊！"

　　贾琏啐道：

　　"呸！我的性命还不保，我还管她呢！"

　　凤姐听见，睁眼一瞧，虽不言语，那眼泪直流。看见贾琏出去了，便和平儿道：

　　"你别不达时务了。到了这个田地，你还顾我做什么？我巴不得今儿就死才好！只要你能够眼里有我，我死后，你扶养大了巧姐儿，我在阴司里也感激你的情！"

　　平儿听了，越发抽抽搭搭的哭起来了。凤姐道：

　　"你也不糊涂。他们虽没有来说，必是抱怨我的。虽说事是外头闹起，我不放帐，也没我的事。如今枉费心计，挣了一辈子的强，偏偏儿的落在人后头了！我还恍惚听见珍大爷的事，说是强占良民妻子为妾，不从逼死，有个姓张的在里头，你想想还有谁呢？要是这件事审出来，咱们二爷是脱不了的，我那时候儿可怎么见人呢？我要立刻就死又耽不起吞金服毒的。你还要请大夫，这不是你疼我，反倒害了我了么？"

　　平儿愈听愈惨，想来实在难处，恐凤姐自寻短见，只得紧紧守着。

　　幸贾母不知底细，因近日身子好些，又见贾政无事，宝玉宝钗在旁，不离左右，略觉放心。素来最疼凤姐，便叫鸳鸯：

"将我的体己东西拿些给凤丫头，再拿些银钱交给平儿，好好的伏侍好了凤丫头，我再慢慢的分派。"

又命王夫人照看了邢夫人。

此时宁国府第入官，所有财产房地等项并家奴等俱已造册收尽。这里贾母命人将车接了尤氏婆媳过来。可怜赫赫宁府，只剩得他们婆媳两个并佩凤偕鸾二人，连一个下人没有。贾母指出房子一所居住，就在惜春所住的间壁。又派了婆子四人，丫头两个伏侍。一应饭食起居在大厨房内分送。衣裙什物又是贾母送去。零星需用亦在帐房内开销，俱照荣府每人月例之数。

那贾赦、贾珍、贾蓉在锦衣府使用，帐房内实在无项可支。如今凤姐儿一无所有；贾琏外头债务满身；贾政不知家务，只说已经托人，自有照应：贾琏无计可施，想到那亲戚里头，薛姨妈家已败，王子腾已死，余者亲戚虽有，俱是不能照应的，只得暗暗差人下屯，将地亩暂卖数千金，作为监中使费。贾琏如此一行，那些家奴见主家势败，也便趁此弄鬼，并将东庄租税也就指名借用些。此是后话，暂且不提。

且说贾母见祖宗世职革去，现在子孙在监质审，邢夫人尤氏等日夜啼哭，凤姐病在垂危，虽有宝玉宝钗在侧，只可解劝，不能分忧：所以日夜不宁，思前想后，眼泪不干。一日傍晚，叫宝玉回去，自己挣扎坐起，叫鸳鸯等各处佛堂上香；又命自己院内焚起斗香，用拐拄着，出到院中。琥珀知是老太太拜佛，铺下大红短毡拜垫。贾母上香跪下，磕了好些头，念了一回佛，含泪祝告天地，道：

"皇天菩萨在上，我贾门史氏，虔诚祷告，求菩萨慈悲。我贾门数世以来，不敢行凶霸道。我帮夫助子，虽不能为善，也不敢作恶。必是后辈儿孙骄奢淫佚，暴殄天物，以致阖府抄检。现在儿孙监禁，自然凶多吉少，皆由我一人罪孽，不教儿孙，所以至此。我今叩求皇天保佑，在监的逢凶化吉，有病的早早安身。纵有阖家罪孽，情愿一人承当，求饶恕儿孙。若皇天怜念我虔诚，早早赐我一死，宽免儿孙之罪！"

　　默默说到此处，不禁伤心，呜呜咽咽的哭泣起来。

　　鸳鸯珍珠一面解劝，一面扶进房去，只见王夫人带了宝玉宝钗过来请晚安。见贾母悲伤，三人也大哭起来。宝钗更有一层苦楚：想哥哥也在外监，将来要处决，不知可能减等；公婆虽然无事，眼见家业萧条，宝玉依然疯傻，毫无志气。想到后来终身，更比贾母王夫人哭的悲痛。宝玉见宝钗如此，他也有一番悲戚。想着老太太年老不得安心，老爷太太见此光景，不免悲伤。众姐妹风流云散，一日少似一日。追思园中吟诗起社，何等热闹！自林妹妹一死，我郁闷到今，又有宝姐姐伴着，不便时常哭泣。况她又忧兄思母，日夜难得笑容。今日看她悲哀欲绝，心里更加不忍，竟嚎啕大哭起来。鸳鸯、彩云、莺儿、袭人看着，也各有所思，便都抽抽搭搭的。余者丫头们看的伤心，不觉也都哭了。竟无人劝。满屋中哭声惊天动地，将外头上夜婆子吓慌，急报与贾政知道。

　　那贾政正在书房纳闷，听见贾母的人来报，心中着忙，飞奔进内。远远听得哭声甚众，打量老太太不好，急的魂魄俱丧。疾忙进来，只见坐着悲啼，才放下心来，便道：

　　"老太太伤心，你们该劝解才是啊，怎么打伙儿哭起来了？"

　　众人这才急忙止哭，大家对面发怔。贾政上前安慰了老太太，又说了众人几句。都心里想道：

　　"我们原怕老太太悲伤，所以来劝解，怎么忘情，大家痛哭起来？"

　　正自不解，只见老婆子带了史侯家的两个女人进来，请了贾母的安，又向众人请安毕，便说道：

　　"我们家的老爷、太太、姑娘打发我来说：听见府里的事，原没什么大事，不过一时受惊。恐怕老爷太太烦恼，叫我们过来告诉一声，说：这里二老爷是不怕的。我们姑娘本要自己来的，因不多几日就要出阁，所以不能来了。"

　　贾母听了，不便道谢，说：

　　"你回去给我问好。这是我们的家运合该如此。承你们老爷太太惦记着,改日再去道谢。你们姑娘出阁,想来姑爷是不用说的了,他们的家计如何呢?"

两个女人回道:

"家计倒不怎么着,只是姑爷长的很好,为人又和平。我们见过好几次,看来和这里的宝二爷差不多儿,还听见说,文才也好。"

贾母听了,喜欢道:

"这么着才好,这是你们姑娘的造化。只是咱们家的矩规还是南方礼儿,所以新姑爷我们都没见过。我前儿还想起我娘家的人来,最疼的就是你们姑娘,一年三百六十天,在我跟前的日子倒有二百多天。混的这么大了,我原想给她说个好女婿,又为她叔叔不在家,我又不便作主。她既有造化配了个好姑爷,我也放心。月里头出阁,我原想过来吃杯喜酒,不料我们家闹出这样事来,我的心就像在热锅里熬的似的,那里能够再到你们家去!你回去说我问好,我们这里的人,都请安问好。你替另告诉你们姑娘,不用把我放在心上。我是八十多岁的人了,就死也算不得没福了。只愿她过了门,两口儿和和顺顺的百年到老,我就心安了。"

说着,不觉掉下泪来。那女人道:

"老太太也不必伤心。姑娘过了门,等回了九,少不得同着姑爷过来请老太太的安,那时老太太见了才喜欢呢。"

贾母点头。

那女人出去,别人都不理论,只有宝玉听着发了一回怔,心里想道:

"为什么人家养了女孩儿到大了必要出嫁呢?一出了嫁就改换了一个人似的。史妹妹这么个人,又叫她叔叔硬压着配了人。她将来见了我,必是也不理我了。我想一个人到了这个没人理的分儿,还活着做什么!"

想到这里,又是伤心,见贾母此时才安,又不敢哭泣,只得闷坐着。

一时,贾政不放心,又进来瞧瞧老太太。见是好些,便出来传了赖大,叫他将阖府里管事的家人的"花名册子"拿来,一齐点了一点。除去贾赦入官的人,尚有三十余家,共男女二百十二名。贾政叫现在府内当差的男人共四十一名进来,问起历年居家用度,共有若干进来,该用若干出去。那管总的家人将近年支用簿子呈上。贾政看时,所入不敷所出,又加连年宫里花用。帐上多有在外浮借的。再查东省地租,近年所交不及祖上一半,如今用度比祖上加了十倍。贾政不看则已,看了急的跺脚道:

"这还了得! 我打量琏儿管事,在家自有把持,岂知好几年头里,已经'寅年用了卯年'的,还是这样装好看! 竟把世职俸禄当作不打紧的事,有什么不败的呢! 我如今要省俭起来,已是迟了。"

> 贾政无能,作者处处都有交代。

想到这里,背着手踱来踱去,竟无方法。

众人知贾政不知理家,也是白操心着急,便说道:

"老爷也不用心焦,这是家家这样的。若是统统总算起来,连王爷家还不够过的呢! 不过是装着门面,过到那里是那里罢咧。如今老爷到底得了主上的恩典,才有这点子家产,若是一并入了官,老爷就不过了不成?"

贾政嗔道:

"放屁! 你们这班奴才最没良心的! 仗着主子好的时候任意开销,到弄光了,走的走,跑的跑,还顾主子的死活吗? 如今你们说是没有查抄,你们知道吗? 外头的名声,连大本儿都保不住了,还搁的住你们在外头支架子,说大话,诓人骗人? 到闹出事来,往主子身上一推就完了! 如今大老爷和你珍大爷的事,说是咱们家人鲍二吵嚷的,我看这册子上并没有什么鲍二,这是怎么说?"

众人回道:"这鲍二是不在档子上的。先前在宁府册上。为二爷见他老实,把他们两口子叫过来了。后来他女人死了,他又回宁府去。自从老爷衙门里头有事,老太太、太太们和爷们往陵上去了,珍大爷替理家事,带过来的,以后也就去了。老爷几年不管家务事,那里知道这些事呢? 老爷只打量着册子上有这个名字就只有这一个人呢! 不知道一个人手底下亲戚们也有好几个,奴才还有奴才呢!"

贾政道:

"这还了得!"

想来一时不能清理,只得喝退众人,早打了主意在心里,且听贾赦等的官事审的怎样再定。一日,正在书房筹算,只见一人飞奔进来,说:

"请老爷快进内廷问话。"

贾政听了,心下着忙,只得进去。

① 泥腿 —— 指光棍、无赖、二流子一类的人。

第一百七回
散余资贾母明大义
复世职政老沐天恩

　　话说贾政进内,见了枢密院各位大臣,又见了各位王爷。北静王道:

　　"今日我们传你来,有遵旨问你的事。"

　　贾政即忙跪下。众大臣便问道:

　　"你哥哥交通外官,恃强凌弱,纵儿聚赌,强占良民妻女不遂逼死的事,你都知道么?"

　　贾政回道:

　　"犯官自从主恩钦点学政任满后,查看赈恤,于上年冬底回家,又蒙堂派工程,后又任江西粮道,题参回都,仍在工部行走,日夜不敢怠惰。一应家务,并未留心伺察,实在糊涂,不能管教子侄,这就是辜负圣恩,只求主上重重治罪。"

　　北静王据说转奏。

　　不多时,传出旨来,北静王便述道:

　　"主上因御史参奏贾赦交通外官,恃强凌弱。据该御史指出平安州互相往来,贾赦包揽词讼。严鞫贾赦,据供平安州原系姻亲来往,并未干涉官事,该御史亦不能指实。惟有倚势强索石呆子古扇一款是实的,然系玩物,究非强索良民之物可比。虽石呆子自尽,亦系疯傻所致,与逼勒致死者有间。今从宽将贾赦发往台站①效力赎罪。所参贾珍强占良民妻女为妾不从逼死一款,提取都察院原案:看得尤二姐实系张华指腹为婚未娶之妻,因伊贫苦自愿退婚,尤二姐之母愿给贾珍之弟为妾,并非强占。再尤三姐自刎掩埋,并未报官一款:查尤三姐原系贾珍妻妹,本意为伊择配,因被逼

1423

索定礼,众人扬言秽乱,以致羞忿自尽,并非贾珍逼勒致死。但身系世袭职员,罔知法纪,私埋人命,本应重治,念伊究属功臣后裔,不忍加罪,亦从宽革去世职,派往海疆效力赎罪。贾蓉年幼无干,省释。贾政实系在外任多年,居官尚属勤慎,免治伊治家不正之罪。"

贾政听了,感激涕零,叩首不及;又叩求王爷代奏下忱。北静王道:

"你该叩谢天恩。更有何奏?"

贾政道:

"犯官仰蒙圣恩,不加大罪,又蒙将家产给还,实在扪心惶愧,愿将祖宗遗受重禄,积余置产,一并交官。"

北静王道:

"主上仁慈待下,明慎用刑,赏罚无差。如今既蒙莫大深恩,给还财产,你又何必多此一奏?"

众官也说不必。

贾政便谢了恩,叩谢了王爷出来,恐贾母不放心,急忙赶回。上下男女等不知传进贾政是何吉凶,都在外头打听,一见贾政回家,都略略的放心,也不敢问。只见贾政忙忙的走到贾母跟前,将蒙圣恩宽免的事细细告诉了一遍。贾母虽则放心,只是两个世职革去,贾赦又往台站效力,贾珍又往海疆,不免又悲伤起来。邢夫人尤氏听见这话,更哭起来。贾政便道:

"老太太放心。大哥虽则台站效力,也是为国家办事,不致受苦,只要办得妥当,就可复职。珍儿正是年轻,很该出力。若不是这样,便是祖父的余德亦不能久享。"

此外又说了些宽慰的话。

贾母素来本不大喜欢贾赦,那边东府贾珍究竟隔了一层;只有邢夫人尤氏痛哭不止。邢夫人想着:

"家产一空,丈夫年老远出,膝下虽有琏儿,又是素来顺他二叔的,如今都靠着二叔,他两口自然更顺着那边去了。独我一人孤苦伶仃，怎么好？"

那尤氏本来独掌宁府的家计，除了贾珍，也算是惟她为尊，又与贾珍夫妻相和，如今犯事远出，家财抄尽，依住荣府，虽则老太太疼爱，终是依人门下。又兼带着佩凤偕鸾，那蓉儿夫妇也还不能兴家立业。又想起：

"二妹妹三妹妹都是琏二爷闹的，如今他们倒安然无事，依旧夫妻完聚，只剩我们几个，怎么度日？"

想到这里，痛哭起来。

贾母不忍，便问贾政道：

"你大哥和珍儿现已定案，可能回家？蓉儿既没他的事，也该放出来了。"

贾政道：

"若在定例呢，大哥是不能回家的。我已托人徇个私情，叫我大哥同着侄儿回家，好置办行装，衙门内业已应了。想来蓉儿同着他爷爷父亲一起出来。只请老太太放心，儿子办去。"

贾母又道：

"我这几年老的不成人了，总没有问过家事。如今东府里是抄了去了，房子入官不用说，你大哥那边，琏儿那里，也都抄了。咱们西府里的银库和东省地土，你知道还剩了多少？他两个起身，也得给他们几千银子才好。"

贾政正是没法，听见贾母一问，心想着：

"若是说明，又恐老太太着急；若不说明，不用说将来，只现在怎样办法呢？"想毕，便回道：

"若老太太不问，儿子也不敢说。如今老太太既问到这里，现在琏儿也在这里。昨日儿子已查了：旧库的银子早虚空，不但用尽，外头还有亏空。现今大哥这件事，若不花银托人，虽说主上宽恩，只怕他们爷儿两个也不大好，就是这项银子尚无打算。东省的地亩，早已寅年吃了卯年的租儿了，一时也弄不过来，只好尽所有蒙圣恩没有动的衣服首饰折变了，给大哥和珍儿作盘费罢了。过日的事只可再打算。"

贾母听了，又急得眼泪直淌，说道：

"怎么着？咱们家到了这个田地了么？我虽没有经过，我想起我家向日比这里还强十倍，也是摆了几年虚架子，没有出这样事，已经塌下来了，不消一二年就完！据你说起来，咱们竟一两年就不能支了？"

贾政道：

"若是这两个世俸不动，外头还有些挪移；如今无可指称，谁肯接济？"说着，也泪流满面。"想起亲戚来，用过我们的，如今都穷了；没有用过我们的，又不肯照应。昨日儿子也没有细查，只看了家下的人丁册子，别说上头的钱一无所出，那底下的人也养不起许多。"

贾母正在忧虑，只见贾赦、贾珍、贾蓉一齐进来给贾母请安。贾母看这般光景，一只手拉着贾赦，一只手拉着贾珍，便大哭起来。他两人脸上羞惭，又见贾母哭泣，都跪在地下哭着说道：

"儿孙不长进，将祖上功勋丢了，又累老太太伤心，儿孙们是死无葬身之地的了！"

满屋中人看这光景，又一齐大哭起来。贾政只得劝解：

"倒先要打算两个的使用。大约在家只可住得一两日，迟则人家就不依了。"

老太太含悲忍泪的说道：

"你两个且各自同你们媳妇们说说话儿去罢。"又吩咐贾政道：

"这件事是不能久待的！想来外面挪移，恐不中用。那时误了钦限，怎么好？只好我替你们打算罢了。就是家中如此乱糟糟的，也不是常法儿！"

一面说着，便叫鸳鸯吩咐去了。

这里贾赦等出来，又与贾政哭泣了一会，都不免将从前任性，过后恼悔，如今分离的话说了一会，各自夫妻们那边悲伤去了。贾赦年老，倒还摆的下；独有贾珍与尤氏怎忍分离？贾琏贾蓉两个也只有拉着父亲啼哭。虽说是比军流减等，究竟生离死别。这也是事到如此，只得大家硬着心肠过去。

　　却说贾母叫邢王二夫人同着鸳鸯等开箱倒笼，将做媳妇到如今积攒的东西都拿出来，又叫贾赦、贾政、贾珍等一一的分派。给贾赦三千两，说：

　　"这里现有的银子你拿二千两去做你的盘费使用，留一千给大太太另用。这三千给珍儿。你只许拿一千去，留下二千给你媳妇收着。仍旧各自过日子。房子还是一处住，饭食各自吃罢。四丫头将来的亲事，还是我的事。只可怜凤丫头操了一辈子心，如今弄的精光，也给她三千两，叫她自己收着，不许叫琏儿用。如今她还病的神昏气短，叫平儿来拿去。这是你祖父留下来的衣裳，还有我少年穿的衣服首饰，如今我也用不着了。男的呢，叫大老爷、珍儿、琏儿、蓉儿拿去分了。女的呢，叫大太太、珍儿媳妇、凤丫头拿了分去。这五百两银子交给琏儿，明年将林丫头的棺材送回南去。"分派定了，又叫贾政道："你说外头还该着帐呢，这是少不得的，你叫拿这金子变卖偿还。这是他们闹掉了我的。你也是我的儿子，我并不偏向。宝玉已经成了家，我剩下的这些金银东西。大约还值几千银子，这是都给宝玉的了。珠儿媳妇向来孝顺我，兰儿也好，我也分给他们些。——这就是我的事情完了。"

　　贾政等见母亲如此明断分晰，俱跪下哭着说：

　　"老太太这么大年纪，儿孙们没点孝顺，承受老祖宗这样恩典，叫儿孙们更无地自容了！"

　　贾母道：

　　"别瞎说了！要不闹出这个乱儿来，我还收着呢。只是现在家人太多，只有二老爷当差，留几个人就够了。你就吩咐管事的，将人叫齐了，分派妥当。各家有人就罢了。譬如那时都抄了，怎么样呢？我们里头的，也要叫人分派。该配人的配人，赏去的赏去。如

贾母散余资，仍以不失精明，但她一生有两大失着：一为不顾宝玉黛玉爱情，强自撮合宝玉、宝钗婚姻，二为宠信凤姐使贾府一败涂地。作者创造此一人物有'龙头'作用，性格刻画亦十分成功。

今虽说这房子不入官,你到底把这园子交了才是呢。那些地亩还交琏儿清理,该卖的卖,留的留,再不可支架子,做空头。我索性说了罢:江南甄家还有几两银子,大太太那里收着,该叫人就送去罢。倘或再有点事儿出来,可不是他们'躲过了风暴又遭了雨'了么?"

贾政本是不知当家立计的人,一听贾母的话,一一领命,心想:

"老太太实在真真是理家的人! 都是我们这些不长进的闹坏了!"

贾政见贾母劳乏,求着老太太歇歇养神。贾母又道:

"我所剩的东西也有限,等我死了,做结果我的使用。剩下的都给伏侍我的丫头。"

贾政等听到这里,更加伤感,大家跪下:

"请老太太宽怀。只愿儿子们托老太太的福,过了些时,都邀了恩眷,那时兢兢业业的治起家来,以赎前愆,奉养老太太到一百岁。"

贾母道:

"但愿这样才好,我死了也好见祖宗。你们别打量我是享得富贵受不得贫穷的人哪! 不过这几年看着你们轰轰烈烈,我乐得都不管,说说笑笑,养身子罢了。那知道家运一败直到这样! 若说外头好看,里头空虚,是我早知道的了,只是'居移气,养移体',一时下不了台就是了。如今借此正好收敛,守住这个门头儿,不然,叫人笑话,你还不知,只打量我知道穷了,就着急的要死,我心里是想着祖宗莫大的功勋,无一日不指望你们比祖宗还强,能够守住也罢了。谁知他们爷儿两个做些什么勾当!"

贾母正自长篇大论的说,只见丰儿慌慌张张的跑来回王夫人道:

"今早我们奶奶听见外头的事,哭了一场,如今气都接不上了,平儿叫我来回太太。"

丰儿没有说完,贾母听见,便问:

“到底怎么样?”

王夫人便代回道:

“如今说是不大好。”

贾母起身道:

“嗳! 这些冤家,竟要磨死我了!”

说着,叫人扶着,要亲自看去。贾政急忙拦住,劝道:

“老太太伤了好一会子心,又分派了好些事,这会子该歇歇儿了。就是孙子媳妇有什么事,叫媳妇瞧去就是了,何必老太太亲身过去呢? 倘或再伤感起来,老太太身上要有一点儿不好,叫做儿子的怎么处呢?”

贾母道:

“你们各自出,等一会子再进来,我还有话说。”

贾政不敢多言,只得出来料理兄侄起身的事,又叫贾琏挑人跟去。

这里贾母才叫鸳鸯等派人拿了给凤姐的东西,跟着过来。凤姐正在气厥。平儿哭的眼肿腮红,听见贾母带着王夫人等过来,疾忙出来迎接。贾母便问:

“这会子怎么样了?”

平儿恐惊了贾母,便说:

“这会子好些儿。”

说着,跟了贾母等进来。赶忙先走过去,轻轻的揭开帐子。凤姐开眼瞧着,只见贾母进来,满心惭愧。先前原打量贾母等恼她。不疼她了,是死活由她的,不料贾母亲自来瞧,心里一宽,觉那拥塞的气略松动些,便要扎挣坐起。贾母叫平儿按着不用动。

“你好些么?”

凤姐含泪道:

“我好些了。只是从小儿过来,老太太、太太怎么样疼我! 那知我福气薄,叫神鬼支使的失魂落魄,不能够在老太太、太太跟前尽点儿孝心,讨个好儿。还这样把我当人,叫我帮着料理家务,被我闹的七颠八倒，我还有什么脸见老太太、太太呢？今日老太太、太太亲自过来，我更担不起了！ 恐怕该活三天的又折了两天去了！"

说着，悲咽。贾母道：

"那些事原是外头闹起来的，与你什么相干？就是你的东西被人拿去，这也算不了什么呀！ 我带了好些东西给你，你瞧瞧。"

说着，叫人拿上来给他瞧。

凤姐本是贪得无厌的人，如今被抄净尽，自然愁苦，又恐人埋怨，正是几不欲生的时候。今见贾母仍旧疼她。王夫人也不嗔怪，过来安慰她，又想贾琏无事，心下安放好些。便在枕上与贾母磕头，说道：

> 凤姐有自知之明，但贾母仍不知抄家因凤姐而起，尤三姐突死，贾母仍在鼓中，凤姐能玩弄贾母于股掌之上，足见精明过人。此祖孙两代人物亦是一对比。

"请老太太放心。若是我的病托着老太太的福好了，我情愿自己当个粗使的丫头，尽心竭力的伏侍老太太、太太罢！"

贾母听她说的伤心，不免掉下泪来。宝玉是从来没有经过这大风浪的，心下只知安乐，不知忧患的人，如今碰来碰去都是哭泣的事，所以他竟比傻子尤甚，见人哭他就哭。

凤姐看见众人忧闷，反倒勉强说几句宽慰贾母的话，求着：

"请老太太、太太回去，我略好些，过来磕头。"

说着，将头仰起。贾母叫平儿：

"好生服侍，短什么，到我那里要去。"

说着，带了王夫人将要回到自己房中。只听见两三处哭声。贾母听着，实在不忍，便叫王夫人散去，叫宝玉：

"去见你大爷大哥，送一送就回来。"

自己躺在榻上下泪。幸喜鸳鸯等能用百样言语劝解，贾母暂且安歇。

不言贾赦等分离悲痛。那些跟去的人，谁是愿意的，不免心中抱怨，叫苦连天。正是生离果胜死别，看者比受者更加伤心。好好的一个荣国府，闹到人嚷鬼哭。贾政最循规矩，在伦常上也讲究的，执手分别后，自己先骑马赶至城外，举酒送行，又叮咛了好些国家轸恤勋臣，力图报称的话。贾赦等挥泪分头而别。

贾政带了宝玉回家，未及进门，只见门上有好些人在那里乱嚷，说：

"今日旨意：将荣国公世职着贾政承袭。"

那些人在那里要喜钱，门上人和他们分争，说：

"是本来的世职，我们本家袭了，有什么喜报？"

那些人说道：

"那世职的荣耀比任什么还难得！你们大老爷闹掉了，想要这个，再不能的了！如今圣上的恩典比天还大，又赏给二老爷，这是千载难逢的，怎么不给喜钱？"

正闹着，贾政回家，门上回了，虽则喜欢，究竟是哥哥犯事所致，反觉感激涕零，赶着进内告诉贾母，贾母自然欢喜，拉着说了些勤勉报恩的话。王夫人正恐贾母伤心，过来安慰，听得世职复还，也是欢喜。独有邢夫人尤氏心下悲苦，只不好露出来。

且说外面这些趋炎奉势的亲戚朋友，先前贾宅有事，都远避不来；今儿贾政袭职，知圣眷尚好，大家都来贺喜。那知贾政纯厚性成，因他袭哥哥的职，心内反生烦恼，只知感激天恩。于第二日进内谢恩。到底将赏还府第园子，备摺奏请入官。内廷降旨不必，贾政才得放心回家，以后循分供职。但是家计萧条，入不敷出。贾政又不能在外应酬。

家人们见贾政忠厚，凤姐抱病不能理家，贾琏的亏空一日重似一日，难免典房卖地。府内家人，几个有钱的，怕贾琏缠扰，都装穷躲事，甚至告假不来，各自另寻门路。独有一个包勇，虽是新投到此，恰遇荣府坏事，他倒有些真心办事，见那些人欺瞒主子，便时常不忿。奈他是个新来乍到的人，一句话也插不上，他便生气，每日吃了就睡。众人嫌他不肯随和，便在贾政前说他终日贪杯生事，并不当差。贾政道：

"随他去罢。原是甄府荐来，不好意思，横竖家内添这一个人吃饭，虽说穷，也不在他一人身上。"

并不叫驱逐。众人又在贾琏跟前说他怎么样不好，贾琏此时也不敢自作威福，只得由他。

忽一日，包勇耐不过，吃了几杯酒，在荣府街上闲逛，见有两个人说话。那人说道：

"你瞧！这么个大府，前儿抄了家，不知如今怎么样了？"

另一人道：

"他家怎么能败？听见说，里头有位娘娘是他家的姑娘，虽是死了，到底有根基的。况且我常见他们来往的都是王公侯伯，那里没有照应？就是现在的府尹，前任的兵部，是他们的一家。难道有这些人还护庇不来么？"

> 仗义半为屠狗辈，负心多是读书人，贾雨村与包勇是最好的说明。作者创造贾雨村这一典型官僚政客，放诸四海而皆准。

那人道：

"你白住在这里！别人犹可，独是那个贾大人更了不得！我常见他在两府来往，前儿御史虽参了，主子还叫府尹查明实迹再办。你道他怎么样？他本沾过两府的好处，怕人说他回护一家儿，他倒狠狠的踢了一脚，所以两府里才到底抄了。你道如今的世情还了得么？"

两人无心说闲话，岂知旁边有人跟着听的明白。包勇心下暗想：

"天下有这样人！但不知是我们老爷的什么人？我若见了他，便打他一个死！闹出事来，我承当去！"

那包勇正在酒后胡思乱想，忽听那边喝道而来。包勇远远站着，只见那两人轻轻的说道：

> 又写贾政不明是非，是腐儒典型。

"这来的就是那个贾大人了。"

包勇听了，心里怀恨，趁着酒兴，便大声说道：

"没良心的男女！怎么忘了我们贾家的恩了？"

雨村在轿内听得一个"贾"字，便留神看，见是一个醉汉，也不理会，过去了。

那包勇醉着，不知好歹，便得意洋洋回到府中，问起同伴，知得方才见的那位大人是这府里提拔起来的。

"他不念旧恩，反来踢弄咱们家里，见了他骂他几句，他竟不敢答言。"

那荣府的人本嫌包勇，只是主人不计较他，如今他又在外头惹祸，正好趁着贾政无事，便将包勇喝酒闹事的话回了贾政。贾政此时正怕风波，听得家人回禀，便一时生气，叫进包勇来数骂了几句，也不好深沉责罚他，便派去看园，不许他在外行走。那包勇本是个直爽的脾气，投了主子，他便赤心护主，那知贾政反倒听了别人的话骂他。他也不敢再辩，只得收拾行李往园中看守浇灌去了。

① 台站 ——清代北方边境驿站的专称，地方偏僻，生活极苦。有罪的人，常被罚到这些地方充军。

第一百八回

强欢笑蘅芜庆生辰
死缠绵潇湘闻鬼哭

却说贾政先前曾将房产并大观园奏请入官，内廷不收，又无人居住，只好封锁。因园子接连尤氏惜春住宅，太觉旷阔无人，遂将包勇罚看荒园。此时贾政理家，奉了贾母之命，将人口渐次减少，诸凡省俭，尚且不能支持。幸喜凤姐是贾母心爱的人，王夫人等虽不大喜欢，若说治家办事，尚能出力，所以内事仍交凤姐办理。但近来因被抄以后，诸事运用不来，也是每形拮据。那些房头上下人等，原是宽裕惯了的，如今较往日十去其七，怎能周到，不免怨言不绝。凤姐也不敢推辞，在贾母前扶病承欢。

过了些时，贾赦贾珍各到当差地方，恃有用度，暂且自安。写信回家，都言安逸，家中不必挂念。于是贾母放心，邢夫人尤氏也略略宽怀。

一日，史湘云出嫁回门，来贾母这边请安。贾母提起她女婿甚好，史湘云也将那里家中平安的话说了，请老太太放心。又提起黛玉去世，不免大家落泪。贾母又想起迎春苦楚，越觉悲伤起来。

史湘云解劝一回，又到各家请安问好毕，仍到贾母房中安歇。言及薛家这样人家，被薛大哥闹的家破人亡，今年虽是缓决人犯，明年不知可能减等。贾母道：

"你还不知道呢。昨儿蟠儿媳妇死的不明白，几乎又闹出一场事来。还幸亏老佛爷有眼，叫她带来的丫头自己供出来了，那夏奶奶没的闹了，自家拦住相验，你姨妈这里才将皮裹肉的打发出去了。你说说，真真是六亲同运！薛家是这么着，如今守着蝌儿过日子。这孩子却有良心，他说哥哥在监里尚没完事，不肯娶亲。你邢妹妹在大太太那边，也就很苦。琴姑娘为她公公死了，还没满服，梅家尚未娶去。二太太的娘家二舅太爷一死，凤丫头的哥哥也不成人；那三舅太爷是个小器的，又是官项不清，也是打饥荒：甄家自从抄家以后，别无信息。”

湘云道：

“三姐姐去了，曾有书字回来么？”

贾母道：

“自从出了嫁，二老爷回来说你三姐姐在海疆很好。只是没有书信，我也是日夜惦记。为我们家连连的出些不好事，所以我也顾不来，如今四丫头也没有给她提亲。环儿呢，谁有工夫提起他来？如今我们家的日子比你从前在这里的时候更苦了。只可怜你宝姐姐自过了门，没过一天舒服日子。你二哥哥还是那么疯疯颠颠，这怎么好呢？”

湘云道：

“我从小儿在这里长大的，这里那些人的脾气，我都知道的。这一回来了，竟都改了样子了。我打量我隔了好些时没来，他们生疏我；我细想起来，竟不是的。就是见了我，瞧他们的意思，原要像先一样的热闹，不知道怎么说说就伤起心来了，所以我坐了坐儿就到老太太这里来了。”

贾母道：

“如今的日子，在我也罢了；他们年轻轻儿的人，还了得！我正要想个法儿，叫他们还热闹一天才好，只是打不起这个精神来。”

湘云道：

“我想起来了。宝姐姐不是后儿的生日吗？我多住一天，给她拜个寿，大家热闹一天，不知老太太怎么样？”

贾母道：

“我正真气糊涂了。你不提，我竟忘了。后日可不是她的生日吗？我明日拿出钱来，给她办个生日。她没有定亲的时候，倒做过好几次；如今过了门，倒没有做。宝玉这孩子，头里很伶俐，很淘气;如今因为家里的事不好,把这孩子越发弄的话都没有了。倒是珠儿媳妇还好。她有的时候是这么着,没的时候她也是这么着,带着兰儿静静儿的过日子,倒难为她。"

湘云道:

"别人还不离,独有琏二嫂子,连模样儿都改了,说话也不伶俐了。明日等我来引逗她们。看她们怎么样。但只她们嘴里不说,心里要抱怨我,说我有了——"

刚说到这里,却把个脸飞红了。贾母会意道:

"这怕什么? 当初姊妹们都是在一处乐惯了的。说说笑笑,再别留这些心。大凡一个人,有也罢,没也罢,总要受得富贵,耐得贫贱才好呢。你宝姐姐生来是个大方的人。头里她家这样好。她也一点儿不骄傲;后来她家坏了事,她也是舒舒坦坦的。如今在我家里,宝玉待她好,她也是那样安顿;一时待她不好,也不见她有什么烦恼。我看这孩子倒是个有福的。你林姐姐,她就最小性儿,又多心,所以到底儿不长命的。凤丫头也见过这些事,很不该略见些风波就改了样子。她若这样没见识,也就是小器了。后儿宝丫头的生日,我另拿出银子来,热热闹闹的给她做个生日,也叫她喜欢这么一天。"

湘云答应道:

"老太太说的很是。索性把那些姐妹们都请了来,大家叙一叙。"

贾母道:

"自然要请的。"一时高兴,遂叫鸳鸯:"拿出一百银子来,交给外头,叫他明日起,预备两天的酒饭。"

鸳鸯领命,叫婆子交了出去。一宿无话。

次日,传话出去,打发人去接迎春;又请了薛姨妈宝琴,叫带了香菱来;又请李婶娘。不多半日,李纹李绮都来了。

宝钗本不知道,听见老太太的丫头来请,说:

"薛姨太太来了,请二奶奶过去呢。"

宝钗心里喜欢，便是随身衣服过去，要见她母亲。只见她妹子宝琴并香菱都在这里，又见李婶娘等人也都来了。心想那些人必是知道我们家的事情完了，所以来问候的，便去问了李婶娘好，见了贾母，然后与她母亲说了几句话，和李家姐妹们问好。湘云在旁说道：

"太太们请都坐下，让我们姐妹们给姐姐拜寿。"

宝钗听了，倒呆了一呆，回来一想：

"可不是明日是我的生日吗？"便说："姐妹们过来瞧老太太是该的，若说为我的生日，是断断不敢的。"

正推让着，宝玉也来请薛姨妈李婶娘的安。听见宝钗自己推让，他心里本早打算过宝钗生日，因家中闹得七颠八倒，也不敢在贾母处提起。今湘云等众人要拜寿，便喜欢道：

"明日才是生日，我正要告诉老太太来。"

湘云笑道：

"扯臊！老太太还等你告诉？你打量这些人为什么来？是老太太请的。"

宝钗听了，心下未信，只听贾母合她母亲道：

"可怜宝丫头做了一年新媳妇，家里接二连三的有事，总没有给她做过生日。今日我给她做个生日，请姨太太、太太们来，大家说说话儿。"

薛姨妈道：

"老太太这些时心里才安，她小人儿家，还没有孝敬老太太，倒要老太太操心！"

湘云道：

老太太最疼的孙子是二哥哥，难道二嫂子就不疼了么？况且宝姐姐也配老太太给她做生日。"

宝钗低头不语。宝玉心里想道：

"我只说史妹妹出了阁必换了一个人了，我所以不敢亲近她。她也不来理我；如今听她的话，竟和先前是一样的。为什么我们那个过了门,更觉的腼腆了,话都说不出来了呢?"

正想着,小丫头进来说:

"二姑奶奶回来了。"

随后李纨凤姐都进来,大家厮见一番。

迎春提起他父亲出门,说:

"本要赶来见见,只是他拦着不许来,说是咱们家正是晦气时候,不要沾染在身上。我扭不过,没有来,直哭了两三天。"

凤姐道:

"今儿为什么肯放你回来?"

迎春道:

"他又说咱们家二老爷又袭了职,还可以走走,不妨事的,所以才放我来。"

说着又哭起来。贾母道:

"我原为闷的慌,今日接你们来给孙子媳妇过生日,说说笑笑,解个闷儿,你们又提起这些烦事来,又招起我的烦恼来了。"

迎春等都不敢作声了。

凤姐虽勉强说了几句有兴的话,终不似先前爽利,招人发笑。贾母心里要宝钗喜欢,故意的怄凤姐儿说话。凤姐也知贾母之意,便竭力张罗,说道:

"今儿老太太喜欢些了。你看这些人好几时没有聚在一处,今儿齐全!"

说着,回过头去,看见婆婆、尤氏不在这里,又缩住了口。贾母为着"齐全"两字,也想邢夫人等,叫人请去。邢夫人、尤氏、惜春等听见老太太叫,不敢不来,心内也十分不愿意,想着家业零败,偏又高兴给宝钗做生日,到底老太太偏心,便来了也是无精打彩的。贾母问起岫烟来,邢夫人假说病着不来。贾母会意,知道薛姨妈在这里有些不便,也不提了。

一时,摆下果酒。贾母说:

"也不送到外头,今日只许咱们娘儿们乐一乐。"

宝玉虽然娶过亲的人，因贾母疼爱，仍在里头打混，但不与湘云宝琴等同席，便在贾母身旁设着一个坐儿，他替宝钗轮流敬酒。贾母道：

"如今且坐下，大家喝酒。到挨晚儿再到各处行礼去。若如今行起礼来，大家又闹规矩，把坐的兴头打回去就没趣了。"

宝钗便依言坐下。贾母又向众人道：

"咱们今儿索性洒脱些，各留一两个人伺侯。我叫鸳鸯带了彩云、莺儿、袭人、平儿等在后间去也喝一钟酒。"

鸳鸯等说：

"我们还没有给二奶奶磕头，怎么就好喝酒去呢？"

贾母道：

"我说了，你们只管去。用的着你们再来。"

鸳鸯等去了。这里贾母才让薛姨妈等喝酒。见她们都不是往常的样子，贾母着急道：

"你们到底是怎么着？大家高兴些才好！"

湘云道：

"我们又吃又喝，还要怎么着呢？"

凤姐道：

"她们小的时候都高兴，如今碍着脸不敢混说，所以老太太瞧着冷静了。"

宝玉轻轻的告诉贾母道：

"话是没有什么说的，再说就说到不好的上头去了。不如老太太出个主意。她们行个令儿罢。"

贾母侧着耳朵听了，笑道：

"若是行令，又得叫鸳鸯去。"

宝玉听了，不待再说，就出席到后间去找鸳鸯，说：

"老太太要行令，叫姐姐去呢。"

鸳鸯道：

"小爷，让我们舒舒服服的喝一钟罢。何苦来？又来搅什么？"

宝玉道：

"当真老太太说的，叫你去呢。与我什么相干？"

鸳鸯没法，说道：

"你们只管喝，我去了就来。"

便到贾母那边。老太太道：

"你来了么？这里要行令呢！"

鸳鸯道：

"听见宝二爷说老太太叫我，才来的。不知老太太要行什么令儿？"

贾母道：

"那文的怪闷的慌，武的又不好，你倒是想个新鲜玩意儿才好。"

鸳鸯想了想道：

"如今姨太太有了年纪，不肯费心，倒不如拿出令盆骰子来，大家掷个曲牌名儿赌输赢酒罢。"

贾母道：

"这也使得。"

便命人取骰盆放在案上。鸳鸯说：

"如今用四个骰子掷去：掷不出名儿来的罚一杯；掷出名儿来，每人喝酒的杯数儿，掷出来再定。"

众人听了道：

"这是容易的，我们都随着。"

鸳鸯便打点儿。众人叫鸳鸯喝了一杯，就在她身上数起，恰是薛姨妈先掷。薛姨妈便掷了一下，却是四个"幺"。鸳鸯道：

"这是有名的，叫做'商山四皓'。有年纪的喝一杯。"

于是贾母、李婶娘、邢、王两夫人都该喝。贾母举酒要喝，鸳鸯道：

"这是姨太太掷的，还该姨太太说个曲牌名儿，下家接一句千家诗。说不出来的罚一杯。"

薛姨妈道：

"你又来算计我了，我那里说的上来？"

贾母道：

"不说到底寂寞，还是说一句的好。下家儿就是我了，若说不出来，我陪姨太太喝一钟就是了。"

薛姨妈便道：

"我说个'临老入花丛'。"

贾母点点头儿道：

"'将谓偷闲学少年'。"

说完，骰盆过到李纹，便掷了两个"四"，两个"二"。鸳鸯说：

也有名儿了。这叫做'刘阮入天台'。"李纹便接着说了个"二士入桃源"。下手儿便是李纨，说道：

"'寻得桃源好避秦'。"

大家又喝了一口。

骰盆又过到贾母跟前，便掷了两个"二"，两个"三"。贾母道：

"这要喝酒了。"

鸳鸯道：

"有名儿的，这是'江燕引雏'。众人都该喝一杯。"

凤姐道：

"雏是雏，倒飞了好些了。"

众人瞅了她一眼，凤姐便不言语。贾母道：

"我说什么呢？'公领孙'罢。"

下手是李绮，便说道：

"'闲看儿童捉柳花'。"

众人都说好。

宝玉巴不得要说，只是令盆轮不到，正想着，恰好到了跟前，便掷了一个"二"，两个"三"，一个"幺"，便说道：

"这是什么？"鸳鸯笑道：

"这是个'臭'！先喝一钟再掷罢。"

1441

宝玉只得喝了又掷。这一掷掷了两个"三",两个"四"。鸳鸯道:
"有了,这叫做'张敞画眉'。"

宝玉知是打趣他。宝钗的脸也飞红了。凤姐不大懂得,还说:
"二兄弟快说了,再找下家儿是谁。"

宝玉虽说,自认:

"罚了罢,我也没下家儿。"

过了令盆,轮到李纨,便掷了一下。鸳鸯道:

"大奶奶掷的是'十二金钗'。"

宝玉听了,赶到李纨身旁看时,只见红绿对开,便说:

"这一个好看的很!"

忽然想起"十二金钗"的梦来,便呆呆的退到自己座上,心里
想:"这'十二钗'说是金陵的,怎么我家这些人,如今七大八小的就
剩了这几个?……"

复又看看湘云宝钗,虽说都在,只是不见了黛玉。一时按奈不
住,眼泪便要下来,恐人看见,便说身上燥的很,脱脱衣裳去,挂了
筹①,出席去了。

史湘云看见宝玉这般光景,打量宝玉掷不出好的来,被别人掷
了去,心里不喜欢,才去的;又嫌那个令儿没趣,便有些烦。只见李
纨道:

"我不说了。席间的人也不齐,不如罚我一杯。"

贾母道:

"这个令儿也不热闹,不如蠲了罢。让鸳鸯掷一下,看掷出个
什么来。"

小丫头便把令盆放在鸳鸯跟前。鸳鸯依命,便掷了两个"二",
一个"五",那一个骰子在盆里只管转。鸳鸯叫道:

"不要'五!'"

那骰子单单转出一个"五"来。

鸳鸯道:

"了不得! 我输了。"

贾母道:

"这是不算什么的吗?"

鸳鸯道:

"名儿倒有,只是我说不上曲牌名来。"

贾母道:

"你说名儿,我给你诌。"

鸳鸯道:

"这是'浪扫浮萍'。"

贾母道:

"这也不难,我替你说个'秋鱼入菱窠'。"

鸳鸯下手的就是湘云,便道:

"'白萍吟尽楚江秋'。"

众人都道:

"这句很确。"

贾母道:

"这令完了,咱们喝两杯,吃饭罢。"

回头一看,见宝玉还没进来,便问道:

"宝玉那里去了? 还不来?"

鸳鸯道:

"换衣裳去了。"

贾母道:

"谁跟了去的?"

那莺儿便上来回道:

"我看见二爷出去,我叫袭人姐姐跟了去了。"

贾母王夫人才放心。

等了一会,王夫人叫人去找。小丫头到了新房子里,只见五儿在那里插蜡。小丫头便问:

"宝二爷那里去了?"

五儿道:

“老太太那边喝酒呢。”

小丫头道：

“我打老太太那里来，太太叫我来找，岂有在那里倒叫我来找的呢？”

五儿道：

“这就不知道了，你到别处找去罢。”

小丫头没法，只得回来，遇见秋纹，问道：

“你见二爷那里去了？”

秋纹道：

“我也找他，太太等他吃饭。这会子那里去了呢？你快去回老太太去，不必说不在家，只说喝了酒不大受用，不吃饭了，略躺一躺再来，请老太太、太太吃饭罢。”

小丫头依言回去告诉珍珠。珍珠回了贾母。贾母道：

“他本来吃不多，不吃也罢了，叫他歇歇罢。告诉他今儿不必过来，有他媳妇在这里就是了。”

珍珠便向小丫头道：

“你听见了？”

小丫头答应着，不便说明，只得在别处转了一转，说：

“告诉了。”

众人也不理会，吃毕饭，大家散坐闲话。不提。

且说宝玉一时伤心，走出来，正无主意，只见袭人赶来，问是怎么了。宝玉道：

“不怎么，只是心里怪烦的。要不趁她们喝酒，咱们两个到珍大奶奶那里逛逛去。”

袭人道：

“珍大奶奶在这里，去找谁？”

宝玉道：

“不找谁，瞧瞧他现在这里住的房屋怎么样。”

袭人只得跟着，一面走，一面说。走到尤氏那边，有一个小门

儿半开半掩,宝玉也不进去。只见看园门的两个婆子坐在门槛上说话儿,宝玉问道:

"这小门儿开着么?"

婆子道:

"天天不开。今儿有人出来说,今日预备老太太要用园里的果子,才开着门等着呢。"

宝玉便慢慢的走到那边,果见腰门半开。宝玉才要进去,袭人忙拉住道:

"不用去。园里不干净,常没有人去,别再撞见什么。"

宝玉仗着酒气,说道:

"我不怕那些!"

袭人苦苦的拉住,不容他去。婆子们上来说道:

"如今这园子安静的了。自从那日道士拿了妖去,我们摘花儿,打果子,一个人常走的。二爷要去,咱们都跟着。有这些人怕什么!"

宝玉喜欢。袭人也不便相强,只得跟着。

宝玉进得园来,只见满目凄凉。那些花木枯萎,更有几处亭馆,彩色久经剥落。远远望见一丛翠竹,倒还茂盛。宝玉一想,说:

"我自病时出园,住在后边,一连几个月不准我到这里,瞬息荒凉。你看独有那几竿翠竹菁葱,这不是潇湘馆么?"

袭人道:

"你几个月没来,连方向儿都忘了。咱们只管说话儿,不觉将怡红院走过了。"

回头用手指着道:

"这才是潇湘馆呢。"

宝玉顺着袭人的手一瞧,道:

"可不是过了吗?咱们回去瞧瞧。"

袭人道:

"天晚了,老太太必是等着吃饭,该回去了。"

宝玉不言，找着旧路，竟往前走。

你道宝玉虽离了大观园将及一载，岂遂忘了路径？只因袭人怕他见了潇湘馆想起黛玉，又要伤心，所以要用言混过。后来见宝玉只望里走，又怕他招了邪气，所以哄着他，只说已经走过了，那里知道宝玉的心全在潇湘馆上？

此时宝玉往前急走，袭人只得赶上，见他站着，似有所见，如有所闻，便道：

"你听什么？"

宝玉道：

> 本回同时写宝钗生日热闹、黛玉死后在潇湘馆啼哭，是对比写法，作者同情黛玉用心良苦，而宝玉的自白、痛哭，又是对没有爱情的婚姻的抗议。

"潇湘馆倒有人住么？"

袭人道：

"大约没有人罢。"

宝玉道：

"我明明听见有人在内啼哭，怎么没有人？"

袭人道：

"是你疑心。素常你到这里，常听见林姑娘伤心，所以如今还是那样。"

宝玉不信，还要听去。婆子们赶上说道：

"二爷快回去罢，天已晚了。别处我们还敢走走；这里的路儿隐僻，又听见人说，这里打林姑娘死后，常听见有哭声，所以人都不敢走的。"

宝玉袭人听说，都吃了一惊。宝玉道：

"可不是？"

说着，便滴下泪来说：

"林妹妹，林妹妹！好好儿的，是我害了你了！你别怨我，只是父母作主，并不是我负心！"

愈说愈痛，便大哭起来。

袭人正在没法，只见秋纹带着些人赶来，对袭人道：

"你好大胆子！怎么和二爷到这里来？老太太、太太急的打发人各处都找到了！刚才腰门上有人说是你和二爷到这里来了，吓的老太太、太太们了不得，骂着我，叫我带人赶来。还不快回去呢！”

宝玉犹自痛哭。袭人也不顾他哭，两个人拉着就走，一面替他拭眼泪，告诉他老太太着急。宝玉没法，只得回来。袭人知老太太不放心，将宝玉仍送到贾母那边，众人都等着未散。贾母便说：

“袭人！我素常因你明白，才把宝玉交给你，怎么今儿带他园里去？他的病才好，倘或撞着什么，又闹起来，那可怎么好？”

袭人也不敢分辩，只得低头不语。宝钗看宝玉颜色不好，心里着实的吃惊。倒还是宝玉恐袭人受委屈，说道：

“青天白日怕什么？我因为好些时没到园里逛逛，今儿趁着酒兴走走，那里就撞着什么了呢？”

凤姐在园里吃过大亏，听到那里，寒毛直竖，说：

“宝兄弟胆子忒大了！”湘云道：

“不是胆大，倒是心实。不知是会芙蓉神去了，还是寻什么仙去了。”

> 湘云一语中的，作者画龙点睛。

宝玉听着，也不答言。独有王夫人急得一言不发。贾母问道：

“你到园里没有吓着呀？不用说了，以后要逛，到底多带几个人才好。不是你闹的，大家早散了。去罢，好好的睡一夜，明儿一早过来，我要找补，叫你们再乐一天呢。别为他又闹出什么原故来。”

众人听说，遂辞了贾母出来，薛姨妈便到王夫人那里住下，史湘云仍在贾母房中，迎春便往惜春那里去了，余者各自回去。不提。独有宝玉回到房中，嗳声叹气。宝钗明知其故，也不理他，只是怕他忧闷，勾出旧病来，便进里间，叫袭人来，细问她宝玉到园怎么样的光景。

---

①　挂筹 ——行酒令时，每人都领有酒筹，挂筹是表示请假出局。

第一百九回 候芳魂五儿承错爱
还孽债迎女返真元

　　话说宝钗叫袭人问出原故,恐宝玉悲伤成疾,便将黛玉临死的话与袭人假作闲谈,说是:

　　"人在世上,有意有情,到了死后,各自干各自的去了,并不是生前那样的人死后还是那样。活人虽有痴心,死的竟不知道。况且林姑娘既说仙去,她看凡人是个不堪的浊物,那里还肯混在世上?只是人自己疑心,所以招出邪魔外祟来缠扰。"

　　宝钗虽是与袭人说话,原说给宝玉听的。袭人会意,也说是:

　　"没有的事。若说林姑娘的魂灵儿还在园里,我们也算相好,怎么没有梦见过一次?"

　　宝玉在外面听着,细细的想道:

　　"果然也奇!我知道林妹妹死了,那一日不想几遍?怎么从没梦见?想必她到天上去了。瞧我这凡夫俗子,不能交通神明,所以梦都没有一个儿。我如今就在外间睡,或者我从园里回来,她知道我的心,肯与我梦里一见。我必要问她实在那里去了,我也时常祭奠。若是果然不理我这浊物,竟无一梦,我便也不想她了。"主意已定,便说:"我今夜就在外间睡,你们也不用管我。"宝钗也不强他,只说:

> 本回三分之二的篇幅都是着重心理描写,开头就写宝钗袭人对宝玉心理作战,黛玉虽死犹生,仍是宝钗大情敌。

　　"你不用胡思乱想。你没瞧见太太因你园里去了,急的话都说不出来?你这会子还不保养身子,倘或老太太知道了,又说我们不用心。"

　　宝玉道:

“白这么说罢咧，我坐一会子就进来。你也乏了，先睡罢。”

宝钗料他必进来的，假意说道：

“我睡了，叫袭姑娘伺候你罢。”

宝玉听了，正合机宜。等宝钗睡下，他便叫袭人麝月另铺设下一副被褥，常叫人进来瞧二奶奶睡着了没有。宝钗故意装睡，也是一夜不宁。

那宝玉只当宝钗睡着，便与袭人道：

“你们各自睡罢，我又不伤感。你若不信，你就伏侍我睡了再进去，只要不惊动我就是了。”

袭人果然伏侍他睡下，预备下了茶水，关好了门，进里间去照应了一回，各自假寐，等着宝玉若有动静，再出来。

宝玉见袭人进去了，便将坐更的两个婆子支到外头。他轻轻的坐起来，暗暗祝赞了几句，方才睡下。起初再睡不着，以后把心一静，谁知竟睡着了，却倒一夜安眠。直到天亮，方才醒来，拭了拭眼，坐着想了一回，并无有梦。便叹口气道：

“正是‘悠悠生死别经年，魂魄不曾来入梦！’”

宝钗反是一夜没有睡着，听见宝玉在外边念这两句，便接口道：

“这话你说莽撞了。若林妹妹在时，又该生气了。”

宝玉听了，自觉不好意思，只得起来，搭讪着进里间来，说：

“我原要进来，不知怎么一个盹儿就打着了。”

宝钗道：

“你进来不进来，与我什么相干？”

袭人也本没有睡，听见他们两个说话，即忙上来倒茶。只见老太太那边打发小丫头来问：

“宝二爷昨夜睡的安顿么？若安顿，早早的同二奶奶梳洗了就过去。”

袭人道：

“你去回老太太，说：宝玉昨夜很安顿，回来就过去。”

小丫头去了。

宝钗连忙梳洗了,莺儿袭人等跟着,先到贾母那里行了礼,便从王夫人那边起至凤姐都让过了,仍到贾母处,见她母亲也过来了。大家问起宝玉晚上好么。宝钗便说:

"回去就睡了,没有什么?"

众人放心,又说些闲话。

只见小丫头进来,说:

"二姑奶奶要回去了。听见说,孙姑爷那边人来,到大太太那里说了些话,大太太叫人到四姑娘那边说,不必留了,让她去罢。如今二姑奶奶在大太太那边哭呢,大约就过来辞老太太。"

贾母众人听了,心中好不自在,都说:

"二姑娘这么一个人,为什么命里遭着这样的人! 一辈子不能出头,这可怎么好呢?"

说着,迎春进来,泪痕满面,因是宝钗的好日子,只得含着泪,辞了众人要回去。贾母知道她的苦处,也不便强留,只说道:

"你回去也罢了,但只不用伤心。碰着这样人,也是没法儿的。过几天我再打发人接你去罢。"

迎春道:

"老太太始终疼我,如今也疼不来了。可怜我没有再来的时候儿了!"

说着,眼泪直流。众人都劝道:

"这有什么不能回来的呢? 比不得你三妹妹隔得远,要见面就难了。"

贾母等想来探春,不觉也大家落泪。为是宝钗的生日,只得转悲作喜说:

"这也不难。只是海疆平静,那边亲家调进京来,就见的着了。"

大家说:

"可不是这么着么?"

说着，迎春只得含悲而别。大家送了出来，仍回贾母那里，从早至暮，又闹了一天，众人见贾母劳乏，各自散了。独有薛姨妈辞了贾母，到宝钗那里说道：

"你哥哥是今年过了，直要等到皇恩大赦的时候减了等才好赎罪。这几年叫我孤苦伶仃，怎么处！我想要给你二哥哥完婚，你想想好不好？"

宝钗道：

"妈妈是因为大哥哥娶了亲，吓怕了的，所以把二哥哥的事也疑惑起来。据我说，很该办。邢姑娘是妈妈知道的，如今在这里也很苦。娶了去，虽说咱们穷，究竟比她傍人门户好多着呢。"

薛姨妈道：

"你得便的时候，就去回明老太太，说我家没人，就要择日子了。"

宝钗道：

"妈妈只管和二哥哥商量，挑个好日子，过来和老太太、大太太说了，娶过去就完了一宗事。这里大太太也巴不得娶了去才好。"

薛姨妈道：

"今日听见史姑娘也就回去了，老太太心里要留你妹妹在这里住几天，所以她住下了。我想她也是不定多早晚就走的人了，你们姊妹们也多叙几天话儿。"

宝钗道：

"正是呢。"

于是薛姨妈又坐了一坐，出来辞了众人，回去了。

却说宝玉晚间归房，因想昨夜黛玉竟不入梦，或者她已经成仙，所以不肯来见我这种浊人，也是有的；不然，就是我的性儿太急了，也未可知。便想了个主意，向宝钗说道：

"我昨夜偶然在外头睡着，似乎比在屋里睡的安稳些，今日起来，心里也觉清净。我的意思，还要在外头睡两夜，只怕你们又来拦我。"

宝钗听了,明知早晨他嘴里念诗自然是为黛玉的事了,想来他那个呆性是不能劝的,倒好叫他睡两夜,索性自己死了心也罢了,况兼昨夜听他睡的倒也安静,便道:

"好没来由。你只管睡去,我们拦你作什么?但只别胡思乱想的招出些邪魔外祟来。"

宝玉笑道:

"谁想什么?"

袭人道:

"依我劝,二爷竟还是屋里睡罢。外边一时照应不到,着了凉,倒不好。"

宝玉未及答言,宝钗却向袭人使了个眼色儿。袭人会意,道:

"也罢,叫个人跟着你罢,夜里好倒茶倒水的。"

宝玉便笑道:

"这么说,你就跟了我来。"

袭人听了,倒没意思起来,登时飞红了脸,一声也不言语。宝钗素知袭人稳重,便说道:

"她是跟惯了我的,还叫她跟着我罢。叫麝月五儿照料着也罢了。况且今日她跟着我闹了一天也乏了,该叫她歇歇了。"

宝玉只得笑着出来。宝钗因命麝月五儿给宝玉仍在外间铺设了,又嘱咐两个人:

"醒睡些,要茶要水,都留点神儿。"

两个答应着。出来看见宝玉端然坐在床上,闭目合掌,居然像个和尚一般,两个也不敢言语,只管瞅着他笑。宝钗又命袭人出来照应。袭人看见这般,却也好笑,便轻轻的叫道:

"该睡了。怎么又打起坐来了?"

宝玉睁开眼看见袭人,便道:

"你们只管睡罢,我坐一坐就睡。"

袭人道:

"因为你昨日那个光景,闹的二奶奶一夜没睡。你再这么着,成什么事?"

宝玉料着自己不睡,都不肯睡,便收拾睡下。袭人又嘱咐了麝月等几句,才进去关门睡了。

这里麝月五儿两个人也收拾了被褥,伺候宝玉睡着,各自歇下。那知宝玉要睡越睡不着,见她两个人在那里打铺,忽然想起那年袭人不在家时,晴雯麝月两个人伏侍,夜间麝月出去,晴雯要吓她,因为没穿衣服,着了凉,后来还是从这个病上死的。想到这里,一心移在晴雯身上去了。忽又想起凤姐说五儿给晴雯脱了个影儿,因将想晴雯的心又移在五儿身上。自己假装睡着,偷偷儿的看那五儿,越瞧越像晴雯,不觉呆性复发。听了听里间已无声息,知是睡了。但不知麝月睡了没有,便故意叫了两声,却不答应。

五儿听见了宝玉叫人,便问道:

"二爷要什么?"

宝玉道:

"我要漱漱口。"

五儿见麝月已睡,只得起来,重新剪了蜡花,倒了一钟茶来,一手托着漱盂。却因赶忙来的,身上只穿着一件桃红绫子小袄儿,松松的挽着一个鬏儿。宝玉看时,居然晴雯复生。忽又想起晴雯说的"早知担了虚名,也就打个正经主意了。"不觉呆呆的呆看,也不接茶。

那五儿自从芳官去后,也无心进来了。后来听说凤姐叫她进来伏侍宝玉,竟比宝玉盼她进来的心还急。不想进来以后,见宝钗袭人一般尊贵稳重,看着心里实在敬慕;又见宝玉疯疯傻傻,不似先前的丰致;又听见王夫人为女孩子们和宝玉玩笑都撵了:所以把那女儿的柔情和素日的痴心,一概搁起。怎奈这位呆爷今晚把她当作晴雯,只管爱惜起来。那五儿早已羞得两颊红潮,又不敢大声说话,只得轻轻的说道:

> 此处与五十一回故事呼应,写宝玉移情作用很好。晴雯、黛玉,宝玉最难忘情。由五儿想起晴雯,由晴雯写到黛玉,合情合理。

"二爷,漱口啊。"

宝玉笑着,接了茶在手中,也不知道漱了没有,便笑嘻嘻的问道:

"你和晴雯姐姐好不好啊?"

五儿听了,摸不着头脑,便道:

"都是姊妹,也没有什么不好的。"

宝玉又悄悄的问道:

"晴雯病重了,我看她去,不是你也去了么?"

五儿微微笑着点头儿。宝玉道:

"你听见她说什么了没有?"

五儿摇着头儿道:

"没有。"

宝玉已经忘神,便把五儿的手一拉。五儿急的红了脸,心里乱跳,便悄悄说道:

"二爷,有什么话只管说,别拉拉扯扯的。"

宝玉才撒了手,说道:

"她和我说来着:'早知担了个虚名,也就打个正经主意了!'你怎么没听见?"

五儿听了这话明明是撩拨自己的意思,又不敢怎么样,便说道:

"那是她自己没脸。这也是我们女孩儿家说得的吗?"

宝玉着急道:

"你怎么也是这么个道学先生! 我看你长的和她一模一样,我才肯和你说这个话,你怎么倒拿这些话糟蹋她?"

此时五儿心中也不知宝玉是怎么个意思,便说道:

"夜深了,二爷睡罢,别尽管坐着,看凉着了。刚才奶奶和袭人姐姐怎么嘱咐来?"

宝玉道:

"我不凉。"

说到这里，忽然想起五儿没穿着大衣裳，就怕她也像晴雯着了凉，便问道：

"你为什么不穿上衣裳就过来？"

五儿道：

"爷叫的紧，那里有尽着穿衣裳的空儿？要知道说这半天话儿时，我也穿上了。"

宝玉听了，连忙把自己盖的一件月白绫子绵袄儿揭起来递给五儿，叫她披上。五儿只不肯接，说：

> 五儿心理情态，描写细腻。

"二爷盖着罢，我不凉，我凉，我有我的衣裳。"

说着，回到自己铺边，拉了一件长袄披上。又听了听，麝月睡的正浓，才慢慢过来说：

"二爷今晚不是要养神吗？"

宝玉笑道：

"实告诉你罢，什么是养神？我倒是要遇仙的意思。"

五儿听了，越发动了疑心，便问道：

"遇什么仙？"

宝玉道：

"你要知道，这话长着呢。你挨着我来坐下，我告诉你。"

五儿红了脸，笑道：

"你在那里躺着，我怎么坐呢？"

宝玉道：

"这个何妨？那一年冷天，也是你晴雯姐姐和麝月姐姐玩，我怕冻着她，还把她揽在一个被窝儿里。这有什么？大凡一个人，总别酸文假醋的才好。"

五儿听了，句句都是宝玉调戏之意，那知这位呆爷却是实心实意的话。五儿此时走开不好，站着不好，坐下不好，倒没了主意。因拿眼一溜，抿着嘴儿笑道：

"你别混说了，看人家听见，什么意思？怨不得人家说你专在

1455

女孩儿身上用工夫！你自己放着二奶奶和袭人姐姐，都是仙人儿似的，只爱和别人混搅。明儿再说这些话，我回了二奶奶，看你什么脸见人！"

正说着，只听外面咕咚一声，把两个人吓了一跳。里间宝钗咳嗽了一声，宝玉听见，连忙努嘴儿，五儿也就忙忙的息了灯，悄悄的躺下了。原来宝钗袭人因昨夜不曾睡，又兼日间劳乏了一天，所以睡去，都不曾听见他们说话，此时院中一响，猛然惊醒，听了听，也无动静。宝玉此时躺在床上，心里疑惑：

"莫非林妹妹来了，听见我和五儿说话，故意吓我们的？……"翻来覆去，胡思乱想，五更以后，才朦胧睡去。

却说五儿被宝玉鬼混了半夜，又兼宝钗咳嗽，自己怀着鬼胎，生怕宝钗听见了，也是思前想后，一夜无眠。次日一早起来，见宝玉尚自昏昏睡着，便轻轻儿的收拾了屋子。那时麝月已醒，便道：

"你怎么这么早起来了？你难道一夜没睡吗？"

五儿听这话又似麝月知道了的光景，便只是讪笑，也不答言。

一时，宝钗袭人都起来。开了门，见宝玉尚睡，却也纳闷：怎么在外头两夜睡的倒这么安稳呢？及宝玉醒来，见人都起来了，自己连忙爬起，揉着眼睛，细想昨夜又不曾梦见，可是"仙凡路隔"了。慢慢的下了床，又想昨夜五儿说的"宝钗袭人都是天仙一般"，这话却也不错，便怔怔的瞅着宝钗。宝钗见他发怔，虽知他为黛玉之事，却也定不得梦不梦，只是瞅的自己倒不好意思的，便道：

"你昨夜可遇见仙了么？"

宝玉听了，只道昨晚的话宝钗听见了，笑着勉强说道：

"这是那里的？"

那五儿听了这一句，越发心虚起来，又不好说的，只得且看宝钗的光景。只见宝钗又笑着问五儿道：

"你听见二爷睡梦里和人说话来着么？"

宝玉听了，自己坐不住，搭讪着走开了。五儿把脸飞红，只得含糊道：

"前半夜倒说了几句，我也没听真。什么'担了虚名'，又什么'没打正经主意'，我也不懂，劝着二爷睡了。后来我也睡了，不知二爷还说来着没有。"

宝钗低头一想：

"这话明是为黛玉了。但尽着叫他在外头，恐怕心邪了，招出些花妖柳怪来。况兼他的旧病，原在姐妹上情重，只好设法将他的心挪移过来，然后能免无事。"

> 宝玉、宝钗、五儿三人心理描写传神。

想到这里，不免面红耳热起来，也就讪讪的进房梳洗去了。

且说贾母两日高兴，略吃多了些，这晚有些不受用，第二天便觉着胸口饱闷。鸳鸯等要回贾政，贾母不叫言语，说：

"我这两日嘴馋些，吃多了点子。我饿一顿就好了，你们快别吵嚷。"

于是鸳鸯等并没有告诉人。

这日晚间，宝玉回到自己屋里，见宝钗自贾母王夫人处才请了晚安回来，宝玉想着早起之事，未免根颜抱惭。宝钗看他这样的，也晓得是没意思的光景。因想着他是个痴情人，要治他的这个病，少不得仍以痴情治之。想了想，便问宝玉道：

"你今夜还在外头睡去罢咧?!"

宝玉自觉没趣，便道：

"里头外头，都是一样的。"

宝钗意欲再说，反觉凝难出口。袭人道：

"罢呀，这倒是什么道理呢？我不信睡的那么安顿。"

五儿听见这话，连忙接口道：

"二爷在外头睡，别的倒没有什么，只爱说梦话，叫人摸不着头脑儿，又不敢驳他的回。"

袭人便道：

"我今日挪出床上睡睡，看说梦话不说，你们只管把二爷的铺盖铺在里间就完了。"

1457

宝钗听了，也不作声。宝玉自己惭愧，那里还有强嘴的分儿，便依着搬进来。一则宝玉抱歉，欲安宝钗之心；二则宝钗恐宝玉思郁成疾，不如稍示柔情，使得亲近，以为"移花接木"之计。于是当晚袭人果然挪出去。这宝玉固然是有意负荆，那宝钗自然也无心拒客，从过门至今日，方才是雨腻云香，氤氲调畅。从此"二五之精，妙合而凝"此是后话，不提。

且说次日宝玉宝钗同起。宝玉梳洗了，先过贾母这边来。这里贾母因疼宝玉，又想宝钗孝顺，忽然想起一件东西来，便叫鸳鸯开了箱子，取出祖上所遗的一个"汉玉玦"，虽不及宝玉他那块玉石，挂在身上却也稀罕。鸳鸯找出来递与贾母，便说道：

"这件东西，我好像从没见的。老太太这些年还记得这样清楚，说是那一箱什么匣子里装着。我按着老太太的话，一拿就拿出来了。老太太这会子叫拿出来做什么？"

贾母道：

"你那里知道？这块玉还是祖爷爷给我们老太爷，老太爷疼我，临出嫁的时候叫了我去，亲手递给我的。还说：'这玉是汉时所佩的东西。很贵重，你拿着就像见了我的一样。'我那时还小，拿了来，也不当什么，便撂在箱子里。到了这里，我见咱们家的东西也多，这算得什么！从没带过，一撂便撂了六十多年。今儿见宝玉这样孝顺，他又丢了一块玉，故此，想着拿出来给他，也像是祖上给我的意思。"

一时，宝玉请了安，贾母便喜欢道：

"你过来，我给你一件东西瞧瞧。"

宝玉走到床前，贾母便把那块汉玉递给宝玉。宝玉接来一瞧，那玉有三寸方圆，形似甜瓜，色有红晕，甚是精致。宝玉口口称赞。贾母道：

"你爱么？这是我祖爷爷给我的，我传了你罢。"

宝玉笑着，请了个安谢了，又拿了要给他母亲瞧。贾母道：

"你太太瞧了，告诉你老子，又说疼儿子不如疼孙子了。他们从没见过。"

宝玉笑着去了。宝钗等又说了几句话，也辞了出来。

自此，贾母两日不进饮食，胸口仍是膨闷，觉得头晕目眩咳嗽。邢王二夫人、凤姐等请安，见贾母精神尚好，不过叫人告诉贾政，立刻来请了安。贾政出来，即请大夫看脉。

不多一时，大夫诊了脉，说是有年纪的人，停了些饮食，感冒些风寒，略消导发散些就好了，开了方子。贾政看了。知是寻常药品，命人煎好进服。以后贾政早晚进来请安。一连三日，不见稍减。贾政又命贾琏打听好大夫：

"快去请来瞧老太太的病。咱们家常请的几个大夫，我瞧着不怎么好，所以叫你去。"

贾琏想了一想，说道：

"记得那年宝兄弟病的时候，倒是请了一个不行医的来瞧好了的，如今不如找他。"

贾政说：

"医道却是极难的，越是不兴时的大夫倒有本领。你就打发人去找来罢。"

贾琏即忙答应去了，回来说道：

"这刘大夫新近出城教书去了，过十来天进城一次。这时等不得，又请了一位，也就来了。"

贾政听了，只得等着，不提。

且说贾母病时，合宅女眷无日不来请安。一日，众人都在那里，只见看园内腰门的老婆子进来回说：

"园里的栊翠庵的妙师父知道老太太病了，特来请安。"

众人道：

"她不常过来，今儿特来，你们快请进来。"

凤姐走到床前回了贾母。

岫烟是妙玉的旧相识，先走出去接她。只见妙玉头戴妙常冠；身上穿一件月白素绸袄儿，外罩一件水田青缎镶边长背心，拴着秋

香色的丝绦;腰下系一条淡墨画的白绫裙;手执麈尾念珠。跟着一个侍儿,飘飘拽拽的走来。岫烟见了问好,说是:

"在园内住的时候儿,可以常来瞧瞧你;近来因为园内人少,一个人轻易难出来,况且咱们这里的腰门常关着,所以这些日子不得见你。今儿幸会!"

妙玉道:

"头里你们是热闹场中,你们虽在外园里住,我也不便常来亲近;如今知道这里的事情也不大好,又听说是老太太病着,又惦记着你,还要瞧瞧宝姑娘。我那管你们关不关?我要来就来,我不来,你们要我来也不能啊。"

岫烟笑道:

"你还是这种脾气。"

一面说着,已到贾母房中。众人见了,都问了好。妙玉走到贾母床前问候,说了几句套话。贾母便道:"你是个女菩萨,你瞧瞧我的病可好的了好不了?"

妙玉道:

"老太太这样慈善的人,寿数正有呢。一时感冒,吃几帖药,想来也就好了。有年纪的人,只要宽心些。"

贾母道:

"我倒不为这些,我是极爱寻快乐的。如今这病也不觉怎么着,只是胸膈饱闷。刚才大夫说是气恼所致。你是知道,谁敢给我气受?这不是那大夫脉理平常么?我和琏儿说了,还是头一个大夫说感冒伤食的是,明儿还请他来。"

说着,叫鸳鸯吩咐厨房里办一桌净素菜来请妙师父这里便饭。

妙玉道:

"我吃过午饭了,我是不吃东西的。"

王夫人道:"不吃也罢,咱们多坐一会,说些闲话儿罢。"

妙玉道:

"我久已不见她们，今日来瞧瞧。"

又说了一回话，便要走，回头见惜春站着，便问道："四姑娘为什么这样瘦？不要只管爱画劳了心？"

惜春道：

"我久不画了。如今住的房屋不比园里的显亮，所以没兴头画。"

妙玉道：

"你如今住在那一所？"

惜春道：

"就是你才来的那个门东边的屋子，你要来，很近。"

妙玉道：

"我高兴的时候来瞧你。"

惜春等说着送了出去。回身过来，听见丫环们回说大夫在贾母那边呢，众人暂且散去。

那知贾母这病日重一日，延医调治不效，以后又添腹泻。贾政着急，知病难医，即命人到衙门告假，日夜同王夫人亲侍汤药。一日，见贾母略进些饮食，心里稍宽，只见老婆子在门外探头。王夫人叫彩云看去，问问是谁。彩云看了是陪迎春到孙家去的人，便道："你来做什么？"

婆子道：

"来了半日，这里找不着一个姐姐们，我又不敢冒撞，我心里又急。"

彩云道：

"你急什么？又是姑爷作践姑娘不成么？"

婆子道：

"姑娘不好了！前儿闹了一场，姑娘哭了一夜，昨日痰堵住了。他们又不请大夫，今日更利害了！"

彩云道：

"老太太病着呢，别大惊小怪的。"

王夫人在内已听见了,恐老太太听见不受用,忙叫彩云带她外头说去。岂知贾母病中心静,偏偏听见,便道:"迎丫头要死了么?"

王夫人便道:

"没有。婆子们不知轻重,说是这两日有些病,恐不能就好,到这里问大夫。"

贾母道:

"瞧我的大夫就好,快请了去。"

王夫人便叫彩云叫这婆子去回大太太去。那婆子去了。

这里贾母便悲伤起来,说是:

"我三个孙女儿;一个享尽了福死了;三丫头远嫁,不得见面;迎丫头虽苦,或者熬出来,不打量她年轻轻儿的就要死了! 留着我这么大年纪的人活着做什么!"

王夫人鸳鸯等解劝了好半天。那时宝钗李氏等不在房中,凤姐近来有病。王夫人恐贾母生悲添病,便叫人叫了她们来陪着,自己回到房中,叫彩云来埋怨:

"这婆子不懂事! 以后我在老太太那里,你们有事,不用来回。"

丫头们依命不言。

岂知那婆子刚到邢夫人那里,外头的人已传进来,说:

"二姑奶奶死了。"

邢夫人听了,也便哭了一场。现今他父亲不在家中,只得叫贾琏快去瞧看。知贾母病重,众人都不敢回。可怜一位如花似月之女,结缡年余,不料被孙家揉搓,以致身亡,又值贾母病笃,众人不便离开,竟容孙家草草完结。

第一百十回
史太君寿终归地府
王凤姐力诎失人心

　　贾母病势日增，只想这些孙女儿。一时想起湘云，便打发人去瞧她。回来的人悄悄的找鸳鸯。因鸳鸯在老太太身旁，王夫人等都在那里，不便上去，到了后头，找了琥珀，告诉她道：

　　"老太太想史姑娘，叫我们去打听。那里知道史姑娘哭的了不得，说是姑爷得了暴病，大夫都瞧了，说这病只怕不能好，若是变了痨病，还可捱过四五年，所以史姑娘心里着急。又知道老太太病，只是不能过来请安。还叫我别在老太太跟前提起来，倘或老太太问起来，务必托你们变个法儿回老太太才好。"

　　琥珀听了，咳了一声，也就不言语了，半日，说道：

　　"你去罢。"

　　琥珀也不便回，心里打算告诉鸳鸯叫她撒谎去，所以来到贾母床前。见贾母神色大变，地下站着一屋子的人，喊喊喳喳的说：

　　"瞧着是不好。"也不敢言语了。

　　这里贾政悄悄的叫贾琏到身旁，向耳边说了几句话。贾琏轻轻的答应，出去了，便传齐了现在家里的一干人，说：

　　"老太太的事，待好出来了。你们快快分头派人办去。头一件，先请出板来瞧瞧，好挂里子。快到各处将各人的衣服量了尺寸，都开明了，便叫裁缝去做孝衣。那棚杠执事都讲定了。厨房里还该多派几个人。"

　　赖大等回道：

　　"二爷，这些事不用爷费心，我们早打算好了，只是这项银子在那里领呢？"

1463

贾琏道:

"这宗银子不用外头去,老太太自己早留下了。刚才老爷的主意,只要办的好,我想外面也要好看。"

赖大等答应,派人分头办去。

贾琏复回到自己房中,便问平儿:

"你奶奶今儿怎么样?"

平儿把嘴往里一努,说:

"你瞧去。"

贾琏进内,见凤姐正要穿衣,一时动不得,暂且靠在炕桌儿上。贾琏道:

"你只怕养不住了,老太太的事,今儿明儿就要出来了,你还脱得过么?快叫人将屋里收拾收拾,就该扎挣上去了。若有了事,你还能回来么?"

凤姐道:

"咱们这里还有什么收拾的?不过就是这点子东西,还怕什么?你先去罢,看老爷叫你。我换件衣裳就来。"

贾琏先回到贾母房里,向贾政悄悄的回道:

"诸事已交派明白了。"

贾政点头。外面又报:

"太医来了。"

贾琏接人,又诊了一回,大夫出来悄悄的告诉贾琏:

"老太太的脉气不好,防着些。"

贾琏会意,与王夫人等说知。王夫人即忙使眼色叫鸳鸯过来,叫她把老太太的装裹衣服预备出来。鸳鸯自去料理。

贾母睁眼要茶喝,邢夫人便进了一杯参汤。贾母刚用嘴接着喝,便道:

"不要这个,倒一钟茶来我喝。"

众人不敢违拗,即忙送上来。一口喝了,还要,又喝一口,便说:

"我要坐起来。"

贾政等道:

"老太太要什么,只管说,可以不必坐起来才好。"

贾母道:

"我喝了口水,心里好些儿,略靠着和你们说说话儿。"

珍珠等用手轻轻的扶起,贾母坐起来说道:

"我到你们家已经六十多年了,从年轻的时候到老来,福也享尽了。自你们老爷起,儿子孙子也都算是好的了。就是宝玉呢,我疼了他一场"说到那里,拿眼满地下瞅着。王夫人便推宝玉走到床前。贾母从被窝里伸出手来拉着宝玉,道:"我的儿,你要争气才好!"

宝玉嘴里答应,心里一酸,那眼泪便要流下来,又不敢哭,只得站着。听贾母说道:

"我想再见一个重孙子,我就安心了。我的兰儿在那里呢?"

李纨也推贾兰上去。贾母放了宝玉,拉着贾兰,道:

"你母亲是要孝顺的。将来你成了人,也叫你母亲风光风光!凤丫头呢?"

凤姐本来站在贾母旁边,赶忙走到跟前,说:

"在这里呢。"

贾母道:

"我的儿,你是太聪明了,将来修修福罢! 我也没有修什么,不过心实吃亏。那些吃斋念佛的事我也不大干,就是旧年叫人写了些金刚经送送人,不知送完了没有?"

凤姐道:

"没有呢。"

贾母道:

"早该施舍完了才好。我们大老爷和珍儿是在外显头了;最可恶的是史丫头没良心,怎么总不来瞧我!"

鸳鸯等明知其故,都不言语。

　　贾母又瞧了一瞧宝钗，叹了口气，只见脸上发红。贾政知是回光返照，即忙进上参汤。贾母的牙关已经紧了，合了一回眼，又睁着满屋里瞧了一瞧。王夫人宝钗上去，轻轻扶着，邢夫人凤姐等便忙穿衣。地下婆子们已将床安设停当，铺了被褥。听见贾母喉间略一响动，脸变笑容，竟是去了。享年八十三岁。众婆子疾忙停床。

　　于是贾政等在外一边跪着，邢夫人等在内一边跪着，一齐举起哀来。外面家人各样预备齐全，只听里头信儿一传出来，从荣府大门起至内宅门，扇扇大开，一色净白纸糊了；孝棚高起，大门前的牌楼立时竖起；上下人等登时成服。

　　贾政报了丁忧，礼部奏闻。主上深仁厚泽：念及世代功勋，又系元妃祖母，赏银一千两，谕礼部主祭。家人们各处报丧。众亲友虽知贾家势败，今见圣恩隆重，都来探丧。择了吉时成殓，停灵正寝。

　　贾赦不在家，贾政为长；宝玉、贾环、贾兰是亲孙，年纪又小，都应守灵。贾琏虽也是亲孙，带着贾蓉，尚可分派家人办事。虽请了些男女外亲来照应，内里邢王二夫人、李纨、凤姐、宝钗等是应灵旁哭泣的。尤氏虽可照应，她自贾珍外出，依住荣府，一向总不上前，且又荣府的事不甚谙练。贾蓉的媳妇更不必说。惜春年小，虽在这里长的，她于家事全不知道。——所以内里竟无一人支持。只有凤姐可以照管里头的事，况又贾琏在外作主，里外他二人，倒也相宜。

　　凤姐先前仗着自己的才干，原打量老太太死了，她大有一番作用。邢王二夫人等本知她曾办过秦氏的事，必是妥当，于是仍叫凤姐总理里头的事。凤姐本不应辞，自然应了，心想："这里的事本是我管的。那些家人更是我手下的人。太太和珍大嫂子的人未来难使唤，如今她们都去了。银项虽没有对牌，这宗银外头的事又是我们那个办。虽说我现今身子不好褒贬，必比宁府里还得办些。"

心下已定，且待明日接了三，后日一早分派，便叫周瑞家的传出话去，将"花名册"取上来。

凤姐一一的瞧了，统共男仆只有二十一人，女仆只有十九人，余者俱是些丫头，连各房算上，也不过三十多人，难以派差。心里想道：

"这回老太太的事倒没有东府里的人多。"

又将庄上的弄出几个，也不敷差遣。正在思算，只见一个小丫头过来说：

"鸳鸯姐姐请奶奶。"

凤姐只得过去。只见鸳鸯哭得泪人一般，一把拉着凤姐，说道：

"二奶奶请坐，我给二奶奶磕个头。虽说服中不行礼，这个头是要磕的！"

> 先写凤姐才干，后写凤姐力诎失人心，方出人意外，效果更佳。鸳鸯的重托，更使凤姐只能成功，不能失败，但凤姐败了，而且失尽体面，这是妙笔。

鸳鸯说着跪下，慌的凤姐赶忙拉住说道：

"这是什么礼？有话好好的说！"

鸳鸯跪着，凤姐便拉起来。鸳鸯说道：

"老太太的事，一应内外，都是二爷和二奶奶办。这宗银子是老太太留下的。老太太这一辈子也没有糟蹋过什么银钱，如今临了这件大事，必得求二奶奶体体面面的办一办才好！我方才听见老爷说什么'诗云子曰'，我也不懂；又说什么'丧与其易，宁戚'，我更不明白。我问宝二奶奶，说是老爷的意思：老太太的丧事，只要悲切才是真孝，不必糜费，图好看的念头。我想老太太这样一个人，怎么不该体面些？我虽是奴才丫头，敢说什么？只是老太太疼二奶奶和我这一场，临死了还不叫她风光风光？我想二奶奶是能办大事的，故此，我请二奶奶来，求作个主意！我生是跟老太太的人，老太太死了，我也是跟老太太的！若是瞧不见老太太的事怎么办，将来怎么见老太太呢？"

凤姐听了这话来的古怪，便说：

"你放心，要体面是不难的。虽是老爷口说要省，那势派也错不得。便拿这项银子都花在老太太身上,也是该当的。"

鸳鸯道:"老太太的遗言说,所有剩下的东西是给我们的,二奶奶倘或用着不够,只管拿这个去折变补上。就是老爷说什么,也不好违了老太太的遗言。况且老太太分派的时候,不是老爷在这里听见的么?"

凤姐道:"你素来最明白的,怎么这会子这样的着急起来了?"

鸳鸯道:"不是我着急,为的是大太太是不管事的,老爷是怕招摇的。若是二奶奶心里也是老爷的想头,说抄过家的人家,丧事还是这么好,将来又要抄起来,也就不顾起老太太来,怎么样呢?我呢,是个丫头,好歹碍不着,到底是这里的声名!"

凤姐道:"我知道了。你只管放心,有我呢。"鸳鸯千恩万谢的托了凤姐。

那凤姐出来,想道:

"鸳鸯这东西好古怪! 不知打了什么主意? 论理,老太太身上本该体面些,——嗳! 且别管她,只按着咱们家先前的样子办去。"

于是叫旺儿家的来,把话传出去,请二爷进来。

不多时,贾琏进来说道:

"怎么找我? 你在里头照应着些就是了。横竖作主是老爷太太们,他说怎么着,我们就怎么着。"

凤姐道:

"你也说起这个话来了,可不是鸳鸯说的话应验了么?"

贾琏道:

"什么鸳鸯的话?"

凤姐便将鸳鸯请进去的话述了一遍。贾琏道:

"她们的话算什么! 刚才二老爷叫我去,说:'老太太的事固要认真办理,但是知道的呢,说是老太太自己结果自己;不知道的,只说咱们都隐匿起来了,如今很宽裕。老太太的这宗银子用不了,谁还要么? 仍旧该用在老太太身上。老太太是在南边的,虽有坟地,却没有阴宅。老太太的柩是要归到南边去的。留这银子在祖坟上

1468

盖起些房屋来,再余下的,置买几顷祭田,咱们回去也好;就是不回去,便叫那些贫穷族中住着,也好按时按节,早晚上香,时常祭扫祭扫。'你想这些话可不是正经主意么?据你的话,难道都花了罢?"

凤姐道:"银子发出来了没有?"

贾琏道:"谁见过银子?我听见咱们太太听见了二老爷的话,极力的撺掇二太太和二老爷说:'这是好主意!'叫我怎么着?现在外头棚杠上要支几百银子,这会子还没有发出来。我要去,他们都说有,先叫外头办了,回来再算。你想,这些奴才,有钱的早溜了。按着册子叫去,有说告病的,有说下庄子去了的。剩下几个走不动的,只有赚钱的能耐,还有赔钱的本事么?"

凤姐听了,呆了半天,说道:

"这还办什么?"

正说着,见来了一个丫头,说:

"大太太的话,问二奶奶:今儿第三天了,里头还很乱,供了饭,还叫亲戚们等着?叫了半天,上了菜,短了饭:这是什么办事的道理?"

凤姐急忙进去吆喝人来伺候,将就着把早饭打发了。偏偏那日人来的多,里头的人都死眉瞪眼的。凤姐只得在那里照料了一会子,又惦记着派人,赶着出来,叫了旺儿家的传齐了家下女人们,一一分派了。众人都答应着不动。凤姐道:

"什么时候?还不供饭?"

众人道:

"传饭是容易的,只要将里头的东西发出来,我们才好照管去。"

凤姐道:

"糊涂东西!派定了你们,少不得有的!"

众人只得勉强应着。

凤姐即往上房去取发应用之物,要去请示邢王二夫人,见人多难说,看那时候已经日渐平西了,只得找了鸳鸯,说要老太太存的那一份家伙。鸳鸯道：

"你还问我呢！那一年二爷当了,赎了来了么？"

凤姐道：

"不用银的金的,只要那一分平常使的。"

鸳鸯道：

"大太太珍大奶奶屋里使的是那里来的？"凤姐一想不差,转身就走,只得到王夫人那边找了玉钏,彩云,才拿了一分出来,急忙叫彩明登帐,发与众人收管。

与贾琏偷
当贾母金银私
蓄,前后照应,
丝丝入扣。

鸳鸯见凤姐这样慌张,又不好叫她回来,心想：

"她头里作事,何等爽利周到！如今怎么掣肘的这个样儿？我看这两三天连一点头脑都没有,不是老太太白疼了她了吗？"那里知邢夫人一听贾政的话,正合着将来家计艰难的心,巴不得留一点子作个收局。况且老太太的事原是长房作主。贾赦虽不在家,贾政又是拘泥的人,有件事便说："请大太太的主意。"邢夫人素知凤姐手脚大,贾琏的闹鬼,所以死拿住不放松。鸳鸯只道已将这项银两交了出去,故见凤姐掣肘如此,却疑为不肯用心,便在贾母灵前唠唠叨叨哭个不了。

邢夫人等听了话中有话,不想到自己不令凤姐便宜行事,反说：

"凤丫头果然有些不用心！"

王夫人到了晚上,叫了凤姐过来,说："咱们家虽说不济,外头的体面是要的。这两三天人来人往,我瞧着那些人都照应不到,想必你没有吩咐。还得你替我们操点心儿才好！"

凤姐听了,呆了一会,要将银两不凑手的话说出来,但是银钱是外头管的,王夫人说的是照应不到。凤姐也不敢辩,只好不言语。邢夫人在旁说道：

"论理,该是我们做媳妇的操心,本不是孙子媳妇的事,但是我们动不得身,所以托你。你是打不得撒手的！"

　　凤姐紫涨了脸，正要回说，只听外头鼓乐一奏，是烧黄昏纸的时候了，大家举起哀来，又不得说。凤姐原想回来再说，王夫人催她出去料理，说道：

　　"这里有我们呢，你快快儿的去料理明儿的事罢。"

　　凤姐不敢再言，只得含悲忍泣的出来，又叫人传齐了众人，又吩咐了一会，说：

　　"大娘婶子们可怜我罢！我上头捱了好些话，为的是你们不齐截，叫人笑话，明儿你们豁出些辛苦来罢！"

　　那些人回道：

　　"奶奶办事，不是今儿个一遭儿了，我们敢违拗吗？只是这回的事，上头过于累赘！只说打发这顿饭罢：有在这里吃的，有要在家里吃的；请了这位太太，又是那位奶奶不来。诸如此类，那里能齐全？还求奶奶劝劝那些姑娘们少挑饬就好了。"

　　凤姐道："头一层是老太太的丫头们是难缠的，太太们的也难说话，叫我说谁去呢？"

　　众人道："从前奶奶在东府里还是署事，要打要骂，怎么那样锋利？谁敢不依？如今这些姑娘们都压不住了？"

　　凤姐叹道："东府里的事，虽说托办的，太太虽在那里，不好意思说什么。如今是自己的事情，又是公中的，人人说得话。再者，外头的银钱也叫不灵：即如棚里要一件东西，传出去了，总不见拿进来，这叫我什么法儿呢？"

　　众人道：

　　"二爷在外头，倒怕不应付么？"

　　凤姐道：

　　"还提这个！他也是那里为难。第一件，银钱不在他手里，要一件得回一件，那里凑手？"

　　众人道：

　　"老太太这项银子不在二爷手里么？"

　　凤姐道：

"你们回来问管事的就知道了。"

众人道：

"怨不得！我们听见外头男人抱怨说：这么件大事，咱们一点摸不着，净当苦差，叫人怎么能齐心呢？"

凤姐道：

> 写凤姐力
> 诎失尽威风，
> 反求下人，甚
> 佳。

"如今不用说了。眼前面的事，大家留些神罢。倘或闹的上头有什么说的，我可和你们不依。"

众人道：

"奶奶要怎么样，我们敢抱怨吗？只是上头一人一个主意，我们实在难周到。"

凤姐听了也没法，只得央及道：

"好大娘们！明儿且帮我一天。等我把姑娘们闹明白了，再说罢了。"

众人听命而去。

凤姐一肚子委屈，愈想愈气，直到天亮，又得上去。要把各处的人整理整理，又恐邢夫人生气；要和王夫人说，怎奈邢夫人挑唆。这些丫头们见邢夫人等不助凤姐的威风，更加作践起她来。幸得平儿替凤姐排解，说是：

"二奶奶巴不得要好，只是老爷太太们吩咐了外头，不许糜费，所以我们二奶奶不能应付到了。"说过几次，才得安静些。

虽说僧经道忏，吊祭供饭，络绎不绝，终是银钱吝啬，谁肯踊跃，不过草草了事。连日王妃诰命来的不少。凤姐也不能上去照应，只好在底下张罗：叫了那个，走了这个；发一回急，央及一回；支吾过了一起，又打发一起。别说鸳鸯等看去不像样，连凤姐自己心里也过不去了。

邢夫人虽说是冢妇，仗着"悲戚为孝"四个字，倒也都不理会。王夫人只得跟着邢夫人行事，余者更不必说了。独有李纨瞧出凤姐的苦处，却不敢替她说话，只自叹道：

　　"俗语说的:'牡丹虽好,全仗绿叶扶持。'太太们不亏了凤丫头,那些人还帮着吗? 若是三姑娘在家还好,如今只有她几个自己的人瞎张罗,背前面后的也抱怨:说是一个钱摸不着,脸面也不能剩一点儿! 老爷是一味的尽孝,庶务上头不大明白。这样的一件大事,不撒散几个钱就办的开了么? 可怜凤丫头闹了几年,不想在老太太的事上,只怕保不住脸了"

　　于是抽空儿叫了她的人来,吩咐道:

　　"你们别看着人家的样儿,也糟蹋起琏二奶奶来。别打量什么穿孝守灵就算了大事了,不过混过几天就是了。看见那些人张罗不开,就插个手儿,也未为不可。 这也是公事,大家都该出力的。"

　　那些素服李纨的人都答应着说:

　　"大奶奶说的很是,我们也不敢那么着。只听见鸳鸯姐姐们的口话儿,好像怪琏二奶奶的似的。"

　　李纨道:

　　"就是鸳鸯,我也告诉过她。我说琏二奶奶并不是在老太太的事上不用心,只是银子钱都不在她手里,叫她巧媳妇还作的上没米的粥来吗? 如今鸳鸯也知道了,所以也不怪她了。 只是鸳鸯的样子竟是不像从前了,这也奇怪:那时候有老太太疼她,倒没有作个什么威福;如今老太太死了,没有了仗腰子的了,我看她倒有些气质不大好。 我先前替她愁,这会子幸喜大老爷不在家,才躲过去了;不然,她有什么法儿?"

　　说着,只见贾兰走来说:

　　"妈妈,睡罢。一天到晚,人来客去的也乏了,歇歇罢。我这几天总没有摸摸书本儿。今儿爷爷叫我家里睡,我喜欢的很,要理个一两本书才好,别等脱了孝再都忘了。"

　　李纨道:

　　"好孩子! 看书呢,自然是好的,今儿且歇歇罢,等老太太送了殡再看罢。"

> 写李纨贤德,性格始终如一。

贾兰道:

"妈妈要睡,我也就睡在被窝里头想想也罢了。"众人听了,都夸道:"好哥儿! 怎么这点年纪,得了空儿就想到书上? 不像宝二爷娶了亲的人还是那么孩子气:这几日跟着老爷跪着,瞧他很不受用,巴不得老爷一动身就跑过来找二奶奶,不知唧唧咕咕的说些什么。甚至弄的二奶奶都不理他了,他又去找琴姑娘。琴姑娘也躲着他,邢姑娘也不很和他说话,倒是咱们本家儿的什么喜姑娘四姑娘咧,哥哥长,哥哥短的和他亲密。我们看那宝二爷除了和奶奶姑娘们混混,只怕他心里也没有别的事,白过费了老太太的心,疼了他这么大,那里及兰哥儿一零儿呢! 大奶奶将来是不愁的了!"

李纨道:"就好也还小呢。只怕到他大了,咱们家还不知怎么样了呢! 环哥儿,你们瞧着怎么样?"

众人道:"那一个更不像样儿了! 两双眼睛倒像个活猴儿似的,东溜溜,西看看。虽在那里嚎丧,见了奶奶姑娘们来了,他在孝幔子里头净偷着眼儿瞧人呢!"

李纨道:

"他的年纪其实也不小了。前日听见说,还要给他说亲呢,如今又得等着了。嗳! 还有一件事:咱们家这些人,我看来也是说不清的! 且不必说闲话儿,后日送殡,各房的车是怎么样了?"

众人道:

"琏二奶奶这几天闹的像失魂落魄的样儿了,也没见传出去。昨儿听见外头男人们说,二爷派了蔷二爷料理,说是咱们家的车也不够,赶车的也少,要到亲戚家去借去呢。"

李纨笑道:

"车也都是借得的么?"

众人道:

"奶奶的说笑话儿了,车怎么借不得? 只是那一日所有的亲戚都用车,只怕难借,想来还得雇呢。"

李纨道:

"底下人的只得雇，上头白车也有雇的么？"

众人道：

"现在大太太，东府里的大奶奶小蓉奶奶都没有车了，不雇，那里来的呢？"

李纨听了，叹息道：

"先前见有咱们家里的太太奶奶们坐了雇的车来，咱们都笑话，如今轮到自己头上了！你明儿去告诉你们的男人：我们的车马，早早的预备好了，省了挤。"

众人答应了出去。不提。

且说史湘云因她女婿病着，贾母死后，只来了一次，屈指算是后日送殡，不能不去。又是她女婿的病已成痨症，暂且不妨，只得坐夜前一日过来。想起贾母素日疼她，又想到自己命苦，刚配了一个才貌双全的女婿，性情又好，偏偏的得了冤孽症候，不过捱日子罢了。于是更加悲痛，直哭了半夜。鸳鸯等再三劝慰不止。

宝玉瞅着也不胜悲伤，又不好上前去劝。见她淡妆素服，不敷脂粉，更比未出嫁的时候犹胜几分。回头又看宝琴等也都是淡素妆饰，丰韵嫣然。独看到宝钗浑身挂孝，那一种雅致比寻常穿颜色时更自不同。心里想道：

"古人说，千红万紫，终让梅花为魁。看来不止为梅花开的早，竟是那'洁白清香'四字真不可及了。但只这时候若有林妹妹，也是这样打扮，更不知怎样的丰韵呢！"

想到这里，不觉的心酸起来，那泪珠儿便一直的滚下来了，趁着贾母的事，不妨放声大哭。

众人正劝湘云，外间忽又添出一个哭的人来。大家只道是想着贾母疼他的好处，所以悲伤，岂知他们两个人各自有各自的眼泪？这场大哭，招得满屋的人无不下泪。还是薛姨妈李婶娘等劝住。

次日乃坐夜之期，更加热闹。凤姐这日竟支撑不住，也无方法，只得用尽心力，甚至咽喉嚷哑。敷衍过了半日，到了下半天，亲

友更多了,事情也更繁了,瞻前不能顾后。正在着急,只见一个小丫头跑来说:

"二奶奶在这里呢,怪不得大太太说,里头人多,照顾不过来,二奶奶是躲着受用去了!"

凤姐听了这话,一口气撞上来,往下一咽,眼泪直流,只觉得眼前一黑,嗓子里一甜,便喷出鲜红的血来,身子站不住,就蹲倒在地。幸亏平儿急忙过来扶住。只见凤姐的血一口一口的吐个不住。忙叫了人来搀扶着,慢慢的送到自己房中,将凤姐轻轻的安放在炕上,立刻叫小红斟上一杯开水送到凤姐唇边。凤姐呷了一口,昏迷仍睡。秋桐过来略瞧了一瞧,便走开了,平儿也不叫她。只见丰儿在旁站着,平儿便说:

"快去回明二位太太。"

于是丰儿将凤姐吐血不能照应的话回了邢王二夫人。邢夫人打量凤姐推病藏躲,因这时女亲都在内里,也不好说别的,心里却不全信,只说:

"叫她歇着去罢。"

众人也并无言语。自然这晚亲友往来不绝,幸得几个内亲照应。

> 作者用小丫头几句话便将好胜要强的凤姐打倒,此种功力真是四两拨千斤。写凤姐料理贾母丧事的失败,料理可卿丧事的成功异曲同工。

第一百十一回　鸳鸯女殉主登太虚
狗彘奴欺天招伙盗

　　家下人等见凤姐不在,也有偷闲歇力的,乱乱吵吵,已闹的七颠八倒,不成事体了。到二更多天,远客去后,便预备辞灵,孝幕内的女眷,大家都哭了一阵。只见鸳鸯已哭的昏晕过去了,大家扶住捶闹了一阵,才醒过来,便说老太太疼了一场,要跟了去的话。众人都打量人到悲哭,俱有这些言语,也不理会。及至辞灵的时候,上上下下也有百十余人,只不见鸳鸯,众人因为忙乱,却也不曾检点。到琥珀等一干人哭奠之时,才要找鸳鸯,又恐是她哭乏了,暂在别处歇着,也不言语。

　　辞灵以后,外头贾政叫了贾琏问明送殡的事,便商量着派人看家。贾琏回说:

　　"上人里头,派了芸儿在家照应,不必送殡;下人里头,派了林之孝的一家子照应拆棚等事。但不知里头派谁看家?"

　　贾政道:

　　"听见你母亲说是你媳妇病了,不能去,就叫她在家的;你珍大嫂子又说你媳妇病得利害,还叫四丫头陪着,带领了几个丫头婆子,照看上屋里才好。"

　　贾琏听了,心想:

　　"珍大嫂子与四丫头两个不合,所以撺掇着不叫她去。若是上头,就是她照应也是不中用的。我们那一个又病着,也难照应。"想了一回,回贾政道:

　　"老爷且歇歇儿,等进去商量定了再回。"

　　贾政点了点头,贾琏便进去了。

谁知此时鸳鸯哭了一场,想到:

"自己跟着老太太一辈子,身子也没有着落,如今大老爷虽不在家,大太太的这样行为,我也瞧不上。老爷是不管事的人,以后便'乱世为王'起来了。我们这些人不是要叫他们掇弄了么?谁收在屋子里,谁配小子,我是受不得这样折磨的,倒不如死了干净!但是一时怎么样的个死法呢?……"

一面想,一面走到老太太的套间屋内。刚跨进门,只见灯光惨淡,隐隐有个女人拿着汗巾子,好似要上吊的样子。

鸳鸯也不惊怕,心里想道:

"这一个是谁?和我的心事一样,倒比我走在头里了。"便问道:

"你是谁?咱们两个人是一样的心,要死一块儿死。"

那个人也不答言。鸳鸯走到跟前一看,并不是这屋子的丫头。仔细一看,觉得冷气侵人,一时就不见了。鸳鸯呆了一呆,退出在炕沿上坐下,细细一想,道:

"哦!是了。这是东府里的小蓉大奶奶啊!她早死了的了,怎么到这里来?必是来叫我来了。她怎么又上吊呢?"想了一想,道:"是了,必是教给我死的法儿。"

> 鸳鸯之烈早在四十六回即有交代,此处写鸳鸯之死又是前后照应。上吊情形写得真切。

鸳鸯这么一想,邪侵人骨,便站起来,一面哭,一面开了妆匣,取出那年铰的一绺头发,揣在怀里,就在身上解下一条汗巾,按着秦氏方才比的地方拴上。自己又哭了一回,听见外头人客散去,恐有人进来,急忙关上屋门,然后端了一个脚凳,自己站上,把汗巾拴上扣儿,套在咽喉,便把脚凳蹬开。可怜咽喉气绝,香魂出窍!正无投奔,只见秦氏隐隐在前,鸳鸯的魂魄疾忙赶上,说道:

"蓉大奶奶,你等等我。"

那个人道:

"我并不是什么蓉大奶奶,乃警幻之妹,可卿是也。"

鸳鸯道：

"你明明是蓉大奶奶，怎么说不是呢？"

那人道：

"这也有个缘故，待我告诉你，你自然明白了。我在警幻宫中，原是个钟情的首座，管的是风情月债，降临尘世，自当为第一情人，引这些痴情怨女，早早归入情司，所以我该悬梁自尽的。因我看破凡情，超出情海，归入情天，所以太虚幻境'痴情'一司，竟自无人掌管。今警幻仙子已经将你补入，替我掌管此司，所以命我来引你前去的。"

鸳鸯的魂道：

"我是个最无情的，怎么算我是个有情的人呢？"

那人道：

"你还不知道呢。世人都把那淫欲之事当作'情'字，所以作出伤风败化的事来，还自谓风月多情，无关紧要。不知'情'之一字，喜怒哀乐未发之时，便是个性；喜怒哀乐已发，便是情了。至于你我这个情，正是未发之情，就如那花的含苞一样。若待发泄出来，这情就不为真情了。"

鸳鸯的魂听了，点头会意，便跟了秦氏可卿而去。

这里琥珀辞了灵，听邢王二夫人分派看家的人，想着去问鸳鸯明日怎样坐车，便在贾母的那间屋里找了一遍，不见，又找到套间里头。刚到门口，见门儿掩着，从门缝里望里看时，只见灯光半明半灭的，影影绰绰，心里害怕，又不听见屋里有什么动静，便走回来说道：

"这蹄子跑到那里去了？"劈头见了珍珠，说："你见鸳鸯姐姐来着没有？"

珍珠道：

"我也找她。太太们等她说话呢。必在套间里睡着了罢。"

琥珀道：

"我瞧了，屋里没有。那灯也没人夹蜡花儿，漆黑怪怕的，我没

1479

进去。如今咱们一块儿进去,瞧看有没有。"

琥珀等进去,正夹蜡花。珍珠说:

"谁把脚凳撂在这里,几乎绊我一跤!"

说着,往上一瞧,吓的"嗳呀"一声,身子往后一仰,咕咚的栽在琥珀身上。琥珀也看见了,便大嚷起来,只见两双脚挪不动。

外头的人也都听见了,跑进来一瞧,大家嚷着,报与邢王二夫人知道。王夫人宝钗等听了,都哭着去瞧。邢夫人道:

"我不料鸳鸯倒有这样志气! 快叫人去告诉老爷。"

只有宝玉听见此信,便吓的双眼直竖。袭人等慌忙扶着说道:

"你要哭就哭,别憋着气。"

宝玉死命的才哭出来了,心想:

"鸳鸯这样一个人,偏又这样死法!"又想:"实在天地间的灵气,独钟在这些女子身上了! 她算得了死所。我们究竟是一件浊物,还是老太太的儿孙,谁能赶得上她?"复又喜欢起来。

那时,宝钗听见宝玉大哭了出来了,及到跟前,见他又笑。袭人等忙说:

"不好了! 又要疯了!"

宝钗道:

"不妨事,他有他的意思。"

宝玉听了,更喜欢宝钗的话:

"到底她还知道我的心,别人那里知道!"

正在胡思乱想,贾政等进来,着实的嗟叹着说:

"好孩子! 不枉老太太疼他一场!"

即命贾琏出去,吩咐人连夜买棺盛殓,明日便跟着老太太的殡送出,也停在老太太棺后,全了她的心志。贾琏答应出去,这里命人将鸳鸯放下,停放里间屋内。平儿也知道了,过来同袭人莺儿等一干人都哭的哀哀欲绝。内中紫鹃也想起自己终身,一无着落,恨不跟了林姑娘去,又全了主仆的恩义,又得了死所。如今空悬在宝玉屋内,虽说宝玉仍是柔情蜜意,究竟算不得什么,于是更哭得哀切。

王夫人即传了鸳鸯的嫂子进来，叫她看着入殓，遂与邢夫人商量了，在老太太项内赏了她嫂子一百两银子，还说等闲了将鸳鸯所有的东西俱赏他们。她嫂子磕了头出去，反喜欢说：

"真真的我们姑娘是个有志气的，有造化的！又得了好名声，又得了好发送！"

旁边一个婆子说道：

"罢呀！嫂子！这会子你把一个死姑娘卖了一百银便这么喜欢了；那时候儿给了大老爷，你还不知得多少银钱呢，你该更得意了。"

一句话戳了她嫂子的心，便红了脸走开了。刚走到二门上，见林之孝带了人抬了棺材来了，她只得也跟进去，帮着盛殓，假意哭嚎了几声。

贾政因她为贾母而死，要了香来，上了三炷，作了个揖，说：

"她是殉葬的人，不可作丫头论，你们小一辈的都该行个礼儿。"

宝玉听了，喜不自胜，走来恭恭敬敬磕了几个头。贾琏想她素日的好处，也要上来行礼，被邢夫人说道：

"有了一个爷们就是了，别折受的她不得超生。"

贾琏就不便过来了。

宝钗听着这话，好不自在，便说道：

"我原不该给她行礼，但只老太太去世，咱们都有未了之事，不敢胡为。她肯替咱们尽孝，咱们也该托托她：好好的替咱们伏侍老太太西去，也稍尽一点子心哪！"

说着，扶了莺儿走到灵前，一面奠酒，那眼泪早扑簌簌流下来了。奠毕，拜了几拜，狠狠的哭了她一场。

众人也有说宝玉的两口子都是傻子，也有说他两个心肠儿好的，也有说他知礼的，贾政反倒合了意。一面商量定了看家的，仍是凤姐惜春，余者都遣去伴灵。一夜谁敢安眠？一到五更，听见外面齐人。到了辰初发引,贾政居长,衰麻哭泣,极尽孝子之礼。灵柩出了门,便有各家的路祭,一路上的风光,不必细说。走了半日,来至铁槛寺安灵,所有孝男等俱应在庙伴宿。不提。

且说家中林之孝带领拆了棚,将门窗上好,打扫净了院子,派了巡更的人,到晚打更上夜。只是荣府规例:一交二更,三门掩上,男人就进不去了,里头只有女人们查夜。凤姐虽隔了一夜,渐渐的神气清爽了些,只是那里动得?只有平儿同着惜春各处走了一走,吩咐了上夜的人,也便各自归房。

却说周瑞的干儿子何三,去年贾珍管事之时,因他和鲍二打架,被贾珍打了一顿,撵在外头,终日在赌场过日。近知贾母死了,必有些事情领办,岂知探了几天的信,一些也没有想头,便嗳声叹气的回到赌场中,闷闷的坐下。那些人便说道:

"老三,你怎么不下来捞本儿了吗?"

何三道:

"倒想要捞一捞呢,就只没有钱么。"

那些人道:

"你到你们周大太爷那里去了几日,府里的钱,你也不知弄了多少来,又来和我们装穷儿。"

何三道:

"你们还说呢! 他们的金银不知有几百万,只藏着不用。明儿留着,不是火烧了,就是贼偷了,他们才死心呢!"

那些人道:

"你又撒谎。他家抄了家,还有多少金银?"

何三道:

"你们还不知道呢。抄的是擩不了的。如今老太太死后,还留了好些金银,他们一个也不使,都在老太太屋里搁着,等送了殡回来才分呢。"

内中有一个人听在心里,掷了几骰,便说:

"我输了几个钱也不翻本儿了,睡去了。"说着,便走出来,拉了何三道：

　　"老三，我和你说句话。"

　　何三跟他出来。那人道：

　　"你这么个伶俐人，这么穷，我替你不服这口气！"

　　何三道：

　　"我命里穷，可有什么法儿呢？"

　　那人道：

　　"你才说荣府的银子这么多，为什么不去拿些使唤使唤？"

　　何三道：

　　"我的哥哥！他家的金银虽多，你我去白要一二钱，他们给咱们吗？"

　　那人笑道：

　　"他不给咱们，咱们就不会拿吗？"

　　何三听了这话里有话，忙问道：

　　"依你说，怎么样拿呢？"

　　那人道：

　　"我说你没有本事，若是我，早拿了来了。"

　　何三道：

　　"你有什么本事？"

　　那人便轻轻的说道：

　　"你若要发财，你就引个头儿。我有好些朋友，都是通天的本事。别说他们送殡去了，家里只剩下几个女人，就让有多少男人也不怕！只怕你没这么大胆子罢咧！"

　　何三道：

　　"什么敢不敢！你打量我怕那个干老子吗？我是瞧着干妈的情儿上头，才认他做干老子罢咧！他又算了人了？你刚才的话，就只怕弄不来，倒招了饥荒。他们那个衙门不熟？别说拿不来，倘或拿了来，也要闹出来的。"

　　那人道：

"这么说,你的运气来了! 我的朋友,还有海边上的呢,现今都在这里。看过风头,等个门路,若到了手,你我在这里也无益,不如大家下海去受用,不好么? 你若撂不下你干妈,咱们索性把你干妈也带了去,大家伙儿乐一乐,好不好?"

何三道:

"老大,你别是醉了罢? 这些话混说的是什么?"

说着,拉了那人走到个僻静地方,两个人商量了一回,各人分头而去,暂且不提。

且说包勇自被贾政吃喝,派去看园,贾母的事出来,也忙了不曾派他差使。他也不理会,总是自做自吃,闷来睡一觉,醒时便在园里耍刀弄棍,倒也无拘无束。那日贾母一早出殡,他虽知道,因没有派他差使,他任意闲游,只见一个女尼带了一个道婆来到园内腰门那里扣门。包勇走来,说道:

"女师父,那里去?"

道婆道:

"今日听得老太太的事完了,不见四姑娘送殡,想必是在家看家。恐她寂寞,我们师父来瞧她一瞧。"

包勇道:

"主子都不在家,园门是我看的,请你们回去罢。要来呢,等主子们回来了再来。"

婆子道:

"你是那里来的个黑炭头? 也要管起我们的走动来了?"

包勇道:

"我嫌你们这些人,我不叫你们来,你们有什么法儿?"

婆子生了气,嚷道:

"这都是反了天的事了! 连老太太在日还不能拦我们的来往走动呢,你是那里的这么个横强盗,这样没法没天的? 我偏要打这里走!"

说着,便把手在门环上狠狠的打了几下。

　　妙玉已气的不言语，正要回身便走，不料里头看二门的婆子听见有人拌嘴，连忙开门一看，见是妙玉，已经回身走去，明知必是包勇得罪了走了。近日婆子们都知道上头太太们四姑娘都和她亲近，恐她日后说出门上不放进她来，那时如何耽得住，赶忙走来，说：

　　"不知师父来，我们开门迟了。我们四姑娘在家里，还正想师父呢。快请回来。看园的小子是个新来的，他不知咱们的事。回来回了太太，打他一顿，撵出去就完了。"

　　妙玉虽是听见，总不理她。那禁得看腰门的婆子赶上，再四央求，后来才说出怕自己担不是，几乎急的跪下。妙玉无奈，只得随着那婆子过来。包勇见这般光景，自然不好再拦，气得瞪眼叹气而回。

　　这里妙玉带了道婆走到惜春那里道了恼，叙些闲话。惜春说起：

　　"在家看家，只好熬个几夜，但是二奶奶病着，一个人又闷又害怕。能有一个人在这里，我就放心，如今里头一个男人也没有。今儿你既光降，肯伴我一宵，咱们下棋说话儿，可使得么?"

　　妙玉本来不肯，见惜春可怜，又提起下棋，一时高兴，应了。打发道婆回去取了她的茶具衣褥，命件儿送了过来，大家坐谈一夜。惜春欣幸异常，便命彩屏去开上年蠲的雨水，预备好茶。

　　那妙玉自有茶具。道婆去了不多一时，又来了一个侍者，送了妙玉日用之物。惜春亲自烹茶。两人言语投机，说了半天。那时天有初更时候，彩屏放下棋枰，两人对奕。惜春连输两盘，妙玉又让了四个子儿，惜春方赢了半子。

　　不觉已到四更，正是天空地阔，万籁无声。妙玉道：

　　"我到五更须得打坐，我自有人伏侍，你自去歇息。"

　　惜春犹是不舍，见妙玉要自己养神，不便扭她。刚要歇去，猛听得东边上屋内上夜的人一片声喊起。惜春那里的老婆子们也接着声嚷道：

"了不得了！有了人了！"

吓得惜春彩屏等心胆俱裂，听见外头上夜的男人，便声喊起来。妙玉道：

"不好了！必是这里有了贼了！"

说着，赶忙的关上屋门，便掩了灯光，在窗户眼内往外一瞧。只见几个男人站在院内，吓得不敢作声，回身摆着手，轻轻的爬下来，说：

"了不得！外头有几个大汉站着。"

说犹未了，又听得房上响声不绝，便有外头上夜的人进来吆喝拿贼。一个人说道：

"上屋里的东西都丢了，并不见人。东边有人去了，咱们到西边去。"

惜春的老婆子听见有自己的人，便在外间屋里说道：

"这里有好些人上了房了。"

上夜的都道：

"你瞧！这可不是吗？"

大家一齐嚷起来。只听房上飞下好些瓦来，众人都不敢上前。

正在没法，只听园里腰门一声大响，打进门来。见一个梢长大汉，手执木棍，众人吓得藏躲不及。听得那人喊说道：

"不要跑了他们一个！你们都跟我来！"

这些家人听了这话，越发吓得骨软筋酥，连跑也跑不动了。只见这人站在当地，只管乱喊。家人中有一个眼尖些的看出来了。你道是谁？正是甄家荐来的包勇。这些家人不觉胆壮起来，便颤巍巍的说道：

"有一个走了！有的在房上呢！"

包勇便向地下一扑，耸身上房追赶那贼。

这些贼人明知贾家无人，先在院内偷看惜春房内，见有个绝色尼姑，便顿起淫心，又欺上屋俱是女人，且又畏惧，正要蹿进门去，因听外面有人进来追赶，所以贼众上房。见人不多，还想抵挡，猛见一人上房赶来，那些贼见是一人，越发不理论了，便用短兵抵住。那经得包勇用力一棍打去，将贼打下房来。那些贼飞奔而逃，从园墙过去。包勇也在房上追捕。岂知园内早藏下了几个在那里接赃，已经接过好些。见贼伙跑回，大家举械保护。见追的只有一人，明欺寡不敌众，反倒迎上来。包勇一见生气，道：

"这些毛贼！敢来和我斗斗！"

那伙贼便说：

"我们有一个伙计被他们打倒了，不知死活，咱们索性抢了他出来！"

这里包勇闻声即打。那伙贼便抢起器械，四五个人围住包勇，乱打起来。外头上夜的人也都仗着胆子只顾赶了来。众贼见斗他不过。只得跑了。包勇还要赶时，被一个箱子一绊，立定看时，心想东西未丢，众贼远逃，也不追赶，便叫众人将灯照看。地下只有几个空箱，叫人收拾，他便欲跑回上房。因路径不熟，走到凤姐那边，见里面灯烛辉煌，便问：

> 柳湘莲为《红楼梦》中第一侠义人物，包勇是第二位，但柳风雅，包则木讷，外表才情不同，侠义则一，作者笔下无雷同人物。

"这里有贼没有？"

里头的平儿战兢兢的说道：

"这里也没开门，只听上屋叫喊，说有贼呢，你到那里去罢。"

包勇正摸不着路头，遥见上夜的人过来，才跟着一齐寻到上屋。见是门开户启，那些上夜的在那里啼哭。

一时，贾芸林之孝都进来了，见是失盗，大家着急。进内查点，老太太的房门大开，将灯一照，锁头拧折，进内一瞧，箱柜已开。便骂那些上夜女人道：

"你们都是死人么？贼人进来，你们都不知道么？"

那些上夜的人啼哭着说道：

"我们几个人轮更上夜，是管二三更的。我们都没有住脚，前后走的。他们是四更五更。我们才下班儿，只听见他们喊起来，并不见一个人。赶着照看，不知什么时候把东西早已丢了。求爷们问管四更五更的！”

林之孝道：

“你们个个要死！回来再说，咱们先到各处看去。”

上夜的男人领着走到尤氏那边，门儿关紧。有几个接音说：

“吓死我们了！”

林之孝问道：

“这里没有丢东西呀？”

里头的人方开了门，道：

“这里没丢东西。”

林之孝带着人走到惜春院内，只听得里面说道：

“了不得！吓死了姑娘了。醒醒儿罢！”

林之孝便叫人开门，问是怎么了。里头婆子开门，说：

“贼在这里打仗，把姑娘都吓坏了。亏得妙师父和彩屏才将姑娘救醒。东西是没失。”

林之孝道：

“贼人怎么打仗？”

上夜的男人说：

“幸亏包天爷上了房把贼打跑了去了，还听见打倒了一个人呢。”

包勇道：

“在园门那里呢，你们快瞧去罢。”

贾芸等走到那边，果然看见一个人躺在地下，死了，细细的一瞧，好像是周瑞的干儿子。众人见了诧异，派了一个人看守着，又派了两个人照看前后门。走到门前看时，那门俱仍旧关锁着。林之孝便叫人开了门，报了营官。立刻到来查勘贼踪，是从后夹道子上了房的，到了西院房上，见那瓦片破碎不堪，一直过了后园去了。

众上夜的人齐声说道：

“这不是贼，是强盗。”

营官着急道：

“并非明火执杖，怎么便算是强盗呢？”

上夜的道：

“我们赶贼，他在屋上撇瓦，我们不能到他跟前，幸亏我们家的姓包的上房打退。赶到园里，还有好几个贼竟和姓包的打起仗来，打不过姓包的，才都跑了。”

营官道：

“可又来，若是强盗，难道倒打不过你们的人么？不用说了，你们快查清了东西，递了失单，我们报就是了。”

贾芸等又到了上屋里，已见凤姐扶病过来，惜春也来了。贾芸请了凤姐的安，问了惜春的好，大家查看失物。因鸳鸯已死，琥珀等又送灵去了，那些东西都是老太太的，并没见过数儿，只用封锁，如今打从那里查起？众人都说：

“箱柜东西不少，如今一空。偷的时候儿自然不小了，那些上夜的人管做什么的？况且打死的贼是周瑞的干儿子，必是他们通同一气的！”

凤姐听了，气的眼睛直瞪瞪的，便说：

“把那些上夜的女人都拴起来，交管营里去审问！”

众人叫苦连天，跪地哀求。

第一百十二回 活冤孽妙姑遭大劫
死雠仇赵妾赴冥曹

话说凤姐命捆起上夜的女人，送营审问，众女人跪地哀求。林之孝同贾芸道：

"你们求也无益。老爷派我们看家，没事是造化；如今有了事，上下都耽不是，谁救得你？若说是周瑞的干儿子，连太太起，里里外外的都不干净。"

凤姐喘吁吁的说道：

"这都是命里所招，和她们说什么？带了她们去就是了。那丢的东西，你告诉营里去说：实在是老太太的东西，问老爷们才知道。等我们报了去，请了老爷们回来，自然开了失单送来。文官衙门里我们也是这样报。"

贾芸林之孝答应出去。

惜春一句话也没有，只是哭道：

"这些事，我从来没有听见过，为什么偏偏碰在咱们两个人身上！明儿老爷太太回来，叫我怎么见人？说把家里交给你们，如今闹到这个分儿，还想活着么？"

凤姐道：

"咱们愿意吗？现在有上夜的人在那里。"

惜春道：

"你还能说，况且你又病着，我是没有说的。这都是我大嫂子害了我了！她揸掇着太太派我看家的。如今我的脸搁在那里呢！"

说着，又痛哭起来。凤姐道：

"姑娘，你快别这么想。若说没脸，大家一样的。你若是这个糊涂想头，我更搁不住了。"

二人正说着，只听见外头院子里有人大嚷的说道：

"我说那三姑六婆是再要不得的！我们甄府里从来是一概不许上门的。不想这府里倒不讲究这个！昨儿老太太的殡才出去，那个什么庵里的尼姑死要到咱们这里来。我吆喝着不准她进来，腰门上的老婆子们倒骂我，死央及着叫那姑子进来。那腰门子一会儿开着，一会儿关着，不知做什么。我不放心，没敢睡，听到四更，这里就嚷起来。我来叫门倒不开了。我听见声儿紧了，打开了门，见西边院子里有人站着，我便赶上打死了。我今日才知道这是四姑奶奶的屋子，那个姑子就在里头。今日天没亮溜出去了，可不是那姑子引进来的贼么？"

平儿等听着，都说：

"这是谁这么没规矩？姑娘奶奶都在这里，敢在外头这么混嚷？"

凤姐道：

"你听他说甄府里，别就是甄家荐来的那个厌物罢？"

惜春听得明白，更加心里受不的。凤姐接着问惜春道：

"那个人混说什么姑子？你们那里弄了个姑子住下了？"

惜春便将妙玉来瞧她，留着下棋守夜的话说了。凤姐道：

"是她么？她怎么肯这样？是再没有的话。但是叫这讨人嫌的东西嚷出来，老爷知道了，也不好。"

惜春愈想愈怕，站起来要走。凤姐虽说坐不住，又怕惜春害怕，弄出事来，只得叫她先别走：

"且看着人把偷剩下的东西收起来，再派了人看着，咱们才好走。"

平儿道：

"咱们不敢收，等衙门里来了，踏看了才好收呢。咱们只好看着。但只不知老爷那里有人去了没有？"

凤姐道：

“你叫老婆子问去。”

一回进来说:

“林之孝是走不开,家下人要伺候查验的,再有的是说不清楚的,已经芸二爷去了。”

凤姐点头,同惜春坐着发愁。

且说那伙贼原是何三等邀的,偷抢了好些金银财宝接运出去,见人追赶,知道都是那些不中用的人,要往西边屋内偷去,在窗外看见里面灯光底下两个美人:一个姑娘,一个姑子。那些贼那顾性命,顿起不良,就要踹进来,因见包勇来赶,才获赃而逃,只不见了何三。大家且躲入窝家。到第二天打听动静,知是何三被他们打死,已经报了文武衙门,这里是躲不住的,便商量趁早归入海洋大盗一处去,若迟了,通缉文书一行,关津上就过不去了。

内中一个人胆子极大,便说:

“咱们走是走,我就只舍不得那个姑子。长的实在好看! 不知是那个庵里的雏儿呢?”

一个人道:

“呵呀! 我想起来了! 必就是贾府园里的什么栊翠庵里的姑子。不是前年外头说她和她们家什么宝二爷有原故,后来不知怎么又害起相思病来了,请大夫吃药的? 就是她!”

那一个人听了,说:

“咱们今日躲一天,叫咱们大哥拿钱置办些买卖行头①。明儿亮钟时候.②,陆续出关。你们在关外二十里坡等我。”

众贼议定,分赃俵散。不提。

且说贾政等送殡,到了寺内,安厝毕,亲友散去。贾政在外厢房伴灵,邢王二夫人等在内,一宿无非哭泣。到了第二日,重新上祭。正摆饭时,只见贾芸进来,在老太太灵前磕了个头,忙忙的跑到贾政跟前,跪下请了安,喘吁吁的将昨夜被盗,将老太太上房的东西都偷去,包勇赶贼,打死了一个,已经呈报文武衙门的话说了一遍。贾政听了发怔。邢王二夫人等在里头也听见,都吓得魂

不附体,并无一言,只有啼哭。贾政过了一会子,问:

"失单怎样开的?"

贾芸回道:

"家里的人都不知道,还没有开单。"

贾政道:

"还好。咱们动过家③的,若开出好的来,反耽罪名。快叫琏儿。"

那时贾琏领了宝玉等别处上祭未回,贾政叫人赶了回来。贾琏听了,急得直跳,一见芸儿,也不顾贾政在那里,便把贾芸狠狠的骂了一顿,说:

"不配抬举的东西! 我将这样重任托你,押着人上夜巡更,你是死人么? 亏你还有脸来告诉!"

说着,往贾芸脸上啐了几口。贾芸垂手站着,不敢回一言。贾政道:

"你骂他也无益了。"

贾琏然后跪下,说:

"这便怎么样?"贾政道:

"也没法儿,只有报官缉贼。但只是一件,老太太遗下的东西,咱们都没动。你说要银子,我想老太太死得几天,谁忍得动她那一项银子? 原打量完了事,算了帐,还人家,再有的,在这里和南边置坟产的,所有东西也没见数儿。 如今说文武衙门要失单,若将几件好的东西开上,恐有碍;若说金银若干,衣饰若干,又没有实在数目,谎开使不得。 倒可笑你如今竟换了一个人了,为什么这样料理不开? 你跪在这里是怎么样呢?"

贾琏也不敢答言,只得站起来就走。贾政又叫道:

"你那里去?"

贾琏又回来,道:

"侄儿赶回家去料理清楚。"

贾政哼了一声,贾琏把头低下。贾政道:

"你进去回了你母亲,叫了老太太的一两个丫头去,叫她们细细的想了开单子。"

贾琏心里明知老太太的东西都是鸳鸯经管,她死了问谁? 就问珍珠,她们那里记得清楚? 只不敢驳回,连连的答应了。回身走到里头,邢王二夫人又埋怨了一顿,叫贾琏快回去问她们这些看家的说:

"明儿怎么见我们?"

贾琏也只得答应了出来,一面命人套车,预备琥珀等进城,自己骑上骡子跟了几个小厮如飞的回去。贾芸也不敢再回贾政,斜签着身子慢慢的溜出来,骑上了马,来赶贾琏。一路无话。

到了家中,林之孝请了安,一直跟了进来。贾琏到了老太太上屋里,见了凤姐惜春在那里,心里又恨,又说不出来,便问林之孝道:

"衙门里瞧了没有?"林之孝自知有罪,便跪下回道:

"文武衙门都瞧了,来踪去迹也看了,尸也验了。"

贾琏吃惊道:

"又验什么尸?"

林之孝又将包勇打死的伙贼似周瑞的干儿子的话回了贾琏。贾琏道:

"叫芸儿!"

贾芸进来,也跪着听话。贾琏道:

"你见老爷时,怎么没有回周瑞的干儿子做贼被包勇打死的话?"

贾芸说道:

"上夜的人说像他的,恐怕不真,所以没有回。"

贾琏道:

"好糊涂东西! 你若告诉了,我就带了周瑞来一认,可不就知道了?"

林之孝回道:

"如今衙门里把尸首放在市口儿招认去了。"

贾琏道:

"这又是个糊涂东西! 谁家的人做了贼,被人打死,要偿命么?"

林之孝回道:

这不用人家认,奴才就认得是他。"贾琏听了想道:

"是啊! 我记得珍大爷那一年要打的可不是周瑞家的么?"

林之孝回说:

"他和鲍二打架来着,爷还见过的呢。"

贾琏听了更生气,便要打上夜的人。林之孝哀告道:

"请二爷息怒。那些上夜的人,派了他们,敢偷懒吗? 只是爷府上的规矩:三门里一个男人不敢进去的,就是奴才们,里头不叫也不敢进去。奴才在外同芸哥儿刻刻查点,见三门关的严严的,外头的门一层没有开,那贼是从后夹道子来的。"

贾琏道:

"里头上夜的女人呢?"

林之孝将上夜的人,说奉奶奶的命,捆着等爷审问的话回了。贾琏问:

"包勇呢?"

林之孝说:

"又往园里去了。"

贾琏便说:

"去叫他。"

小厮们便将包勇带来,说:

"还亏你在这里;若没有你,只怕所有房屋里的东西都抢了去了呢。"

包勇也不言语。

惜春恐他说出那话,心下着急。凤姐也不敢言语。只见外头说:

"琥珀姐姐们回来了。"

大家见了,不免又哭一场。贾琏叫人检点偷剩下的东西,只有些衣服、尺头、钱箱未动,余者都没有了。贾琏心里更加着急:想着外头的栅杠银,厨房的钱都没有付给,明儿拿什么还呢?便呆想了一会。只见琥珀等进去,哭了一番,见箱柜开着,所有的东西怎能记忆,便胡乱猜想,虚拟了一张失单,命人即送到文武衙门。贾琏复又派人上夜。凤姐惜春各自回房。贾琏不敢在家安歇,也不及埋怨凤姐,竟自骑马赶出城外去了。这里凤姐又恐惜春短见,又打发丰儿过去安慰。

天已二更。不言这里贼去关门,众人更加小心,不敢睡觉。且说伙贼一心想着妙玉,知是孤庵女众,不难欺负。到了三更夜静,便拿了短兵器,带些闷香,跳上高墙。远远瞧见栊翠庵内灯光犹亮,便潜身溜下,藏在房头僻处。等到四更,见里头只有一盏海灯。

妙玉一人在蒲团上打坐,歇了一会,便嗳声叹气的说道:

"我自玄墓到京,原想传个名的,为这里请来,不能又栖他处。昨儿好心去瞧四姑娘,反受了这蠢人的气,夜里又受了大惊。"

今日回来,那蒲团再坐不稳,只觉肉跳心惊。因素常一个打坐的,今日又不肯叫人相伴。岂知到了五更,寒颤起来。正要叫人,只听见窗外一响,想起昨晚的事,更加害怕,不免叫人。岂知那些婆子都不答应。自己坐着,觉得一股香气透入囟门,便手足麻木,不能动弹,口里也说不出话来,心中更自着急。只见一个人拿着明晃晃的刀进来。此时妙玉心中却是明白,只不能动,想是要杀自己,索性横了心,倒不怕他。那知那个人把刀插在背后,腾出手来,将妙玉轻轻的抱起,轻薄了一会子,便拖起背在身上。此时妙玉心中只是如醉如痴。可怜一个极洁极净的女儿,被这强盗的闷香熏住,由着他掇弄了去了。

却说这贼背了妙玉,来到园后墙边,搭了软梯,爬上墙跳出去了,外边早有伙贼弄了车辆在园外等着。那人将妙玉放倒在车上,反打起官衔灯笼,叫开栅栏。急急行到城门,正是开门之时。门官只知是有公干出城的,也不及查诘。赶出城去,那伙贼加鞭,赶到二十里坡,和众强徒打了照面,各自分头奔南海而去。

不知妙玉被劫,或是甘受污辱,还是不屈而死,不知下落,也难妄拟。只言栊翠庵一个跟妙玉的女尼,她本住在静室后面,睡到五更,听见前面有人声响,只道妙玉打坐不安。后来听见有男人脚步,门窗响动,欲要起来瞧看,只是身子发软,懒怠开口。又不听见妙玉言语,只睁着两眼听着。到了天亮,才觉得心里清楚,披衣起来,叫了道婆预备妙玉茶水,她便往前面来看妙玉。岂知妙玉的踪迹全无,门窗大开。心里诧异,昨晚响动,甚是疑心,说:

> 妙玉六根未净,遭此大劫,八十七回已有伏笔。红楼梦之悲剧收场,非仅宝玉黛玉为然。妙玉、鸳鸯、尤氏姊妹、迎春、惜春、凤姐、紫鹃……莫不皆然,此一大悲剧也。

"这样早,她到那里去了?"

走出院门一看,有一个软梯靠墙立着。地下还有一把刀鞘,一条搭膊,便道:

"不好了,昨晚是贼烧了闷香了!"

急叫人起来查看,庵门仍是紧闭。那些婆子侍女们都说:

"昨夜煤气薰着了,今早都起不起来。这么早,叫我们做什么?"

那女尼道:

"师父不知那里去了!"

众人道:

"在观音堂打坐呢。"

女尼道:

"你们还做梦呢! 你来瞧瞧!"

众人不知,也都着忙,开了庵门,满园里都找到了,想来或是到四姑娘那里去了。众人来叩腰门,又被包勇骂了一顿。众人说道:

"我们妙师父昨晚不知去向,所以来找。求你老人家叫开腰门,问一问来了没来就是了。"

包勇道：

"你们师父引了贼来偷我们，已经偷到手了，她跟了贼去受用去了！"

众人道：

"阿弥陀佛！说这些话的，防着下割舌地狱！"

包勇生气道：

"胡说！你们再闹，我就要打了"

众人陪笑央告道：

"求爷叫开门，我们瞧瞧，若没有，再不敢惊动你太爷了。"

包勇道：

"你不信，你去找，若没有，回来问你们！"

包勇说着，叫开腰门。众人且找到惜春那里。

惜春正是愁闷，惦着：

"妙玉清早去后，不知听见我们姓包的话了没有，只怕又得罪了她，以后总不肯来，我的知己是没有了。况我现在实难见人，父母早死，嫂子嫌我。头里有老太太，到底还疼我些；如今也死了，留下我孤苦伶仃，如何了局？"

想到迎春姐姐折磨死了，史姐姐守着病人，三姐姐远去：这都是命里所招，不能自由。独有妙玉如闲云野鹤，无拘无束：

"我若能学她，就造化不小了！但是我是世家之女，怎能遂意？这回看家，大耽不是，还有何颜？又恐太太们不知我的心事，将来的后事，更未晓如何？"

想到其间，便要把自己的青丝铰去，要想出家，彩屏等听见，急忙来劝，岂知已将一半头发铰去了。彩屏愈加着忙，说道：

"一事不了，又出一事，这可怎么好呢！"

正在吵闹，只见妙玉的道婆来找妙玉。彩屏问起来由，先吓了一跳，说：

"是昨日一早去了没来。"

里面惜春听见，急忙问道：

“那里去了？”

道婆将昨夜听见的响动，被煤气薰着，今早不见妙玉，庵内有软梯刀鞘的话说了一遍。惜春惊疑不定，想起昨日包勇的话来，必是那些强盗看见了她，昨晚抢去了，也未可知。但是她素来孤洁的很，岂肯惜命？便问道：

“怎么你们都没听见么？”

婆子道：

“怎么没听见？只是我们都是睁着眼，连一句话也说不出来。必是那贼烧了闷香。妙姑一人，想也被贼闷住，不能言语。况且贼人必多，拿刀执杖威逼着，她还敢声喊么？”

正说着，包勇又在腰门那里嚷说：

“里头快把这些混帐道婆子赶出来罢！快关上腰门！”

彩屏听见，恐耽不是，只得催婆子出去，叫人关了腰门。惜春于是更加苦楚。无奈彩屏等再三以礼相劝，仍将一半青旧丝笼起。大家商议：

“不必声张。就是妙玉被抢，也当作不知，且等老爷太太回来再说。”

惜春心里从此死定一个出家的念头。暂且不提。

且说贾琏回到铁槛寺，将到家中查点了上夜的人，开了失单报去的话，回了贾政。贾政道：

“怎样开的？”

贾琏便将琥珀记得的数目单子呈出，并说：

“上头元妃赐的东西，已经注明；还有那人家不大有的东西，不便开上，等侄儿脱了孝，出去托人细细的缉访，少不得弄出来的。”

贾政听了合意，就点头不言。

贾琏进内见了邢王二夫人，商量着：

“劝老爷早些回家才好呢，不然，都是乱麻似的。”

邢夫人道：

“可不是？我们在这里也是惊心吊胆。”

贾琏道：

"这是我们不敢说的。还是太太的主意,二老爷是依的。"

邢夫人便与王夫人商议妥了。

过了一夜,贾政也不放心,打发宝玉进来说:

"请太太们今日回家,过两三日再来。家人们已经派定了,里头请太太们派人罢。"

邢夫人派了鹦哥等一干人伴灵,将周瑞家的等人派了总管,其余上下人等都回去。一时忙乱套车备车。贾政等在贾母灵前辞别,众人又哭了一场。都起来正要走时,只见赵姨娘还爬在地下不起。周姨娘打量她还哭,便去拉她。岂知赵姨娘满嘴白沫,眼睛直竖,把舌头吐出,反把家人吓了一跳。贾环过来乱嚷。赵姨娘醒来说道:

"我是不回去的! 跟着老太太回南去!"

众人道:

"老太太那用你跟呢?"

赵姨娘道:

"我跟了老太太一辈子,大老爷还不依,弄神弄鬼的算计我! 我想仗着马道婆出出我的气,银子白花了好些,也没有弄死一个,如今我回去了,又不知谁来算计我!"

众人先只说鸳鸯附着她,后头听说马道婆的事,又不像了。邢王二夫人都不言语,只有彩云等代她央告道:

"鸳鸯姐姐,你死是自己愿意,与赵姨娘什么相干? 放了她罢。"

见邢夫人在这里,也不敢说别的。赵姨娘道:

"我不是鸳鸯。我是阎王老爷差人拿我去的,要问我为什么和马道婆用魔魔法的案件。"说着,口里又叫:"好琏二奶奶! 你在这里老爷面前少顶一句儿罢! 我有一千日的不好,还有一天的好呢。好二奶奶! 亲

1500

二奶奶，并不是我要害你，我一时糊涂，听了那个老娼妇的话。"

正闹着，贾政打发人进来叫环儿。婆子们去回说：

"赵姨娘中了邪了，三爷看着呢。"

贾政道：

"没有的事，我们先走了。"

于是爷们等先回。

这里赵姨娘还是混说，一时救不过来。邢夫人恐她又说出什么来，便说：

"多派几个人在这里瞧着他，咱们先走。到了城里，打发大夫出来瞧罢。"

王夫人本嫌她，也打撒手儿。宝钗本是仁厚的人，虽想着她害宝玉的事，心里究竟过不去，背地里托了周姨娘在这里照应。那周姨娘也是个好人，便应承了。李纨说道：

"我也在这里罢。"

王夫人道："可以不必。"

于是大家都要起身。贾环着急说：

"我也在这里吗？"

王夫人啐道：

"糊涂东西！你姨妈的死活都不知，你还要走吗？"

贾环就不敢言语了。宝玉道：

"好兄弟！你是走不得的！我进了城，打发人来瞧你。"

说毕，都上车回家。寺里只有赵姨娘、贾环、鹦哥等人。

贾政邢夫人等先后到家，到了上房。哭了一场。林之孝带了家下众人请了安。跪着。贾政喝道：

"去罢！明日问你！"

凤姐那日发晕了几次，竟不能出接；只有惜春见了，觉得满面羞惭。邢夫人也不理她，王夫人仍是照常，李纨、宝钗拉着手说了几句话。独有尤氏说道："姑娘，你操心了，倒照应了好几天！"

惜春一言不答，只紫涨了脸。宝钗将尤氏一拉，使了个眼色，尤氏等各自归房去了。

贾政略略的看了一看,叹了口气,并不言语。到书房席地坐下,叫了贾琏、贾蓉、贾芸吩咐了几句话。宝玉要在书房内陪贾政。贾政道:

"不必。"

兰儿仍跟她母亲。一宿无话。

次日,林之孝一早进书房跪着,贾政将前后被盗的事问了一遍并将周瑞供了出来,又说:

衙门拿住了鲍二,身边搜出了失单上的东西,现在夹讯,要在他身上要这一伙贼呢。"

贾政听了,大怒道:

"家奴负恩,引贼偷窃家主,真是反了!"

立刻叫人到城外将周瑞捆了,送到衙门审问。林之孝只管跪着,不敢起来。贾政道:

"你还跪着做什么?"

林之孝道:

"奴才该死,求老爷开恩!"

正说着,赖大等一干办事家人上来请了安,呈上丧事帐簿。贾政道:

"交给琏二爷算明了来回。"吆喝着林之孝起来出去了。

贾琏一腿跪着,在贾政身边说了一句话。贾政把眼一瞪道:

"胡说! 老太太的事,银两被贼偷去,难道就该罚奴才拿出来么?"

贾琏红了脸,不敢言语,站起来也不敢动。贾政道:

"你媳妇怎么样了?"

贾琏又跪下,说:

"看来是不中用了。"

贾政叹口气道:

"我不料家运衰败一至如此! 况且环哥儿他妈尚在庙中病着,

也不知是什么症候。你们知道不知道?"

贾琏也不敢言语。贾政道:

"传出话去,叫人带了大夫瞧瞧去。"

贾琏即忙答应着出来,叫人带了大夫到铁槛寺去瞧赵姨娘。

赵姨娘在寺内得了暴病,见人少了,更加混说起来,吓的众人发怔,就有两个女人搀着赵姨娘双膝跪在地下,说一回,哭一回。有时爬在地下叫饶说:

"打杀我了! 红胡子的老爷! 我再不敢了!"

有时双手合着,也是叫疼,眼睛突出,嘴里鲜血直流,头发披散。人人害怕,不敢近前。

那时又将天晚,赵姨娘的声音只管暗哑起来,居然鬼嚎的一般,无人敢在她跟前,只得叫了几个有胆量的男人进来坐着。赵姨娘一时死去,隔了些时,又回过来,整整的闹了一夜。到了第二天,也不言语,只装鬼脸,自己拿手撕开衣服,露出胸膛,好像有人剥她的样子。可怜赵姨娘虽说不出来,其痛苦之状,实在难堪。

正在危急,大夫来了,也不敢诊脉,只嘱咐:

"办后事罢。"

说了,起身就走。那送大夫的家人再三央告,说:

"请老爷看看脉,小的好回禀家主。"

那大夫用手一摸,已无脉息。贾环听了,这才大哭起来。众人只顾贾环,谁管赵姨娘蓬头赤脚死在炕上。只有周姨娘心里想到"做偏房的下场头不过如此! 况她还有儿子;我将来死的时候,还不知怎样呢!"于是反倒悲切。

①　买卖行头——妆扮买卖人的衣饰和用物。

②　亮钟时候——即天亮敲五更钟的时候。

③　动过家——指抄家。因为抄家是不好听的名词,所以只说家里被动过。

第一百十三回　忏宿冤凤姐托村妪
释旧憾情婢感痴郎

且说那人赶回家去禀知贾政，即派人去照例料理，陪着环儿住了三天，一同回来。那人去了，这里一人传十，十人传百，都知道赵姨娘使了毒心害人，被阴司里拷打死了。又说是：

"琏二奶奶只怕也好不了，怎么说琏二奶奶告的呢？"

这些话传到平儿耳内，甚是着急，看着凤姐的样子实在是不能好的了。况且贾琏近日并不似先前的恩爱，本来事也多，竟像不与他相干的。平儿在凤姐跟前只管劝慰。又兼着邢王二夫人回家几日，只打发人来问问，并不亲身来看，凤姐心里更加悲苦。贾琏回来也没有一句贴心的话。凤姐此时只求速死，心里一想，邪魔悉至。只见尤二姐从房后走来，渐近床前，说：

> 作者让尤二姐出现，是算凤姐旧帐，让她自己忏悔，贾瑞冤魂亦应出现才是。如黛玉冤魂出现，更有妙文。

"姐姐，许久的不见了！做妹妹的想念的很，要见不能，如今好容易进来见见姐姐。姐姐的心机也用尽了。咱们的二爷糊涂，也不领姐姐的情，反倒怨姐姐作事过于刻薄，把他的前程丢了，叫他如今见不得人。我替姐姐气不平！"

凤姐恍惚说道：

"我如今也后悔我的心忒窄了。妹妹不念旧恶，还来瞧我！"

平儿在旁听见，说道：

"奶奶说什么？"

凤姐一时苏醒，想起尤二姐已死，必是她来索命。被平儿叫醒，心里害怕，又不肯说出，只得勉强说道：

"我神魂不定,想是说梦话。给我捶捶。"

平儿上去捶着,见个小丫头子进来,说是刘姥姥来了,婆子们带着来请奶奶的安。平儿急忙下来,说:

"在那里呢?"

小丫头子说:

"她不敢就进来,还听奶奶的示下。"

平儿听了点头,想凤姐病里必是懒怠见人,便说道:

"奶奶现在养神呢,暂且叫她等着,你问她来有什么事么?"

小丫头子说道:

"他们问过了,没有事。说,知道老太太去世了,因没有报,才来迟了。"

小丫头子说着,凤姐听见,便叫:

"平儿,你来。人家好心来瞧,不可冷淡了她。你去请了刘姥姥进来,我和她说说话儿。"

平儿只得出来请刘姥姥这里坐。凤姐刚要合眼,又见一个男人一个女人走向炕前,就像要上炕的。凤姐急忙便叫平儿,说:

"那里来了一个男人,跑到这里来了!"连叫了两声,只见丰儿小红赶来,说:

"奶奶要什么?"凤姐睁眼一瞧,不见有人,心里明白,不肯说出来,便问丰儿道:

"平儿这东西那里去了?"

丰儿道:

"不是奶奶叫去请刘姥姥去了么?"

凤姐定了一会神,也不言语。只见平儿同刘姥姥带了一个小女孩儿进来,说:

"我们姑奶奶在那里?"

平儿引到炕边。刘姥姥便说:

"请姑奶奶安。"

凤姐睁眼一看,不觉一阵伤心,说:

"姥姥,你好? 怎么这时候才来? 你瞧你外孙女儿也长的这么大了!"

刘姥姥看着凤姐骨瘦如柴,神情恍惚,心里也就悲惨起来,说:

> 将"这几个月不见",改为"这年多不见"。

"我的奶奶! 怎么这年多不见,就病到这个分儿? ——我糊涂的要死,怎么不早来请姑奶奶的安!"

便叫青儿给姑奶奶请安。青儿只是笑。凤姐看了,倒也十分怜爱,便叫小红招呼着。刘姥姥道:

"我们屯乡里的人,不会病的,若一病了,就要求神许愿,从不知道吃药。我想姑奶奶的病别是撞着什么了罢?"

平儿听着那话不在理,忙在背地里拉她。刘姥姥会意,便不言语了。那里知道这句话倒合了凤姐的意,挣扎着说:

"姥姥! 你是有年纪的人,说的不错。你见过的赵姨娘也死了,你知道么?"

刘姥姥诧异道:

"阿弥陀佛! 好端端一个人怎么就死了? 我记得她也有一个小哥儿,这可怎么样呢?"

平儿道:

"那怕什么? 他还有老爷太太呢。"

刘姥姥道:

"姑娘,你那里知道? 不好死了,是亲生的;隔了肚皮子是不中用的!"

这句话又招起凤姐的愁肠,呜呜咽咽的哭起来了。众人都来解劝。巧姐儿听见她母亲悲哭,便走到炕前,用手拉着凤姐的手,也哭起来。凤姐一面哭着,道:

"你见过了姥姥了没有?"

巧姐儿道:

"没有。"

凤姐道：

"你的名字还是她起的呢，就和干妈一样。你给她请个安。"

巧姐儿便走到跟前。刘姥姥忙拉着道：

"阿弥陀佛！不要折杀我了！巧姑娘，我一年多不来，你还认得我么？"

巧姐儿道：

"怎么不认得？那年在园里见的时候，我还小呢。前年你来，我和你要隔年的蝈蝈儿，你也没有给我，必是忘了。"

刘姥姥道：

"好姑娘，我是老糊涂了。要说蝈蝈儿，我们屯里多着呢，只是不到我们那里去。若去了，要一车也容易。"

凤姐道：

"不然，你带了她去罢。"

刘姥姥笑道：

"姑娘这样千金贵体，绫罗里大了的，吃的是好东西，到了我们那里，我拿什么哄她玩，拿什么给她吃呢？这倒不是坑杀我了么？"说着，自己还笑。因说："那么着，我给姑娘做个媒罢。我们那里虽说是屯乡里，也有大财主人家，几千顷地，几百牲口，银子钱亦不少，只是不像这里有金的，有玉的。姑奶奶自然瞧不起这样人家。我们庄家人瞧着这样财主，也算是天上的人了！"

凤姐道：

"你说去，我愿意就给。"

刘姥姥道：

"这是玩话儿罢咧。放着姑奶奶这样大官大府的人家，只怕还不肯给，那里肯给庄家人？就是姑奶奶肯了，上头太太们也不给。"

巧姐因她这话不好听，便走了去和青儿说话。两个女孩儿倒说得上，渐渐的就熟起来了。

前面刘姥姥说"这几个月不见"，此处又说"我一年多不来"，前后矛盾。根据巧姐"前年你来"的话，后对前错。改前从后。

1507

这里平儿恐刘姥姥话多搅烦了凤姐，便拉了刘姥姥说：

"你提起太太来，你还没有过去呢。我出去叫人带了你去见见，也不枉来这一趟。"

刘姥姥便要走。凤姐道：

"忙什么？你坐下，我问你：近来的日子还过的么？"

刘姥姥千恩万谢的说道：

"我们若不仗着姑奶奶，"说着，指着青儿说。"她的老子娘都要饿死了。如今虽说是庄家人苦，家里也挣了好几亩地，又打了一眼井，种些菜蔬瓜果。一年卖的钱也不少，尽够他们嚼吃的了。这两年，姑奶奶还时常给些衣服布匹，在我们村里算过得的了。阿弥陀佛！前日她老子进城，听见姑奶奶这里动了家，我就几乎吓杀了；亏得又有人说，不是这里，我才放心。后来又听见说这里老爷升了，我又喜欢，就要来道喜，为的是满地的庄稼，来不得。昨日又听见说老太太没有了。我在地里打豆子，听见了这话，吓的连豆子都拿不起来了，就在地里狠狠的哭了一大场。我和女婿说：'我也顾不得你们了！不管真话谎话，我是要进城瞧瞧去的！'我女儿女婿也不是没良心的，听见了也哭了一会子。今儿天没亮，就赶着我进城来了。我也不认得一个人，没有地方打听。一径来到后门，见是门神都糊了，我这一吓又不小。进了门，找周嫂子，再找不着，撞见一个小姑娘，说：'周嫂子得了不是，撵出去了。'我又等了好半天，遇见个熟人，才得进来。不打量姑奶奶也是这么病！"

说着，就掉下泪来。

平儿着急，也不等她说完了，拉着就走，说：

"你老人家说了半天，口也干了，咱们喝茶去罢。"

拉着刘姥姥到下房坐着。青儿自在巧姐那边。

刘姥姥道：

"茶倒不要，好姑娘，叫人带了我去请太太的安，哭哭老太太去罢。"

平儿道：

"你不用忙,今儿也赶不出城去了。方才我是怕你说话不防头,招的我们奶奶哭,所以催你出来。你别思量。"

刘姥姥道:

阿弥陀佛! 姑娘,这是多心,我也知道。倒是奶奶的病怎么好呢?"

平儿道:

"你瞧妨碍不妨碍?"

刘姥姥道:

"说是罪过:我瞧着不好。"

正说着,又听凤姐叫呢。平儿到床前,凤姐又不言语了。平儿正问丰儿,贾琏进来,向炕上一瞧,也不言语,走到里间,气哼哼的坐下。只有秋桐跟了进去。倒了茶,殷勤一回,不知喊喊喳喳的说些什么。回来,贾琏叫平儿来问道:

"奶奶不吃药么?"

平儿道:

"不吃药,怎么样呢?"

贾琏道:

"我知道么! 你拿柜子上的钥匙来罢。"

平儿见贾琏有气,又不敢问,只得出来凤姐耳边说了一声。凤姐不言语。平儿便将一个匣子搁在贾琏那里就走。贾琏道:

"有鬼叫你吗? 你搁着叫谁拿呢?"

平儿忍气打开,取了钥匙,开了柜子,便问道:"拿什么?"贾琏道:"咱们有什么吗?"

平儿气的哭道:

"有话明说,人死了也愿意!"贾琏道:"这还要说么? 头里的事是你们闹的;如今老太太的还短了四五千银子,老爷叫我拿公中的地帐弄银子,你说有么? 外头拉的帐不开发使得么,谁叫我应这个名儿! 只好把老太太给我的东西折变去罢了! 你不依么?"

平儿听了,一句不言语,将柜里东西搬出。只见小红过来,说:

"平姐姐快走! 奶奶不好呢!"

平儿也顾不得贾琏,急忙过来。见凤姐用手空抓,平儿用手攥着哭叫。贾琏也过来一瞧,把脚一跺道:

"若是这样,是要我的命了! 说着,掉下泪来。

丰儿进来说:"外头找二爷呢。"

贾琏只得出去。

这里凤姐愈加不好,丰儿等便大哭起来。巧姐听见赶来。刘姥姥也急忙走到炕前,嘴里念佛,捣了些鬼,果然凤姐好些。一时王夫人听了丫头的信,也过来了,先见凤姐安静些,心下略放心。见了刘姥姥,便说:

"刘姥姥,你好? 什么时候来的?"

刘姥姥便说请安,也不及说别的,只言凤姐的病,讲究了半天。彩云进来说:

"老爷请太太呢。"

王夫人叮咛了平儿几句话,便过去了。

凤姐闹了一回,此时又觉清楚些。见刘姥姥在这里,心里信她求神祷告,便把丰儿等支开,叫刘姥姥坐在床前,告诉她心神不宁,如见鬼的样子。刘姥姥便说:我们屯里什么菩萨灵,什么庙有感应。凤姐道:

"求你替我祷告。要用供献的银钱,我有。"

便在手腕上退下一只金镯子来交给她。刘姥姥道:

"姑奶奶,不用那个。我们村庄人家许了愿,好了,花上几百钱就是了,那用这些? 就是我替奶奶求去,也是许愿,等姑奶奶好了,要花什么,自己去花罢。"

凤姐明知刘姥姥一片好心,不好勉强,只得留下,说:

"姥姥,我的命交给你了! 我的巧姐儿也是千灾百病的,也交给你了!"

刘姥姥顺口答应,便说:

"这么着,我看天气尚早,还赶的出城去,我就去了。明儿姑奶奶好了，再请还愿去。"

凤姐因被众冤魂缠绕害怕，巴不得她就去，便说：

"你若肯替我用心，我能安稳睡一觉，我就感激你了。你外孙女儿，叫她在这里住下罢。"

刘姥姥道：

"庄家孩子没有见过世面，没的在这里打嘴，我带她去的好。"

凤姐道：

"这就是多心了。既是咱们一家人，这怕什么？虽说我们穷了，多一个人吃饭也不算什么。"

> 凤姐托孤与从前曾施小惠有关，那是她唯一的好事。凤姐病中见鬼，心神不安，是亏心事太多。故有此兆，合情合理。

刘姥姥见凤姐真情，乐得叫青儿住几天，省了家里的嚼吃。只怕青儿不肯，不如叫她来问问，若是她肯，就留下。于是和青儿说了几句。青儿因与巧姐儿玩得熟了，巧姐又不愿意她去，青儿又要在这里，刘姥姥便吩咐了几句，辞了平儿，忙忙的赶出城去。不提。

且说栊翠庵原是贾府的地址，因盖省亲园子，将那庵圈在里头，向来食用香火，并不动贾府的钱粮。如今妙玉被劫，那女尼呈报到官，一则候官府缉盗的下落，二则是妙玉基业，不便离散，依旧住下，不过回明了贾府。

那时贾府的人虽都知道，只为贾政新丧，且又心事不宁，也不敢将这些没要紧的事回禀。只有惜春知道此事，日夜不安。渐渐传到宝玉耳边，说：

"妙玉被贼劫去。"

又有的说：

"妙玉凡心动了，跟人而走。"

宝玉听得，十分纳闷：

"想来必是被强徒抢去。这个人必不肯受，一定不屈而死！"

但是一无下落，心下甚不放心，每日长嘘短叹，还说：

"这样一个人，自称为'槛外人'，怎么遭此结局!"又想到:"当日园中何等热闹! 自从二姐姐出阁以来，死的死，嫁的嫁，我想她一尘不染，是保得住的了，岂知风波顿走，比林妹妹死的更奇!"

由是一而二，二而三，追思起来，想到庄子上的话，虚无缥缈，人生在世，难免风流云散! 不觉的大哭起来。袭人等又道是他的疯病发作，百般的温柔解劝。宝钗初时不知何故，也用话箴规。怎奈宝玉抑郁不解，又觉精神恍惚。

宝钗想不出道理，再三打听，方知妙玉被劫，不知去向，也是伤感。只为宝玉愁烦，便用正言解释，因提起:

"兰儿自送殡回来，虽不上学，闻得日夜攻苦。他是老太太的重孙。老太太素来望你成人，老爷为你日夜焦心，你为闲情痴意，糟蹋自己，我们守着你，如何是个结果?"

说得宝玉无言可答，过了一回，才说道:

"我那管人家的闲事? 只可叹咱们家的运气衰颓!"

宝钗道:

"可又来! 老爷太太原为是要你成人，接续祖宗遗绪。你只是执迷不悟，如何是好?"

宝玉听来，话不投机，便靠在桌上睡去。宝钗也不理他，叫麝月等伺候着。自己却去睡了。

宝玉见屋里人少，想起:

"紫鹃到了这里，我从没和她说句知心的话儿，冷冷清清摆着她，我心里甚不过意。她呢，又比不得麝月秋纹，我可以安放得的。想起从前我病的时候，她在我这里伴了好些时，如今她的那一面小镜子还在我这里，她的情意却也不薄了。如今不知为什么，见我就是冷冷的，若说为我们这一个呢，她是合林妹妹最好的，我看她待紫鹃也不错。我不在家的日子，紫鹃原也与她有说有笑的;到我来了，紫鹃便走开了。想来自然是为林妹妹死了，我便成了家的原故。——嗳! 紫鹃，紫鹃! 你这样一个聪明女孩儿，难道连我这点子苦处都看不出来么?"

因又一想：

"今晚她们睡的睡，做活的做活，不如趁着这个空儿，我找她去，看她有什么话。倘或我还有得罪之处，便赔个不是也使得。"

想定主意，轻轻的走出了房门，来找紫鹃。

那紫鹃的下房也就在西厢里间。宝玉悄悄的走到窗下，只见里面尚有灯光，便用舌头舐破窗纸，往里一瞧。见紫鹃独自挑灯，又不是做什么，呆呆的坐着。宝玉便轻轻的叫道：

"紫鹃姐姐，还没有睡么？"

紫鹃听了，吓了一跳，怔怔的半日，才说：

"是谁？"宝玉道：

"是我。"紫鹃听着似乎是宝玉的声音，便问：

"是宝二爷么？"

宝玉在外轻轻的答应了一声。紫鹃问道：

"你来做什么？"

宝玉道：

"我有一句心里的话要和你说说，你开了门，我到你屋里坐坐。"紫鹃停了一会儿，说道：

"二爷有什么话，天晚了，请回罢，明日再说罢。"

宝玉听了，寒了半截。自己还要进去，恐紫鹃未必开门；欲要回去，这一肚子的隐情，越发被紫鹃一句话勾起。无奈，说道：

"我也没有多余的话，只问你一句。"

紫鹃道：

"既是一句，就请说。"

宝玉半日反不言语。

紫鹃在屋里，不见宝玉言语，知他素有痴病，恐怕一时实在抢白了他，勾起他的旧病，倒也不好了，因站起来，细听了一听，又问道：

"是走了，还是傻站着呢？有什么又不说，尽着在这里怄人！已经怄死了一个，难道还要怄死一个么？这是何苦来呢？"

说着,也从宝玉舐破之处往外一瞧,见宝玉在那里呆听。紫鹃不便再说,回身剪了剪烛花。忽听宝玉叹了一声道:

"紫鹃姐姐! 你从来不是这样铁心石肠,怎么近来连一句好好儿的话都不和我说了? 我固然是个浊物,不配你们理我,但只我有什么不是,只望姐姐说明了,那怕姐姐一辈子不理我,我死了倒作个明白鬼呀!"

紫鹃听了,冷笑道:

"二爷就是这个话呀! 还有什么? 若就是这句话呢,我们姑娘在时,我也跟着听俗了;若是我们有什么不好处呢,我是太太派来的,二爷倒是回太太去。左右我们丫头们更算不得什么了!"

说到这里,那声儿便哽咽起来,说着,又擤鼻涕。

> 紫鹃对黛玉始终如一,宝玉亦心如日月。作者让她们隔窗说话,却始终不让她们解开那个结,是一妙着。麝月突然出现,更妙。

宝玉在外知她伤心哭了,便急的跺脚道:

"这是怎么说! 我的事情,你在这里几个月,还有什么不知道的? 就便别人不肯替我告诉你,难道你还不叫我说,叫我憋死了不成?"

说着,也呜咽起来了。

宝玉正在这里伤心,忽听背后一个人接言道:

"你叫谁替你说呢? 谁是谁的什么? 自己得罪了人,自己央及呀! 人家赏脸不赏在人家,何苦来拿我们这些没要紧的垫踹儿呢?"

一句话把里外两个人都吓了一跳。你道是谁? 原来却是麝月,宝玉自觉脸上没趣。只见麝月又说道:

"到底是怎么着? 一个赔不是,一个又不理。你倒是快快儿的央及呀! ——嗳! 我们紫鹃姐姐也就太狠心了:外头这么怪冷的,人家央及了这半天,总连个活动气儿也没有!"又向宝玉道:"刚才二奶奶说了,多早晚了,打量你在那里呢,你却一个人站在这房檐底下做什么?"紫鹃里面接着说道:

"这可是什么意思呀? 早就请二爷进去,有话明日说罢。这是何苦来!"

宝玉还要说话，因见麝月在那里，不好再说别的，只得一面同麝月走回，一面说道：

"罢了，罢了！我今生今世也难剖白这个心了！惟有老天知道罢了！"

说到这里，那眼泪也不知从何处来的滔滔不断了。麝月道：

"二爷，依我劝你死了心罢。白赔眼泪，也可惜了儿的。"

宝玉也不答言，遂进了屋子，只见宝钗睡了。宝玉也知宝钗装睡。却是袭人说了一句道：

"有什么话，明日说不得？巴巴的跑到那里去闹，闹出——"说到这里，也就不肯说，迟一迟，才接着道："身上不觉怎么样？"

宝玉也不言语，只摇摇头儿，袭人便打发宝玉睡下。一夜无眠，自不必说。

这里紫鹃被宝玉一招，越发心里难受，直直的哭了一夜。思前想后：

"宝玉的事，明知他病中不能明白，所以众人弄鬼弄神的办成了，后来宝玉明白了，旧病复发，时常哭想，并非忘情负义之徒。今日这种柔情，一发叫人难受。只可怜我们林姑娘真真是无福消受他！如此看来，人生缘分，都有一定，在那未到头时，大家都是痴心妄想：及至无可如何，那糊涂的也就不理会了，那情深义重的也不过临风对月，洒泪悲啼。可怜那死的倒未必知道，这活的真真是苦恼伤心，无休无了。算来竟不如草木石头，无知无觉，倒也心中干净！"

想到此处，倒把一片酸热之心，一时冰冷了。才要收拾睡时，只听东院里吵嚷起来。

---

① 门神都糊了——从前有重大丧事的人家，用白纸把门上的对联或门神像糊上，表示守丧。

第一百十四回　王熙凤历幻返金陵
甄应嘉蒙恩还玉阙

却说宝玉宝钗听说凤姐病的危急,赶忙起来。丫头秉烛伺候。正要出院,只见王夫人那边打发人来说:

"琏二奶奶不好了,还没有咽气,二爷二奶奶且慢些过去罢。琏二奶奶的病有些古怪,从三更天起,到四更时候,没有住嘴,说了好些胡话,要船要轿,只说赶到金陵归入什么册子去。众人不懂。她只是哭哭喊喊。琏二爷没有法儿,只得去糊船轿,还没拿来。琏二奶奶喘着气等着呢。太太叫我们过来说,等琏二奶奶去了再过去罢。"

宝玉道:

"这也奇! 她到金陵做什么去?"

袭人轻轻的说道:

"你不是那年做梦? 我还记得说有多少册子。莫不琏二奶奶是到那里去罢?"

宝玉听了,点头道:

"是呀! 可惜我都不记得那上头的话了。这么说起来,人都有个定数的了。但不知林妹妹又到那里去了? 我如今被你一说,我有些懂的了。若再做这个梦时,我必细细的瞧一瞧,便有未卜先知的分儿了。"

> 与第五回
> 故事呼应。

袭人道:

"你这样的人,可是不可合你说话! 我偶然提了一句,你就认起真来了吗? 就算你能先知了,又有什么法儿?"

宝玉道：

"只怕不能先知，若是能了，我也犯不着为你们瞎操心了！"

两人正说着，宝钗走来问道：

"你们说什么？"

宝玉恐她盘诘，只说：

"我们谈论凤姐姐。"

宝钗道：

"人要死了，你们还只管议论她。旧年你还说我咒人，那个签不是应了么？"

宝玉又想了一想，拍手道：

"是的，是的！这么说起来，你倒能先知。我索性问问你：你知道我将来怎么样？"

宝钗笑道：

"这是又胡闹起来了。我是就她求的签上的话混解的，你就认了真了。你和我们二嫂子成了一样的人：你失了玉，她去求妙玉扶乩，批出来，众人不解，她背地里合我说，妙玉怎么前知，怎么参禅悟道，如今她遭此大难，如何自己都不知道？这可是算得前知吗？就是我偶然说着了二奶奶的事情，其实知道她是怎么样了？只怕我连我自己也不知道呢。这些事情，原都是虚诞的，可是信得的么？"

宝玉道：

"别提她了。你只说邢妹妹罢，自从我们这里连连的有事，把她这件事竟忘记了。你们家这么一件大事，怎么就草草的完了？也没请亲唤友的。"

宝钗道：

"你这话又是迂了。我们家的亲戚，只有咱们这里和王家最近。王家没了什么正经人了；咱们家遭了老太太的大事，所以也没请，就是琏二哥张罗了张罗。别的亲戚虽也有一两门子，你没过去，如何知道？算起来，我们这二嫂子的命和我差不多。好好的许了我二哥哥,我妈妈原想要体体面面的给二哥哥娶这房亲事的。一则为我哥哥在监里,二哥哥也不肯大办;二则为咱们家的事;三则为我二嫂子在大太太那边忔苦,又加着抄了家,大太太是一味的苛刻,她也实在难受:所以我和妈妈说了,便将将就就的娶了过去。我看二嫂子如今倒是安心乐意的孝敬我妈妈,比亲媳妇还强十倍呢;待二哥哥也是极尽妇道的;和香菱又甚好,二哥哥不在家,她两个和和气气的过日子。虽说是穷些,我妈妈近来倒安逸好些。就是想起我哥哥来,不免伤心。况且常打发人家里来要使用,多亏二哥哥在外头帐头儿上讨来应付他。我听见说:城里的几处房子已经也典了,还剩了一所,如今打算着搬了去住。"

宝玉道:

"为什么要搬?住在这里,你来去也便宜些;若搬远了,你去就要一天了。"

宝钗道:

"虽说是亲戚,到底各自的稳便些。哪里有个一辈子住在亲戚家的呢?"

宝玉还要讲出不搬去的理,王夫人打发人来说:

"琏二奶奶咽了气了,所有的人都过去了,请二爷二奶奶过去。"

宝玉听了,也掌不住跺脚要哭。宝钗虽也悲戚,恐宝玉伤心,便说:

"有在这里哭的,不如到那边哭去。"

于是两人一直到凤姐那里,只见好些人围着哭呢。宝钗走到跟前,见凤姐已经停床,便大放悲声。宝玉也拉着贾琏的手,大哭起来。贾琏也重新哭泣。平儿等因见无人劝解,只得含悲上来劝止了。众人都悲哀不止。

贾琏此时手足无措,叫人传了赖大来,叫他办理丧事。自己回明了贾政,然后去行事。但是手头不济,诸事拮据。又想起凤姐素日的好处来,更加悲哭不已。又见巧姐哭得死去活来,越发伤心。

哭到天明，即刻打发人去请他大舅子王仁过来。

那王仁自从王子腾死后，王子胜又是无能的人，任他胡为，已闹得六亲不和。今知妹子死了，只得赶着过来哭了一场。见这里诸事将就，心下便不舒服，说：

"我妹妹在你家辛辛苦苦当了好几年家，也没有什么错处，你们家该认真的发送发送才是，怎么这时候诸事还没有齐备？"

贾琏本与王仁不睦，见他说些混帐话，知他不懂的什么，也不大理他。王仁便叫了他外甥女儿巧姐过来，说：

"你娘在时，本来办事不周到：只知道一味的奉承老太太，把我们的人都不大看在眼里，外甥女儿！　你也大了，看见我从来沾染过你们没有？　如今你娘死了，诸事要听着舅舅的话。你母亲娘家的亲戚就是我和你三舅太爷了。你父亲的为人，我也早知道了：只有敬重别的人。那年什么尤姨娘死了，我虽不在京，听见说花了好些银子。如今你娘死了，你父亲倒是这样的将就办去，你也不知道劝劝你父亲吗？"

巧姐道：

"我父亲巴不得要好看，只是如今比不得从前了。现在手里没钱，所以诸事省些是有的。"

王仁道：

"你的东西还少么？？"

巧姐儿道：

"旧年抄去，何尝还有呢？"

王仁道：

"你也这样说？　我听见老太太又给了好些东西，你该拿出来。"

巧姐又不好说父亲用去，只推不知道。王仁便道：

"哦！　我知道了，不过是你要留着做嫁妆罢咧！"

巧姐听了，不敢回言，只气得哽噎难言的哭起来了。平儿生气说：

"舅老爷，有话等我们二爷进来再说。姑娘这么点年纪，她懂的什么?"

王仁道:

"你们是巴不得二奶奶死了,你们就好为王了! 我并不要什么,好看些,也是你们的脸面。"

说着,赌气坐着。

巧姐满心的不舒服,心想:

"我父亲并不是没情。我妈妈在时,舅舅不知拿了多少东西去,如今说得这样干净!"

于是便不大瞧得起她舅舅了。岂知王仁心里想来:他妹妹不知积攒了多少。虽说抄了家,那屋里的银子还怕少吗? 必是怕我来缠他们,所以也帮着这么说。这小东西儿也是不中用的! 从此,王仁也嫌了巧姐儿了。

> 平儿之贤,紫鹃之忠,鸳鸯之烈,晴雯之强之俏,作者刻意经营均成完璧。

贾琏并不知道,只忙着弄银钱使用。外头的大事,叫赖大办了;里头也要用好些钱,一时实在不能张罗。平儿知他着急,便叫贾琏道:

"二爷也别过于伤了自己的身子!"

贾琏道:

"什么身子! 现在日用的钱都没有,这件事怎么办? 偏有个糊涂行子,又在这里蛮缠,你想有什么法儿?"

平儿道:

"二爷也不用着急。若说没钱使唤,我还有些东西,旧年幸亏没有抄在里头去,二爷要,就拿去当着使唤罢。"

贾琏听了,心想难得这样,便笑道:

"这样更好,省得我各处张罗。等我银子弄到手了还你。"

平儿道:

"我的也是奶奶给的,什么还不还! 只要这件事办的好看些就是了。"

贾琏心里倒着实感激她。便将平儿的东西拿了去当钱使用。

诸凡事情，便与平儿商量。秋桐看着，心里就有些不甘，每每口角里头便说：

"平儿没有了奶奶，她要上去了！我是老爷的人，她怎么就越过我去了呢？"

平儿也看出来了，只不理她。倒是贾琏一时明白，越发把秋桐嫌了，碰着有些烦恼，便拿着秋桐出气。邢夫人知道，反说贾琏不好。贾琏忍气。不提。

再说凤姐停了十余天，送了殡。贾政守着老太太的孝，总在外书房。那时清客相公，渐渐的都辞去了，只有个程日兴还在那里，时常陪着说说话儿。提起：

"家运不好，一连人口死了好些，大老爷和珍大爷又在外头。家计一天难似一天，外头东庄地亩，也不知道怎么样，总不得了！"

那程日兴道：

"我在这里好些年，也知道府上的人那一个不是肥己的？一年一年都往他家里拿，那自然府上是一年不够一年了。又添了大老爷珍老爷那边两处的费用；外头又有些债务；前儿又破了好些财，要想衙门里缉贼追赃，那是难事。老世翁若要安顿家事，除非传那些管事的来，派一个心腹人各处去清查清查：该去的去，该留的留；有了亏空，着在经手的身上赔补，这就有了数儿了。那一座大园子，人家是不敢买的，这里头的出息也不少，又不派人管了。那几年老世翁不在家，这些人就弄神弄鬼儿的，闹的一个人不敢到园里，这都是家人的弊。此时把下人查一查，好的使着，不好的便撵了：这才是道理。"

> 凤姐出殡无一字描写，丧葬费用还是平儿私蓄，她在馒头庵一拿，就是三千银子，高利贷也有五七万金，下场如此凄惨，作者讽刺之至。

贾政点头道：

"先生，你有所不知！不必说下人，就是自己的侄儿，也靠不住！若要我查起来，那能一一亲见亲知？况我又在服中，不能照管这些个。我素来又兼不大理家，有的没的，我还摸不着呢。"

1521

程日兴道：

"老世翁最是仁德的人；若在别人家这样的家计，就穷起来，十年五载还不怕，便向这些管家的要，也就够了。我听见世翁的家人还有做知县的呢。"

贾政道：

"一个人若要使起家人们的钱来，便了不得了，只好自己俭省些。但是册子上的产业，若是实有还好，生怕有名无实了。"

程日兴道：

"老世翁所见极是。晚生为什么说要查查呢？"

贾政道：

"先生必有所闻！"

程日兴道：

"我虽知道那些管事的神通，晚生也不敢言语的。"

贾政听了，便知话里有因，便叹道：

"我家祖父以来，都是仁厚的，从没有刻薄过下人。我看如今这些人一日不似一日了！在我手里行出主子样儿来，又叫人笑话！"

两人正说着，门上的进来回道：

"江南甄老爷来了。"

贾政便问道：

"甄老爷进京为什么？"

那人道：

"奴才也打听过了，说是蒙圣恩起复了。"

贾政道：

"不用说了，快请罢。"

那人出去请了进来。

那甄老爷即是甄宝玉之父，名叫甄应嘉，表字友忠，也是金陵人氏，功勋之后。原与贾府有亲，素来走动的。因前年里误革了职，动了家产。今遇主上眷念功臣，赐还世职，行取^①来京陛见。

知道贾母新丧，特备祭礼，择日到寄灵的地方拜奠，所以先来拜
望。

　　贾政有服，不能远接，在外书房门口等着。那位甄老爷一见，
便悲喜交集。因在制中，不便行礼，遂拉着手叙了些阔别思念的
话，然后分宾主坐下。献了茶，彼此又将别后事情的话说了。贾政
问道：

　　"老亲翁几时陛见的？"

　　甄应嘉道：

　　"前日。"

　　贾政道：

　　"主上隆恩，必有温谕。"

　　甄应嘉道：

　　"主上的恩典，真是比天还高，下了好些旨意。"

　　贾政道：

　　"什么好旨意？"

　　甄应嘉道：

　　"近来越寇猖獗，海疆一带，小民不安，派了安国公征剿贼寇。
主上因我熟悉土疆，命我前往安抚，但是即日就要起身。昨日知老
太太仙逝，谨备瓣香至灵前拜奠，稍尽微忱。"

　　贾政即忙叩首拜谢，便说：

　　"老亲翁即此一行，必是上慰圣心，下安黎庶。诚哉，莫大之
功，正在此行。但弟不克亲睹奇才，只好遥聆捷报。现在镇海统制
是弟舍亲，会时务望青照。"

　　甄应嘉道：

　　"老亲翁与统制是什么亲戚？"

　　贾政道：

　　"弟那年在江西粮道任时，将小女许配与统制少君，结缡已经
七个月。因海口案内未清，继以海寇聚奸，所以音信不通。弟深念
小女，俟老亲翁安抚事竣后，拜恩便中一视。弟即修字数行，烦尊

纪带去,便感激不尽了!"

甄应嘉道:

"儿女之情,人所不免。我正在有奉托老亲翁的事。昨蒙圣恩
召取来京,因小儿年幼,家下乏人,将贱眷全带来京。我因钦限迅
速,昼夜先行,贱眷在后缓行,到京尚需时日。弟奉旨出京,不敢久
留。将来贱眷到京,少不得要到尊府,定叫小犬叩见,如可进教,遇
有姻事可图之处,望乞留意为感。"

贾政一一答应。

那甄应嘉又说了几句话,就要起身,说:

"明日在城外再见。"

贾政见他事忙,谅难再坐,只得送出书房。贾琏宝玉早已伺候
在那里代送,因贾政未叫,不敢擅入。甄应嘉出来,两人上去请
安。应嘉一见宝玉,呆了一呆,心想:

"这个怎么甚像我家宝玉,只是浑身缟素。"

问道:

"至亲久阔,爷们都不认得了。"

贾政忙指贾琏道:

"这是家兄名赦之子琏二侄儿。"

又指着宝玉道:

"这是弟二小犬,名叫宝玉。"

应嘉拍手道:

"奇!我在家听见说老亲翁有个衔玉生的爱子,名叫宝玉,因
与小儿同名,心中甚为罕异。后来想着这个也是常有的事,不在意
了。岂知今日一见,不但面貌相同,且举止一般,这更奇了!"

问起年纪,比这里的哥儿略小一岁。

贾政便又提起承荐包勇,问及令郎哥儿与小儿同名的话述了
一遍。应嘉因属意宝玉,也不暇问及那包勇的好歹,只连连的称
道:

"真真罕异!"因又拉了宝玉的手,极致殷勤。又恐安国公起身

其远,急须预备长行,勉强分手徐行。贾琏宝玉送出,一路又问了宝玉好些,然后才登车而去。那贾琏宝玉回来见了贾政,便将应嘉问的话回了一遍。贾政命他二人散去。

贾琏又去张罗,算明凤姐丧事的帐目。

宝玉回到自己房中,告诉了宝钗,说是:

"常提的甄宝玉,我想一见不能,今日倒先见了他父亲了。我还听得说,宝玉也不日要到京了,要来拜望我们老爷呢。他也说和我一模一样的,我只不信。若是他后儿到了咱们这里来,你们都去瞧瞧,看他果然和我像不像。"

宝钗听了道:

"嗳!你说话怎么越发没前后了?什么男人同你一样都说出来了,还叫我们瞧去呢!"

宝玉听了,知是失言,脸上一红,连忙的还要解说。

①　行取——古代地方官调京任职,或者皇帝要见他,都用行文调取,叫作行取。

②　青照——相传晋阮籍看人时,高兴时用正眼看,不高兴时就翻白眼珠,所以说他能作青白眼。后人把看得起人,叫青眼相看。青照就是希望能青眼照看的意思。

第一百十五回
惑偏私惜春矢素志
证同类宝玉失相知

话说宝玉为自己失言,被宝钗问住,想要掩饰过去,只见秋纹进来说:

"外头老爷叫二爷呢。"

宝玉巴不得一声儿,便走了到贾政那里。贾政道:

"我叫你来不为别的。现在你穿着孝,不便到学里去,你在家里,必要将你念过的文章温习温习。我这几天倒也闲着,隔两三日要做几篇文章我瞧瞧,看你这些时进益了没有。"宝玉只得答应着。贾政又道:

"你环兄弟兰侄儿我也叫他们温习去了。倘若你做的文章不好,反倒不及他们。那可就不成事了。"

宝玉不敢言语,答应了个"是",站着不动。贾政道:

"去罢。"宝玉退了出来。正遇见赖大诸人拿着些册子进来。

宝玉一溜烟回到自己房中,宝钗问了知道叫他作文章,倒也喜欢。惟有宝玉不愿意,也不敢怠慢。正要坐下静静心,只见两个姑子进来,是地藏庵的。见了宝钗,说道:

"请二奶奶安。"

宝钗待理不理的说:

"你们好?"

因叫人来倒茶给师父们喝。宝玉原要和那姑子说话,见宝钗似乎厌恶这些,也不好兜搭。那姑子知道宝钗是个冷人,也不久坐,辞了要去。宝钗道:

"再坐坐去罢。"

那姑子道：

"我们因在铁槛寺做了功德，好些时没来请太太奶奶们的安。今日来了，见过了奶奶太太们，还要看看四姑娘呢。"

宝钗点头，由她去了。

那姑子到了惜春那里，看见彩屏，便问：

"姑娘在那里呢？"

彩屏道：

"不用提了。姑娘这几天饭都没吃，只是歪着。"

那姑子道：

"为什么？"

彩屏道：

"说也话长。你见了姑娘，只怕她就和你说了。"

惜春早已听见，急忙坐起，说：

"你们两个人好啊！见我们家事差了，就不来了！"

那姑子道：

"阿弥陀佛！有也是施主，没也是施主。别说我们是本家庵里，受过老太太多少恩惠的。如今老太太的事，太太奶奶们都见过了，只没有见姑娘，心里惦记，今儿是特特的来瞧姑娘来了。"

惜春便问起水月庵的姑子来。那姑子道：

"她们庵里闹了些事，如今门上也不肯常放进来了。"

便问惜春道："前儿听见说，栊翠庵的妙师父怎么跟了人走了？"

惜春道：

"那里的话？说这个话的人提防着割舌头！人家遭了强盗抢去，怎么还说这样的坏话？"

那姑子道：

"妙师父的为人古怪，只怕是假惺惺罢。在姑娘面前，我们也不好说的。那里像我们这些粗夯人，只知道诵经念佛，给人家忏悔，也为着自己修个善果。"

1527

惜春道：

"怎么样就是善果呢？"

那姑子道：

"除了咱们家这样善德人家儿不怕，若是别人家那些诰命夫人小姐，也保不住一辈子的荣华。到了苦难来了，可就救不得了。只有个观世音菩萨大慈大悲：遇见人家有苦难事，就慈心发动，设法儿救济。为什么如今都说'大慈大悲救苦救难的观世音菩萨'呢？我们修了行的人，虽说比夫人小姐们苦多着呢，只是没有险难的了。虽不能成佛作祖，修修来世或者转个男身，自己也就好了。不像如今脱生了个女人胎子，什么委屈烦难都说不出来。姑娘，你还不知道呢？要是姑娘们到了出了门子，这一辈子跟着人，是更没法儿的。若说修行，也只要修得真。那妙师父自为才情比我们强，她就嫌我们这些人俗。岂知俗的才能得善缘呢，她如今到底是遭了大劫了！"

惜春被那姑子一番话说的合在机上，也顾不得丫头们在这里，便将尤氏待她怎样，前儿看家的事说了一遍，并将头发指给她瞧道。

"你打量我是什么没主意，恋火坑的人么？早有这样的心，只是想不出道儿来！"

那姑子听了，假作惊慌道：

"姑娘再别说这个话！珍大奶奶听见，还要骂杀我们，撵出庵去呢！姑娘这样人品，这样人家，将来配个好姑爷，享一辈子的荣华富贵。"

惜春不等说完，便红了脸，说：

"珍大奶奶撵得你，我就撵不得么？"

那姑子知是真心，便索性激她一激，说道：

"姑娘别怪我们说错了话。太太奶奶们那里就依得姑娘的性子呢？那时闹出没意思来倒不好。我们倒是为姑娘的话。"

惜春道：

"这也瞧罢咧。"

彩屏等听这话头不好，便使个眼色儿给姑子，叫她走。那姑子会意，本来心里也害怕，不敢挑逗，便告辞出去。惜春也不留她，便冷笑道：

"打量天下就是你们一个地藏庵么！"

那姑子也不敢答言，去了。

彩屏见事不妥，恐担不是，悄悄地去告诉了尤氏说：

"四姑娘铰头发的念头还没有息呢。她这几天不是病，竟是怨命。奶奶提防些，别闹出事来，那会子归罪我们身上。"

尤氏道：

"她那里是为要出家？她为的是大爷不在家，安心和我过不去。也只好由她罢了！"

彩屏等没法，也只好常常劝解。岂知惜春一天一天的不吃饭，只想铰头发。彩屏等吃不住，只得到各处告诉。邢王二夫人等也都劝了好几次，怎奈惜春执迷不解，邢王二夫人正要告诉贾政，只听外头传进来说：

"甄家的太太带了他们家的宝玉来了。"

众人急忙接出，便在王夫人处坐下。众人行礼叙些寒温，不必细述。只言王夫人提起甄宝玉与自己的宝玉无二，要请甄宝玉进来一见。传话出去，回来说道：

"甄少爷在外书房同老爷说话，说的投了机了，打发人来请我们二爷三爷，还叫兰哥儿在外头吃饭，吃了饭进来。"

说毕，里头也便摆饭。

原来此时贾政见甄宝玉相貌果与宝玉一样，试探他的文才，竟应对如流，甚是心敬，故叫宝玉等三人出来警励他们，再者，到底叫宝玉来比一比。宝玉听命，穿了素服，带了兄弟侄儿出来，见了甄宝玉，竟是旧相识一般。那甄宝玉也像那里见过的。两人行了礼，然后贾环贾兰相见。本来贾政席地而坐，要让甄宝玉在椅子上坐，甄宝玉因是晚辈，不敢上坐，就在地下铺了褥子坐下。如今宝玉等出来，又不能同贾政一处坐着，为甄宝玉是晚一辈，又不好竟叫宝玉等站着。贾政知是不便，站起来又说了几句话，叫人摆饭，说：

"我失陪，叫小儿辈陪着，大家说话儿，好叫他们领领大教。"

甄宝玉逊谢道：

"老伯大人请便，小侄正欲领世兄们的教呢！"

贾政回覆了几句，便自往内书房去。那甄宝玉却要送出来，贾政拦住。宝玉等先抢了一步，出了书房门槛站立着，看贾政进去，然后进来让甄宝玉坐下。彼此套叙了一回，诸如久慕渴想的话，也不必细述。

且说贾宝玉见了甄宝玉，想到梦中之景，并且素知甄宝玉为人，必是和他同心，以为得了知己。因初次见面不便造次，且又贾环贾兰在坐，只有极力夸赞说：

"久仰芳名，无由亲炙，今日见面，真是谪仙一流的人物！"

那甄宝玉素来也知贾宝玉的为人，今日一见，果然不差，只是可与我共学，不可与我适道。他既和我同名同貌，也是三生石上的旧精魂了。我如今略知些道理，何不和他讲讲？但只是初见，尚不知他的心与我同不同，只好缓缓的来。便道：

"世兄的才名，弟所素知的。在世兄是数万人里头选出来最清最雅的，至于弟乃庸庸碌碌一等愚人，忝附同名，殊觉玷辱了这两个字。"

贾宝玉听了，心想：

"这个人果然同我的心一样的，但是你我都是男人，不比那女孩儿们清洁，怎么他拿我当作女孩儿看待起来？"便道：

"世兄谬赞，实不敢当。弟至浊至愚，只不过一块顽石耳！何敢比世兄品望清高，实称此两字呢？"

甄宝玉道：

"弟少时不知分量，自谓尚可琢磨；岂知家遭消索，数年来更比瓦砾犹贱。虽不敢说历尽甘苦，然世道人情，略略的领悟了些须。世兄是锦衣玉食，无不遂心的，必是文章经济，高出人上，所以老伯

1530

钟爱,将为席上之珍:弟所以才说尊名方称。"

贾宝玉听这话头又近了禄蠹的旧套,想话回答。贾环见未与他说话,心中早不自在。倒是贾兰听了这话,甚觉合意,便说道:

"世叔所言,固是太谦,若论到文章经济,实在从历练中出来的,方为真才实学。在小侄年幼,虽不知文章为何物,然将读过的细味起来,那膏粱文绣,比着令闻广誉,真是不啻百倍的了!"

甄宝玉未及答言,贾宝玉听了兰儿的话,心里越发不合,想道:

"这孩子从几时也学了这一派酸论?"便说道:"弟闻得世兄也诋尽流俗,性情中另有一番见解。今日弟幸会芝范,想欲领教一番超凡入圣的道理,从此可以洗净俗肠,重开眼界;不意视弟为蠢物,所以将世路的话来酬应。"

甄宝玉听说,心里晓得:

"他知我少年的性情,所以疑我为假,我素性把话说明,或者与我作个知心朋友,也是好的。"便说:

"世兄高论,固是真切,但弟少时也曾深恶那些旧套陈言。只是一年长似一年,家君致仕在家,懒于酬应,委弟接待,后来见过那些大人先生,尽都是显亲扬名的人;便是著书立说,无非言忠言孝,自有一番立德立言的事业,方不枉生在圣明之时,也不致负了父亲师长养育教诲之恩。所以把少时那些迂想痴情,渐渐的淘汰了些。如今尚欲访师觅友,教导愚蒙。幸会世兄,定当有以教我。适才所言,并非虚意。"

贾宝玉愈听愈不耐烦,又不好冷淡,只得将言语支吾。幸喜里头传出话来,说:

"若是外头爷们吃了饭,请甄少爷里头去坐呢。"

宝玉听了,趁势便邀甄宝玉进去。那甄宝玉依命前行,贾宝玉等陪着来见王夫人。贾宝玉见甄太太上坐,便先请过了安。贾环贾兰也见了。甄宝玉也请了王夫人的安。两母两子,互相厮认。虽是贾宝玉是娶过亲的,那甄夫人年纪已老,又是老亲,因见贾宝玉的相貌身材与她儿子一般,不禁亲热起来。王夫人更不用说,拉着甄宝玉问长问短，觉得比自己家的宝玉老成些。回看贾兰，也是清秀超群的，虽不能像两个宝玉的形象，也还随得上，只有贾环粗夯，未免有偏爱之色。

众人一见两个宝玉在这里，都来瞧看，说道：

"真真奇事！名字同了也罢，怎么相貌身材都是一样的？亏得是我们宝玉穿孝，若是一样的衣服穿着，一时也认不出来。"

内中紫鹃一时痴意发作，因想起黛玉来，心里说道：

"可惜林姑娘死了，若不死时，就将那甄宝玉配了她，只怕也是愿意的。"正想着，只听得甄夫人道：

"前日听得我们老爷回来说：我们宝玉年纪也大了，求这里老爷留心一门亲事。"

王夫人正爱甄宝玉，顺口便说道：

"我也想要与令郎作伐。我家有四个姑娘：那三个都不用说，死的死，嫁的嫁了。还有我们珍大侄儿的妹子，只是年纪过小几岁，恐怕难配。倒是我们大媳妇的两个堂妹子，生得人材齐正。二姑娘呢，已经许了人家；三姑娘正好与令郎为配。过一天，我给令郎作媒。但是她家的家计如今差些。"

甄夫人道：

"太太这话又客套了。如今我们家还有什么？只怕人家嫌我们穷罢咧。"

王夫人道：

"现今府上复又出了差，将来不但复旧，必是比先前更要鼎盛起来。"

甄夫人笑着道：

"但愿依着太太的话更好。这么着，就求太太作个保山。"

甄宝玉听见他们说起亲事，便告辞出来，贾宝玉等只得陪着来到书房。见贾政已在那里，复又立谈几句。听见甄家的人来回甄宝玉道：

"太太要走了，请爷回去罢。"

于是甄宝玉告辞出来。贾政命宝玉、环、兰相送。不提。

且说宝玉自那日见了甄宝玉之父，知道甄宝玉来京，朝夕盼望，今儿见面，原想得一知己，岂知谈了半天，竟有些冰炭不投。闷闷的回到自己房中，也不言，也不笑，只管发怔。宝钗便问：

"那甄宝玉果然像你么？"

宝玉道：

"相貌倒还是一样的，只是言谈间看起来，并不知道什么，不过也是个禄蠹。"

宝钗道：

"你又编派人家了。怎么就见得也是禄蠹呢？"

宝玉道：

"他说了半天，并没个明心见性之谈，不过说些什么'文章经济'，又说什么'为忠为孝'。这样人可不是个禄蠹么？只可惜他也生了这样一个相貌！我想来有了他，我竟要连我这个相貌都不要了！"

宝钗见他又说呆话，便说道：

"你真真说出句话来叫人发笑！这相貌怎么能不要呢？况且人家这话是正理，做了一个男人，原该要立身扬名的。谁像你一味的柔情私意？不说自己没有刚烈，倒说人家是禄蠹！"

宝玉本听了甄宝玉的话，甚不耐烦，又被宝钗抢白了一场，心中更加不乐，闷闷昏昏，不觉将旧病又勾起来了，并不言语，只是傻笑，宝钗不知，只道自己的话错了，他所以冷笑，也不理他。岂知那日便有些发呆。袭人等怄他，也不言语。过了一夜，次日起来，只是呆呆的，竟有前番病的样子。

一日，王夫人因为惜春定要铰发出家，尤氏不能拦阻，看着惜春的样子是若不依她，必要自尽的，虽然昼夜着人看守，终非常事，

> 甄贾宝玉未相会之前，贾宝玉以甄宝玉为天下唯一知己。及至相见，贾宝玉理想完全落空，希望破灭，连半个知心也没有，这是贾宝玉的大寂寞、大悲哀。甄贾宝玉此时相会，是高明的安排，加强了贾宝玉出家的气势。太早相会，便难以为继了。

便告诉了贾政。贾政叹气跺脚,只说:

"东府里不知干了什么,闹到如此地位!"叫了贾蓉来说了一顿,叫他去和他母亲说:"认真劝解劝解。若是必要这样,就不是我们家的姑娘了。"

岂知尤氏不劝还好,一劝了,更要寻死,说:

"做了女孩儿,终不能在家一辈子的。若像二姐姐一样,老爷太太们倒要操心,况且死了。如今譬如我死了似的,放我出了家,干干净净的一辈子,就是疼我了! 况且我又不出门,就是栊翠庵原是咱们家的基址,我就在那里修行。我有什么,你们也照应得着。现在妙玉的当家的在那里。你们依我呢,我就算得了命;若不依我呢,我也没法,只有死就完了! 我如若遂了自己的心愿,那时哥哥回来,我和他说并不是你们逼着我的;若说我死了,未免哥哥回来,倒说你们不容我。"

尤氏本与惜春不合,听她的话,也似乎有理,只得去回王夫人。王夫人已到宝钗那里,见宝玉神魂失所,心下着忙,便说袭人道:

> 惜春失志出家,与思想性格完全符合。

"你们忒不留神! 二爷犯了病,也不来回我。"

袭人道:

"二爷的病原来是常有的,一时好,一时不好。天天到太太那里,仍旧请安去,原是好好儿,今日才发糊涂些。二奶奶正要来回太太,恐怕太太说我们大惊小怪。"

宝玉听见王夫人说她们,心里一时明白,怕她们受委屈,便说道:

"太太放心,我没什么病,只是心里觉着有些闷闷的。"

王夫人道:

"你是有这病根子,早说了,好请大夫瞧瞧,吃两剂药好了不好? 若再闹到头里丢了玉的样子,那可就费事了!"

宝玉道:

"太太不放心，便叫个人瞧瞧，我就吃药。"

王夫人便叫丫头传话出来请大夫。这一个心思都在宝玉身上，便将惜春的事忘了。迟了一回，大夫看了服药，王夫人回去。

过了几天，宝玉更糊涂了，甚至于饭食不进，大家着急起来。恰又忙着脱孝，家中无人，又叫了贾芸来照应大夫。贾琏家下无人，请了王仁来在外帮着料理。那巧姐儿是日夜哭母，也是病了。所以荣府中又闹得马仰人翻。

第一百十六回　得通灵幻境悟仙缘
　　　　　　　　送慈柩故乡全孝道

　　一日，又当脱孝来家，王夫人亲身又看宝玉，见宝玉人事不醒，急得众人手足无措，一面哭着，一面告诉贾政说：

　　"大夫说了，不肯下药，只好预备后事！"

　　贾政叹气连连，只得亲自看视，见其光景果然不好，便又叫贾琏办去。

　　贾琏不敢违拗，只得叫人料理，手头又短，正在为难。只见一个人跑进来说：

　　"二爷，不好了！又有饥荒来了！"

　　贾琏不知何事，这一吓非同小可，瞪着眼说道：

　　"什么事？"

　　那小厮道：

　　"门上来了一个和尚，手里拿着二爷的这块丢的玉，说要一万赏银。"

　　贾琏照脸啐道：

　　"我打量什么事，这样慌张！前番那假的你不知道么？就是真的，现在人要死了，要这玉做什么？"

　　小厮道：

　　"奴才也说了。那和尚说，给他银子就好了。"

　　正说着，外头嚷进来说：

　　"这和尚撒野，各自跑进来了，众人拦他拦不住！"

　　贾琏道：

　　"那里有这样怪事？你们还不快打出去呢！"

又闹着,贾政听见了,也没了主意了。里头又哭出来,说:

"宝二爷不好了!"

贾政益发着急。只见那和尚说道:

"要命拿银子来!"

贾政忽然想起:

"头里宝玉的病是和尚治好的;这会子和尚来,或者有救星。但是这玉倘或是真,他要起银子来,怎么样呢?"

想一想,如今且不管他,果真人好了再说。贾政叫人去请,那和尚已进来了,也不施礼,也不答话,便往里头跑。贾琏拉着道:

"里头都是内眷,你这野东西混跑什么?"

那和尚道:

"迟了,就不能救了!"

贾琏急得一面走,一面乱嚷道:

"里头的人不要哭了,和尚进来了!"

王夫人等只顾着哭,那里理会? 贾琏走进来又嚷。王夫人等回过头来,见一个长大的和尚,吓了一跳,躲避不及。那和尚直走到宝玉炕前。宝钗避过一边,袭人见王夫人站着,不敢走开。只见那和尚道:

"施主们,我是送玉来的。"

说着,把那块玉擎着道:

"快把银子拿出来,我好救他!"

王夫人等惊惶无措,也不择真假,便说道:

"若是救活了人,银子是有的。"

那和尚笑道:

"拿来!"

王夫人道:

"这放心,横竖折变的出来。"

和尚哈哈大笑,手拿着玉,在宝玉耳边叫道:

"宝玉,宝玉! 你的'宝玉'回来了。"

说了这一句, 王夫人等见宝玉把眼一睁。袭人说道:

"好了!"

只见宝玉便问道:

"在那里呢?"

那和尚把玉递给他手里。宝玉先前紧紧的攥着, 后来慢慢的回过手来, 放在自己眼前, 细细的一看, 说:

"嗳呀! 久违了。"

里外众人都喜欢的念佛, 连宝钗也顾不得有和尚了。贾琏也走过来一看, 果见宝玉回过来了, 心里一喜, 疾忙躲出去了。那和尚也不言语, 赶来拉着贾琏就跑。贾琏只得跟着, 到了前头, 赶着告诉贾政。贾政听了喜欢, 即找和尚施礼叩谢。和尚还了礼坐下。贾琏心下狐疑:

"必是要了银子才走……"

贾政细看那和尚, 又非前次见的, 便问:

"宝刹何方? 法师大号? 这玉是那里得的? 怎么小儿一见便会活过来呢?"

那和尚微微笑道:

"我也不知道, 只要拿一万银子来就完了。"

贾政见这和尚粗鲁, 也不敢得罪, 便说:

"有。"

和尚道:

"有便快拿来罢, 我要走了。"

贾政道:

"略请少坐, 待我进内瞧瞧。"

和尚道:

"你去, 快出来才好。"

贾政果然进去, 也不及告诉, 便走到宝玉炕前。宝玉见是父亲来, 欲要爬起, 因身子虚弱, 起不来。王夫人按着说道:

"不要动。"

宝玉笑着，拿这玉给贾政瞧，道：

"宝玉来了。"

贾政略略一看，知道此玉有些根源，也不细看，便和王夫人道：

"宝玉好过来了，这赏银怎么样？"

王夫人道：

"尽着我所有的折变了给他就是了。"

宝玉道：

"只怕这和尚不是要银子的罢。"

贾政点头道：

"我也看来古怪，但是口口声声的要银子。"

王夫人道：

"老爷出去先款留着他再说。"

> 此和尚是仙佛之流人物，岂为银子而来，作者故弄玄虚，以符合他所制造的神话，否则不能自圆其说。

贾政出来。宝玉便嚷饿了，喝了一碗粥，还说要饭。婆子们果然取了饭来。王夫人还不敢给他吃。宝玉说：

"不妨的，我已经好了。"

便爬着吃了一碗，渐渐的神气果然好过来了，便要坐起来。麝月上去轻轻的扶起，因心里喜欢忘了情，说道：

"真是宝贝！才看见了，一会儿就好了。亏的当初没有砸破！"

宝玉听了这话，神色一变，把玉一撂。身子往后一仰，复又死去，急得王夫人等哭叫不止。麝月自知失言致祸，此时王夫人等也不及说她。那麝月一面哭着，一面打算主意，心想：

"若是宝玉一死，我便自尽，跟了他去！……"

不言麝月心里的事。且说王夫人等见叫不回来，赶着叫人出来找和尚救治，岂知贾政进内出去时，那和尚已不见了。贾政正在诧异，听见里头又闹，急忙进来，见宝玉又是先前的样子，牙关紧闭，脉息全无。用手在心窝中一摸，尚是温热。贾政只得急忙请医，灌药救治。

那知那宝玉的魂魄早已出了窍了。你道死了不成？却原来恍恍惚惚赶到前厅,见那送玉的和尚坐着,便施了礼。那和尚忙站起身来,拉着宝玉就走。宝玉跟了和尚,觉得身轻如叶,飘飘摇摇,也没出大门,不知从那里走出来了。行了一程,到了个荒野地方,远远的望见一座牌楼,好像曾到过的。正要问那和尚,只见恍恍惚惚又来了一个女人。宝玉心里想道:

"这样旷野地方,那得有如此丽人?必是神仙下界了。"

宝玉想着,走近前来,细细一看,竟有些认得的,只是一时想不起来。见那女人合和尚打了一个照面,就不见了。宝玉一想竟是尤三姐的样子,越发纳闷:"怎么她也在这里?……"

又要问时,那和尚早拉着宝玉过了牌楼。只见牌上写着"真如福地"四个大字,两边一副对联,乃是:

"假去真来真胜假,无原有是有非无。"

转过牌坊,便是一座宫门。门上也横书着四个大字道:"福善祸淫"。又有一副对联,大书云:

"过去未来,莫谓智贤能打破;前因后果,须知亲近不相逢。"

宝玉看了,心下想道:

"原来如此!我倒要问问因果来去的事了。"

这么一想,只见鸳鸯站在那里,招手儿叫他。宝玉想道:

"我走了半日,原不曾出园子,怎么改了样儿了呢?……"

赶着要合鸳鸯说话,岂知一转眼便不见了,心里不免疑惑起来。走到鸳鸯站的地方儿,乃是一溜配殿,各处都有匾额。宝玉无心去看,只向鸳鸯立的所在奔去,见那一间配殿的门半掩半开。宝玉也不敢造次进去,心里正要问那和尚一声,回过头来,和尚早已不见了。宝玉恍惚见那殿宇巍峨,绝非大观园景象,便立住脚,抬头看那匾额上写道:"引觉情痴。"两边写的对联道:

"喜笑悲哀都是假,贪求思慕总因痴。"

宝玉看了,便点头叹息。想要进去找鸳鸯,问她是什么所在。细细想来,甚是熟识,便仗着胆子推门进去。满屋一瞧,并不见鸳鸯,里头只是黑漆漆的,心下害怕。正要退出,见有十数个大橱,橱

门半掩。宝玉忽然想起:

"我少时做梦,曾到过这样个地方;如今能够亲身到此,也是大幸!"

恍惚间,把找鸳鸯的念头忘了,便仗着胆子把上首大橱开了橱门一瞧。见有好几本册子,心里更觉喜欢,想道:

"大凡人做梦,说是假的,岂知有这梦便有这事! 我常说还要做这个梦再不能的,不料今日被我找着了! 但不知那册子是那个见过的不是。"

伸手在上头取了一本,册上写着"金陵十二钗正册"。

宝玉拿着一想道:

"我恍惚记得是那个,只恨记得不清楚!"

便打开头一页看去。见上头有画,但是画迹模糊,再瞧不出来。后面有几行字迹,也不清楚,尚可摹拟,便细细的看去。见有什么玉带上头有个好像"林"字,心里想道:

"莫不是说林妹妹罢?"

便认真看去。底下又有"金簪雪里"四字,诧异道:

"怎么又像她的名字呢? ……"

复将前后四句合起来一念道:

"也没有什么道理,只是暗藏着她两个名字,并不为奇。独有那'怜'字'叹'字不好。这是怎么解? ……"想到那里,又啐道:"我是偷着看,若只管呆想起来,倘有人来,又看不成了!"

遂往后看,也无暇细玩那画图,只从头看去。看到尾上,有几句词,什么"虎兔相逢大梦归"一句,便恍然大悟道:

"是了! 果然机关不爽! 这必是元春姐姐了。若都是这样明白,我要抄了去细玩起来,那些姐妹们的寿夭穷通,没有不知的了。我回去自不肯泄漏,只做一个'未卜先知'的人,也省了多少闲想。"

又向各处一瞧,并没有笔砚。又恐人来,只得忙着看去。只见图上影影有一个放风筝的人儿。也无心去看。急急的将那十二首诗词都看遍了,也有一看便知的,也有一想便得的,也有不大明白的,心下牢牢记着。一面叹息,一面又取那"金陵又副册"一看。看到"堪羡优伶有福,谁知公子无缘",先前不懂,见上面尚有花席的影子,便大惊痛哭起来。待要往后再看,听见有人说道:

"你又发呆了,林妹妹请你呢!"

好似鸳鸯的声气,回头却不见人。心中正自惊疑,忽鸳鸯在门外招手。宝玉一见,喜得赶出来,但见鸳鸯在前,影影绰绰的走,只是赶不上。宝玉叫道:

"好姐姐! 等等我!"

那鸳鸯并不理,只顾前走。宝玉无奈,尽力赶去。忽见别有一洞天,楼阁高耸,殿角玲珑,且有好些宫女隐约其间。宝玉贪看景致,竟将鸳鸯忘了。

宝玉顺步走入一座宫门,内有奇花异卉,都也认不明白,惟有白石花栏围着一颗青草,叶头上略有红色,但不知是何名草,这样矜贵! 只见微风动处,那青草已摆摇不休。虽说是一枝小草,又无花朵,其妩媚之态,不禁心动神怡,魂消魄丧。

宝玉只管呆呆的看着,只听见旁边有一人说道:

"你是那里来的蠢物,在此窥探仙草!"

宝玉听了,吃了一惊,回头看时,却是一位仙女,便施礼道:

"我找鸳鸯姐姐,误入仙境,恕我冒昧之罪! 请问神仙姐姐:这里是何地方? 怎么我鸳鸯姐姐到此还说是林妹妹叫我? 望乞明示。"

那人道:

"谁知你的姐姐妹妹? 我是看管仙草的,不许凡人在此逗留。"

宝玉欲待要出来,又舍不得,只得央告道:

"神仙姐姐! 既是那管理仙草的,必然是花神姐姐了。但不知这草有何好处?"

那仙女道:

"你要知道这草,说起来话长着呢。那草本在灵河岸上,名曰

'绛珠草'。因那时菱败，幸得一个神瑛侍者日以甘露灌溉，得以长生。后来降凡历劫，还报了灌溉之恩，今返归真境。所以警幻仙子命我看管，不令蜂缠蝶恋。"

宝玉听了不解，一心疑定必是遇见了花神了，今日断不可当面错过，便问：

"管这草的是神仙姐姐了，还有无数名花，必有专管的，我也不敢烦问，只有看管芙蓉花的是那位神仙？"

那仙女道：

"我却不知，除是我主人方晓。"

宝玉便问道：

"姐姐的主人是谁？"

那仙女道：

"我主人是潇湘妃子。"

宝玉听道：

"是了！你不知道这位妃子就是我的表妹林黛玉？"

那仙女道：

"胡说！此地乃上界神女之所，虽号为潇湘妃子，并不是娥皇女英之辈，何得与凡人有亲？你少来混说！瞧着叫力士打你出去！"

宝玉听了发怔，只觉自形秽浊。正要退出，又听见有人赶来，说道：

"里面叫请神瑛侍者。"

那人道：

"我奉命等了好些时，总不见有神瑛侍者过来，你叫我那里请去？"

那一个笑道：

"才退去的不是么？"

那侍女慌忙赶出来，说：

"请神瑛侍者回来！"

宝玉只道是问别人，又怕被人追赶，只得跟跄而逃。正走时，只见一人手提宝剑，迎面拦住，说：

"那里走！"

吓得宝玉惊惶无措。仗着胆抬头一看，却不是别人，就是尤三姐。宝玉见了，略定些神，央告道：

"姐姐，怎么你也来逼起我来了？"

那人道：

"你们弟兄没有一个好人：败人名节，破人婚姻！今儿你到这里，是不饶你的了！"

宝玉听了话头不好，正自着急，只听后面有人叫道：

"姐姐！快快拦住！不要放他走了！"

尤三姐道：

"我奉妃子之命，等候已久。今儿见了，必定要一剑斩断你的尘缘！"

宝玉听了，益发着忙，又不懂这些话到底是什么意思，只得回头要跑。岂知身后说话的并非别人，却是晴雯。宝玉一见，悲喜交集，便说：

"我一个人走迷了道儿，遇见仇人，我要逃回，却不见你们一人跟着我。如今好了！晴雯姐姐，快快的带我回家去罢！"

晴雯道：

"侍者不必多疑。我非晴雯，我是奉妃子之命，特来请你一会，并不难为你。"

宝玉满腹狐疑，只得问道：

"姐姐说是妃子叫我，那妃子究是何人？"

晴雯道：

"此时不必问，到了那里，自然知道。"

宝玉没法，只得跟着走。细看那人背后举动，恰是晴雯：

"那面目声音是不错的了，怎么她说不是？我此时心里模糊，且别管她。到了那边，见了妃子，就有不是，那时再求她。到底女人的心肠是慈悲的,必定恕我冒失。"

正想着,不多时,到了一个所在,只见殿宇精致,彩色辉煌,庭中一丛翠竹,户外数本苍松。廊檐下立着几个侍女,都是宫妆打扮。见了宝玉进来,便悄悄的说道:

"这就是神瑛侍者么?"引着宝玉的说道:

"就是,你快进去通报罢。"

有一侍女笑着招手,宝玉便跟着进去。过了几层房舍,见一正房,珠帘高挂。那侍女说:

"站着候旨。"

宝玉听了,也不敢则声,只好在外等着。那侍女进去不多时,出来说:

"请侍者参见。"

又有一人卷起珠帘。只见一女子头戴花冠,身穿绣服,端坐在内。宝玉略一抬头,见是黛玉的形容,便不禁的说道:

> 作者编造此一迷离幻境,是与第五回前后呼应,也是宝玉出家的伏笔,在结构上丝丝入扣,天衣无缝。

"妹妹在这里,叫我好想!"

那帘外的侍女悄咤道:

"这侍者无礼!快快出去!"

说犹未了,又见一个侍儿将珠帘放下。宝玉此时欲待进去又不敢,要走又不舍,待要问明,见那些侍女并不认得,又被驱逐,无奈出来,心想要问晴雯。回头四顾,并不见有晴雯,心下狐疑,只得怏怏出来,又无人引看。正欲找原路出去,即又找不到旧路了,正在为难,见凤姐站在一所房檐下招手儿。宝玉看见,喜欢道:

"可好了!原来回到自己家里了,怎么一时迷乱如此?"急奔前来,说:"姐姐在这里么?我被这些人捉弄到这个分儿,林妹妹又不肯见我,不知是何原故!"

说着,走到凤姐站的地方,细看起来,并不是凤姐,原来却是贾蓉的前妻秦氏。宝玉只得立住脚,要问凤姐姐在那里。那秦氏也不答言,竟自往屋里去了。

宝玉恍恍惚惚的，又不敢跟进去，只得呆呆的站着。叹道：

"我今儿得了什么不是，众人都不理我！"

便痛哭起来。见有几个黄巾力士执鞭赶来，说是：

"何处男人敢闯入我们这天仙福地来！快走出去！"

宝玉听得，不敢言语。正要寻路出来，远远望见一群女子，说笑前来。宝玉看时，又像是迎春等一干人走来，心里喜欢，叫道：

"我迷住在这里，你们快来救我！"

正嚷着，后面力士赶来。宝玉急得往前乱跑，忽见那一群女子都变作鬼怪形像，也来追扑。

宝玉正在情急，只见那送玉来的和尚，手里拿着一面镜子一照，说道：

"我奉元妃娘娘旨意，特来救你！"

登时鬼怪全无，仍是一片荒郊。宝玉拉着和尚说道：

"我记得是你领我到这里，你一时又不见了。看见了好些亲人，只是都不理我，忽又变作鬼怪。到底是梦是真？望老师明白指示。"

那和尚道：

"你到这里，曾偷看什么东西没有？"

宝玉一想，道：

"他既能带我到天仙福地，自然也是神仙了，如何瞒得他？况且正要问个明白。"

便道："我倒见了好些册子来着。"

那和尚道：

"可又来！你见了册子，还不解么？世上的情缘，都是那些魔障！只要把历过的事情细细记着，将来我与你说明。"说着，把宝玉狠命一推，说："回去罢！"

宝玉站不住脚，一交跌倒，口里嚷道："啊呀！"

众人等正在哭泣，听见宝玉醒来，连忙叫唤。宝玉睁眼看时，仍躺在炕上，见王夫人宝钗等哭的眼泡红肿。定神一想，心里说

道：

　　"是了！我是死去过来的……"遂把神魂所历的事呆呆的细想。幸喜还记得，便哈哈的笑道："是了，是了！"

　　王夫人只道旧病复发，便好延医调治，即命丫头婆子快去告诉贾政，说是：

　　"宝玉回过来了。头里原是心迷住了，如今说出话来，不用备办后事了。"

　　贾政听了，即忙进来看视，果见宝玉醒来，便道：

　　"没福的痴儿！你要吓死谁么？"

　　说着，眼泪也不知不觉流下来了。又叹了几口气，仍出去叫人请医生，诊脉服药。

　　这里麝月正思自尽，见宝玉回过来，也放了心。只见王夫人叫人端了桂圆汤，叫他喝了几口，渐渐的定了神。王夫人等放心，也没有说麝月，只叫人仍把那玉交给宝钗给他带上。想起那和尚来，"这玉不知那里找来的？也是古怪：怎么一时要银，一时又不见了？莫非是神仙不成？"

　　宝钗道：

　　"说起那和尚来的踪迹，去的影响，那玉并不是找来的；头里丢的时候，必是那和尚取去的。"

　　王夫人道：

　　"玉在家里，怎么能取的了去？"

　　宝钗道：

　　"既可送来，就可取去。"

　　袭人麝月道：

　　"那年丢了玉，林大爷测了个字，后来二奶奶过了门，我还告诉过二奶奶，说测的那字是什么'赏'字。二奶奶还记得么？"

　　宝钗想道：

　　"是了，你们说测的是当铺里找去，如今才明白了：竟是个和尚的'尚'字在上头，可不是和尚取了去的么？"

王夫人道：

"那和尚本来古怪！那年宝玉病的时候,那和尚来说是我们家有宝贝可解,说的就是这块玉了。他既知道,自然这块玉到底有些来历。况且你女婿养下来就嘴里含着的。古往今来,你们听见过这么第二个么？只是不知终久这块玉到底怎么着！就连咱们这一个,也还不知是怎么着呢！病也是这块玉,好也是这块玉,生也是这块玉,——"

说到这里,忽然住了,不免又流下泪来。

宝玉听了,心里却也明白,更想死去的事,愈加有因,只不言语,心里细细的记忆。那时惜春便说道：

"那年失玉,还请妙玉请过仙,说是'青埂峰下倚古松',还有什么'入我门来一笑逢'的话。想起来'入我门'三字,大有讲究。佛教法门最大,只怕二哥哥不能人得去。"

宝玉听了,又冷笑几声。宝钗听着,不觉的把眉头儿肐揪[注]着,发起怔来。尤氏道：

"偏你一说,又是佛门了！你出家的念头还没有歇么？"

惜春笑道：

"不瞒嫂子说,我早已断了荤了。"

王夫人道：

"好孩子,阿弥陀佛！这个念头是起不得的！"

惜春听了,也不言语。

宝玉想"青灯古佛前"的诗句,不禁连叹几声。忽又想起"一床席"、"一枝花"的诗句来,拿眼睛看着袭人,不觉又流下泪来。众人都见他忽笑忽悲,也不解是何意,只道是他的旧病,岂知宝玉触处机来,竟能把偷看册上的诗句牢牢记住了,只是不说出来,心中早有一家成见在那里。暂且不提。

> 宝玉已大彻大悟,成竹在胸,幻境仙缘,不枉费笔墨。

且说众人见宝玉死去复生,神气清爽,又加连日服药,一天好似一天，渐渐的复原起来。便是贾政见宝玉已好，现在丁忧无事，想起贾赦不知几时遇赦，老太太的灵枢久停寺内，终不放心，欲要扶枢回南安葬，便叫了贾琏来商议。贾琏便道：

"老爷想的极是。如今趁着丁忧，干了这件大事更好。将来老爷起了复，只怕又不能遂意了。但是我父亲不在家，侄儿又不敢僭越。老爷的主意很好，只是这件事也得好几千银子。衙门里缉赃，那是再缉不出来的。"

贾政道：

"我的主意是定了。只为大老爷不在家，叫你来商议商议，怎么个办法。你是不能出门的，现在这里没有人。我想好几口材都要带回去，我一个人怎么能够照应？想着把蓉哥儿带了去，况且有他媳妇的棺材，也在里头。还有你林妹妹的，那是老太太的遗言，说跟着老太太一块儿回去的。我想这一项银子，只好在那里挪借几千，也就够了。"

贾琏道：

"如今的人情过于淡薄。老爷呢，丁忧；我们老爷呢，又在外头。一时借是借不出来的了，只得拿房地文书出去押去。"

贾政道：

"住的房子是官盖的，那里动得？"

贾琏道：

"住房是不能动的。外头还有几所，可以出脱的，等老爷起复后再赎也使得。将来我父亲回来了，倘能也再起用，也好赎的。只是老爷这么大年纪，辛苦这一场，侄儿们心里却不安！"

贾政道：

"老太太的事是应该的。只要你在家谨慎些，把持定了才好！"

贾琏道：

"老爷这倒只管放心，侄儿虽糊涂，断不敢不认真办理的。况且老爷回南，少不得多带些人去，所留下的人也有限了，这点子费用，还可以过的来。就是老爷路上短少些，必经过赖尚荣的地方，可以叫他出点力儿。"

贾政道：

"自己老人家的事，叫人家帮什么呢？"

贾琏答应了个"是"，便退出来，打算银钱。贾政便告诉了王夫人，叫她管了家，自己择了发引长行的日子，就要起身。宝玉此时身体复元，贾环贾兰倒认真念书。贾政都交付给贾琏，叫他管教：

"今年是大比的年头，环儿是有服的，不能入场；兰儿是孙子，服满了也可以考的，务必叫宝玉同着侄儿考去。能够中一个举人，也好赎一赎咱们的罪名。"

贾琏等唯唯应命。贾政又吩咐了在家的人，说了好些话，才别了宗祠，便在城外念了几天经，就发引下船，带了林之孝等而去。也没有惊动亲友，惟有自家男女送了一程回家。

宝玉因贾政命他赴考，王夫人便不时催逼，查考起他的功课来。那宝钗袭人时常劝勉，自不必说。那知宝玉病后，虽精神日长，他的念头一发更奇僻了，竟换了一种：不但厌弃功名仕进，竟把那儿女情缘也看淡了好些。只是众人不大理会，宝玉也并不说出来。

一日，紫鹃送了林黛玉的灵柩回来，闷坐自己屋里啼哭，想着：

"宝玉无情！见他林妹妹的灵柩回去，并不伤心落泪；见我这样痛哭，也不来劝慰，反瞅着我笑。这样负心的人，从前都是花言巧语来哄着我们！前夜亏我想得开，不然，几乎又上了他的当！只是一件叫人不解：如今我看他待袭人也是冷冷儿的，二奶奶是本来不喜欢亲热的，麝月那些人就不抱怨他么？看来女孩儿们多半是痴心的，白操了那些时的心，不知将来怎样结局！……"

正想着，只见五儿走来瞧她。见紫鹃满面泪痕，便说：

"姐姐又哭林姑娘了？我想一个人，闻名不如眼见。里头听着二爷女孩子跟前是最好的，我母亲再三的把我弄进来；岂知我进来了，尽心竭力的伏侍了几次病，如今病好了，连一句好话也没有剩出来，这会子索性连正眼儿也不瞧了！"

紫鹃听她说的好笑,便噗嗤的一笑,啐道:

"呸!你这小蹄子!你心里要宝玉怎么样待你才好?女孩儿家也不害臊!人家明公正气的屋里人他瞧着还没事人一大堆呢,有工夫理你去?"因又笑着,拿个指头往脸上抹着,问道:"你到底算宝玉的什么人哪?"

那五儿听了,自知失言,便飞红了脸。待要解说不是要宝玉怎样看待,说他近来不怜下的话,只听院门外乱嚷,说:

"外头和尚又来了,要那一万银子呢!太太着急,叫琏二爷和他讲去,偏偏琏二爷又不在家!那和尚在外头说些疯话,太太叫请二奶奶过去商量。"

---

①　肐揪(gē jiū)——这里是形容皱眉时眉头肌肉的揪结。

第一百十七回

阻超凡佳人双护玉
欣聚党恶子独承家

宝玉听见说是和尚在外头,赶忙的独自一人走到前头,嘴里乱嚷道:

"我的师父在那里?"

叫了半天,并不见有和尚,只得走到外面。见李贵将和尚拦住,不放他进来。宝玉便说道:

"太太叫我请师父进去。"

李贵听了,松了手,那和尚便摇摇摆摆的进来。宝玉看见那僧的形状与他死去时所见的一般,心里早有些明白了,便上前施礼,连叫:

"师父,弟子迎候来迟!"

那僧说:

"我不要你们接待,只要银子拿了来,我就走。"

宝玉听来,又不像有道行的话,看他满头癞疮,浑身肮脏破烂,心里想道:

"自古说,'真人不露相,露相不真人',也不可当面错过。我且应了他谢银,并探探他的口气。"便说道:"师父不必性急。现在家母料理,请师父坐下,略等片刻。弟子请问师父,可是从太虚幻境而来?"

那和尚道:

"什么'幻境'!不过是来处来,去处去罢了。我是送还你的玉来的。我且问你,那玉是从那里来的?"

宝玉一时对答不来。那僧笑道:

"你自己的来路还不知,便来问我!"

宝玉本来颖悟,又经点化,早把红尘看破,只是自己的底里未知。一闻那僧问起玉来,好像当头一棒,便说道:

"你也不用银子的,我把那玉还你罢。"

那僧笑道:

"也该还我了。"

宝玉也不答言,往里就跑。走到自己院内,见宝钗袭人等都到王夫人那里去了,忙向自己床边取了那玉,便走出来。迎面碰见了袭人,碰了一个满怀,把袭人吓了一跳,说道:

"太太说你陪着和尚坐着很好。太太在那里打算送他些银两,你又回来做什么?"

宝玉道:

"你快去回太太说:不用张罗银子了,我把这玉还了他就是了。"

袭人听说,即忙拉住宝玉,道:

"这断使不得的! 那玉就是你的命,若是他拿了去,你又要病着了!"

宝玉道:

"如今再不病的了。我已经有了心了,要那玉何用?"

摔脱袭人,便想要走。袭人急的赶着嚷道:

"你回来,我告诉你一句话!"

宝玉回过头来道:

"没有什么说的了。"

袭人顾不得什么,一面赶着跑,一面嚷道:

"上回丢了玉,几乎没有把我的命要了! 刚刚儿的有了它,拿了去,你也活不成了! 你要还他,除非是叫我死了!"

说着,赶上一把拉住。宝玉急了,道:

"你死也要还,你不死也要还!"

狠命的把袭人一推,抽身要走。怎奈袭人两只手绕着宝玉的带子不放，哭着喊着坐在地下。里面的丫头听见，连忙赶来，瞧见他两个人的神情不好。只听见袭人哭道：

"快告诉太太去！宝二爷要把那玉去还和尚呢！"

丫头赶忙飞报王夫人。

那宝玉更加生气，用手来掰开袭人的手。幸亏袭人忍痛不放。紫鹃在屋里听见宝玉要把玉给人，这一急比别人更甚，把素日冷淡宝玉的主意都忘在九霄云外了，连忙跑出来，帮着抱住宝玉。那宝玉虽是个男人，用力摔打，怎奈两个人死命的抱住不放，也难脱身，叹口气道：

"为一块玉，这样死命的不放，若是我一个人走了，你们又怎样？"

袭人紫鹃听了这话，不禁嚎啕大哭起来。

正在难分难解，王夫人宝钗急忙赶来，见是这样形景，王夫人便哭着喝道：

"宝玉！你又疯了！"

宝玉见王夫人来了，明知不能脱身，只得陪笑道：

"这当什么？又叫太太着急。她们才是这样大惊小怪。我说那和尚不近人情：他必要一万银子，少一个不能。我生气进来，拿了这玉还他，就说是假的，要这玉干什么？他见我们不稀罕那玉，便随意给他些，就过去了。"

王夫人道：

我打量真要还他；这也罢了，为什么不告诉明白了她们？叫她们哭哭喊喊的像什么？"

宝钗道：

"这么说呢，倒还使得；要是真拿那玉给他，那和尚有些古怪，倘若一给了他，又闹到家口不宁，岂不是不成事了么？至于银钱呢，就把我的头面折变了，也还够了呢。"

王夫人听了，道：

"也罢了，且就这么办罢。"

宝玉也不回答。只见宝钗走上来,在宝玉手里拿了这玉,说道:

"你也不用出去,我合太太给他钱就是了。"

宝玉道:

"玉不还他也使得,只是我还得当面见他一见才好。"

袭人等仍不肯放手。到底宝钗明决,说:

"放了手,由他去就是了。"

袭人只得放手。宝玉笑道:

"你们这些人,原来重玉不重人哪! 你们既放了我,我便跟着他走了,看你们就守着那块玉怎么样?"

袭人心里又着急起来,仍要拉他,只碍着王夫人和宝钗的面前,又不好太露轻薄,恰好宝玉一撒手就走了。袭人忙叫小丫头在三门口传了焙茗等:

"告诉外头照应着二爷,他有些疯了。"

小丫头答应了出去。

王夫人宝钗等进来坐下,问起袭人来由。袭人便将宝玉的话细细说了。王夫人宝钗甚是不放心,又叫人出去,吩咐众人伺候,听着和尚说些什么。回来,小丫头传话进来回王夫人道:

"二爷真有些疯了。外头小厮们说:里头不给他玉,他也没法儿;如今身子出来了,求那和尚带了他去。"

王夫人听了,说道:

"这还了得! 那和尚说什么来着?"

小丫头回道:

"和尚说,要玉不要人。"

宝钗道:

"不要银子了么?"

小丫头道:

"没听见说。后来和尚合二爷两个人说着笑着,有好些话,外头小厮们都不大懂。"

王夫人道：

"糊涂东西！ 听不出来，学是自然学得来的！"便叫小丫头："你把那小厮叫进来。"

小丫头连忙出去叫进那小厮，站在廊下，隔着窗户请了安。王夫人便问道：

"和尚和二爷说的话，你们不懂，难道学也学不来吗？"

那小厮回道：

"我们只听见说什么'大荒山'，什么'青埂峰'，又说什么'太虚幻境斩断尘缘'这些话。"

王夫人听着也不懂。宝钗听了，吓得两眼直瞪，半句话都没有了。正要叫人出去拉宝玉进来，只见宝玉笑嘻嘻的进来，说：

"好了，好了！"

宝钗仍是发怔。王夫人道：

"你疯疯癫癫的说的是什么？"

宝玉道：

"正经话，又说我疯癫！ 那和尚与我原认得的，他不过也是要来见我一见。 他何尝是真要银子呢？ 也只当化个善缘就是了。 所以说明了，他自己就飘然而去了。 这可不是好了么？"

王夫人不信，又隔着窗户问那小厮。那小厮连忙出去问了门上的人，进来回说：

"果然和尚走了，说：请太太们放心，我原不要银子，只要宝二爷时常到他那里去去就是了。 诸事只要随缘，自有一定的道理。"

王夫人道：

"原来是个好和尚！ 你们曾问他住在那里？"

小厮道：

"门上的说，他说来着，我们二爷知道的。"

王夫人便问宝玉：

"他到底住在那里？"

宝玉笑道：

"这个地方儿,说远就远,说近就近。"

宝钗不待说完,便道:

"你醒醒儿罢! 别尽着迷在里头! 现在老爷太太就疼你一个人,老爷还吩咐叫你干功名上进呢。"

宝玉道:

"我说的不是功名么? 你们不知道'一子出家,七祖升天'!"

王夫人听到那里,不觉伤起心来,说:

"我们的家运怎么好! 一个四丫头口口声声要出家,如今又添出一个来了。我这样的日子,过他做什么!"

说着,放声大哭。宝钗见王夫人伤心,只得上前苦劝。宝玉笑道:

"我说了一句玩话儿,太太又认起真来了。"

王夫人止住哭声道:

"这些话也是混说的么?"

正闹着,只见丫头来回话:

"琏二爷回来了,颜色大变,说,请太太回去说话。"

> 以上描写又加强宝玉出家的决心。此处"一子出家,七祖升天"更是明白宣言。

王夫人吃了一惊,说道:

"将就些叫他进来罢。小婶子也是旧亲,不用回避了。"

贾琏进来见了王夫人,请了安。宝玉迎着,也问了贾琏的安。贾琏回道:

"刚才接了我父亲的书信,说是病重的很,叫我就去,迟了恐怕不能见面!"

说到那里,眼泪便掉下来了。王夫人道:

"书上写的是什么病?"

贾琏道:"写的是感冒风寒起的,如今竟成了痨病了。现在危急,端差一个人连日连夜赶来的,说:如若再耽搁一两天,就不能见面了。故来回太太,侄儿必得就去才好。只是家里没人照管。蔷

1557

儿芸儿虽说糊涂,到底是个男人,外头有了事来,还可传个话。侄儿家里倒没有什么事。秋桐是天天哭着喊着,不愿意在这里,侄儿叫了她娘家的人来领了去了,倒省了平儿好些气。虽是巧姐没人照应,还亏平儿的心不很坏。姐儿心里也明白,只是性气比她娘还刚硬些,求太太时常管教管教她。"

说着,眼圈儿一红,连忙把腰里拴槟榔荷包的小绢子拉下来擦眼。王夫人道:

"放着她亲祖母在那里,托我做什么?"

贾琏轻轻的说道:

"太太要说这个话,侄儿就该活活儿的打死了! 没什么说的,才求太太始终疼侄儿就是了!"

说着,就跪下来了。

王夫人也眼圈儿红了,说:

"你快起来! 娘儿们说话儿,这是怎么说? 只是一件:孩子也大了,倘若你父亲有个一差二错,又耽搁住了,或者有个门当户对的来说亲,还是等你回来,还是你太太作主?"

贾琏道:

"现在太太们在家,自然是太太们做主,不必等我。"

王夫人道:

你要去,就写了禀帖给二老爷送个信,说家下无人,你父亲不知怎样,快请二老爷将老太太的大事早早的完结,快快回来。"

贾琏答应了"是",正要走出去,复转回来,回说道:

"咱们家的家下,家里还够使唤,只是园里没有人,太空了。包勇又跟了他们老爷去了。姨太太住的房子,薛二爷已搬到自己的房子内住了。园里一带屋子都空着,忒没照应,还得太太叫人常查看查看。那栊翠庵原是咱们家的地基,如今妙玉不知那里去了,所有的根基,她的当家女尼不敢自己作主,要求府里一个人管理管理。"

王夫人道:

"自己的事还闹不清，还搁得住外头的事么？这句话，好歹别叫四丫头知道；若是她知道了，又要吵着出家的念头出来了。你想：咱们家什么样的人家？好好的姑娘出家还了得！"

贾琏道：

"太太不提起，侄儿也不敢说。四妹妹到底是东府里的，又没有父母，她亲哥哥又在外头，她亲嫂子又不大说的上话，侄儿听见要寻死觅活了好几次。她既是心里这么着的了，若是牛着她①，将来倘或认真寻了死，比出家更不好了。"

王夫人点了点头，道：

"这件事真真叫我也难担！我也做不得主，由她大嫂子去就是了。"

贾琏又说了几句才出来，叫了众家人来，交代清楚，写了书，收拾了行装。平儿等不免叮咛了好些话。只有巧姐儿惨伤的了不得。贾琏又欲托王仁照应，巧姐到底不愿意；听见外头托了芸蔷二人，心里更不受用，嘴里却说不出来。只得送了他父亲，谨谨慎慎的随着平儿过日子。丰儿小红因凤姐去世，告假的告假，告病的告病。平儿意欲接了家中一个姑娘来，一则给巧姐作伴，二则可以带量她。遍想无人，只有喜鸾四姐儿是贾母旧日钟爱的，偏偏四姐儿新近出了嫁了，喜鸾也有了人家儿，不日就要出阁，也只得罢了。

且说贾芸贾蔷送了贾琏，便进来见了邢王二夫人。他两个倒替着在外书房住下，日间便与家人厮闹，有时找了几个朋友吃个"车箍辘会"②，甚至聚赌。里头那里知道？

一日，邢大舅王仁来，瞧见了贾芸贾蔷住在这里，知他热闹，也就借着照看的名儿时常在外书房设局赌钱，喝酒。所有几个正经的家人，贾政带了几个去，贾琏又跟去了几个，只有那赖林诸家的儿子侄儿。这些少年，托着老子娘的福吃喝惯了的，那知当家立计的道理？况且他们长辈都不在家，便是"没笼头的马"了。又有两个旁主人怂恿，无不乐为。这一闹，把个荣国府闹得没上没下，没里没外。

那贾蔷还想勾引宝玉。贾芸拦住道:

"宝二爷那个人没运气的,不用惹他。那一年我给他说了一门子绝好的亲:父亲在外头做税官,家里开几个当铺,姑娘长的比仙女儿还好看。我巴巴儿的细细的写了一封书子给他,谁知他没造化——"说到这里,瞧了瞧左右无人,又说:"他心里早和咱们这个二婶娘好上了! 你没听见说:还有一个林姑娘呢,弄的害了相思病死的,谁不知道! 这也罢了,各自的姻缘罢咧。谁知他为这件事倒恼了我了,总不大理。他打量谁必是借谁的光儿呢!"

贾蔷听了,点点头,才把这个心歇了。他两个还不知道宝玉自会那和尚以后,便是欲断尘缘,一则在王夫人跟前不敢任性,已与宝钗袭人等皆不大款洽了。那些丫头不知道,还要逗他,宝玉那里看得到眼里,他也并不将家事放在心里。时常王夫人宝钗劝他念书,他便假作攻书,一心想着那个和尚引他到那仙境的机关,心目中触处皆为俗人。却在家难受,闲来倒与惜春闲讲。他们两个人讲得上了,那种心更加准了几分,那里还管贾环贾兰等?

那贾环为他父亲不在家,赵姨娘已死,王夫人不大理会,他便入了贾蔷一路。倒是彩云时常规劝,反被贾环辱骂。玉钏儿见宝玉疯癫更甚,早和她娘说了,要求着出去。如今宝玉贾环,他哥儿两个,各有一种脾气,闹得人人不理。独有贾兰跟着他母亲上紧攻书,作了文字,送到学里请教代儒。因近来代儒老病在床,只得自己刻苦。李纨是素来沉静的,除请王夫人的安,会会宝钗,余着一步不走,只有看着贾兰攻书。所以荣府住的人虽不少,竟是各自过各自的,谁也不肯做谁的主。贾环贾蔷等愈闹的不像事了:甚至偷典偷卖,不一而足。贾环更加宿娼滥赌,无所不为。

一日,邢大舅王仁都在贾家外书房喝酒,一时高兴,叫了几个陪酒的来唱着喝着劝酒。贾蔷便说:

"你们闹的太俗,我要行个令儿。"

众人道:

"使得。"

贾蔷道:

"咱们'月字流觞'罢。我先说起'月'字,数到那个,便是那个喝酒。还要酒面酒底;须得依着令官,不依者罚三大杯。"

众人都依了。贾蔷喝了一杯令酒,便说:

"飞羽觞而醉月。"

顺饮数到贾环。

贾蔷说:

"酒面要个'桂'字。"贾环便说道:

"冷露无声湿桂花。酒底呢?"

贾蔷道:

"说个'香'字。"

贾环道:

"天香云外飘。"

邢大舅说道:

"没趣,没趣! 你又懂得什么字了,也假斯文起来? 这不是取乐,竟是怄人了! 咱们都蠲了,倒是搳拳,输家喝,输家唱,叫做'苦中苦'。若是不会唱的,说个笑话儿也使得,只要有趣。"

众人都道:

"使得。"

于是乱搳起来。王仁输了,喝了一杯,唱了一个。众人道:"好!"又搳起来了。是个陪酒的输了,唱了一个什么"小姐小姐多丰采"。以后邢大舅输了,众人要他唱曲儿。他道:

"我唱不上来,我说个笑话儿罢。"

> 写败家子蛇鼠一窝,原形毕露,"假墙"笑话更是挖空心思。《红楼梦》真是心血结晶,岂同等闲。

贾蔷道:

"若说不笑人,仍要罚的。"

邢大舅就喝了一杯,说道:

"诸位听着:村庄上有一座元帝庙,旁边有个土地祠。那元帝老爷常叫土地来说闲话儿。一日,元帝庙里被了盗,便叫土地去查访。土地禀道：'这地方没有贼的，必是神将不小心，被外贼偷了东西去。'元帝道：'胡说！你是土地，失了盗，不问你问谁去呢？你倒不去拿贼，反说我的神将不小心吗？'土地禀道：'虽说是不小心，到底是庙里的风水不好。'元帝道：'你倒会看风水么？'土地道：'待小神看看。'那土地向各处瞧了一会，便来回禀道：'老爷坐的身子背后，两扇红门，就不谨慎。小神坐的背后，是砌的墙，自然东西丢不了。以后老爷的背后也改了墙就好了。'元帝老爷听来有理，便叫神将派人打墙。众神将叹口气道：'如今香火一炷也没有，那里有砖灰人工来打墙呢？'元帝老爷没法，叫神将作法，却都没有主意。那元帝老爷脚下的龟将军站起来道：'你们不中用，我有主意：你们将红门拆下来，到了夜里，拿我的肚子堵住这门口，难道当不得一堵墙么？'众神将都说道：'好！又不花钱，又便当结实！'于是龟将军便当这个差使，竟安静了。岂知过了几天，那庙里又丢了东西。众神将叫了土地来说道：'你说砌了墙就不丢东西，怎么如今有了墙还要丢？'那土地道：'这墙砌的不结实。'众神将道：'你瞧去。'土地一看，果然是一堵好墙，怎么还有失事，把手摸了一摸，道：'我打量是真墙，那里知道是个"假墙"！'"

众人听了，大笑起来。贾蔷也忍不住的笑，说道：

"傻大舅！你好！我没有骂你，你为什么骂我？快拿杯来罚一大杯！"

邢大舅喝了，已有醉意。众人又喝了几杯，都醉起来。邢大舅说他姐姐不好，王仁说他妹妹不好，都说的狠狠毒毒的。贾环听了，趁着酒兴，也说凤姐不好：怎样苛刻我们，怎么样踏我们的头。众人道：

"大凡做个人，原要厚道些。看凤姑娘仗着老太太这样的利害，如今'焦了尾巴梢子了'，只剩了一个姐儿，只怕也要现世现报呢！"

贾芸想着凤姐待他不好，又想起巧姐儿见他就哭，也信着嘴儿混说。还是贾蔷道：

"喝酒罢！说人家做什么？"

那两个陪酒的道：

"这位姑娘多大年纪了？长得怎么样？"

贾蔷道："

"模样儿是好的很的，年纪也有十三四岁了。"

那陪酒的说道：

"可惜这样人生在府里这样人家！若生在小户人家，父母兄弟都做了官，还发了财呢！"

众人道：

"怎么样？"

那陪酒的说：

"现今有个外藩王爷，最是有情的，要选一个妃子，若合了式，父母兄弟都跟了去：可不是好事儿吗？"

众人都不大理会，只有王仁心里略动了一动，仍旧喝酒。只见外头走进赖林两家的子弟来，说：

"爷们好乐呀！"

众人站起来说道：

"老大，老三，怎么这时候才来？叫我们好等！"

那两个人说道：

"今早听见一个谣言，说是咱们家又闹出事来了，心里着急，赶到里头打听去，并不是咱们。"

众人道：

"不是咱们就完了，为什么不就来？"

那两个说道：

"虽不是咱们，也有些干系？你们知道是谁？就是贾雨村老爷。我们今日进去，看见带着锁子，说要解到三法司衙门里审问去呢。我们见他常在咱们家里来住，恐有什么事，便跟了去打听。"

贾芸道：

"到底老大用心，原该打听打听。你且坐下喝一杯再说。"

两人让了一回，便坐下喝着酒，道：

"这位雨村老爷人也能干，也会钻营，官也不小了，只是贪财，被人家参了个'婪索属员'的几款。如今的万岁爷是最圣明最仁慈的，独听了一个'贪'字，或因糟蹋了百姓，或因恃势欺良，是极生气的，所以旨意便叫拿问。若问出来了，只怕搁不住；若是没有的事，那参的人也不便。如今真真是好时候！只要有造化，做个官儿就好！"

众人道：

"你的哥哥就是有造化的。现做知县，还不好么？"

赖家的说道：

"我哥哥虽是做了知县，他的行为，只怕也保不住怎么样呢。"

众人道：

"手也长么？"

赖家的点点头儿，便举起杯来喝酒。

众人又道：

"里头还听见什么新闻？"

两人道：

"别的事没有，只听见海疆的贼寇拿住了好些，也解到法司衙门里审问。还审出好些贼寇：也有藏在城里的，打听消息，抽空儿就劫抢人家。如今知道朝里那些老爷们都是能文能武，出力报效，所到之处，早就消灭了。"

众人道：

"你听见有在城里的，不知审出咱们家失盗的一案来没有？"

两人道：

"倒没有听见。恍惚有人说是有个内地里的人，城里犯了事，抢了一个女人下海去了，那女人不依，被这贼寇杀了。那贼寇正要逃出关去，被官兵拿住了，就在拿获的地方正了法了。"

众人道：

"咱们栊翠庵的什么妙玉，不是叫人抢去？不要就是她罢？"

贾环道：

"必是她！"

众人道：

"你怎么知道？"

贾环道：

"妙玉这个东西是最讨人嫌的！她一自家捏酸，见了宝玉，就眉开眼笑；我若见了她，她从不拿正眼瞧我一瞧！真要是她，我才趁愿呢！"

众人道：

"抢的人也不少，那里就是她。"

贾芸道：

"有点信儿。前日有个人说她庵里的道婆做梦，说看见是妙玉叫人杀了。"

众人笑道：

"梦话算不得！"

邢大舅道：

妙玉被杀，反而煞了风景。如果一字不提，更能引起读者遐思。

"管他梦不梦，咱们快吃饭罢，今夜做个大输赢。"

众人愿意，便吃毕了饭，大赌起来。赌到三更多天，只听见里头乱嚷，说是：

"四姑娘合珍大奶奶拌嘴，把头发都铰了。赶到邢夫人王夫人那里去磕了头，说是要求容她做尼姑呢，送她一个地方儿；若不容她，她就死在眼前。那邢王两位太太没主意，叫请蔷大爷芸二爷进去。"

贾芸听了，便知是那回看家的时候起的念头，想来是劝不过来的了，便合贾蔷商议道：

"太太叫我们进去，我们是做不得主的，况且也不好做主。只好劝去，若劝不住，只好由她们罢。咱们商量了写封书给琏二叔便卸了我们的干系了。"两个商量定了主意，进去见了邢王两位太太，便假意的劝了一回。无奈惜春立意要出家，就不放她出去，

只求一两间净屋子,给她诵经拜佛。尤氏见他两个不肯作主,又怕惜春寻死,自己便硬做主张,说是:

"这个不是索性我耽了罢。说我做嫂子的容不下小姑子,逼的她出了家了就完了! 若说到外头去呢,断断使不得;若在家里呢,太太们都在这里,算我的主意罢。叫蔷哥儿写封书子给你珍大爷琏二叔就是了。"

贾蔷等答应了。

① 牛着她——和她执拗。
② 车箍辘会——车箍辘就是车轮。车箍辘会,就是轮流做主人的聚餐会。

第一百十八回　记微嫌舅兄欺弱女　惊谜语妻妾谏痴人

话说邢王二夫人听尤氏一段话，明知也难挽回。王夫人只得说道：

"姑娘要行善，这也是前生的夙根，我们也实在拦不住。只是咱们这样人家的姑娘出了家，不成个事体。如今你嫂子说了，准你修行，也是好处。却有一句话要说：那头发可以不剃的，只要自己的心真，那在头发上头呢？你想妙玉也是带发修行的；不知她怎么凡心一动，才闹到那个分儿！姑娘执意如此，我们就把姑娘住的房子便算了姑娘的静室。所有伏侍姑娘的人，也得叫她们来问。她若愿意跟的，就讲不得说亲配人；若不愿意跟的，另打主意。"

惜春听了，收了泪，拜谢了邢王二夫人李纨尤氏等。王夫人说了，便问彩屏等谁愿跟姑娘修行。彩屏等回道：

"太太们派谁就是谁。"

王夫人知道不愿意。正在想人，袭人立在宝玉身后，想来宝玉必要大哭，防着他的旧病。岂知宝玉叹道：

"真真难得！"

袭人心里更自伤悲。宝钗虽不言语，遇事试探，见他执迷不醒，只得暗中落泪。

王夫人才要叫了众丫头来问，忽见紫鹃走上前去，在王夫人面前跪下，回道：

"刚才太太问跟四姑娘的姐姐，太太看着怎么样？"

王夫人道：

"这个如何强派得人的？谁愿意，她自然就说出来了？"

紫鹃道：

"姑娘修行，自然姑娘愿意，并不是别的姐姐们的意思。我有句话回太太：我也并不是拆开姐姐们，各人有各人的心。我伏侍林姑娘一场，林姑娘待我，也是太太们知道的，实在恩重如山，无以可报。她死了，我恨不得跟了她去，但只她不是这里的人，我又受主子家的恩典，难以从死。如今四姑娘既要修行，我就求太太们将我派了跟着姑娘，伏侍姑娘一辈子，不知太太们准不准？若准了，就是我的造化了。"

> 紫鹃如此结局，高出袭人甚多。

邢王二夫人尚未答言，只见宝玉听到那里，想起黛玉，一阵心酸，眼泪早下来了。众人才要问他时，他又哈哈的大笑，走上来道：

"我不该说的。这紫鹃蒙太太派给我屋里，我才敢说：求太太准了她罢，全了她的好心。"

王夫人道：

"你头里姊妹出了嫁，还哭得死去活来；如今看见四妹妹要出家，不但不劝，倒说好事，你如今到底是怎么个意思？我索性不明白了。"

宝玉道：

"四妹妹修行是已经准了的，四妹妹也是一定的主意了？若是真呢，我有一句话告诉太太；若是不定呢，我就不敢混说了。"

惜春道：

"二哥哥说话也好笑：一个人主意不定，便扭得过太太们来了？我也是像紫鹃的话：容我呢，是我的造化，不容我呢，还有一个死呢！那怕什么？二哥哥既有话，只管说。"

宝玉道：

"我这也不算什么泄漏了，这也是一定的。我念一首诗给你们听听罢。"

众人道：

"人家苦得很的时候，你到来做诗怄人！"

宝玉道：

"不是做诗，我到过一个地方儿看了来的。你们听听罢。"

众人道：

"使得，你就念念，别顺着嘴儿胡诌。"

宝玉也不分辩，便说道：

　　勘破三春景不长，缁衣顿改昔年妆。

　　可怜绣户侯门女，独卧青灯古佛旁！

李纨宝钗听了诧异道：

"不好了！这个人入了魔了。"

王夫人听了这话，点头叹息，便问：

"宝玉，你到底是那里看来的？"

宝玉不便说出来，回道：

"太太也不必问我，自有见的地方。"

王夫人回过味来，细细一想，便更哭起来道：

"你说前儿是玩话，怎么忽然有这首诗？罢了，我知道了！你们叫我怎么样呢？我也没有法儿了，也只得由着你们去罢！但只等我合上了眼，各自干各自的就完了！"

宝钗一面劝着，这个心比刀绞更甚，也掌不住，便放声大哭起来。袭人已经哭的死去活来，幸亏秋纹扶着。宝玉也不啼哭，也不相劝，只不言语。贾兰贾环听到那里，各自走开。李纨竭力的解说：

> 写宝玉出家是一步一步逼进，最后自然水到渠成。

"总是宝兄弟见四妹妹修行，他想来是痛极了，不顾前后的疯话，这也作不得准。独有紫鹃的事情，准不准，好叫她起来。"

王夫人道：

"什么依不依？横竖一个人的主意定了，那也是扭不过来的！可是宝玉说的，也是一定的了！"

紫鹃听了磕头。惜春又谢了王夫人。紫鹃又给宝玉宝钗磕了头。宝玉念声：

"阿弥陀佛！难得，难得！不料你倒先好了！"

宝钗虽然有把持，也难掌住。只有袭人也顾不得王夫人在上，便痛哭不止，说：

"我也愿意跟了四姑娘去修行！"

宝玉笑道：

"你也是好心，但是你不能享这个清福的！"

袭人哭道：

"这么说，我是要死的了？"

宝玉听到那里倒觉伤心，只是说不出来。因时已五更，宝玉请王夫人安歇。李纨等各自散去。彩屏等暂且伏侍惜春回去，后来指配了人家。紫鹃终身伏侍，毫不改初。此是后话。

且言贾政扶了贾母灵柩一路南行，因遇着班师的兵将船只过境，河道拥挤，不能速行，在道实在心焦。幸喜遇见了海疆的官员，闻得镇海统制钦召回京，想来探春一定回家，略略解些烦心。只打听不出起程的日期，心里又是烦躁。想到盘费算来不敷，不得已，写书一封，差人到赖尚荣任上借银五百，叫人沿途迎来，应付需用。过了几日，贾政的船才行得十数里。那家人回来迎上船只，将赖尚荣的禀启呈上，书内告了多少苦处，备上白银五十两。

> 写出世态炎凉，着笔不多，却要大世故长学问。

贾政看了大怒，却命家人立刻送还，将原书驳回，叫他不必费心。那家人无奈，只得回到赖尚荣任所。赖尚荣接到原书银两，心中烦闷，知事办得不周到，又添了一百，央来人带回，帮着说些好话。岂知那人不肯带回，撂下就走。赖尚荣心下不安，立刻修书到家，回明他父亲，叫他设法告假，赎出身来。于是赖家托了贾蔷贾芸等在王夫人面前乞恩放出。贾蔷明知不能，过了一日，假说王夫人不依的话回覆了。赖家一面告假，一面差人到赖尚荣任上，叫他告病辞官。王夫人并不知道。

那贾芸听见贾蔷的假话，心里便没想头。连日在外又输了好些银钱，无所抵偿，便和贾环借贷。贾环本是一个钱没有的，虽是赵姨娘有些积蓄,早被他弄光了,那能照应人家,便想起凤姐待他刻薄,趁着贾琏不在家,要摆布巧姐出气,遂把这个当叫贾芸来上,故意埋怨贾芸道:

"你们年纪又大,放着弄银钱的事又不敢办,倒和我没有钱的人商量!"

贾芸道:

"三叔,你这话说的倒好笑! 咱们一块儿玩,一块儿闹,那里有银钱的事?"

贾环道:

"不是前儿有人说是外藩要买个偏房? 你们何不和王大舅商量,把巧姐说给他呢?"

贾芸道:

"叔叔,我说句招你生气的话: 外藩花了钱买人,还想能和咱们走动么?"

贾环在贾芸耳边说了些话,贾芸虽然点头,只道贾环是小孩子的话,也不当事。恰好王仁走来说道:

"你们两个人商量些什么? 瞒着我吗?"

贾芸便将贾环的话附耳低言的说了。

王仁拍手道:

"这倒是一宗好事! 又有银子! 只怕你们不能,若是你们敢办,我是亲舅舅,做得主的。只要环老三在大太太跟前那么一说,我找邢大舅再一说,太太们问起来,你们打伙儿说好就是了。"

贾环等商议定了,王仁便去找邢大舅,贾芸便去回邢王二夫人,说得锦上添花。王夫人听了,虽然入耳,只是不信。邢夫人听得邢大舅知道,心里愿意,便打发人找了邢大舅来问他。那邢大舅已经听了王仁的话,又可分肥,便在邢夫人跟前说道:

"若说这位郡王,是极有体面的。若应了这门亲事,虽说不是正配,管保一过了门,姐夫的官早复了,这里的声势又好了。"

邢夫人本是没主意的人,被傻大舅一番假话哄得心动,请了王仁来一问，更说得热闹，于是邢夫人倒叫人出去追着贾芸去说。王仁即刻找了人去到外藩公馆说了。

那外藩不知底细，便要打发人来相看。贾芸又钻了相看的人说明：

"原是瞒着合宅的，只说是王府相亲。等到成了，她祖母作主，亲舅舅的保山，是不怕的。"

那相看的人应了。贾芸便送信与邢夫人，并回了王夫人。那李纨宝钗等不知原故，只道是件好事，也都欢喜。

那日，果然来了几个女人，都是艳妆丽服。邢夫人接了进去，叙了些闲话。那来人本知是个诰命，也不敢怠慢。邢夫人因事未定，也没有和巧姐说明，只说有亲戚来瞧，叫她去见。

巧姐到底是个小孩子，那管这些，便跟了奶妈过来。平儿不放心也跟着来。只见有两个宫人打扮的，见了巧姐，便浑身上下一看，更又起身来拉着巧姐的手又瞧了一遍，略坐了一坐就走了。倒把巧姐看得羞臊，回到房中纳闷，想来没有这门亲戚，便问平儿。平儿先看见来头，却也猜着八九。

"必是相亲的，但是二爷不在家，大太太作主，到底不知是那府里的。若说是对头亲，不该这样相看。瞧那几个人的来头，不像是本支王府，好像是外头路数。如今且不必和姑娘说明，且打听明白再说。"

平儿心下留神打听。那些丫头婆子都是平儿使过的，平儿一问，所有听见外头的风声都告诉了，平儿便吓的没了主意。虽不和巧姐说，便赶着去告诉了李纨宝钗，求她二人告诉王夫人。王夫人知道这事不好，便和邢夫人说知。怎奈邢夫人信了兄弟并王仁的话，反疑心王夫人不是好意，便说：

"孙女儿也大了。现在琏儿不在家，这件事，我还做得主。况且她亲舅爷爷和她亲舅舅打听的，难道倒比别人不真么？我横竖是愿意的。倘有什么不好，我和琏儿也抱怨不着别人。"

王夫人听了这些话，心下暗暗生气，勉强说些闲话，便走了出来，告诉了宝钗，自己落泪。宝玉劝道：

“太太别烦恼。这件事，我看来是不成的。这又是巧姐儿命里所招，只求太太不管就是了。”

王夫人道：

“你一开口就是疯话！人家说定了就要接过去。若依平儿的话，你琏二哥哥不抱怨我么？别说自己的侄孙女儿，就是亲戚家的，也是要好才好。邢姑娘是我们作媒的，配了你二大舅子，如今和和顺顺的过日子不好么？那琴姑娘，梅家娶了去，听见说是丰衣足食的，很好。就是史姑娘，是他叔叔的主意，头里原好；如今姑爷痨病死了，你史妹妹立志守寡，也就苦了。若是巧姐儿错给了人家儿，可不是我的心坏？”

正说着，平儿过来瞧宝钗，并探听邢夫人的口气。王夫人将邢夫人的话说了一遍。平儿呆了半天，跪下求道：

“巧姐儿终身全仗着太太！若信了人家的话，不但姑娘一辈子受了苦，便是琏二爷回来，怎么说呢？”

王夫人道：

“你是个明白人，起来听我说。巧姐儿到底是大太太孙女儿，她要作主，我能够拦她么？”

宝玉劝道：

“无妨碍的，只要明白就是了。”

平儿生怕宝玉疯癫嚷出来，也并不言语，回了王夫人，竟自去了。

这里王夫人想到烦闷，一阵心痛，叫丫头扶着，勉强回到自己房中躺下，不叫宝玉宝钗过来，说：“睡睡就好的。”自己却也烦闷。听见说李婶娘来了，也不及接待。只见贾兰进来请了安，回道：

“今早爷爷那里打发人带了一封书子来，外头小子们传进来的。我母亲接了，正要过来，因我老娘来了，叫我先呈给太太瞧，回来我母亲就过来回太太。还说我老娘要过来呢？”

说着，一面把书子呈上。王夫人一面接书，一面问道：

“你老娘来作什么？”

贾兰道：

“我也不知道。我只听见我老娘说：我三姨儿的婆婆家有什么信儿来了。”

王夫人听了，想起来还是前次给甄宝玉说了李绮，然后放定下茶，想来此时甄家要娶过门，所以李婶娘来商量这件事情，便点点头儿，一面拆开书信。见上面写着道：

> 近因沿途俱系海疆凯旋船只，不能迅速前行。闻探春随翁婿来都，不知曾有信否？前接到琏侄手禀，知大老爷身体欠安，亦不知已有确信否？宝玉兰儿场期已近，务须实心用功，不可怠惰。老太太灵柩抵家，尚需时日。我身体平善，不必挂念。此谕宝玉等知道。月日手书。（蓉儿另禀。）

王夫人看了，仍旧递给贾兰，说：

“你拿去给你二叔叔瞧瞧，还交给你母亲罢。”

正说着，李纨同李婶娘过来请安问好毕，王夫人让了坐。李婶娘便将甄家要娶李绮的话说了一遍。大家商议了一会子。李绮因问王夫人道：

“老爷的书子，太太看过了么？”

王夫人道：

“看过了。”

贾兰便拿着给他母亲瞧。李纨看了道：

“三姑娘出了门半年多了总没有来；如今要回京了，太太也放了好些心。”

王夫人道：

“我本是心痛，看见探丫头要回来了，心里略好些，只是不知几时才到。”

李婶娘便问了贾政在路好。李纨因向贾兰道：

“哥儿瞧见了？场期近了，你爷爷惦记的什么似的。你快拿了去给二叔叔瞧去罢。"

李婶娘道:

"他们爷儿两个又没进过学,怎么能下场呢?"

王夫人道:

"他爷爷做粮道的起身时,给他们爷儿两个援了例监①了。"

李婶娘点头。贾兰一面拿着书子出来,来找宝玉。

却说宝玉送了王夫人去后,正拿着《秋水》一篇在那里细玩。宝钗从里间出来,见他看的得意忘言,便走过来一看,见是这个,心里着实烦闷,细想:

"他只顾把这些'出世离群'的话当作一件正经事,终久不妥!"

看他这种光景,料劝不过来,便坐在宝玉旁边,怔怔的瞅着。宝玉见她这般,便道:

"你这又是为什么?"

宝钗道:

"我想你我既为夫妇,你便是我终身的倚靠,却不在情欲之私。论起荣华富贵,原不过是过眼烟云;但自古圣贤,以人品根柢为重。"

宝玉也没听完,把那本书搁在旁边,微微的笑道:

> 宝玉的话是道家旨趣。

"据你说'人品根柢',又是什么'古圣贤',你可知古圣贤说过,'不失其赤子之心'? 那赤子有什么好处? 不过是无知,无识,无贪,无忌。 我们生来已陷溺在贪、嗔、痴、爱中,犹如污泥一般,怎么能跳出这般尘网? 如今才晓得'飘散浮生'四字,古人说了,不曾提醒一个。 既要讲到人品根柢,谁是到那太初一步地位的?"

宝钗道:

"你既说'赤子之心',古圣贤原以忠孝为赤子之心,并不是遁世离群,无关无系为赤子之心。 尧、舜、禹、汤、周、孔,时刻以救民济世为心,所谓赤子之心,原不过是'不忍'二字。 若你方才所说的忍于抛弃天伦,还成什么道理?"

宝玉点头笑道:

"尧舜不强巢许,武周不强夷齐……"

宝钗不等他说完,便道:

"你这个话,益发不是了。古来若都是巢、许、夷、齐,为什么如今人又把尧、舜、周、孔称为圣贤呢?况且你自比夷齐,更不成话。夷齐原是生在殷商末世,有许多难处之事,所以才有托而逃。当此圣世,咱们世受国恩,祖父锦衣玉食;况你自有生以来,自去世的老太太以及老爷太太视如珍宝。你方才所说,自己想一想是与不是?"

宝玉听了,也不答言,只有仰头微笑。宝钗因又劝道:

"你既理屈词穷,我劝你从此把心收一收,好好的用用功,但能博取一第,便是从此而止,也不枉天恩祖德了!"

宝玉点了点头,叹了口气,说道:"一第呢,其实也不是什么难事。倒是你这个'从此而止','不枉天恩祖德',却还不离其宗!"

宝钗未及答言,袭人过来说道:

"刚才二奶奶说的古圣先贤,我们也不懂。我只想着咱们这些人,从小儿辛辛苦苦跟着二爷,不知陪了多少小心,论起理来,原该当的,但只二爷也该体谅体谅。况且二奶奶替二爷在老爷太太跟前行了多少孝道,就是二爷不以夫妻为事,也不可太辜负了人心。至于神仙那一层,更是谎话;谁见过有走到凡间来的神仙呢?那里来的这么个和尚,说了些混话,二爷就信了真!二爷是读书的人,难道他的话比老爷太太还重么?"

宝玉听了,低头不语。袭人还要说时,只听外面脚步走响,隔着窗户问道:

"二叔在屋里呢么?"

宝玉听了是贾兰的声音,便站起来笑道:

"你进来罢。"

宝钗也站起来。贾兰进来，笑容可掬的给宝玉宝钗请了安，问了袭人的好，袭人也问了好，便把书子呈给宝玉瞧。宝玉接在手中看了，便道：

"你三姑姑回来了？"

贾兰道：

"爷爷既如此写，自然是回来的了。"

宝玉点头不语，默默如有所思。贾兰便问：

"叔叔看见了？爷爷后头写着，叫咱们好生念书呢。叔叔这阵子只怕总没作文章罢？"

宝玉笑道：

"我也要作几篇熟一熟手，好去诓这个功名。"

贾兰道：

"叔叔既这样，就拟几个题目，我跟着叔叔作作，也好进去混场。别到那时交了白卷子惹人笑话，不但笑话我，人家连叔叔都要笑话了。"

宝玉道：

"你也不至如此。"

说着，宝钗命贾兰坐下。宝玉仍坐在原处，贾兰侧身坐了。两个谈了一回文，不觉喜动颜色。

宝钗见他爷儿两个谈得高兴，便仍进屋里去了，心中细想：

"宝玉此时光景，或者醒悟过来了。只是刚才说话，他把那'从此而止'四字单单的许可，这又不知是什么意思了？……"

宝钗尚自犹豫。惟有袭人看他爱讲文章，提到下场，更又欣然，心里想道：

> 宝玉始终瞧不起功名利禄，为报亲恩应考，还说"诓"功名，可见作者对科举深恶痛绝。

"阿弥陀佛！好容易讲《四书》似的才讲过来了！"

这里宝玉和贾兰讲文，莺儿沏过茶来。贾兰站起来接了，又说了一会子下场的规矩，并请甄宝玉在一处的话，宝玉也甚似愿意。

一时,贾兰回去,便将书子留给宝玉了。那宝玉拿着书子笑嘻嘻走进来递给麝月收了,便出来将那本庄子收了,把几部向来最得意的,如《参同契》②、《元命苞》③、《五灯会元》④之类,叫出麝月、秋纹、莺儿等都搬了搁在一边。

宝钗见他这番举动,甚为罕异,因欲试探他,便笑问道:

"不看他倒是正经,但又何必搬开呢?"

宝玉道:

"如今才明白过来了:这些书都算不得什么。我还要一火焚之,方为干净!"

宝钗听了,更欣喜异常。只听宝玉口中微吟道:

"内典语中无佛性,金丹法外有仙舟。"

宝钗也没很听真,只听得"无佛性","有仙舟"几个字,心中转又狐疑,且看他作何光景。

宝玉便命麝月秋纹等收拾一间静室,把那些语录名稿及应制诗之类都找出来搁在静室中,自己却当真静静的用起功来。宝钗这才放了心。

那袭人此时真是闻所未闻,见所未见,便悄悄的笑着向宝钗道:

> 老子不得已而写道德经,五千言而尽;禅宗不立文字,明心见性,亦视偈语,是真佛性。老子"道可道非常道……"可见道的境界非语言文字所能形容,宝玉话中自有玄机。

"到底奶奶说话透彻!只一路讲究,就把二爷劝明白了。就只可惜迟了一点儿,临场太近了!"

宝钗点头微笑道:

"功名自有定数,中与不中,倒也不在用功的迟早。但愿他从此一心巴结正路,把从前那些邪魔永不沾染,就是好了!"说到这里,见房里无人,便悄悄道:"这一番悔悟过来,固然很好,但只一件:怕又犯了前头的旧病,和女孩儿们打起交道来,也是不好。"

袭人道:

"奶奶说的也是:二爷自从信了和尚,才把这些姐妹冷淡了;如今不信和尚,真怕又要犯了前头的旧病呢。我想:奶奶和我,二爷

1578

原不大理会。紫鹃去了，如今只她们四个。这里头就是五儿有些个狐媚子，听见说。她妈求了大奶奶和奶奶，说要讨出去给人家儿呢，但是这两天到底在这里呢。麝月秋纹虽没别的，只是二爷那几年也都有些顽顽皮皮的。如今算来，只有莺儿，二爷倒不大理会，况且莺儿也稳重。我想倒茶弄水，只叫莺儿带着小丫头们伏侍就够了，不知奶奶心里怎么样？"

宝钗道：

"我也虑的是这个，你说的倒也罢了。"

从此，便派莺儿带着小丫头伏侍。

那宝玉却也不出房门，天天只差人去给王夫人请安。王夫人听见他这番光景，那一种欣慰之情，更不待言了。

到了八月初三这一日，正是贾母的冥寿。宝玉早晨过来磕了头便回去，仍到静室中去了。饭后，宝钗袭人等都和姊妹们跟着邢王二夫人在前面屋里说闲话儿。宝玉自在静室，冥心危坐。忽见莺儿端了一盘瓜果进来，说：

"太太叫人送来给二爷吃的，这是老太太的'克什'。"

宝玉站起来答应了，复又坐下，便道：

"搁在那里罢。"

莺儿一面放下瓜果，一面悄悄向宝玉道：

"太太那里夸二爷呢。"

宝玉微笑。莺儿又道：

"太太说了：二爷这一用功，明儿进场中了出来，明年再中了进士，作了官，老爷太太可就不枉了盼二爷了！"

宝玉也只点头微笑。

莺儿忽然想起那年给宝玉打络子的时候，宝玉说的话来，便道：

"真要二爷中了，那可是我们姑奶奶的造化了！二爷还记得那一年在园子里，不是二爷叫我打梅花络子时说的：我们姑奶奶后来带着我不知到那一个有造化的人家儿去呢？如今二爷可是有造化的罢咧。"

宝玉听到这里,又觉尘心一动,连忙敛神定息,微微的笑道:

"据你说来,我是有造化的,你们姑娘也是有造化的;你呢?"

莺儿把脸飞红了,勉强笑道:

"我们不过当丫头一辈子罢咧,有什么造化呢?"

宝玉笑道:

"果然能够一辈子是丫头,你这个造化比我们还大呢!"

莺儿听见这话,似乎又是疯话了,恐怕自己招出宝玉的病根来,打算着要走。只见宝玉笑着说道:

"傻丫头,我告诉你罢!你姑娘既是有造化的,你跟着她,自然也是有造化的了。你袭人姐姐是靠不住的,只要往后你尽心伏侍她就是了。日后或有好处,也不枉你跟着她熬了一场!"

莺儿听着前头像话,后头说的又有些不像了,便道:

"我知道了,姑娘还等我呢。二爷要吃果子时,打发小丫头叫我就是了。"

宝玉点头,莺儿才去了。一时,宝钗袭人回来,各自房中去了。不提。

① 援了例监——清时,入国子监肄业的叫作监生。有监生的资格,就可以去考举人。取得监生的资格,一般都是由捐赏而来,名叫例监。援了例监,就是捐过了钱,得了监生的资格了。

② 《参同契》——有两种:一种是讲道家炼丹的书;一种是讲禅理的书。

③ 《元命苞》——古代专讲符瑞、预言等的纬书中的一种。

④ 《五灯会元》——是一部佛教禅宗记宗派系统的书,还载着他们参禅问答的语句。

第一百十九回　　中乡魁宝玉却尘缘
沐皇恩贾家延世泽

且说过了几天，便是场期。别人只知盼望他爷儿两个作了好文章，便可以高中的了，只有宝钗见宝玉的功课虽好，只是那有意无意之间，却别有一种冷静的光景。知他要进场了，头一件，叔侄两个都是初次赴考，恐人马拥挤，有什么失闪；第二件，宝玉自和尚去后，总不出门，虽然见他用功喜欢，只是改的太速太好了，反倒有些信不及，只怕又有什么变故。所以进场的头一天，一面派了袭人带了小丫头们同着素云等，给他爷儿两个收拾妥当，自己又都过了目，好好的搁起，预备着；一面过来同李纨回了王夫人，拣家里老成的管事的多派了几个，只说怕人马拥挤碰了。

次日，宝玉贾兰换了半新不旧的衣服，欣然过来见了王夫人。王夫人嘱咐道：

"你们爷儿两个都是初次下场，但是你们活了这么大，并不曾离开我一天。就是不在我跟前，也是丫头媳妇们围着，何曾自己孤身睡过一夜？今日各自进去，孤孤凄凄，举目无亲，须要自己保重！早些作完了文章出来，找着家人，早些回来，也叫你母亲媳妇们放心。"

王夫人说着，不免伤心起来。贾兰听一句答应一句。只见宝玉一声不哼，待王夫人说完了，走过来给王夫人跪下，满眼流泪，磕了三个头，说道：

"母亲生我一世，我也无可答报。只有这一人场，用心作了文章，好好的中个举人出来，那时太太喜欢喜欢，便是儿子一辈子的事也完了。一辈子的不好，也都遮过去了。"

王夫人听了,更觉伤心,便道:

"你有这个心,自然是好的,可惜你老太太不能见你的面了!"一面说,一面哭着拉他。那宝玉只管跪着,不肯起来,便说道:"老太太见与不见,总是知道的,喜欢的。既能知道了,喜欢了,便是不见也和见了的一样。只不过隔了形质,并非隔了神气啊。"

李纨见王夫人和他如此,一则怕勾起宝玉的病来,二则也觉得光景不大吉祥,连忙过来说道:

"太太,这是大喜的事,为什么这样伤心?况且宝兄弟近来很知好歹,很孝顺,又肯用功。只要带了侄儿进去,好好的作文章,早早的回来,写出来请咱们的世交老先生们看了,等着爷儿两个都报了喜就完了。"

一面叫人搀起宝玉来。

宝玉却转过身来给李纨作了个揖,说:

"嫂子放心!我们爷儿两个都是必中的。日后兰哥还有大出息,大嫂子还要带凤冠穿霞帔呢。"

李纨笑道:

"但愿应了叔叔的话,也不枉——"

说到这里,恐怕又惹起王夫人的伤心来,连忙咽住了。宝玉笑道:

"只要有了好儿子,能够接续祖基,就是大哥哥不能见,也算他的后事完了。"

李纨见天气不早了,也不肯尽着和他说话,只好点点头儿。

此时宝钗听得,早已呆了。这些话,不但宝玉说的不好,便是王夫人李纨所说,句句都是不祥之兆,却又不敢认真,只得忍泪无言。那宝玉走到跟前,深深的作了一个揖。众人见他行事古怪,也摸不着是怎么样,又不敢笑他。只见宝钗的眼泪直流下来,众人更是纳罕。又听宝玉说道:

"姐姐!我要走了。你好生跟着太太,听我的喜信儿罢!"

宝钗道:

"是时候了，你不必说这些唠叨话了。"

宝玉道：

"你倒催的我紧，我自己也知道该走了！"

回头见众人都在这里，只没惜春紫鹃，便说道：

"四妹妹和紫鹃姐姐跟前，替我说罢。她们两个横竖是再见的。"

众人见他的话又像有理，又像疯话。大家只说他从来没出过门，都是太太的一套话招出来的，不如早早催他去了就完了事了，便说道：

"外面有人等你呢，你再闹就误了时辰了。"

宝玉仰面大笑道：

"走了，走了！不用胡闹了！完了事了！"

众人也都笑道：

"快走罢！"

独有王夫人和宝钗娘儿两个倒像生离死别的一般，那眼泪也不知从那里来的，直流下来，几乎失声哭出。但见宝玉嘻天哈地，大有疯傻之状，遂从此出门而去。正是：

"走来名利无双地，打出樊笼第一关。"

不言宝玉贾兰出门赴考。且说贾环见他们考去，自己又气又恨，便大为王，说：

"我可要给母亲报仇了！家里一个男人没有，上头大太太依了我，还怕谁！"

> 宝玉出走，伏笔句句都有玄机。

想定了主意，跑到邢夫人那边请了安，说了些奉承的话。那邢夫人自然喜欢，便说道：

"你这才是明理的孩子呢！像那巧姐儿的事，原该我作主的，你琏二哥糊涂，放着亲奶奶，倒托别人去！"

贾环道：

"人家那头儿也说了：只认得这一门子，现在定了，还要备一分大礼来送太太呢。如今太太有了这样的藩王孙女婿，还怕大老爷没大官做么？不是我说自己的太太：她们有了元妃姐姐，便欺压的人难受！将来巧姐儿别也是这样没良心，等我去问问她。"

邢夫人道：

"你也该告诉她。她才知道你的好处。只怕她父亲在家也找不出这么门子好亲事来！但只平儿那个糊涂东西，她倒说这件事不好，说是你太太也不愿意。想来恐怕我们得了意。若迟了，你二哥回来，又听人家的话，就办不成了。"

贾环道：

"那边都定了，只等太太出了八字。王府的规矩，三天就要来娶的。但是一件，只怕太太不愿意：那边说是不该娶犯官的孙女，只好悄悄的抬了去；等大老爷免了罪，做了官，再大家热闹起来。"

邢夫人道：

"还有什么不愿意？也是礼上应该的。"

贾环道：

"既这么着，这帖子太太出了就是了。"

邢夫人道：

"这孩子又糊涂了！里头都是女人，你叫芸哥儿写了一个就是了。"

贾环听说，喜欢的了不得，连忙答应了出来，赶着和贾芸说了，邀着王仁到那外藩公馆立文书，兑银子去了。

那知刚才所说的话早被跟邢夫人的丫头听见。那丫头是求了平儿才挑上的，便抽空儿赶到平儿那里，一五一十的都告诉了。平儿早知此事不好，已和巧姐细细的说明。巧姐哭了一夜，必要等她父亲回来作主，大太太的话不能遵；今儿又听见这话，便大哭起来，要和太太讲去。平儿急忙拦住道：

"姑娘且慢着！大太太是你的亲祖母。她说二爷不在家，大太太做得主的，况且还有舅舅做保山。他们都是一气，姑娘一个人，那里说得过呢？我到底是下人，说不上话去。如今只可想法儿，断不可冒失的！"

邢夫人那边的丫头道：

"你们快快的想主意，不然，可就要抬走了！"

说着，各自去了。平儿回过头来，见巧姐哭作一团，连忙扶着道：

"姑娘，哭是不中用的！如今是二爷够不着。听见她们的话头——"

这句话还没说完，只见邢夫人那边打发人来告诉：

"姑娘大喜的事来了！叫平儿将姑娘所有应用的东西料理出来。若是陪送呢，原说明了，等二爷回来再办。"

平儿只得答应了回来。又见王夫人过来，巧姐儿一把抱住，哭得倒在怀里。王夫人也哭道：

"妞儿不用着急！我为你吃了大太太好些话，看来是扭不过来的。我们只好应着缓下去，即刻差个家人赶到你父亲那里去告诉。"

平儿道：

"太太还不知道么？早起三爷在大太太跟前说了：什么外藩规矩，三日就要过去的。如今大太太已叫芸哥儿写了名字年庚去了，还等得二爷么？"

王夫人听说是三爷，便气得话也说不出来，呆了半天，一叠声叫找贾环。找了半天，人回：

"今早同蔷哥儿王舅爷出去了。"

王夫人问：

"芸哥呢？"

众人回说：

"不知道。"

巧姐屋内人人瞪眼，都无方法。王夫人也难和邢夫人争论，只有大家抱头大哭。正闹着，一个婆子进来回说：

"后门上的人说，那个刘姥姥又来了。"

王夫人道：

"咱们家遭了这样事，那有工夫接待人，不拘怎么回了她去罢。"

平儿道：

"太太该叫她进来，她是姐儿的干妈，也得告诉告诉她。"

王夫人不言语。那婆子便带了刘姥姥进来。各人见了问好。刘姥姥见众人的眼圈儿通红，也摸不着头脑，迟了一会子，问道：

"怎么了？太太姑娘们必是想二姑奶奶了。"

巧姐儿听见提起她母亲，越发大哭起来。平儿道：

"姥姥别说闲话。你既是姑娘的干妈，也该知道的。"

便一五一十的告诉了。把刘姥姥也吓怔了。等了半天，忽然笑道：

"你这样一个伶俐姑娘，没听见过'鼓儿词'么？这上头的法儿多着呢，这有什么难的？"

平儿赶忙问道：

"姥姥！你有什么法儿？快说罢！"

刘姥姥道：

"这有什么难的呢？一个人也不叫他们知道，扔崩①一走就完了事了。"

平儿道：

"这可是混说了！我们这样人家的人，走到那里去？"

刘姥姥道：

"只怕你们不走，你们要走，就到我屯里去。我就把姑娘藏起来，即刻叫我女婿弄了人，叫姑娘亲笔写个字儿，赶到姑老爷那里，少不得他就来了：可不好么？"

平儿道：

"大太太知道呢？"

刘姥姥道：

"我来，他们知道么？"

平儿道：

　　"大太太住在前头。她待人刻薄,有什么信,没人送给她的。你若前门走来,就知道了;如今是后门来的,不妨事。"

　　刘姥姥道:

　　"咱们说定了几时,我叫女婿打了车来接了去。"

　　平儿道:

　　"这还等得几时吗?你坐着罢。"

　　急忙进去,将刘姥姥的话,避了旁人告诉了。

　　王夫人想了半天不妥当。平儿道:

　　"只好这样!为的是太太,才敢说明。太太就装不知道,回来倒问大太太。我们那里就有人去,想二爷回来也快。"

　　王夫人不言语,叹了一口气,巧姐儿听见,便和王夫人道:

　　"求太太救我!横竖父亲回来,只有感激的!"

　　平儿道:

　　"不用说了,太太回去罢。只要太太派人看屋子。"

　　王夫人道:

　　"**掩密些!**你们两个人的衣服铺盖是要的啊。"

　　平儿道:

　　"要快走才中用呢!若是他们定了回来,就有饥荒了!"

　　一句话提醒了王夫人,便道:

　　"是了,你们快办去罢!有我呢!"

　　于是王夫人回去,倒过去找邢夫人说闲话儿,把邢夫人先绊住了。平儿这里便遣人料理去了,嘱咐道:

　　"倒别避人!有人进来看见,就说是大太太吩咐的,要一辆车子送刘姥姥去。"

　　这里又买嘱了看后门的人雇了车来。平儿便将巧姐装做青儿模样,急急的去了。后来平儿只当送人,眼错不见,也跨上车去了。

　　原来近日贾府后门虽开,只有一两个人看着,余外虽有几个家下人,因房大人少,空落落的,谁能照应?且邢夫人又是个不怜下人的。家人明知此事不好，又都感念平儿的好处，所以通同一气，放走了巧姐。

邢夫人还自和王夫人说话，那里理会？只有王夫人甚不放心，说了一回话，悄悄的走到宝钗那里坐下，心里还是惦记着。宝钗见王夫人神色恍惚，便问：

"太太的心里有什么事？"

王夫人将这事背地里和宝钗说了。宝钗道：

"险得很！如今得快快儿的叫芸哥儿止住那里才妥当。"

王夫人道：

"我找不着环儿呢！"

宝钗道：

"太太总要装作不知，等我想个人去叫大太太知道才好。"

王夫人点头，一任宝钗想人。暂且不言。

且说外藩原是要买几个使唤的女人，据媒人一面之辞，所以派人相看。相看的人回去，禀明了藩王。藩王问起人家，众人不敢隐瞒，只得实说。那外藩听了，知是世代勋戚，便说：

"了不得！这是有干例禁的，几乎误了大事！况我朝觐已过，便要择日起程。倘有人来再说，快快打发出去！"

这日恰好贾芸王仁等递送年庚，只见府门里头的人便说：

"奉王爷的命说：敢拿贾府的人来冒充民女者，要拿住究治的！如今太平时候，谁敢这样大胆？"

这一嚷，吓得王仁等抱头鼠窜的出来，埋怨那说事的人，大家扫兴而散。

贾环在家候信，又闻王夫人传唤，急得烦躁起来，见贾芸一人回来，赶着问道：

"定了么？"

贾芸慌忙跺足道：

"了不得，了不得！不知谁露了风了！"

还把吃亏的话说了一遍。贾环气得发怔，说：

"我早起在大太太跟前说的这样好,如今怎么样处呢? 这都是你们众人坑了我了!"

正没主意,听见里头乱嚷,叫着贾环等的名字,说:

"大太太二太太叫呢!"

两个人只得蹭进去。只见王夫人怒容满面,说:

"你们干的好事! 如今逼死了巧姐和平儿了。快快的给我找还尸首来完事!"

两个人跪下。贾环不敢言语。贾芸低头说道:

"孙子不敢干什么。 为的是邢舅太爷和王舅爷说给巧妹妹作媒,我们才回太太们的。大太太愿意,才叫孙子写帖儿去的。人家还不要呢,怎么我们逼死了妹妹呢?"

王夫人道:

"环儿在大太太那里说的,三日内便要抬了走。说亲作媒,有这样的么? 我也不问,你们快把巧姐儿还了我们,等老爷回来再说!"

邢夫人如今也是一句话儿说不出了,只有落泪。王夫人便骂贾环说:

"赵姨娘这样混帐东西,留的种子也是混帐的!"

说着,叫丫头扶了,回到自己房中。

那贾环、贾芸、邢夫人,三个人互相埋怨,说道:

"如今且不用埋怨。想来死是不死的,必是平儿带了她到那什么亲戚家躲着去了。"

邢夫人叫了前后的门上来骂着,问:

"巧姐和平儿,知道那里去了?"

岂知下人一口同音,说是:

"大太太不必问我们,问当家的爷们就知道了。请大太太也不用闹,等我们太太问起来了,我们有话说。要打大家打,要罚大家都罚。自从琏二爷出了门,外头闹的还得了! 我们的月钱月米是不给了! 赌钱喝酒,闹小旦,还接了外头的媳妇儿到宅里来,这不是爷吗?"

说得贾芸等顿口无言。王夫人那边又打发人来催说:

"叫爷们快找来!"

那贾环等急得恨无地缝可钻,又不敢盘问巧姐那边的人。明知众人深恨,是必藏起来了,但是这句话怎敢在王夫人面前说,只得各处亲戚家打听,毫无踪迹。里头一个邢夫人,外头环儿等,这几天闹的昼夜不宁。

看看到了出场日期,王夫人只盼着宝玉贾兰回来。等到晌午,不见回来,王夫人、李纨、宝钗着忙,打发人去到下处打听。去了一起,又无消息,连去的人也不来了。回来又打发一起人去,又不见回来,三个人心里如热油熬煎。等到傍晚,有人进来,见是贾兰。众人喜欢,问道:

"宝二叔呢?"

贾兰也不及请安,便哭道:

"二叔丢了!"

王夫人听了这话,便怔了半天,也不言语,便直挺挺的躺倒床上。亏得彩云等在后面扶着,下死的叫醒转来,哭着。见宝钗也是白瞪两眼,袭人等已哭得泪人一般,只有哭着骂贾兰道:

"糊涂东西! 你同二叔在一处,怎么他就丢了?"

贾兰道:

"我和二叔在下处是一处吃,一处睡。进了场,相离也不远,刻刻在一处的。今日一早,二叔的卷子早完了,还等我呢。我们两个人一起去交了卷了,一同出来,在龙门口一挤,回头就不见了。我们家接场的人都问我。李贵还说:'看见的,相离不过数步,怎么一挤就不见了?'现叫李贵等分头的找去。我也带了人,各处号里都找遍了,没有,我所以这时候才回来。"

王夫人是哭的一句话也说不出来;宝钗心里已知八九;袭人痛哭不已;贾蔷等不等吩咐,也是分头而去。可怜荣府的人,个个死多活少,空备了接场的酒饭。

贾兰也都忘了辛苦，还要自己找去。倒是王夫人拦住道：

"我的儿！你叔叔丢了，还禁得再丢了你么？好孩子，你歇歇去罢！"

贾兰那里肯听？尤氏等苦劝不止。众人中只有惜春心里却明白了，只不好说出来，便问宝钗道：

"二哥哥带了玉去了没有？"

宝钗道：

"这是随身的东西，怎么不带？"

惜春听了，便不言语。

袭人想起那日抢玉的事来，也是料着那和尚作怪，柔肠几断，珠泪交流，呜呜咽咽，哭个不住。追想当年宝玉相待的情分：

"有时怄他，他便恼了，也有一种令人回心的好处，那温存体帖，是不用说了；若怄急了他，便赌誓说做和尚，谁知今日却应了这句话了！"

不言袭人苦想，却是那天已是四更，并没个信儿。李纨怕王夫人哭坏了，极力劝着回房。众人都跟着伺候，只有邢夫人回去。贾环躲着不敢出来。王夫人叫贾兰去了，一夜无眠。次日天明，虽有家人回来，都说：

"没有一处不寻到，实在没有影儿。"

于是薛姨妈、薛蝌、史湘云、宝琴、李婶娘等接二连三的过来请安问信。

如此一连数日，王夫人哭得饮食不进，命在垂危。忽有家人回道：

"海疆来了一人，口称统制大人那里来的，说：我们家的三姑奶奶，明日到京了。"

王夫人听说探春回京，虽不能解宝玉这愁，那个心略放了些。到了明日，果然探春回来。众人远远接着，见探春出挑得比先前更

> 此回写宝玉心理转变，赴考、出走过程交代清楚，毫无意外感觉。最后飘然而去，不着痕迹，出尘脱俗。

好了,服采鲜明。看见王夫人形容枯槁,众人眼肿腮红,便也大哭起来,哭了一会,然后行礼。看见惜春道姑打扮,心里很不舒服。又听见宝玉心迷走失,家中多少不顺的事,大家又哭起来。还亏得探春能言,见解亦高,把话来慢慢儿的劝解了好些时,王夫人等略宽好些。至次日,三姑爷也来了,知有这样事,留探春住下劝解。跟探春的丫头老婆也与姐妹们相聚,各诉别后事情。从此,上上下下的人,竟是无昼无夜,专等宝玉的信。

那一夜五更多天,外头几个家人进来,到二门口报喜。几个小丫头乱跑进来,也不及告诉大丫头了,进了屋子,便说:

“太太奶奶们大喜!”

王夫人打量宝玉找着了,便喜欢的站起身来说:

“在那里找着的? 快叫他进来!”

那人道:

“中了第七名举人。”

王夫人道:

“宝玉呢?”

家人不言语。王夫人仍旧坐下。探春便问:

“第七名中的是谁?”

家人回说:

“是宝二爷。”

正说着,外头又嚷道:

“兰哥儿中了!”

那家人赶忙出去,接了报单回禀,见贾兰中了一百三十名。李纨心下自然喜欢,但因不见了宝玉,不敢喜形于色。王夫人见贾兰中了,心下也是喜欢,只想:

“若是宝玉一回家,咱们这些人,不知怎样乐呢!”

独有宝钗心下悲苦,又不好掉泪。众人道喜,说是:

“宝玉既有中的命,自然再不会丢的,不过再过两天,必然找的着。”

　　王夫人等想来不错,略有笑容,众人便趁势劝王夫人等多进了些饮食。只见三门外头焙茗乱嚷道:

　　"我们二爷中了举人,是丢不了的了!"

　　众人问道:

　　"怎么见得?"

　　焙茗道:

　　"'一举成名天下闻!'如今二爷走到那里,那里就知道的,谁敢不送来!"

　　里头的众人都说:

　　"这小子虽是没规矩,这句话是不错的。"

　　惜春道:

　　"这样大人了,那里有走失的? 只怕他勘破世情,入了空门,这就难找着他了!"

　　这句话又招的王夫人等都大哭起来。李纨道:

　　"古来成佛作祖成神仙的,果然把爵位富贵都抛了,也多得很。"

　　王夫人哭道:

　　"他若抛了父母,这就是不孝,怎能成佛作祖?"

　　探春道:

　　"大凡一个人,不可有奇处。二哥哥生来带块玉来,都道是好事;这么说起来,都是有了这块玉的不好。若是再有几天不见,我不是叫太太生气,就有些原故了。只好譬如没有生这位哥哥罢了。果然有来头成了正果,也是太太几辈子的修积。"

　　宝钗听了不言语。袭人那里忍得住,心里一疼,头上一晕,便栽倒了。王夫人看着可怜,命人扶她回去。

　　贾环见哥哥侄儿中了,又为巧姐的事,大不好意思,只抱怨芸蔷两个。知道探春回来,此事不肯干休,又不敢躲开,这几天竟是如在荆棘之中。

　　次日,贾兰只得先去谢恩,知道甄宝玉也中了,大家序了同年。提起贾宝玉心迷走失,甄宝玉叹息劝慰。知贡举的将考中的卷子奏闻,皇上一一的披阅,看取中的文章,俱是平正通达的。见第七名贾宝玉是金陵籍贯,第一百三十名又是金陵贾兰,皇上传旨询问:

"两个姓贾的是金陵人氏,是否贾妃一族?"

大臣领命出来,传贾宝玉贾兰问话。贾兰将宝玉场后迷失的话,并将三代陈明,大臣代为转奏。皇上最是圣明仁德,想起贾氏功勋,命大臣查覆。大臣便细细的奏明。皇上甚是悯恤,命有司将贾赦犯罪情由,查案呈奏。皇上又看到"海疆靖寇班师善后事宜"一本,奏的是海宴河清,万民乐业的事。皇上圣心大悦,命九卿叙功议赏,并大赦天下。贾兰等朝臣散后,拜了座师②,并听见朝内有大赦的信,便回了王夫人等。合家略有喜色,只盼宝玉回来。薛姨妈更加喜欢,便要打算赎罪。

一日,人报甄老爷同三姑爷来道喜,王夫人便命贾兰出去接待。不多一时,贾兰进来,笑嘻嘻的回王夫人道:

"太太们大喜了! 甄老爷在朝内听见有旨意,说是大爷爷的罪名免了:珍大爷不但免了罪,仍袭了宁国三等世职。荣国世职,仍是爷爷袭了,俟丁忧服满,仍升工部郎中。所抄家产,全行赏还。二叔的文章,皇上看了甚喜。问知元妃兄弟,北静王还奏说人品亦好,皇上传旨召见。众大臣奏称'据伊侄贾兰回称出场时迷失,现在各处寻访。'皇上降旨,着五营各衙门③用心寻访。这旨意一下,请太太们放心,皇上这样圣恩,再没有找不着的!"

王夫人等这才大家称贺,喜欢起来。只有贾环等心下着急,四处找寻巧姐。

那知巧姐随了刘姥姥,带着平儿出了城,到了庄上,刘姥姥也不敢轻亵巧姐,便打扫上房,让给巧姐平儿住下。每日供给,虽是乡村风味,倒也洁净,又有青儿陪着,暂且宽心,那庄上也有几家富户,知道刘姥姥家来了贾府姑娘,谁不来瞧? 都道是天上神仙,也有送菜果的,也有送野味的,倒也热闹。内中有个极富的人家姓周，家财巨万，良田千顷。只有一子，生得文雅清秀，年纪十四岁，他父母延师读书，新近科试中了秀才。那日他母亲看见巧姐，心里羡慕，自想：

"我是庄家人家，那能配得起这样世家小姐？……"

只顾呆想。刘姥姥早看出她的心事来，便说：

"你的心事我知道了，我给你们做个媒罢。"

周妈妈笑道：

"你别哄我。她们什么人家，肯给我们庄家人？"

刘姥姥道：

"说着瞧罢。"

于是两人各自走开。

刘姥姥惦记着贾府，叫板儿进城打听。那日恰好到宁荣街，只见有好些车轿在那里，板儿便在邻近打听。说是：

"宁荣两府复了官，赏还抄的家产，如今府里又要起来了。只是他们的宝玉中了举，不知走到那里去了。"

板儿心里喜欢，便要回去。又见好几匹马到来，在门前下马，只见门上打千儿请安，说：

"二爷回来了！大喜！大老爷身上安了么？"

那位爷笑着道：

"好了！又遇恩旨，就要回来了。"还问："那些人做什么的？"

门上回说：

"是皇上派官在这里下旨意，叫人领家产。"

那位爷便喜喜欢欢的进去。板儿料是贾琏，也不再打听，赶忙回去告诉他外祖母。

刘姥姥听说，喜的眉开眼笑，去给巧姐儿道喜，将板儿的话说了一遍。平儿笑说道：

"可是亏了姥姥这样一办！不然，姑娘也摸不着这好时候儿了。"

巧姐更自喜欢。正说着，那送贾琏信的人也回来了，说是：

"姑老爷感激得很,叫我一到家,快把姑娘送回去。又赏了我好几两银子。"

刘姥姥听了得意,便叫人赶了两辆车,请巧姐平儿上车。巧姐等在刘姥姥家住熟了,反是依依不舍。更有青儿哭着,恨不能留下。刘姥姥见她不忍相别,便叫青儿跟了进城,一径直奔荣府而来。

且说贾琏先前知道贾赦病重,赶到配所,父子相见,痛哭了一场,渐渐的好起来。贾琏接着家书,知道家中的事,禀明贾赦回来,走到中途,听得大赦,又赶了两天。今日到家,恰遇颁赏恩旨。里面邢夫人等正愁无人接旨,虽有贾兰,终是年轻,人报琏二爷回来,大家相见,悲喜交集。此时也不及叙话,即到前厅,叩见了钦命大人。问了他父亲好,说:

"明日到内府领赏。宁国府第,发交居住。"

众人起身辞别。

贾琏送出门去,见有几辆屯车,家人们不许停歇,正在吵闹。贾琏早知道是巧姐来的车,便骂家人道:

"你们这一起糊涂忘八崽子! 我不在家,就欺心害主,将姐儿都逼走了,如今人家送来,还要拦阻! 必是你们和我有什么仇么?"

众家人原怕贾琏回来不依,想来少时才破,岂知贾琏说的更明,心下不懂,只得站着回道:

"二爷出门,奴才们有病的,有告假的,都是三爷、蔷大爷、芸二爷作主,不与奴才们相干。"

贾琏道:

"什么混帐东西! 我完了事,再和你们说。快把车赶进来!"

贾琏进去,见邢夫人也不言语,转身到了王夫人那里,跪下磕了个头,回道:

"姐儿回来了,全亏太太周全! 环兄弟也不用说他了。只是芸儿这东西,他上回看家,就闹乱儿;如今我去了几个月,便闹到这样。回太太的话:这种人,撵了他,不往来也使得的!"

王夫人道：

"王仁这下流种子为什么也是这样坏！"

贾琏道：

"太太不用说了，我自有道理。"

正说着，彩云等回道：

"姐儿进来了。"

于是巧姐儿见了王夫人，虽然别不多时，想起那样逃难的景况，不免落下泪来。巧姐儿也便大哭。贾琏忙过来道谢了刘姥姥。王夫人便拉她坐下，说起那日的话来。贾琏见了平儿，外面不好说别的，心里十分感激，眼中不觉流泪。自此，益发敬重平儿，打算等贾赦回来，要扶平儿为正。此是后话，暂且不提。

只说邢夫人正恐贾琏不见了巧姐，必有一番的周折；又听见贾琏在王夫人那里，心下更是着急，便叫丫头去打听。回来说是巧姐儿同着刘姥姥在那里说话儿呢，邢夫人才如梦初觉，知是她们弄鬼，还抱怨王夫人：

"调唆的我母子不和！到底不知是那个送信给平儿的？"

正问着，只见巧姐同着刘姥姥，带了平儿，王夫人在后头跟着进来，先把头里的话都说在贾芸王仁身上，说：

"大太太原是听见人说，为的是好事。那里知道外头的鬼？"

邢夫人听了，自觉羞惭，想起王夫人主意不差，心里也服。于是邢王二夫人，彼此倒心下相安了。

平儿回了王夫人，带了巧姐到宝钗那里来请安，各自提各自的苦处。又说到：

"皇上隆恩，咱们家该兴旺起来了。想来宝二爷必回来的。"

正说到这句话，只见秋纹慌慌张张的跑来说道：

"袭人不好了！"

---

①　扔崩——骤然离开的意思。

② 座师——科举时,很多考官分看考生的卷子,考中了的人对看他卷子的考官,叫座师。

③ 五营各衙门——清初,守卫京城,设巡捕营,起初只有南北两营,顺治十四年添设中营,乾隆四十六年又加左右两营,合计五营。负责京城巡逻守卫等事。

第一百二十回

甄士隐详说太虚情
贾雨村归结红楼梦

话说宝钗听秋纹说袭人不好，连忙进去瞧看，巧姐儿同平儿也随着。走到袭人炕前，只见袭人心痛难禁，一时气厥。宝钗等用开水灌了过来，仍旧扶她睡下，一面传请大夫。巧姐儿因问宝钗道：

"袭人姐姐怎么病到这个样儿？"

宝钗道：

"大前儿晚上，哭伤了心了，一时发晕栽倒了。太太叫人扶她回来，她就睡倒了。因外头有事，没有请大夫瞧她，所以致此。"

说着，大夫来了，宝钗等略避。大夫看了脉，说是急怒所致，开了方子去了。

原来袭人模糊听见说，宝玉若不回来，便要打发屋里的人都出去，一急，越发不好了。到大夫瞧后，秋纹给她煎药。她独自一人躺着，神魂未定，好像宝玉在她面前，恍惚又像是见个和尚，手里拿着一本册子揭着看，还说道：

"你不是我的人，日后自然有人家儿的。"

袭人似要和他说话，秋纹走来说：

"药好了，姐姐吃罢。"

袭人睁眼一瞧，知是个梦，也不告诉人。吃了药，便自己细细的想：

"宝玉必是跟了和尚去。上回他要拿玉出去，便是要脱身的样子，被我揪住，看他竟不像往常，把我混推混搡的，一点情意都没有；后来待二奶奶更生厌烦；在别的姊妹跟前，也是没有一点情意：这就是悟道的样子。但是你悟了道，抛了二奶奶怎么好？我是太

1599

太派我服侍你，虽是月钱照着那样的分例，其实我究竟没有在老爷太太跟前回明，就算了你的屋里人。若是老爷太太打发我出去，我若死守着，又叫人笑话；若是我出去，心想宝玉待我的情分，实在不忍！……"左思右想，万分难处。想到刚才的梦。"说我是别人的人，那倒不如死了干净！"岂知吃药以后，心痛减了好些，也难躺着，只好勉强支持。过了几日，起来服侍宝钗。宝钗想念宝玉，暗中垂泪，自叹命苦。又知她母亲打算给哥哥赎罪，很费张罗，不能不帮着打算。暂且不表。

　　且说贾政扶贾母灵柩，贾蓉送了秦氏、凤姐、鸳鸯的棺木到了金陵，先安了葬。贾蓉自送黛玉的灵，也去安葬。贾政料理坟墓的事。一日，接到家书，一行一行的，看到宝玉贾兰得中，心里自是喜欢；后来看到宝玉走失，复又烦恼，只得赶忙回来。在道儿上又闻得有恩赦的旨意，又接着家书，果然赦罪复职，更是喜欢，便日夜赶行。

　　一日，行到昆陵驿地方，那天乍寒下雪，泊在一个清静去处。贾政打发众人上岸投帖，辞谢朋友，总说即刻开船，都不敢劳动。船上只留一个小厮伺候，自己在船中写家书，先要打发人起早到家。写到宝玉的事，便停笔。抬头忽见船头上微微的雪影里面一个人，光着头，赤着脚，身上披着一领大红猩猩毡的斗篷，向贾政倒身下拜。贾政尚未认清，急忙出船，欲待扶住问他是谁。那人已拜了四拜，站起来打了个问讯。贾政才要还揖，迎面一看，不是别人，却是宝玉。贾政吃了一大惊，忙问道：

　　"可是宝玉么？"

　　那人只不言语，似喜似悲。贾政又问道：

　　"你若是宝玉，如何这样打扮，跑到这里来？"

　　宝玉未及回言，只见船头上来了两人，一僧一道，夹住宝玉道：

　　"俗缘已毕，还不快走？"

> 作者安排宝玉惊鸿一瞥，是作最后交代与第一回遥遥呼应，结构完整。

　　说着，三个人飘然登岸而去。贾政不顾地滑，疾忙来赶，见那三人在前，那里赶得上？只听得他们三人口中不知是那个作歌曰：

　　　　我所居兮，青埂之峰；我所游兮，鸿濛太空。谁与我逝兮，吾谁与从？渺渺茫茫兮，归彼大荒！

　　贾政一面听着，一面赶去，转过一小坡，倏然不见。贾政已赶得心虚气喘，惊疑不定。回过头来，见自己的小厮也随后赶来，贾政问道：

　　"你看见方才那三个人么？"

　　小厮道：

　　"看见的。奴才为老爷追赶，故也赶来。后来只见老爷，不见那三个人了。"

　　贾政还欲前走，只见白茫茫一片旷野，并无一人。贾政知是古怪，只得回来。众家人回船，见贾政不在舱中，问了船夫，说是老爷上岸追赶两个和尚一个道士去了。众人也从雪地里寻踪迎去，远远见贾政来了，迎上去接着，一同回船。

　　贾政坐下，喘息方定，将见宝玉的话说了一遍。众人回禀，便要在这地方寻觅。贾政叹道：

　　"你们不知道！这是我亲眼见的，并非鬼怪。况听得歌声，大有元妙！宝玉生下时，衔了玉来，便也古怪，我早知是不祥之兆，为的是老太太疼爱，所以养育到今。便是那和尚道士，我也见了三次：头一次，是那僧道来说玉的好处；第二次，便是宝玉病重，他来了，将那玉持诵了一番，宝玉便好了；第三次，送那玉来，坐在前厅，我一转眼就不见了。我心里便有些诧异，只道宝玉果真有造化，高僧仙道来护祐他的。岂知宝玉是下凡历劫的，竟哄了老太太二十几年！如今叫我才明白！"

　　说到这里，掉下泪来。

　　众人道：

　　"宝二爷果然是下凡的和尚，就不该中举人了。怎么中了才去？"

贾政道:

"你们那里知道？大凡天上星宿, 山中老僧, 洞里的精灵, 他自具一种性情。你看宝玉何尝肯念书？他若略一经心, 无有不能的。他那一种脾气, 也是别别另样!"

说着, 又叹了几声。众人便拿兰哥得中, 家道复兴的话解了一番。贾政仍旧写家书, 便把这事写上, 劝谕合家不必想念了。写完封好, 即着家人回去, 贾政随后赶回。暂且不提。

且说薛姨妈得了赦罪的信, 便命薛蝌去各处借贷, 并自己凑齐了赎罪银两。刑部准了, 收兑了银子, 一角文书, 将薛蟠放出。他们母子姊妹弟兄见面, 不必细述, 自然是悲喜交集了。薛蟠自己立誓说道:

"若是再犯前病, 必定犯杀犯剐!"

薛姨妈见他这样, 便握他的嘴, 说:

"只要自己拿定主意, 必定还要妄口巴舌①, 血淋淋的起这样恶誓么? 只是香菱跟你受了多少苦处, 你媳妇儿已经自己治死自己了, 如今虽说穷了, 这碗饭还有得吃, 据我的主意, 我便算她是媳妇了。你心里怎么样?"

薛蟠点头愿意。宝钗等也说:

"很该这样。"

倒把香菱急得脸胀通红, 说是:

"伏侍大爷一样的, 何必如此?"

众人便称起"大奶奶"来, 无人不服。薛蟠便要去拜谢贾家。薛姨妈宝钗也都过来。见了众人, 彼此聚首, 又说了一番的话。

正说着, 恰好那日贾政的家人回家, 呈上书子, 说:

"老爷不日到了。"

王夫人叫贾兰对书子念给听。贾兰念到贾政亲见宝玉的一段, 众人听了, 都痛哭起来, 王夫人、宝钗、袭人等更甚。大家又将贾政书内叫家内不必悲伤, 原是借胎的话解说了一番:

"与其作了官, 倘或命运不好, 犯了事, 坏家败产, 那时倒不好了,宁可咱们家出一位佛爷,倒是老爷太太的积德,所以才投到咱们家来。不是说句不顾前后的话;当初东府里太爷,倒是修炼了十几年,也没有成了仙。这佛是更难成的! 太太这么一想,心里便开豁了。"

王夫人哭着和薛姨妈道:

"宝玉抛了我,我还恨他呢! 我叹的是媳妇的命苦,才成了一二年的亲,怎么他就硬着肠子,都撂下了走了呢!"

薛姨妈听了,也甚伤心。宝钗哭得人事不知。所有爷们都在外头。王夫人便说道:

"我为他担了一辈子的惊,刚刚儿的娶了亲,中了举人,又知道媳妇有了胎,我才喜欢些,不想弄到这样结局! 早知这样,就不该娶亲,害了人家的姑娘!"

薛姨妈道:

"这是自己定的。咱们这样人家,还有什么别的说的吗? 幸喜有了胎,将来生个外孙子,必定是有成立的,后来就有了结果了。你看大奶奶,如今兰哥中了举人,明年成了进士,可不是就做了官了么? 她头里的苦也算吃尽的了,如今的甜来,也是她为人的好处。我们姑娘的心肠儿,姐姐是知道的,并不是刻薄轻佻的人,姐姐倒不必耽忧。"

王夫人被薛姨妈一番言语说得极有理,心想:

"宝钗小时候,便是廉静寡欲,极爱素淡的,她所以才有这个事。想人生在世,真有个定数的! 看着宝钗虽是痛哭,她那端庄样儿,一点不走,却倒来劝我:这是真真难得! 不想宝玉这样一个人,红尘中福分,竟没有一点儿! ……"

想了一回,也觉解了好些。又想到袭人身上:"若说别的丫头呢,没有什么难处的:大的配了出去,小的伏侍二奶奶就是了。独有袭人,可怎么处呢? ……"

此时人多,也不好说,且等晚上和薛姨妈商量。

那日薛姨妈并未回家,因恐宝钗痛哭,住在宝钗房中劝解。那宝钗却是极明理,思前想后:宝玉原是一种奇异的人,夙世前因,自有一定,原无可怨天尤人。更将大道理的话告诉他母亲了。薛姨妈心里反倒安慰,便到王夫人那里,先把宝钗的话说了。王夫人点头叹道:

"若说我无德,不该有这样好媳妇了!"

说着,更又伤心起来。

薛姨妈倒又劝了一会子,因又提起袭人来,说:

"我见袭人近来瘦的了不得,她是一心想着宝哥儿。但是正配呢,理应守的;屋里人愿守也是有的,惟有这袭人,虽说是算个屋里人,到底她和宝哥儿并没有过明路儿的。"

王夫人道:

"我才刚想着,正要等妹妹商量商量。若说放她出去,恐怕她不愿意,又要寻死觅活的;若要留着她,也罢,又恐老爷不依;所以难处。"

薛姨妈道:

"我看姨老爷是再不肯叫守着的。再者:姨老爷并不知道袭人的事,想来不过是个丫头,那有留的理呢?只要姐姐叫她本家的人来,狠狠的吩咐她,叫她配一门正经亲事,再多多的陪送她些东西。那孩子心肠儿也好,年纪儿又轻,也不枉跟了姐姐会子,也算姐姐待她不薄了。袭人那里,还得我细细劝她。就是叫她家的人来,也不用告诉她;只等她家里果然说定了好人家儿,我们还打听打听,若果然足衣足食,女婿长的像个人儿,然后叫她出去。"

王夫人听了,道:

"这个主意很是;不然,叫老爷冒冒失失的一办,我可不是又害了一个人了么?"

薛姨妈听了,点头道:

"可不是么?"

又说了几句,便辞了王夫人仍到宝钗房中去了。看见袭人泪痕满面,薛姨妈便劝解譬喻了一会。袭人本来老实,不是伶牙俐齿

的人,薛姨妈说一句,她应一句,回来说道:

"我是做下人的人,姨太太瞧得起我,才和我说这些话。我是从不敢违拗太太的。"

薛姨妈听她的话,

"好一个柔顺的孩子!"

心里更加喜欢。宝钗又将大义的话说了一遍,大家各自相安。

过了几日,贾政回家,众人迎接。贾政见贾赦贾珍已都回家,弟兄叔侄相见,大家历叙别来的景况。然后内眷们见了,不免想起宝玉来,又大家伤了一会子心。贾政喝住道:

"这是一定的道理! 如今只要我们在外把持家事,你们在内相助,断不可仍是从前这样的散漫! 别房的事,各有各家料理,也不用承总②。我们本房的事,里头全归于你,都要按理而行。"

王夫人便将宝钗有孕的话也告诉了。"将来丫头们都放出去。"

贾政听了,点头无语。

次日,贾政进内请示大臣们,说是:

"承恩感激。但未服阕,应该怎么谢恩之处,望乞大人们指教。"

众朝臣说是代奏请旨。于是圣恩浩荡,即命陛见。贾政进内谢了恩。圣上又降了好些旨意,又问起宝玉的事来。贾政据实回奏。圣上称奇,旨意说:宝玉的文章固是清奇,想他必是过来人,所以如此。若在朝中,可以进用;他既不敢受圣朝的爵位,便赏了一个"文妙真人"的道号。

贾政又叩头谢恩而出,回到家中,贾琏贾珍接着。贾政将朝内的话述了一遍,众人喜欢。贾珍便回说:

"宁国府第,收拾齐全,回明了要搬过去。栊翠庵圈在园内,给四妹妹养静。"

贾政并不言语,隔了半日,却吩咐了一番仰报天恩的话。

贾琏也趁便回说:

"巧姐亲事,父亲太太都愿意给周家为媳。"

贾政昨晚也知巧姐的始末,便说:

"大老爷大太太作主就是了。莫说村居不好,只要人家清白,孩子肯念书,能够上进。朝里那些官,难道都是城里的人么?"

贾琏答应了"是",又说:

"父亲有了年纪,况且又有痰症的根子,静养几年,诸事原仗二老爷为主。"

贾政道:

"提起村居养静,甚合我意,只是我受恩深重,尚未酬报耳。"

贾政说毕进内,贾琏打发请了刘姥姥来应了这件事。刘姥姥见了王夫人等便说些将来怎么升官,怎样起家,怎样子孙昌盛。

正说着,丫头回说:

"花自芳的女人进来请安。"

王夫人问几句话,花自芳的女人将亲戚作媒,说的是城南蒋家的,现在有房有地,又有铺面。姑爷年纪略大几岁,并没有娶过的,况且人物儿长的是百里挑一的。王夫人听了愿意,说道:

"你去应了,隔几日进来,再接你妹子罢。"

王夫人又命人打听,都说是好。王夫人便告诉了宝钗,仍请了薛姨妈细细的告诉了袭人。

袭人悲伤不已,又不敢违命的,心里想起宝玉那年到她家去,回来说的死也不回去的话:

"如今太太硬作主张,若说我守着,又叫人说我不害臊;若是去了,实不是我的心愿!"便哭得哽咽难言。又被薛姨妈宝钗等苦劝,回过念头想道:"我若是死在这里,倒把太太的好心弄坏了,我该死在家里才是。"

于是袭人含悲叩辞了众人。那姐妹分手时自然更有一番不忍说。

袭人怀着必死的心肠上车,回去见了哥哥嫂子,也是哭泣,但只说不出来。那花自芳悉把蒋家的聘礼送给她看,又把自己所办

妆奁——指给她瞧,说:

"那是太太赏的,那是置办的。"

袭人此时更难开口,住了两天,细想起来:

"哥哥办事不错。若是死在哥哥家里,岂不又害了哥哥呢?……"

千思万想,左右为难。真是一缕柔肠,几乎牵断,只得忍住。

那日已是迎娶吉期,袭人本不是那一种泼辣人,委委屈屈的上轿而去,心里另想到那里再作打算。岂知过了门,见那蒋家办事,极其认真,全都按着正配的规矩。一进了门,丫头仆妇,都称"奶奶"。袭人此时欲要死在这里,又恐害了人家,辜负了一番好意。那夜原是哭着,不肯俯就的,那姑爷却极柔情曲意的承顺。

到了第二天开箱,这姑爷看见一条猩红汗巾,方知是宝玉的丫头,原来当初只知是贾母的侍儿,益想不到是袭人。此时蒋玉菡念着宝玉待他的旧情,倒觉满心惶愧,更加周旋;又故意将宝玉所换那条松花绿的汗巾拿出来。袭人看了,方知这姓蒋的原来就是蒋玉菡,始信姻缘前定。袭人才将放心事说出。蒋玉菡也深为叹息敬服,不敢勉强,并越发温柔体贴,弄得个袭人真无死所了。

看官听说:虽然事有前定,无可奈何;但孽子孤臣,义夫节妇,这"不得已"三字也不是一概推委得的。此袭人所以在"又副册"也。正是前人过那桃花庙的诗上说道:

"千古艰难惟一死,伤心岂独息夫人③!"

不言袭人从此又是一番天地。且说那贾雨村犯了婪索的案件,审明定罪,今遇大赦,递籍为民。雨村因叫家眷先行,自己带了一个小厮,一车行李,来到急流津觉迷渡口,只见一个道者,从那渡头草棚里出来,执手相迎。雨村认得是甄士隐,也连忙打恭。士隐道:

"贾老先生,别来无恙?"

> 袭人既不能守,亦不能死,终于改嫁,较之紫鹃、鸳鸯相去远矣。但此为作者事先安排,在结构上毫无瑕疵。

雨村道：

"老仙长到底是甄老先生！何前次相逢，觌面不认？后知火焚草亭，鄙下深为惶恐。今日幸得相逢，益叹老仙翁道德高深。奈鄙人下愚不移，致有今日！"

甄士隐道：

"前者老大人高官显爵，贫道怎敢相认？原因故交，敢赠片言，不意老大人相弃之深！然而富贵穷通，亦非偶然。今日复得相逢，也是一桩奇事！这里离草庵不远，暂请膝谈，未知可否？"

雨村欣然领命。两人携手而行，小厮驱车随后。到了一座茅庵，士隐让进，雨村坐下。小童献茶上来。雨村便请教仙长超尘始末。士隐笑道：

"一念之间，尘凡顿易，老先生从繁华境中来，岂不知温柔富贵乡中有一宝玉乎？"

雨村道：

"怎么不知？近闻纷纷传述，说他也遁入空门。下愚当时也曾与他往来过数次，再不想此人竟有如是之决绝。"

士隐道：

"非也！这一段奇缘，我先知之。昔年我与先生在仁清巷旧宅门口叙话之前，我已会过他一面。"

雨村惊讶道：

"京城离贵乡甚远，何以能见？"

士隐道：

"神交久矣。"

雨村道：

"既然如此，现今宝玉的下落，仙长定能知之？"

士隐道：

"宝玉，即'宝玉'也。那年荣宁查抄之前，钗黛分离之日，此玉早已离世：一为避祸，二为撮合。从此凤缘一了，形质归一。又复稍示神灵，高魁贵子，方显得此玉乃天奇地灵煅炼之宝，非凡间可比。前经茫茫大士渺渺真人携带下凡,如今尘缘已满,仍是此二人携归本处:便是宝玉的下落。”

雨村听了,虽不能全然明白,却也十知四五,便点头叹道:

“原来如此,下愚不知! 但那宝玉既有如此的来历,又何以情迷至此,复又豁悟如此? 还要请教。”

士隐笑道:

“此事说来,先生未必尽解。太虚幻境,即是真如福地。两番阅册,原始要终之道,历历生平,如何不悟? 仙草归真,焉有‘通灵’不复原之理呢?”

雨村听着,却不明白,知是仙机,也不便更问。因又说道:

“宝玉之事,既得闻命。但敝族闺秀,如是之多,何元妃以下,算来结局俱属平常呢?”

士隐叹道:

“老先生莫怪拙言! 贵族之女,俱属从情天孽海而来。大凡古今女子,那‘淫’字固不可犯,只这‘情’字,也是沾染不得的! 所以崔莺苏小无非仙子尘心,宋玉相如大是文人口孽。但凡情思缠绵,那结局就不可问了!”

雨村听到这里,不觉拈须长叹。因又问道:

“请教仙翁:那荣宁两府,尚可如前否?”

士隐道:

“福善祸淫,古今定理。现今荣宁两府,善者修缘,恶者悔祸,将来兰桂齐芳,家道复初,也是自然的道理。”

雨村低了半日头,忽然笑道:

“是了,是了! 现在他府中有一个名兰的,已中乡榜,恰好应着‘兰’字。适间老仙翁说‘兰桂齐芳’,又道‘宝玉高魁贵子’,莫非他有遗腹之子,可以飞黄腾达的么?”

士隐微微笑道:

“此系后事,未便预说。”

雨村还要再问,士隐不答,便命人设具盘餐,邀雨村共食。食

毕,雨村还要问自己的终身。士隐便道:

"老先生草庵暂歇。我还有一段俗缘未了,正当今日完结。"

雨村惊讶道:

"仙长纯修若此,不知尚有何俗缘?"

士隐道:

"也不过是儿女私情罢了。"

雨村听了,益发惊异:

"请问仙长何出此言?"

士隐道:

"老先生有所不知,小女英莲,幼遭尘劫,老先生初任之时,曾经判断。今归薛姓,产难完劫,遗一子于薛家,以承宗桃。此时正是尘缘脱尽之时,只好接引接引。"

士隐说着,拂袖而起。雨村心中恍恍惚惚,就在这急流津觉迷渡口草庵中睡着了。

这士隐自去度脱了香菱,送到太虚幻境,交那警幻仙子对册,刚过牌坊,见那一僧一道缥缈而来,士隐接着说道:

"大士真人,恭喜,恭喜! 情缘完结,都交割清楚了么?"

那僧道说:

"情缘尚未全结,倒是那蠢物已经回来了。还得把他送还原所,将他的后事叙明,不枉他下世一回。"

士隐听了,便拱手而别。那僧道仍携了玉到青埂峰下,将"宝玉"安放在女娲炼石补天之处,各自云游而去。从此后:

"天外书传天外事,两番人作一番人。"

> 作者编造神话,首尾合一,结构天衣无缝,用心之苦,寄托之深,如不细读,真不解其味。

这一日,空空道人又从青埂峰前经过,见那"补天未用"之石仍在那里,上面字迹依然如旧,又从头的细细看了一遍,见后面偈文后又历叙了多少收缘结果的话头,便点头叹道:

"我从前见石兄这段奇文,原说可以闻世传奇,所以曾经抄录,但未见返本还原。不知何时,复有此段佳话？方知石兄下凡一次，磨出光明，修成圆觉，也可谓无复遗憾了！只怕年深日久，字迹模糊，反有舛错，不如我再抄录一番，寻个世上清闲无事的人，托他传遍，知道奇而不奇，俗而不俗，真而不真，假而不假。或者尘梦劳人，聊倩鸟呼归去，山灵好客，更从石化飞来，亦未可知。"

想毕，便又抄了，**仍袖至那繁华昌盛地方遍寻了一番，不是建功立业之人，即系糊口谋衣之辈**，那有闲情去和石头饶舌？直寻到急流津觉迷渡口草庵中，睡着一个人，因想他必是闲人，便要将这抄录的石头记给他看看。那知那人再叫不醒。空空道人复又使劲拉他，才慢慢的开眼坐起。便接来草草一看，仍旧掷下道：

"这事我已亲见尽知，你这抄录的尚无舛错。我只指与你一个人，托他传去，便可归结这段新鲜公案了。"

空空道人忙问何人。那人道：

"你须待某年，某月，某日，某时，到一个悼红轩中，有个曹雪芹先生，只说贾雨村言，托他如此如此。"

说毕，睡下了。

那空空道人牢牢记着此言，又不知过了几世几劫，果然有个悼红轩，见那曹雪芹先生正在那里翻阅历来的古史。空空道人便将贾雨村言了，方把这石头记示看。那雪芹先生笑道：

"果然是'贾雨村言'了！"

空空道人便问：

"先生何以认得此人，便肯替他传述？"

那雪芹先生笑道：

"说你空空，原来肚里果然空空！既是'假语村言'，但无鲁鱼亥豕以及背谬矛盾之处，乐得与二三同志，酒余饭饱，雨夕灯窗，同消寂寞，又不必大人先生品题传世。似你这样寻根究底，便是'刻舟求剑④，胶柱鼓瑟'了！"

那空空道人听了，仰天大笑，掷下抄本，飘然而去，一面走着，口中说道：

"原来是敷衍荒唐！不但作者不知，抄者不知，并阅者也不知。不过游戏笔墨，陶情适性而已！"

后人见了这本传奇，亦曾题过四句偈语，为作者缘起之言更进一筹云：

"说到辛酸处，荒唐愈可悲。由来同一梦，休笑世人痴！"

① 妄口巴舌——这里是"胡说八道"的意思。又指人造谣诬蔑，也说是"妄口巴舌"。

② 承总——归并在一起。

③ 息夫人——息夫人是春秋时息国诸侯的夫人，楚文王灭息，掳息夫人为妾，生两子。楚文王问她为什么老不说话，她说："我是一个女子，如今嫁了两夫，只差一死，还有什么可说的？"后人又称息夫人为桃花夫人，立庙纪念她。这儿咏桃花庙的诗句，是清初邓汉仪作的。

④ 刻舟求剑——吕氏春秋上说：有个人从船上把剑掉在河中，他就在船上刻了个记号。等船停了，他就按着刻了记号的地方去捞剑，当然捞不着，这故事是比喻固执不化的人的。

墨人博士著作書目（校正版）

1.自由的火焰　詩集　自印（左營）　民國三十九年（1950）

2.哀祖國　詩集　大江出版社（臺北）　民國四十一年（1952）
　　　與《山之禮讚》合併易名《墨人新詩集》

3.最後的選擇　短篇小說　百成書店(高雄)民國四十二年(1953)

4.閃爍的星辰　長篇小說　大業書店(高雄)民國四十二年(1953)

5.黑森林　長篇小說　香港亞洲社　民國四十四年（1955）

6.魔障　長篇小說　暢流半月刊（臺北）　民國四十七年（1958）

7.孤島長虹（全集中易名為富國島）　長篇小說　文壇社（臺北）
　　民國四十八年（1959）

8.古樹春藤　中篇小說　九龍東方社　民國五十一年（1962）

9.花嫁　短篇小說　九龍東方社　民國五十三年（1964）

10.水仙花　短篇小說　長城出版社（高雄）　民國五十三年
　　（1964）

11　白夢蘭　短篇小說　長城出版社（高雄）　民國五十三年
　　（1964）

12　颱風之夜　短篇小說　長城出版社（高雄）　民國五十三年
　　（1964）

13.白雪青山　長篇小說　長城出版社（高雄）　民國五十四年
　　（1965）

14.春梅小史　長篇小說　長城出版社（高雄）　民國五十四年

（1965）

15.洛陽花似錦　長篇小說　長城出版社（高雄）　民國五十四年
　　（1965）

16.東風無力百花殘　長篇小說　長城出版社（高雄）　民國五十
　　四年（1965）

17.合家歡　長篇小說　臺灣省新聞處（臺中）　民國五十四年
　　（1965）

18.紅樓夢的寫作技巧　文學理論　臺灣商務印書館（臺北）　民
　　國五十五年（1966）

19.塞外　短篇小說　臺灣商務印書館（臺北）　民國五十五年
　　（1966）

20.碎心記　長篇小說　小說創作社（臺北）　民國五十六年
　　（1967）

21.靈姑　長篇小說　小說創作社（臺北）　民國五十七年（1968）

22.鱗爪集　散文　水牛出版社（臺北）　民國五十七年（1968）

23.青雲路　短篇小說　臺灣商務印書館（臺北）　民國五十八年
　　（1969）

24.變性記　短篇小說　臺灣商務印書館（臺北）　民國五十八年
　　（1969）

25.龍鳳傳　長篇小說　幼獅書店（臺北）　民國五十九年（1970）

26.火樹銀花　長篇小說　立志出版社（臺北）　民國五十九年
　　（1970）

27.浮生集　散文　聞道出版社（臺南）　民國六十一年（1972）

28.墨人詩選　詩　集　臺灣中華書局（臺北）　民國六十一年
　　（1972）

29.鳳凰谷　長篇小說　臺灣中華書局（臺北）　民國六十一年

（1972）

30.墨人短篇小說選　短篇小說　臺灣中華書局（臺北）　民國六十一年（1972）

31.斷腸人　短篇小說　臺灣學生書局（臺北）　民國六十一年（1972）

32.詩人革命家胡漢民傳　傳記小說　近代中國社（臺北）　民國六十七年（1978）

33.心猿長篇小說　學人文化公司（臺北）　民國六十八年（1979）

34.山之禮讚　詩集　秋水詩刊（臺北）　民國六十九年（1980）

35.心在山林　散文　中華日報社（臺北）　民國六十九年（1980）

36.墨人散文集　散文　學人文化公司（臺中）　民國六十九年（1980）

37.山中人語　散文　臺灣商務印書館（臺北）　民國七十二年（1983）

38.花市　散文　江山出版社（臺北）　民國七十四年（一九八五）

39.三更燈火五更雞　散文　江山出版社（臺北）　民國七十四年（1985）

40.墨人絕律詩集　詩集　臺灣商務印書館（臺北）　民國七十六年（1987）

41.全唐詩尋幽探微　文學理論　臺灣商務印書館（臺北）　民國七十六年（1987）

42.第二春　短篇小說　采風出版社（臺北）　民國七十七年（1988）

43.全唐宋詞尋幽探微　文學理論　臺灣商務印書館（臺北）民國七十八年（1989）

44.小園昨夜又東風　散文　黎明文化公司（臺北）　民國八十年

（1991）

45.紅塵（上、中、下三卷）　長篇小說　臺灣新生報社（臺北）
　民國八十年（1991）

46.大陸文學之旅　散文　文史哲出版社（臺北）　民國八十一年
　（1992）

47.紅塵續集　長篇小說　臺灣新生報社（臺北）　民國八十二年
　（1993）

48.墨人半世紀詩選　詩選　文史哲出版社（臺北）　民國八十四
　年（1995）

49.張本紅樓夢（上下兩巨冊）　　　　修訂批註　湖南出版社
　（長沙）　民國八十五年（1996）

50.紅塵心語　散文　圓明出版社（臺北）　民國八十五年（1996）

51.年年作客伴寒窗　散　　文　中天出版社（臺北）　民國八十
　六年（1997）

52.全宋詩尋幽探微　文學理論　文史哲出版社（臺北）　民國八
　十九年（2000）

53.墨人詩詞詩話　詩詞・理論　詩藝文出版社（臺北）　民國八
　十九年（2000）

54.娑婆世界（定本）　長篇小說　昭明出版社（臺北）　民國八
　十八年（1999）

55.白雪青山（定本）　長篇小說　昭明出版社（臺北）　民國八
　十九年（2000）

56.滾滾長江（定本）　長篇小說　昭明出版社（臺北）　民國八
　十九年（2000）

57.春梅小史（定本）　長篇小說　昭明出版社（臺北）　民國八
　十九年（2000）

58.紫燕（定本）　長篇小說　昭明出版社（臺北）　民國九　十年
　　（2001）

59.紅樓夢的寫作技巧（定本）　文學理論　昭明出版社（臺北）
　　民國九十年（2001）

60.紅塵六卷（定本）　長篇小說　昭明出版社（臺北）　民國九
　　十年（2001）

61.紅塵法文本　巴黎友豐（you fonq）書局出版　2004年初版

　　附　註：

▲北京中國文聯出版社　二〇〇三年出版　大陸教授羅龍炎・王雅清
合著《紅塵》論專書

▲臺北市昭明出版社出版墨人一系列代表作，長篇小說《娑婆世
　界》、一百九十多萬字的空前大長篇《紅塵》（中法文本共出五
　版）暨《白雪青山》（兩岸共出六版）、《滾滾長紅》、《春梅
　小史》、《紫燕》，短篇小說集、文學理論《紅樓夢的寫作技巧》
　（兩岸共出十四版）等書。臺灣中華書局出版的《墨人自選集》
　共五大冊，收入長篇小說《白雪青山》、《靈姑》、《鳳凰谷》、
　《江水悠悠》（為《東風無力百花殘》易名）、《短篇小說・詩
　選》合集。《哀祖國》及《合家歡》皆由高雄大業書店再版。臺
　北詩藝文出版社出版的《墨人詩詞詩話》創作理論兼備，為「五
　四」以來詩人、作家所未有者。

▲臺灣商務印書館於民國七十三年七月出版先留英後留美哲學博士
　程石泉、宋瑞等數十人的評論專集《論墨人及其作品》上、下兩
　冊。

▲《白雪青山》於民國七十八年（1989）由臺北大地出版社第三版。

▲臺北中國詩歌藝術學會於1995年五月出版《十三家論文》論《墨
　人半世紀詩選》。

▲《紅塵》於民國七十九年（1990）五月由大陸黃河文化出版社出版前五十四章（香港登記，深圳市印行）。大陸因未有書號未公開發行僅供墨人「大陸文學之旅」時與會作家座談時參考。

▲北京中國文聯出版公司於 1992 年 12 月出版長篇小說《春梅小史》（易名《也無風雨也無晴》）；1993 年 4 月出版《紅樓夢的寫作技巧》。

▲北京中國社會科學出版社於一九九四年出版散文集《浮生小趣》。

▲北京群眾出版社於 1995 年 1 月出版散文集《小園昨夜又東風》；1995 年 10 月京華出版社出版長篇小說《白雪青山》大陸版，第一版三千冊，1997 年 8 月再版一萬冊。

▲長沙湖南出版社於 1996 年 1 月初出版墨人費時十多年精心修訂批註的《張本紅樓夢》，分上下兩大冊精裝一萬一千套。立即銷完、因未經墨人親校，難免疏失，墨人未同意再版。

Mo Jen's Works

1950　*The Flames of Freedom*（poems）《自由的火焰》

1952　*Lament for My Mother Country*（poems）《哀祖國》

1953　*Glittering Stars*（novel）《閃爍的星辰》

　　　The Last Choice（short stories）《最後的選擇》

1955　*Black Forest*（novel）《黑森林》

　　　The Hindrance（novel）《魔障》

　　　The Rainbow and An Isolated Island（novel）《孤島長虹》

（全集中易名為富國島）

1963　*The spring lvy and Old Tree*（novelette）《古樹春藤》

1964　*Narcissus*（novelette）《水仙花》

　　　A Typhonic Night（novelette）《颱風之夜》

　　　Ms.Pei Mong-lan（novelette）《白夢蘭》

　　　The Joy of the Whole Family（novel）《合家歡》

　　　Flower Marriage（novelette）《花嫁》

1965　*White Snow and Green Mountain*（novel）《白雪青山》

　　　The Short Story of Miss Chung Mei（novel）《春梅小史》

　　　The Powerless Spring Breeze and Faded Flowers（novel）《東風無力百花殘》（《江水悠悠》）

　　　Flower Blossom in Loyang（novel）《洛陽花似錦》

1966　*The Writing Technique of the Dream of Red Chamber*（literature theory）《紅樓夢的寫作技巧》

　　　Out of The Wild Frontier（novelette）《塞外》

1967　*A Heart-broken Story*（novel）《碎心記》

1968　*Miss Clever*（novel）《靈姑》

　　　Trifle（prose）《鱗爪集》

1969　*The Road to Promotion*（novelette）《青雲路》

1970　*A Sex-change Story*（novelette）《變性記》

　　　The Biography of the Dragon and the Phoenix（novel）《龍鳳傳》

1971　*A Brilliantly lighted Garden*（novel）《火樹銀花》

1972　*My Floating Life*（prose）《浮生記》

　　　Selection of Mo Jen's Poems《墨人詩選》

　　　A Heart-broken Woman（novelette）《斷腸人》

　　　Phoenix Valley（novel）《鳳凰谷》

　　　　Mo Jen's Works（five volumes）《墨人自選集》

　　　　Selection of Mo Jen's short stores《墨人短篇小說選》

1978　*Hu Han-ming, the Poet and Revolutionist*（novel）《詩人革命家胡漢民》

1979　*The Mokey in the Heart*（i.e. The Purple Swallow renamed）《心猿》

1980　*The Hermit*（prose）《心在山林》

　　　　A Collection of Mo Jen's Prose（prose）《墨人散文集》

　　　　A Praise to Mountains（poems）《山之禮讚》

1983　*Mountaineer's Remarks*（prose）《山中人語》

1985　*My Candle Burns at Both Ends*（prose）《三更燈火五更雞》

　　　　Flower Market（prose）《花市》

1986　*A Mundane World*（novel, four volumes, over 1.9 million words）《紅塵》

1987　*Remarks on All Poems of the Tang Dynasty*（theory）《全唐詩尋幽探微》

1988　*Remarks On All Tsyr*（prose poem）*of the Tang and Sung Dynasties*（theory）《全唐宋詞尋幽探微》

1991　*The Breeze That Came From The East Last Night in My Little garden Again*（prose）《小園昨夜又東風》

1992　*Travel for Literature in Mainland China*（prose）《大陸文學之旅》

1995　*Selection of Mo Jen's Poems, 1992-1994*《墨人半世紀詩選》

1996　*I'll look upon the World*《紅塵心語》

　　　　Chang Edition of the Dream of Red Chamber《張本紅樓夢》（修訂批註）

1997　*Cherish thy guests and the Muses*《年年作伴寒窗》

1999　*Saha Shih Gai*《娑婆世界》

1999　*Remarks on All Poems of the sung Dynasties*《全宋詩尋幽探尋》

1999　*Mo Jen's Classical Poems and Prose Poems*《墨人詩詞詩話》

2004　*Poussiere Rouge*《紅塵》法文譯本

墨人博士創作年表（二〇〇五年增訂）

年　度	年　齡	發表出版作品及重要文學紀錄摘要
民國二十八年己卯（一九三九）	十九歲	在東南戰區《前線日報》發表〈臨川新貌〉。淪陷區著名的上海《大美晚報》隨即轉載。
民國二十九年庚辰（一九四〇）	二十歲	在《前線日報》發表〈希望〉、〈路〉等新詩作品。
民國三十年辛巳（一九四一）	二十一歲	在《前線日報》發表〈評夏伯陽〉書評等文。
民國三十一年壬午（一九四二）	二十二歲	在各大報發表〈苦難的行列〉、〈贛州禮讚〉（長詩）、〈老船夫〉、〈盲歌者〉、〈自己的輓歌〉、〈抹去那怯弱的眼淚吧〉、〈生命之歌〉、〈快割鳥〉、〈鷹與雲雀〉等詩及散文多篇。
民國三十二年癸未（一九四三）	二十三歲	在各大報發表長詩〈鋤奸隊長〉、〈搜索連長〉、〈遙寄〉、〈寫在第七個七七〉、〈父親〉、〈受難的女神〉、〈城市的夜〉及〈火把〉、〈擊柝者〉、〈古鐘〉、〈山居〉、〈沙灘〉、〈夜行者〉、〈孤芳〉、〈蚊蟲〉、〈蒼蠅〉、〈園圃〉、〈陽光〉、〈深秋〉、〈贈某詩人兼寫自己〉、〈哀亡命詩人〉、〈自供〉、〈白屋詩抄〉、〈哀歌〉、〈生活〉、〈給偶像崇拜者〉、〈戰書〉、〈燈下獨白〉、〈夜歸〉、〈失眠之夜〉、〈悼〉、〈殘英〉、〈昏曲〉、〈補綴〉、〈復活的季節〉、〈擬戀歌〉、〈晨雀〉、〈春耕〉、〈天空的搏鬥〉等長短抒情詩。另發表散文及短篇小說多篇。

年次	年齡	內容
民國三十三年甲申（一九四四）	二十四歲	發表〈山城草〉五首及〈沒有褲子穿的女人〉、〈襤褸的孩子〉、〈駝鈴〉、〈無聲的哭泣〉、〈長夜草〉、〈春夜〉、〈擬某女演員〉、〈蛙聲〉、〈麥笛〉等詩及散文多篇。
民國三十四年乙酉（一九四五）	二十五歲	發表〈最後的勝利〉及〈煉獄裏的聲音〉、〈神女〉、〈問〉等長詩與散文多篇。
民國三十五年丙戌（一九四六）	二十六歲	發表〈夢〉、〈春天不在這裡〉等詩及散文多篇。
民國三十六年丁亥（一九四七）	二十七歲	發表〈冬天的歌〉、〈流浪者之歌〉、〈手杖、煙斗〉及長詩〈上海抒情〉等與散文多篇。
民國三十七年戊子（一九四八）	二十八歲	主編軍中雜誌、撰寫時論，均不署名。
民國三十八年己丑（一九四九）	二十九歲	七月渡海抵臺，發表〈呈獻〉、〈滿妹〉，及長詩〈自由的火燄〉、〈人類的宣言〉等詩及散文多篇。
民國三十九年庚寅（一九五〇）	三十歲	發表〈站起來，捏死他！〉、〈滾出去，馬立克！〉、〈英國人〉、〈海洋頌〉等詩。出版《自由的火燄》詩集。
民國四十年辛卯（一九五一）	三十一歲	發表〈春晨獨步〉、〈炫與殉〉、〈悼三閭大夫屈原〉、〈詩聯隊〉、〈心靈之歌〉、〈子夜獨唱〉、〈真理、愛情〉、〈友情的花朵〉、〈啊，西風啊！〉、〈師生〉、〈往事〉、〈天書〉、〈歷程〉、〈雨天〉、〈火車飛馳在海岸線上〉、〈帶路者〉、〈送第一艦隊出征〉等詩，及〈哀祖國〉長詩。
民國四十一年壬辰（一九五二）	三十二歲	發表〈未完成的想像〉、〈廊上吟〉、〈窗下吟〉、〈秋夜輕吟〉、〈秋訊〉、〈渴念，追求〉、〈寂寞，孤獨〉、〈冬眠〉、〈想念〉、〈成人的悲歌〉、〈訴〉、〈詩人〉、〈貝絲〉、「春天的懷念」五首，〈和風〉、〈夜雨〉、〈臺灣海峽的霧〉等及散文、短篇小說多篇。出版《哀祖國》詩集。

年次	年齡	事蹟
民國四十二年癸巳（一九五三）	三十三歲	發表〈寄台北詩人〉等詩及散文短篇小說多篇。高雄百成書店出版短篇小說集《最後的選擇》，收入〈華玲〉、〈生死戀〉、〈梅蘭馨〉、〈敵人的故事〉、〈最後的選擇〉、〈蔣復成〉、〈姚醫生〉等七篇。
民國四十三年甲午（一九五四）	三十四歲	大業書店出版長篇小說《閃爍的星晨》一、二兩冊。發表〈雪萊〉、〈海鷗〉、〈鳳凰木〉、〈流螢〉、〈鵝鸞鼻〉、〈海邊的城〉、〈長夏小唱〉及散文、短篇小說多篇。
民國四十四年乙未（一九五五）	三十五歲	發表〈雲〉、〈F-86〉、〈題GK〉等詩及散文、短篇小說多篇。香港亞洲出版社出版長篇小說《黑森林》，並獲中華文獎會國父誕辰長篇小說第二獎（第一獎從缺）。
民國四十五年丙申（一九五六）	三十六歲	發表〈四月〉等詩及散文、短篇小說多篇。
民國四十六年丁酉（一九五七）	三十七歲	發表〈月亮〉、〈九月之旅〉、〈雨和花〉等詩及長篇小說《魔障》。
民國四十七年戊戌（一九五八）	三十八歲	暢流半月刊雜誌社出版長篇連載小說《魔障》。
民國四十八年己亥（一九五九）	三十九歲	發表短篇小說、散文多篇。文壇雜誌社出版長篇小說《孤島長虹》（全集中易名為《富國島》）。
民國四十九年庚子（一九六〇）	四十歲	發表〈橫貫小唱〉等詩及散文、短篇小說多篇。
民國五十年辛丑（一九六一）	四十一歲	發表〈熱帶魚〉、〈豎琴〉、〈水仙〉等詩及短篇小說多篇。奧國維也納納富出版公司編選的《世界最佳小說選》選入短篇說〈馬腳〉，同時入選者有諾貝爾文學獎得主威廉福克納、拉革克菲斯特等世界各國名作家作品。

年代	年齡	創作
民國五十一年壬寅（一九六二）	四十二歲	發表〈青鳥〉、〈兩腳獸〉、〈晚會〉、〈祈禱〉等詩及短篇小說甚多。奧國維也納納富版公司又將短篇小說《小黃》（以江州司馬筆名撰寫者）選入《世界最佳小說選》，同時入選者有諾貝爾獎得主蕭洛霍夫，郭沫若及世界各國名作家作品。
民國五十二年癸卯（一九六三）	四十三歲	香港九龍東方文學出版社出版中篇小說《古樹春藤》。發表短篇小說、散文甚多。
民國五十三年甲辰（一九六四）	四十四歲	香港九龍東方文學社出版短篇小說集《花嫁》，收入〈教師爺〉、〈劉二爹〉、〈二媽〉、〈異鄉人〉、〈花嫁〉、〈扶桑花〉、〈南海屠鮫〉、〈高山曲〉、〈古寺心聲〉、〈誘惑〉、〈隱情〉、〈美珠〉、〈新苗〉、〈心聲淚影〉等十四篇。高雄長城出版社出版中短篇小說集《水仙花》，收入〈水仙花〉、〈銀杏表嫂〉、〈圓房記〉、〈江湖兒女〉、〈天鵝〉、〈賭徒〉、〈搶親〉、〈過客〉、〈阿婆〉、〈黃龍〉、〈馬腳〉、〈小黃〉、〈師生〉、〈斷趙〉、〈景雲寺的居士〉、〈人與樹〉、〈風雪歸人〉、〈花子老夢〉、〈黃昏曲〉、〈白夢蘭〉、〈平安夜〉、〈凱塞琳、萊蒙托夫與我〉、〈陽春白雪〉、〈白衣清淚〉、〈護士與病人〉、〈如夢記〉、〈除夕〉等十六篇。高雄長城出版社出版中短篇小說集《白夢蘭》。收入〈情敵〉、〈空手〉、〈亂世佳人〉、〈傷心之旅〉等十五篇。高雄長城出版社出版《中華日報》連載的二十五萬字長篇小說《白雪青山》。發表短篇小說、散文甚多。
民國五十四年乙巳（一九六五）	四十五歲	高雄長城出版社出版連載長篇小說《洛陽花似錦》、《春梅小史》、《東風無力百花殘》三部。發表短篇小說、散文甚多。省政府新聞處出版長篇小說《合家歡》。
民國五十五年丙午（一九六六）	四十六歲	是年五月赴馬尼拉華僑文教講習會講授「紅樓夢的寫作技巧」及新詩課程一個月。商務印書館出版文學理論專著《紅樓夢的寫作技巧》，全書共十五萬字。商務印書館出版中短篇小說集《塞外》。收入〈塞外〉、〈鬍子〉、〈百合花〉、〈天山風雲〉、〈白金龍〉、〈白狼〉、〈秋圃紫鵑〉、〈曹萬秋的衣缽〉、〈半路夫妻〉、〈百鳥聲喧〉、〈風竹與野馬〉、〈美人計〉、〈夜襲〉、〈花燭劫〉等十四篇。

年份	年齡	事蹟
民國五十六年丁未（一九六七）	四十七歲	發表短篇小說、散文甚多。小說創作社出版連載長篇小說《碎心記》。
民國五十七年戊申（一九六八）	四十八歲	小說創作社出版《中華日報》連載長篇小說《靈姑》。水牛出版社出版散文集《鱗爪集》，收入〈家鄉的魚〉、〈家鄉的鳥〉、〈雪天的懷念〉、〈秋山紅葉〉、〈學問與創作之間〉等散文七十六篇、舊詩三首。
民國五十八年己酉（一九六九）	四十九歲	商務印書館出版中短篇小說集《青雲路》。收入〈世家子弟〉、〈青雲路〉、〈空棺記〉、〈久香〉等四篇。
民國五十九年庚戌（一九七〇）	五十歲	商務印書館出版中短篇小說集《變性記》。收入〈變性記〉、〈嬌客〉、〈歲寒圖〉、〈泥龍〉、〈祖孫父子〉、〈秋風落葉〉、〈老夫老妻〉、〈恩愛夫妻〉、〈布販與偷雞賊〉、〈芳鄰〉、〈沙漠王子〉、〈沙漠之狼〉、〈世界通先生〉、〈寶珠的祕密〉、〈奇緣〉等十五篇。幼獅文化事業公司出版長篇小說《龍鳳傳》。臺北立志出版社出版長篇《火樹銀花》出版全集時易名《同是天涯淪落人》。
民國六十年辛亥（一九七一）	五十一歲	立志出版社出版長篇小說《火樹銀花》。發表散文多篇及在高雄《新聞報》連載長篇小說《紫燕》。
民國六十一年壬子（一九七二）	五十二歲	閩道出版社出版散文集《浮生集》。收入〈文藝的危機〉、〈貝克特高風〉、〈五十年華〉等散文十三篇，舊詩六首。學生書局出版短篇小說散文合集《斷腸人》。收入短篇小說〈斷腸人〉、〈薇薇〉、〈相見歡〉、〈滄桑記〉、〈恩怨〉、〈夜宴〉等七篇及散文〈文學系與文學創作〉、〈大學國文教學我見〉、〈作家之死〉等十五篇。中華書局出版《墨人自選集》五大冊。包括長篇小說《白雪青山》、《靈姑》、《鳳凰谷》、《江水悠悠》（《東風無力百花殘》易名）及《短篇小說、詩選》（精選短篇小說二十八篇，抒情詩一〇六首），共一百五十萬字。
民國六十二年癸丑（一九七三）	五十三歲	發表散文多篇。列入英國劍橋國際傳記中心（International Biographical Centre Cambridge England）出版的《國際詩人名錄》（International Who's Who in Poetry, 1973）。

年次	年齡	事蹟
民國六十三年甲寅（一九七四）	五十四歲	出席第二屆世界詩人大會。 發表散文多篇。
民國六十四年乙卯（一九七五）	五十五歲	列入正中書局出版的《中華民國文藝史》（1975）。發表〈臺北的黃昏〉新詩一首及散文多篇。
民國六十五年丙辰（一九七六）	五十六歲	列入英國劍橋國際傳記中心出版的 *Men of Achievement, 1976* 發表〈歷史的會晤〉新詩及散文、短篇小說多篇。
民國六十六年丁巳（一九七七）	五十七歲	應 I.B.C. 邀請於三月間赴義大利翡冷翠出席國際文藝交流大會（The 3rd I.B.C. International Congress on Arts and Communications）。會後環遊世界。發表〈羅馬之雲〉、〈羅馬之松〉、〈翡冷翠的女郎〉、〈翡冷翠之柳〉、〈塞納河〉等詩及〈羅馬掠影〉、〈單城記〉、〈威尼斯之旅〉、〈藝術之都翡冷翠〉、〈西雅奈與比薩斜塔〉、〈美國行〉、〈江戶、皇宮、御苑〉、〈環球心影〉等遊記。 在《中國時報》發表有關中國文化論文〈中國文化的三條根〉，在《新生報》發表〈文藝界的『洋』痲瘋〉等多篇。
民國六十七年戊午（一九七八）	五十八歲	近代中國社出版長篇傳記小說《詩人革命胡漢民傳》。列入英國劍橋國際傳記中心出版的《國際名人辭典》（*Dictionary of International Biography, 1978*）、《國際知識分子名錄》（*International Who's Who of Intellectual, 1978*、《國際人名剪影》（*International Who's Who in Community Service*）、《國際社會名人錄》（*International Register of Profiles*）、《國際人名錄》（*International Who's Who in Community Service*）。在各報發表〈中國文化的宇宙觀〉、〈中國文化的真面目〉、〈文化、社會形態與當代文學創作〉（為亞洲文學會議而作）、〈人與宇宙自然法則〉等。列入中華書局出版的《中華民國當代名人錄》（*Who's Who of R.O.C. 1978*）、列入行政院新聞局編印的一九七八年英文《中華民國年鑑名人錄》（*China Yearbook Who's Who*）。出席亞洲文學會議。

民國七十一年壬戌（一九八二）	民國七十年辛酉（一九八一）	民國六十九年庚申（一九八〇）	民國六十八年己未（一九七九）
六十三歲	六十一歲	六十歲	五十九歲
九月赴漢城出席第二屆中韓作家會議，並在東京參加中日作家會議，曾暢遊南韓、北海道、大阪至東京名勝地區，歸後撰寫〈韓國掠影〉、〈秋遊北海道〉，發表於《中央日報》。列入中華民國名人傳記中心出版的《中華民國現代名人錄》。	繼續撰寫《山中人語》專欄。應臺北市《自由日報》特約撰寫《浮生小記》專欄。應行政院新聞局邀請參觀本省農漁畜牧事業單位，並在《中央日報》發表〈人在福中〉散文。接受臺灣廣播公司《成功之路》節目訪問，於四月廿七日晚八時半播出。在高雄《新聞報》發表〈撥亂反正說紅樓〉（六月十七、十八日）論文。	秋水詩刊社出版詩集《山之禮讚》、中華日報社出版散文集《心在山林》，收集〈花甲雲中過〉、〈老當益壯〉，及抒情寫景散文數十篇。臺中學人文化事業出版有限公司出版《墨人散文集》收集〈文化、社會形態與當代文學創作〉、〈人與宇宙自然法則〉、〈中國文化的三條根〉、〈宇宙為心人為本〉、〈文藝界的『洋』瘋癲〉等理論性散文數十篇。在《中央日報·副刊》發表〈紅樓夢研究的正確方向〉，《中華日報·副刊》發表〈人生六十樹常青〉、《青年戰士報·新文藝副刊》發表〈山中人語〉專欄文章〈山水之間〉、〈生命長短價值觀〉、〈寶刀未老〉、〈七進七出鬼門關〉、〈報人甘苦〉、〈杏壇生涯〉等。接受《大華晚報》採訪組副主任程榕寧兩次訪問，一為談胡漢民生平，一為談《易經》、〈道德經〉、命學，並發表〈醫學命學與人生〉專文。	學人文化事業有限公司出版長篇小說《心猿》（《紫燕》易名）。發表短篇小說〈春〉、〈杏林之春〉、長詩〈哀吉米·卡特〉五首。短篇〈客從故鄉來〉、〈人瑞〉。理論〈中國古典小說戲劇〉、〈抗戰文學的整理與再創作〉（《中央日報》）等多篇。

年次	年齡	事略
民國七十二年癸亥（一九八三）	六十三歲	列入英國劍橋國際傳記中心出版的《傑出男女傳記》（Men and Women of Distinction）並附照片。 列入美國MarQuis公司出版的《世界名人錄》（Who's Who in the World）第六版。 接受義大利藝術大學授予的文學功績證書。 商務印書館出版散文集《山中人語》，收集散文七十篇。
民國七十三年甲子（一九八四）	六十四歲	商務印書館出版《論墨人及其作品》上、下兩冊，包括評論文章六十餘篇。 列入義大利Accademia Itlia出版社英、法、德、義四種文字的《國際文學史》（The History of International Literature）及《百科全書：當代人物（The Encyclopadeia: Contemporary Personalities）。 端午節（六月四日）開筆撰寫已構思準備十餘年的一百餘萬字的大長篇小說《紅塵》，年底完成初稿四十餘萬字。 十月在韓國漢城舉行的第四屆中韓作家會議，事忙未能出席，但提出一萬餘字的論文〈古典與現代〉一篇。
民國七十四年乙丑（一九八五）	六十五歲	由江山出版社出版《三更燈火五更雞》、《花市》散文集等兩本，前者收入散文、理論二十四篇，後者收入散文遊記二十七篇。 八月一日退休，專心寫作《紅塵》，於十二月底完成九十二章，告一段落，共一百二十萬字，超出《紅樓夢》十餘萬字，內有絕律詩（聯）三十一首。
民國七十五年丙寅（一九八六）	六十六歲	年初開始研讀《全唐詩》，撰寫《全唐詩尋幽探微》，十一月完成，共十二萬餘字，一面在《新聞報‧西子灣》發表，並連同歷年所作絕律詩三十七首，定名為《墨人絕律詩集》，一併交與臺灣商務印書館簽約出版。 列入美國 A.B.I.出版的 5000 Personalities of the World：英國 I.B.C.出版的 The International Authors and Writers Who's Who.

民國七十六年丁卯（一九八七）	六十七歲	訪問考察東南亞地區、國家馬來西亞、新加坡、泰國、菲律賓、香港十七天，並出席多次座談會。 商務印書館出版《全唐詩尋幽探微》（附《墨人絕律詩集》）。 《紅塵》長篇小說於三月五日開始在（臺灣新生報）連載。 七月四、五日出席在臺北市召開的抗戰文學研討。 八月一日出席在高雄市召開的第七屆中韓作家會議。
民國七十七年戊辰（一九八八）	六十八歲	元月二日完成《全唐宋詞尋幽探微》（附《墨人詩餘》）全書十六萬字。設於美國深受世界尊重的「國際大學基金會」（The Marquis Giuseppe Scieluna 1855-1907 International University Foundation）（Founded 1973）授予榮譽文學博士學位。
民國七十八年己巳（一九八九）	六十九歲	臺灣商務印書館出版《全唐宋詞尋幽探微》。 臺北大地出版社三版長篇小說《白雪青山》。 世界大學（World University）授予榮譽文學博士學位。
民國七十九年庚午（一九九〇）	七十歲	五月應大陸黃河文化實業公司邀請，作四十天文學之旅，與北京、上海、杭州、九江、武漢、西安、蘭州等地作家座談中華文化、文學創作，坦誠交換意見，獲得一致共識、真摯友情與尊敬，廣州電視臺並全程錄影，製作專輯播出，六月底返臺後即撰寫《大陸文學之旅》專著。 艾因斯坦國際學院基金會（Albert Einstein 1879-1955 International Academy Foundation）授予榮譽人文學博士學位。 榮列英國劍橋國際傳記中心出版的 IBC Book of Dedications.占全書篇幅五頁，刊登照片五張，介紹五十年創作生涯，十分翔實，篇幅之大，爲全書冠，並禮聘爲 IBC 副總裁。
民國八十年辛未（一九九一）	七十一歲	二月底新生報出版《紅塵》，二十五開本，上、中、下三鉅冊。黎明文化事業公司出版《小園昨夜又東風》散文集。 應香港廣大學院禮聘爲中國文學研究所客座指導教授。 《紅塵》榮獲新聞局著作金鼎獎及嘉新優良著作獎。

民國八十二年癸酉 （一九九三）	民國八十一年壬申 （一九九二）
七十三歲	七十二歲
十月下旬，偕《秋水》詩刊同仁涂靜怡、雪柔、麥穗、汪洋萍、風信子、林蔚穎等為慶祝《秋水》創刊二十周年，訪問哈爾濱、北京、西安三大都市，與當地詩人座談交流，水乳交融，兩岸詩人因而建立深厚友誼。十一月初，隻身訪問昆明、探親，昆明作協主席曉雪、八十多歲老作家李喬、小說家張昆華、《春城晚報》副總編輯熊廷武、副刊主編原因、理論家教授余斌、作家湯世傑、李錦華等集會歡迎，其中多為白族、彝族等少數民族作家，乃以雲南少數民族文化資源努力創作相勉，深獲共鳴。資深作家彭荊風，晚間並來下榻處暢談。 繼續應聘香港廣大學院中研所客座指導教授三年。 十二月新生報社出版《紅塵續集》，全書共四大冊，其實前後一貫，為一整體，該報為方便，乃以《續集》名之。一生心血得以完成，在輕、薄、短、小及商品文學獨占市場情況下，亦一大異數。北京「中國文聯出版公司」出版《紅樓夢的寫作技巧》。	文史哲出版社出版《大陸文學之旅》。 應聘香港廣大學院中研所客座教授。 一月五日開筆寫《紅塵續集》，自九十三章起至一百二十章止，共四十萬字，六月十日完稿，《紅塵》全書共一百九十萬字。續集自十二月一日開始在《臺灣新生報·副刊》連載近年，雙破長篇鉅著及連載紀錄。中國廣播公司《中廣小說選播》節目，亦於十二月一日十四時三十分，在 AM657 千赫第一廣播網開始播出長篇鉅著《紅塵》上、中、下三冊，由戴愛華小姐導播，集該公司播音精英，通力合作，龍老夫人一角由播音元老白銀飾演，其餘人物均為一時之選，效果奇佳，前所未有。 北京「中國文聯出版公司」出版《也無風雨也無晴》。 墨人故鄉九江《師專學報》，於本年起開闢《墨人研究》專欄，與《陶淵明研究》、《黃山谷研究》，並稱三大專欄，甚受教育、學術界重視。

| 民國八十三年甲戌（一九九四） | 七十四歲 | 一月開始研讀自北京購回的《全宋詩》，擬續寫《全宋詩尋幽探微》。四月十一日接受臺北復興廣播電臺《名人專訪》節目主持人裴雯小姐訪問：談一生寫作歷程及大長篇《紅塵》寫作經過。臺北《世界論壇報》副社長兼副刊主編詩人評論家周伯乃先生，特自五月三十一日起一連三天出版特刊，慶祝七十晉五誕辰暨創作五十五周年，除刊出〈七五人生一首詩〉、〈中國新詩與傳統詩詞的整合〉、〈叩開生命之門〉〈小傳〉三篇新作外，並刊出蒙古族女詩人作家薩仁圖婭的〈墨人：屈原風骨中華魂〉，及馬來西亞霹靂州立女子中學校長，詩詞家、散文作家彭士麟女士論《紅塵》與大陸作家作品比較的書信，墨人著作目錄、美國兩個榮譽文學博士、一個人文學博士照片三張，《紅塵》獲獎照片一張，及周伯乃〈無限的祝禱〉文等。八月七日，中國時報系的《工商日報・讀書版・大書坊》刊出蓓齡的《紅塵》墨人專訪文章，並配合攝影記者何日昌拍攝的墨人及《紅塵》四冊照片。大陸廣州暨南大學中文系教授兼臺港海外華文文學研究中心主任、評論家潘亞暾，費時月餘撰寫《紅塵續集》論文達一萬餘字的〈偉大史詩的歸結〉，於九月二十一至二十五日在臺北市《世界論壇報・副刊》全文刊出，見解不凡，對《續集》的成功更使他大吃一驚，因此，更肯定《紅塵》的史詩價值、地位。八月二十八日第十五屆世界詩人大會在臺北召開，僅提出《中國新詩與傳統詩詞的整合》論文一篇，並未出席，論文則由《中國詩刊》主編曾美霞女士代讀。 |
| 民國八十四年乙亥（一九九五） | 七十五歲 | 一月，臺北文史哲出版社出版《墨人半世紀詩選》（一九四二―一九九四）。一月十日應臺北廣播電臺《藝文夜話》主持人宋英小姐訪問，許導播秀玲決定十日開播《紅塵》全書四冊，每日廣播兩次。中國詩歌藝術學會主辦、中國文藝協會協辦，於五月二十二日在臺北市中國文藝協會舉行《墨人世紀詩選》學術研討會，與會詩人、評論家六十餘人，討論情況熱烈，並印發海峽兩岸評論家王常新、古繼堂、古遠清、李春生、楊允達、周伯乃等十三家論文專集。各家均推崇、肯定新舊詩兩方面的成就與半個多世紀的貢獻。 |

民國八十五年丙子（一九九六）	七十六歲	英國劍橋國際傳記中心頒贈二十世紀文學傑出成就獎。 榮列一九九五年英國劍橋國際傳記中心出版的 The Definitive Book of the Deputy Directors General of the IBC.佔全書篇幅五頁，刊登照片五張，爲全書之冠。 臺北圓明出版社出版涵蓋儒、釋、道三家思想的散文集《紅塵心語》。卷首有珍貴的文學照片十餘張。 臺北中國詩歌藝術學會出版《十三家論文》論《墨人半世紀詩選》。
民國八十六年丁丑（一九九七）	七十七歲	臺北中天出版社出版與《紅塵心語》爲姊妹集的散文集《年年作客伴寒窗》，各篇亦均以五、七言詩作題，內中作者詩詞亦多，並附錄珍貴文學資料訪問記、特寫、著作目錄等十餘篇。出任「乾坤」詩刊顧問，並主編該刊古典詩詞。 完成《墨人詩詞詩話》、《全宋詩尋幽探微》兩書全文。
民國八十七年戊寅（一九九八）	七十八歲	構思六年的以佛學精義結合修行心得化爲文學創作的長篇小說《娑婆世界》，於三月二十八日開筆，十二月脫稿。共三十八章，五十多萬字。 英國劍橋國際傳記中心（IBC）出版《二十世紀傑出人物》以照片配合文字將墨人傳記刊卷首重要位置，並頒發獎狀。大陸中國國際經濟文化交流促進會、燕京國際文化藝術研究會等七大單位編纂出版的《世界華人文學藝術界名人錄》，中國國際交流出版社出版的《世界名人錄》，均爲十六開巨型中文本。
民國八十八年己卯（一九九九）	七十九歲	本年爲來臺五十周年，創作六十周年，中國習俗八十歲，昭明出版社出版長篇小說《娑婆世界》。 美國傳記學會（ABI）出版二十世紀《五百位有影響力的領袖》，以照片及詩詞五首編入中國《當代吟壇》巨著。 美國「世界智庫」與艾因斯坦國際學會基金會）聯合頒贈墨人傑出成就榮譽獎，以紀念千禧年，並榮列中國出版的《中華精英大全》。 美國傳記學會頒贈墨人「二十世紀成就獎」。

年次	年齡	紀事
民國八十九年庚辰（二○○○）	八十歲	臺北昭明出版社陸續出版定本長篇小說《白雪青山》、《滾滾長江》、《春梅小史》；文學理論《紅樓夢的寫作技巧》，連同民國八十八年出版的長篇小說《娑婆世界》，並列為墨人一系列代表作品，以慶祝墨人八十整壽。
民國九十年辛巳（二○○一）	八十一歲	臺北昭明出版社出版長篇小說定本《紅塵》全書六冊及長篇小說《紫燕》定本。臺北詩藝文出版社出版《墨人詩詞詩話》。臺北文史哲出版社出版《全宋詩尋幽探微》。
民國九十一年壬午（二○○二）	八十二歲	英國劍橋國際傳記中心授予「終身成就獎」。
民國九十二年癸未（二○○三）	八十三歲	五月三日偕長子選翰赴上海訪友小住。八月底偕夫人及在臺子女四人經上海轉往故鄉九江市掃墓探親並遊廬山。
民國九十三年甲申（二○○四）	八十四歲	準備出版全集（經臺北榮民總醫院檢查無任何疾病。）巴黎 you-Feng 書局出版豪華典雅法文本《紅塵》。
民國九十四年乙酉（二○○五）	八十五歲	此後五年不遠行，以防交通意外，準備資料。計劃百歲前開筆撰寫新長篇小說。北京「中央出版社」出版《強國丰碑》，以著名文學家張萬熙為題刊出墨人傳略，為臺灣及海外華人作家唯一入選者。並先後接到北京電話、書函邀請寄送資料編入《一代名家》、《中華文化藝術名家名作世界傳播錄》。
民國九十五年丙戌（二○○六）至民國一百年（二○一一）	八十六歲至九十二歲	重讀重校全集，已與臺北市文史哲出版社簽訂出版《墨人博士作品全集》合約，民國一百年年內可以出版。此為「五四」以來中國大陸與臺灣所未有者。